日本現代法史論
近代から現代へ

山中永之佑＝監修

山中永之佑・藤原明久・中尾敏充・伊藤孝夫＝編

法律文化社

はしがき

　本書は、戦後改革期以後に焦点を当て、時期的には、明治維新期から現代に至るまでの日本法の歴史を各法分野に分けて叙述することを目指して企画された。しかし、頁数の制約もあり、各法分野がどのような変遷をたどってきたか、およびそれらと関連する重要なトピックスを特徴的に明らかにするところに重点を置いている。

　本書は、『日本現代法史論──近代から現代へ』と題されているが、本書では、法体制の変化を国際的な視野に立って見る立場から、明治維新から敗戦に至るまでを近代法として捉え、現代日本国家の法体制を基本的に枠付けている法体制の起点＝出発点（基点）として戦後の「民主的」法改革を捉え、それ以後、現代法が形成されたものとして時期区分をした。

　本書は、山中永之佑編（2002）『新・日本近代法論』（法律文化社）と一対をなしている。したがって、近代、現代ともに、そこで論述されている部分については、紙幅の制約もあって、本書では、叙述をできるだけ簡潔にすることにした。本書と合わせて『新・日本近代法論』を参照していただければ幸いである。

　また本書は、25の章と4つのコラムで構成され、各法分野およびそれらと関連する重要なトピックスについて論述しているが、紙幅の制約のため法の流れを論述しきれない場合もあることにも配慮して、とくに本書が重点を置く戦後法史について、その基本的な法の流れを第1章「総論」において論述している。ここで論述した法の流れは、本書が各章において対象とした各法分野やそれらと関連する重要なトピックスにとって、直接・間接の差はあれ、相互に不可分に関連し合っていると言えよう。

　戦後法史を考察して痛感することは、日本の戦後法史は基本的には、米国の世界戦略体制、なかでも極東戦略体制の枠組みに組み入れられていく過程をたどったということである。その結果、米国と日本の間に、これでも日本は独立国家といえるのかと目を疑うようなことが起きている。

　たとえば、2002年に横須賀市で米海軍兵から性的暴行を受けたオーストラリア人女性に

対して、2008年5月に防衛省は300万円の見舞金を支払っている。女性は2002年に米兵から暴行を受け、東京地裁に民事訴訟を起こし、2004年、被告米兵は300万円の賠償を命じられたが、被告は裁判途中に除隊・帰国してしまった。日米地位協定では、米兵が職務外で起こした事件・事故で賠償金を支払えない場合は米国側が補償することになっているが、今回のケースは事件発生から2年以内とする米国への請求期限を過ぎているとして、米側が支払いを拒否したため、日米地位協定で救済されない米軍による被害の救済を決めた1964年の閣議決定を適用して見舞金の支給を決めたと報じられている（2008年5月20日『朝日新聞』日刊）。

　日本にとって、これほど屈辱的なことがあろうか。このような屈辱に耐えてまで米国に奉仕・従属している日本が、国際社会において独立国として（実態的に）認知され、尊厳を認められるはずはない。

　　近年の米国の日本研究によれば「沖縄をふくむ日本に置かれた米軍と米軍基地の最重要使命は、あるアメリカの高官が後に証言したとおり、日本そのものを防衛することでは決してなく、アメリカの力をアジアに広げ、『他の地域でのアメリカのコミットメントを支える』（U・アレクシス・ジョンソン国務次官の議会証言）ことにあった」（ジョン・W・ダワー（2001）「二つの『体制』のなかの平和と民主主義　対外政策と国内対立」アンドルー・ゴードン編〔中村政則監訳〕『歴史としての戦後日本』上、みすず書房、54頁）と言われている。また、「戦後秩序を構想したアメリカの政策決定者たち……が望んだのはアメリカが構想する世界システムのなかに日本を位置づけること、そして日本を、とやかく指図しなくてもやるべきことをきちんとやるように仕向けることだった。このような動機から、かれらは、日本の行動を一定の範囲内に縛るための枠組みを設定した。そして、そのような規制の枠組みは今もなお機能しつづけているのである」（ブルース・カミングス「世界システムにおける日本の位置」アンドルー・ゴードン編2001：92頁）。「1960年代以降、アメリカの政策立案者たちは、……日本に東北アジア地域で軍事的な役割を担ってもらいたい、しかもあくまでもアメリカの代理として機能してもらいたいと望んできた」（同上、130頁）とも言われている。事実、2005年に発表された日米の合意文書「日米同盟：未来のための変革と再編」（仮訳）は、自衛隊を日本の専守防衛よりも、米軍に実質的に統合される世界的な軍事力の一部に変えていくことを示している（吉見俊哉〔2009〕『ポスト戦後社会』シリーズ日本近現代史⑨、岩波書店、232頁）。

　私たちが本書で明らかにする戦後法史は、各法分野において、その表われ方に明確・不明確の差はあっても、基本的には、まさに米国の日本研究の指摘や2005年の日米の合意文書が示したとおりのことが法の流れとして表されている、或いは法の流れの底流となっていると言っても過言ではない。

　2008年のオバマ大統領の誕生によって、核廃絶宣言にも見られるように、従来の米国の政策は、多くの面で転換するであろうが、米国のアジアでの基本戦

略が決定的に変わることは期待できない。米国は、アジアにおける強大な影響力を保持するため、依然として沖縄を最大の軍事戦略拠点として維持し続けるであろう（吉見2009：237頁）。

　上述してきたような現代日本のあり様は、国際社会、なかでもとくにアジアに緊張をもたらし平和に深刻な問題を醸成している。2008年度ノーベル物理学賞受賞者の益川敏英氏は「ヨーロッパの情勢などをみると、アメリカから離れて独立するような動きが強い。このとき、日本だけが先走って、へたりかかっているアメリカをてこ入れする、そんな必要がどこにあるのかと思います」（2009年4月10日「全国革新懇ニュース」308号）と述べておられる。益川氏は科学者らしく、率直に日本が米国に従属して奉仕するような国であることを止めるべきであると主張しておられるのである。日本が米国から自立して相互に対等かつ友好・平和な関係を構築するとともに、2000年にピュリツァー賞を受賞された米国、マサチューセッツ工科大学教授（日本近現代史専攻）ジョン・ダワー氏も言われるように、「戦争体験に基づいて軍縮や核廃絶に向けて重要な役割を果たし」たり、「平和への展望を持ち、地球規模の問題に取り組むことで、反対すべきときには米国にも反対と言えるようになる」（2009年8月13日『日本経済新聞』日刊）ことこそ、現在の日本にとって最重要の課題と言えよう。このような課題を解決するためにも、日本が米国の「従属的パートナー」（ジョン・W・ダワー〔三浦陽一・高杉忠・田代泰子訳〕（2001）『敗北を抱きしめて—第二次大戦後の日本人（上）』岩波書店、6頁）として位置づけられてきた経過を法の流れにおいて明らかにしなければならない。これは、私たち法史学者の使命でもある、と言えよう。本書が、ささやかながらその使命の一端でも果たすことができればと願っている。

　末筆になって恐縮であるが、本書の刊行をお勧め下さり何かと御高配下さった法律文化社の岡村勉前社長、秋山泰社長と編集を担当された野田三納子氏、また本書索引の作成を担当された矢切努氏（大阪大学大学院法学研究科博士課程）に他の執筆者とともに深甚の謝意を表し厚く御礼を申し上げる次第である。

　　2010年3月

　　　　　　　　　　　　　　　　　　　　　　　　　山中　永之佑

目　次

はしがき

第1章　現代法史総論 …………………………………… 1
　第1節　日本近代法体制（日本近代国家の基本的法構造）の成立……… 1
　第2節　日本近代法体制の変容──普選・治安維持法体制の形成・成立… 3
　第3節　日本近代法体制の崩壊──準戦時法体制から戦時法体制へ…… 6
　第4節　戦後改革と法の「民主化」──現代法体制形成の起点（基点）… 8
　第5節　現代法体制の形成──占領政策の転換・日米講和条約の締結
　　　　　と法体制の変容 ……………………………………………… 12
　第6節　現代法体制の成立と展開 ……………………………………… 16
　第7節　現代法体制の転換と現代日本の課題 ………………………… 20
　　　　　　　◆Column1　近世法から近代法へ (26)

第2章　法典論争と明治民法・商法の成立 ……………… 28
　第1節　法典論争 ………………………………………………………… 28
　第2節　明治民法・商法の成立 ………………………………………… 34

第3章　統治機構と官僚制 ………………………………… 39
　第1節　明治前期の国家機構──近代的国家機構と官僚制の初期形成… 39
　第2節　大日本帝国憲法の体制 ………………………………………… 41
　第3節　帝国憲法体制の崩壊 …………………………………………… 43
　第4節　占領下における国家機構の再編──戦後改革 ……………… 45
　第5節　現代的国家機構再編の試み …………………………………… 47

第4章　憲　　法──運用と解釈を中心に ……………… 50
　第1節　大日本帝国憲法の運用と解釈 ………………………………… 51

第2節　日本国憲法の運用と解釈……………………………………56

第5章　植民地法制………………………………………………………64
　第1節　植民地帝国日本の成立……………………………………64
　第2節　第一次世界大戦後の民族運動の高揚と植民地統治の改変…66
　第3節　15年戦争と植民地統治……………………………………71
　むすびにかえて——植民地支配と現代日本………………………75

第6章　行　政　法——行政救済法制を中心に………………………77
　第1節　戦前の行政救済制度………………………………………77
　第2節　占領期の改革………………………………………………80
　第3節　現代の行政救済制度………………………………………83

第7章　徴税機構と税制…………………………………………………88
　第1節　戦前の徴税機構と税制……………………………………88
　第2節　戦後改革とシャウプ勧告…………………………………91
　第3節　国税庁の設置と税務行政…………………………………93
　第4節　シャウプ税制の崩壊とその後の税制改革………………96

第8章　財　政　法　制…………………………………………………100
　第1節　戦前の財政法制と政策……………………………………100
　第2節　戦後の財政法制と政策……………………………………105

第9章　地方自治法制……………………………………………………111
　第1節　明治地方自治制度成立前史………………………………111
　第2節　明治地方自治制度の成立…………………………………112
　第3節　明治地方自治制度の変遷…………………………………114
　第4節　戦後改革と地方自治法の制定……………………………116
　第5節　講和条約締結後の地方制度改革…………………………120

おわりに………………………………………………………………123

第10章　学校・教育法制……………………………………125
　第1節　戦前の教育法制概観………………………………125
　第2節　戦後改革における教育法改革……………………128
　第3節　その後の教育法制の転換…………………………131

第11章　軍事・警察法制………………………………………135
　第1節　軍　　　事…………………………………………135
　第2節　警　　　察…………………………………………140

第12章　刑法と治安法制………………………………………147
　第1節　現行刑法の制定……………………………………147
　第2節　刑法と治安法制に関する戦後改革………………150
　第3節　刑事法における近年の動向ならびに治安法制…152

第13章　司法制度と司法改革…………………………………157
　第1節　司法制度の近代化…………………………………157
　第2節　戦後司法改革………………………………………160
　第3節　21世紀の司法改革…………………………………163

◆Column2　法史学と裁判（164）

第14章　訴　訟　法　制………………………………………169
　第1節　大正期における訴訟制度の変革…………………169
　第2節　昭和恐慌期から戦時特別法の時代へ……………171
　第3節　戦後改革と新しい訴訟法制の創設へ……………175

第15章　財産法制 …………………………………… 180

第1節　末弘法学のインパクト ………………………… 180
第2節　戦時統制法制から戦後改革期へ ……………… 182
第3節　住宅問題や公害・消費者問題への対応（1960・70年代）…… 183
第4節　バブル崩壊とその後（1980年代以降）………… 186

第16章　土地法制 …………………………………… 191

第1節　戦前の土地法制 ………………………………… 191
第2節　戦後改革と経済成長 …………………………… 194
第3節　地価バブル崩壊から成熟社会への移行 ……… 197

第17章　家族法制 …………………………………… 202

第1節　戦前の家族法制 ………………………………… 202
第2節　戦後改革 ………………………………………… 206
第3節　家族関係の多様化と更なる改正への動き …… 208

第18章　商事法制 …………………………………… 215

第1節　戦前の商事法制 ………………………………… 215
第2節　戦後改革と商法改正 …………………………… 217
第3節　高度経済成長期の商法改正 …………………… 218
第4節　高度経済成長期後の商法改正 ………………… 219
第5節　バブル経済期および崩壊期・2000年代の商法改正 …… 220
第6節　会社法の成立 …………………………………… 222

第19章　経済・知的財産法制 ……………………… 225

第1節　経済法 …………………………………………… 225
第2節　知的財産法 ……………………………………… 232

第20章　労働法制 ………………………………… 238
第1節　戦後労働改革 ……………………………………… 238
第2節　「日本的」雇用慣行の定着期 ……………………… 243
第3節　雇用の流動化と法の再編 ………………………… 247

第21章　環境法制 ………………………………… 249
第1節　戦前の環境被害と法 ……………………………… 249
第2節　四大公害訴訟 ……………………………………… 251
第3節　公害規制立法の進展 ……………………………… 256
第4節　環境法の拡がりと深化 …………………………… 258

第22章　社会保障法制 …………………………… 261
第1節　戦前の社会保障法制 ……………………………… 261
第2節　終戦と福祉三法の制定 …………………………… 264
第3節　戦後の社会保険制度 ……………………………… 267

第23章　国際法制 ………………………………… 271
第1節　華夷秩序からヨーロッパ国際法秩序への編入 …… 271
　　　　──開国から日清・日露戦争まで
第2節　大日本帝国の興亡 ………………………………… 273
第3節　占領の屈辱と国際社会への復帰 ………………… 275
第4節　経済大国日本と国際社会 ………………………… 278

第24章　現代法史におけるジェンダー法学 …… 281
第1節　ジェンダー法学への歩み ………………………… 281
第2節　国際法におけるジェンダー平等への歩み ……… 281
第3節　日本国憲法とジェンダー平等 …………………… 283
第4節　女性に対する暴力 ………………………………… 285
第5節　男女共同参画社会基本法 ………………………… 289

終章　日本人の法意識論史——日米関係の推移から見た法文化論……291
　はじめに………………………………………………………291
　第1節　戦前から戦後改革期へ…………………………………292
　第2節　日米関係の新展開と法意識論の転機……………………294
　第3節　法意識論の転換…………………………………………297
　第4節　アメリカ的バイアスの克服………………………………301
　おわりに——日本法史学の課題…………………………………302
　　　　　　　　◆Column3　戦後の法学論争(298)
　　　◆Column4　法史学と資料——「公文書館法」から「公文書管理法」へ(304)

索　引

第1章

現代法史総論

第1節　日本近代法体制（日本近代国家の基本的法構造）の成立

　本章では、法体制の構造変化を中心に代表的な法令のいくつかを、その歴史的背景に配慮しつつ、法の流れについても触れながら素描する。まず、日本近代法体制の成立をいつに求めるかについて述べたい。

　本書は、戦後改革以降の現代法史に重点を置く。戦後改革は、日本の敗戦→ポツダム宣言に基づく連合国の対日占領政策の開始によって始動した。日本を敗戦に導いた戦争＝15年戦争＝満州事変、日中戦争、太平洋戦争を惹起させた国家は、結論から言えば、1910（明治43）年に朝鮮を領有した日本が、近代国家を植民地帝国としていちおう完成した時点において成立したと考えられる。その意味で、日本帝国は、近代国家統治機構を内地の統治と外地＝植民地（土地・人民―元は他国の領土と国民）の統治の双方を目的として構築したと言える。

　明治維新後日本は、日清・日露戦争という対外戦争を行ったが、その目的は朝鮮の独占的支配にあった。このことは、第1回帝国議会の冒頭山県有朋首相が、国家の「独立・自衛」のためには「主権線」（日本固有の領土）と「利益線」（主権線を安泰にさせるための隣接国の領土）を「保護」＝防護する必要があり、それには陸海軍経費が国の予算の大部分を占めることもやむを得ないと施政方針演説で力説したことによっても示される。山県の言う「利益線」は朝鮮である（岡義武1958：50頁）。日清戦後の台湾領有だけでは、日本は「利益線」防護→獲得の目的を達成したことにはならない。日露戦争を経て「韓国併合」＝朝鮮を領有し得て、はじめて植民地帝国をいちおう完成できたのである。満州事変は、朝鮮の独占的支配を安定化するため、満州（中国東北地方）における抗日独立運動を鎮圧するための戦争であった。したがって本章では、日本近代法体制を植民地帝国日本の法体制として捉え、その成立の時期を植民地帝国

日本がいちおう完成する1910年としたい。

❖ **1910年体制**　この日本近代法体制は、後述するように、大正デモクラシー期に再編・強化され、普選・治安維持法体制に、さらに準戦時・戦時法体制（ファシズム法体制）に移行するが、敗戦まで日本近代法体制が植民地帝国の法体制であった本質には変化はない。この点に着目すれば、日本が近代国家を植民地帝国としていちおう完成した朝鮮領有の年である1910年をとり、日本近代法体制を「1910年体制」と呼ぶこともできる。

　1910年前後の時期には、莫大な日露戦費を調達するために制定された「非常特別税法」(1904年、05年)が戦後の1906 (明治39) 年に存続され、戦時中、国民の負担緩和を目的に応急的に行われた国税に対する市町村などの附加税賦課の制限などは、「地方税制限に関する法律」(1908法37) として恒久化 (1940年の地方財税制制度改革まで) されるなど、日本はいち早く税制面における戦争国家＝帝国主義国家の体制を整備している。また、日本近代国家の特徴である権力の法的構造の二元化（文＝政府・官僚と軍部）も1907 (明治40) 年2月の「公文式」廃止→「公式令」(1907勅6) 制定、「内閣官制」改定 (1907勅7)、同年9月の軍令の制定により実現される。軍令の制定により統帥権の独立が法的に確定し、軍部の国家統治機構内の位置が法的根拠を得たのである。この背景には、日清・日露戦争による軍の勢力の増大があった。軍令の制定により、その国家統治機構内の位置が法的根拠を得た軍部は、以後、一大勢力となり国政を操作し動かしていく。1911 (明治44) 年には「市制・町村制」も全面改正 (1911法68・法69) され、以後、戦前まで基本的に国家の地方統治機構の末端（市・町村、1943年改正では、町内会・部落会）を法的に構成した。また同年には、関税自主権も完全に回復され (1899年には、領事裁判権の廃止と関税主権の一部回復が実現している) 国家的独立も達成される。

❖ **日本近代法体制形成の第一段階**　1910年に成立する日本近代法体制は、大まかに言えば、およそ二つの段階を経て形成→成立した。第一段階は、明治維新後形成されてきた日本近代法体制が1889 (明治22) 年の帝国憲法を法的枠組みの基本とする天皇制支配の法構造を確定した時期 (1889年：「市制・町村制」〔1888法1〕施行開始、「貴族院令」・「衆議院議員選挙法」〔1889法3〕公布、「内閣官制」〔1889勅135〕公布、「府県制」〔1890法35〕・「郡制」〔1890法36〕公布) で、天皇を

頂点に地主・ブルジョア層が貴族院・衆議院―府県会―郡会―（市）町村会という系列で組織され、等級選挙制に見られるように土地所有面積（所得金額）を基準とする地主・ブルジョア秩序、地方「名望」家支配体制が構築された。そしてこの系列組織の中軸には、政府（内務大臣）―府県知事―郡長―町村長（市では内務大臣―府県知事―市長）と、中央・地方に通ずる行政官僚制支配が貫徹された。しかし、第一段階では、近代法＝資本主義法の中核となる「民法」・「商法」は、法典論争の結果、施行延期され（産業界の要請もあり「商法」中、「会社」・「手形」・「破産」は1893年7月施行）、ブルジョアジーはもちろん地主階級も政治的支配階級として未成立であった。

◆ 日本近代法体制形成の第二段階　　日本資本主義確立のための基礎の構築とともに、ブルジョアジー・地主階級は政治的支配階級として日清戦後の1900年前後に成立する。ほぼ同時期に「民法」（1・2・3編、1896法89、4・5編1898法9ともに1898年7月施行）・「商法」（1899法48、1899年6月施行）が制定・公布される。1895（明治28）年には、台湾領有も始まり、日本は、植民地帝国形成への第一歩を踏み出す。1910年に至るまでのこの時期は、日本近代法形成の第二段階と言える。

　この段階は、利谷氏が提唱された「三二体制」の時期と部分的には重なる。というのは、「三二体制」の時期は「法の発展の過程」から見て、1899（明治32）年〜1913（大正2）年の時期に位置づけられる（利谷信義1966：129頁）からである。したがって「三二体制」の時期は、一部は「1910年体制」の時期とも重なる。

第2節　日本近代法体制の変容――普選・治安維持法体制の形成・成立

◆ 日本近代法体制再編・強化の要請：普選・治安維持法体制の形成　　日本近代法体制は、第一次世界大戦による日本資本主義の飛躍的発展を基礎に、ブルジョアジーが国家権力内部での勢力を増大させ、それが一定の「民主化」の動きを進めるものとしても働くことで再編成を迫られた。労農運動の組織化、成長によって、ブルジョアジーと労働者、地主と小作人の対立も激化し、1917（大正6）年、ロシアで起きた社会主義革命は、全世界の資本主義国や植民地・従属国に大きな影響を与え、朝鮮独立運動も内外において活発化した。台湾では、

台湾議会設置（請願）運動も始まった（本書66頁参照）。外のロシア革命と内の民主化の動きに触発され、1918（大正7）年に起こった米騒動は、全国主要都市に波及し、労農運動もいっそう激化して、いわゆる大正デモクラシーの基盤となり、普選実施要求など一定の「民主化」の動きとして、日本近代法体制を内から動揺させた。

政府・官僚・軍部ら統治集団は、動揺した日本近代法体制、なかでも統治体制＝統治機構・法構造の再編、強化を図る。それは、デモクラシー要求運動に対応するための一定の民主化と、第一次世界大戦を契機とする更なる日本帝国主義の拡大政策に対応するための統治体制の再編、強化という二つの要請に応え得るものでなければならなかった。その再編、強化策の中核は、内地（本国）・植民地ともに、国民統合政策であった。1920（大正9）年の朝鮮・台湾の地方制度改正と1921（大正10）年～26（大正15）年の内地の地方制度改正は、国民統合のための統治体制の再編、強化策の現れにほかならない。内地では、1908（明治41）年の戊申詔書、1911年の「市制・町村制」の全面改正を契機に、「市制・町村制」を中軸とする部落有財産統一・地方改良運動に続き、1919（大正8）年には民力涵養運動が展開され、地方改良・民力涵養運動を促進するため、戸主会などの行政補助組織を活用して全面的な国民統合が図られた（＝地方改良運動型国民統合）。この統合には、敗戦に至るまで、国民統合の有力な理論的支柱となる「家族国家観」が、すでに一定の役割を果たしていた。

大正期には、住民自治権の拡充と団体自治権の強化が図られ、たとえば、1921（大正10）年4月11日の「市制・町村制」改正では、1919年に行われた納税資格を直接国税3円以上とする「衆議院議員選挙法」改正（1920年施行）に応じ、市町村議員の選挙・被選挙資格が緩和されたことにより、市町村会議員選挙の有権者が増大し、農村部では普通選挙が実施されたのに近い政治状況が生まれた。1923（大正12）年には「郡制」、1926年には郡長、郡役所が廃止され、明治以来の農村支配体系も崩れた。

❖ **普選・治安維持法体制の成立**　こうした日本近代法体制の再編、強化策の中軸となったのが、1925（大正14）年の「衆議院議員選挙法」改正（1925法47）（普通選挙法—選挙権者は25歳以上の帝国臣民男子）と「治安維持法」（1925法46）であった。普通選挙法が「治安維持法」を同時に成立させることなしに実現でき

なかったことは重要である。治安維持法は国体の変革と私有財産制度の否認を目的とする結社の組織・加入を処罰するものであるが、朝鮮・台湾などの植民地独立運動のほか、現実には広く表現の自由を取り締まるものとして機能した。

1926年6月には「府県制」と「市制・町村制」も改正（1926法73・法74・法75、7月1日施行）〔＝26年法〕され、地方議会にも普選が実現した。同時に市町村長選任方法も市長選任時の内務大臣推薦や天皇裁可、町村長選任時の知事認可は廃止され、市町村会での選挙による選任となった。こうして普選・治安維持法体制の下、26年法で自治権が拡充された反面、府県知事・市町村長権限が拡大、強化され、中央・地方を一貫する新たな国民統合が図られた（＝普選・治安維持法体制型国民統合）。

26年法は、デモクラシー要求運動に対応して行われた日本近代法体制再編、強化の一応の帰結である普選・治安維持法体制の地方（国民）支配の中軸をなすものであり、米・露（ソ連）・中国を仮想敵国とする日本帝国の帝国主義的拡大政策に国民を動員する制度的措置であった。それは帝国議会（衆議院）議員選挙ですでに与えられていた普通選挙権を地方議会にも拡大、適用し、人々に「国民」としての自覚を持たせ主体的に国家と一体化＝国民統合を図ることで帝国主義的国家政策に協力させる一方、政策に従わない者を排除する（治安維持法を中核とする）システムの一環をなすものであった（成田龍一2007：199頁）。

◆ **普選・治安維持法体制の基本的法構造** 以上、普選・治安維持法体制について、日本帝国の国家統治機構の中軸をなす内地の一連の地方制度改革を中心に考察してきた。それは、日本帝国主義国家に即応する中央・地方を通じて支配体制を安定させるための住民＝国民統合の方式を構築するものであった。

一方、第一次世界大戦後の労農運動・社会主義運動の高揚は、従来の治安対策を変換させた。その法的防衛策が「治安維持法」であるが、1926年に労働者・農民団結権などを禁止した「治安警察法」第17・30条が廃止（4月9日）されたことも重要である。普選実施は、国民統合を推進するが、労働者・農民の権利意識の向上や労働者・農民の反体制的運動の増大、激化を伴う。その対策として「治安警察法」第17・30条が廃止され、各種調停法（「借地借家調停法」・「小作調停法」・「労働争議調停法」）が実施される一方、「治安維持法」などの弾圧法が制定された。それらは、労農運動を合法的な枠内にとどめるとともに

「宥和」「協調」政策により労農の反体制運動の分断・体制内化を図る一方、共産主義・無政府主義運動など体制内化できない運動に対しては「治安維持法」等の各種弾圧立法を用意したものであった。これが、普選・治安維持法体制の基本的構造である。

第3節　日本近代法体制の崩壊——準戦時法体制から戦時法体制へ

❖ファシズム法体制の形成　昭和期に入ると、金融恐慌、世界大恐慌により、窮乏に追いつめられた労働者・農民の運動は激化し、革命化していった。

1928（昭和3）年3月の最初の衆議院議員普通選挙、また、26年法に基づき昭和初年に行われた府県会議員・市町村会議員の最初の普通選挙でも、治安維持法体制下の露骨な選挙干渉、厳しい取締りや弾圧の下、労働者・農民（小作人）の代表が帝国議会・府県会・市町村会に進出した。この背景には、普通選挙権を得た労働者・農民による権利意識と労農運動のいっそうの高揚があった。1929（昭和4）年の地方制度改正（4月15日）（＝29年法）は、こうした事態への対応体系の中軸をなすものにほかならない。こうした経緯から考えるならば、29年法は自治権拡充の様相をとってはいるが、基本的には中央集権的地方統治を強化するものであり、昭和初年以降の金融恐慌などによる社会・経済の不安定化に対応する、統治体制のファシズム的再編の主要な一環でもあった。その意味で、29年法は大正デモクラシーの一定の帰結であり、かつ、ファシズム（法）体制形成への契機ともなるという二つの要素を持つものであったと言えよう。

1932（昭和7）年、政府は農・山・漁村民の統合対策として農山漁村経済更生運動を展開するが、大した効果を得られなかった。政府・官僚・軍部は、こうした国内の矛盾克服のため中国侵略政策を推進する。軍部の発言権は強まり、1936（昭和11）年には、1913（大正2）年に廃止されていた軍部大臣現役武官制の復活（5月）や「帝国国防方針」（6月）の改訂も行われた。以後、政府レベルで、戦争準備に国の政策・法が追随するような体制、すなわち準戦時法体制が成立する。

❖ファシズム法体制の成立　日中戦争が勃発（1937年）すると、ファシズム

法体制確立の画期的メルクマールとされる（渡辺洋三1979：38頁）「国家総動員法」(1938法55) が制定 (1938年4月施行) される。「国家総動員法」は、準戦時、戦時に国防目的を達成するため、人的・物的資源を全面的に行政権の統制運用に委ねる広範な授権法であり、ファシズム法形成過程において、実質上、優位となっていた議会に対する政府・軍部の権限は法制度的に確定し、議会が政府・軍部を制御する余地はなくなった。このような広範な授権法はまた、近代的意味（法律による行政という意味）における法治主義の全面的解体をも意味する（渡辺1979：84-85頁）。同法を契機に、準戦時法体制は戦時法体制へ移行し、敗戦時に至る。

　また、近衛内閣は、内閣強化策として「国家総動員法」等の施行・統轄に関して首相権限を強化 (1939年) する。また地域社会統合のため「農村自治改正要綱」(1938年) を起点に、部落会・町内会を国民統合の最末端組織として整備・充実するとともに、「府県制」改正 (1943法79)・「市制・町村制」改正 (1943法80・法81) 等 (1943年3月) により府県知事・市町村長権限を拡大、強化した（＝国家総動員体制型国民統合）。この結果、市町村議会は形骸化し、加えて、1940（昭和15）年の地方税財政制度改革、とくに地方分与税の創設は、地方公共団体の財政上の自主性を奪い、地方「自治」の崩壊は決定的となった。

　太平洋戦争期 (1941〜45年) には、首相東條英機の内相・陸相・参謀総長兼任という独裁的地位に加え、「戦時行政特例法」・「戦時行政職権特例」等 (1943年) による総理大臣を中心とする行政権の強化、「国家総動員法」を中軸とする戦時法体制の一環として、内外地（植民地）行政の一元化 (1942年) を図る官制改革が行われ（本書65頁、73頁参照）、戦時体制に即応して治安立法も強化され、「国防保安法」・改正「治安維持法」・「言論、出版、集会、結社等臨時取締法」(1941年)、「戦争刑事特別法」(1942年) などが制定された。

　以上、戦時法体制下では、議会制度や国民の権利など憲法上の諸原則は全て否定され、憲法自体が国民から隔離された「無憲法状況」（憲法停止状況—山中注）が出現した。これが日本近代法の歴史の帰結であり、敗戦をもって植民地帝国日本の法体制＝日本近代法体制も基本的には崩壊する。日本は、このような状況から戦後改革を始めねばならなかったのである（渡辺洋三ほか編1976：14頁）。

第4節　戦後改革と法の「民主化」——現代法体制形成の起点（基点）

❖ **ポツダム宣言の受諾と民主的改革の始動**　1945年8月14日、わが国はポツダム宣言を受諾した。宣言は、日本国民を戦争に駆り立てた権力や勢力の永久の除去、日本軍の完全な武装解除と戦争犯罪人の処罰、日本政府に対して国民の間にある民主主義的傾向の復活強化に対する一切の障害の除去や言論・宗教・思想の自由と基本的人権の確立を要求した。

1945年8月～10月にかけ、軍事組織はほぼ完全に解体されたが、この間、一部の例外を除き日本を非軍事化・民主化しようとする連合国の方針とことごとく対立した東久邇内閣は、連合国総司令部（GHQ）の「政治的、公民的及ビ宗教的自由ニ対スル制限ノ除去ニ関スル覚書」（1945年10月4日）による指令に従えば、国内の治安維持が不可能という理由で総辞職し、戦前から親英米派である幣原喜重郎内閣が成立した。幣原首相は、連合国最高司令官マッカーサーから、上述の「覚書」を具体化した5項目の改革①婦人の解放、②労働組合の結成奨励、③学校教育の自由化、④専制政治の廃止、⑤経済機構の民主化の即時実施を口頭で要求された（1945年10月11日）。この方針は、当然、大日本帝国憲法とは相容れず、政府にとってまず憲法改正が不可避の課題となった。

❖ **憲法の制定**　マッカーサーから新しい憲法の制定作業を指示された幣原内閣が作成した改正憲法草案（「憲法改正要綱」＝甲案）の内容は、大日本帝国憲法と大差ないものであった。連合国総司令部は、この改正憲法草案を拒否、1946（昭和21）年2月「人民主権」などを盛り込んだ「総司令部案」を政府に渡した。総司令部ホイットニー民政局長は、天皇を戦犯追及する国際世論の高まりにふれ、政府が、天皇制を維持するこの案を拒否すれば、総司令部は直接国民に提案すると、日本政府に受け入れを求めた。ファシズムの再現に反対する国際世論の圧力に押されていた米国自身が、戦後日本の労・農運動や都市民衆運動の高揚の中に平和と民主主義を求める日本国民の動向をいち早く察知していたからである（中村政則2005：27頁）。この経緯が「押しつけ憲法論」の論拠となっていく。

日本国憲法は、1946年11月3日公布され、翌47年5月3日施行された。日本

国憲法は、半年間にわたる国会の内外での議論を経て制定されたもので、国民の意思を無視した総司令部からの「押しつけ憲法」であると一概には言えない。平和と人権を尊重する思想に基づいた画期的な日本国憲法は、戦後日本の国是として国民から歓迎された（歴史科学協議会編2000：92頁〔柴山敏雄執筆〕）。

❖ **農地改革**　農地改革は、連合国側にとって、日本の小作農民が地主制の下、低賃金労働者・一般兵士の供給源として日本帝国主義に利用されてきたため、日本の非軍事化・民主化に必要・不可欠なものである、と考えられた。

1945年12月9日、総司令部は「農地改革ニ関スル覚書」を日本政府に交付し、農地改革計画を提出するよう命じた。同月4日には、幣原内閣が戦前の「農地調整法」（1938年）改正案を「農地改革法案」（第一次農地改革法案）として帝国議会に提出し、12月18日に成立させたが、解放されるのは、小作地面積の40％に満たなかったため、日本農民組合や総司令部、対日理事会も改革の徹底を求めた。その結果、1946年10月「農地調整法」改正法（1946法42）と「自作農創設特別措置法」（1946法43、12月施行）が公布された。

　　この第二次農地改革法の結果、寄生地主制はほぼ完全に解体されたが、農民は小土地所有者となって保守化し、農民運動は衰退していった。このように第二次農地改革の結果、わが国の農業と農村は大きく変わったのである。

❖ **財閥解体**　軍事経済の主要な担い手であり、侵略戦争の一翼を担った日本の独占資本＝財閥の解体は、日本の非軍事化を目指す総司令部の当初からの課題であった。総司令部は、財閥と日本政府の抵抗を排し、財閥解体の実施を勧告・指示した。この方針に沿って、1946年4月、「持株会社整理委員会令」が公布され、1947年9月まで、三井・三菱・住友・安田等の財閥本社を含む関連企業が解体された。同年12月には財閥解体の対象とならなかった大企業を解体するため、「過度経済力集中排除法」が制定され、日本製鉄・三菱重工業等の企業分割が行われた。さらに財閥・独占企業の復活阻止のため、同年4月には「私的独占ノ禁止及ビ公正取引ノ確保ニ関スル件」（独占禁止法）（1947法54）が制定され、その実施機関として公正取引委員会が設けられた。

❖ **労働改革と労働組合の制定**　戦前日本では、労働者の状態が、低賃金労働による狭小な国内市場、不当な国際競争力をもたらし、企業の対外進出、軍隊

による対外侵略を招いたと考えた総司令部は、労働改革の実施を強く要請した。

こうして1945年12月、「労働組合法」(1945法51)が制定され、労働者に団結権・団体交渉権・その他の団体行動権が保障された。同法では組合員資格の性差別も禁止された。1946年9月には労働争議の斡旋・調停・仲裁を行うため「労働関係調整法」が、1947年4月には「労働基準法」(1947法49)が制定された。

> 戦前に比べ原理的に転換された諸立法によって、労働者の基本的権利は保障され、多くの労働組合が結成されたが、労働運動が連合国軍の占領目的を阻害する場合には、1947年の二・一ゼネストに対する総司令部の中止命令のように、運動が抑圧された(渡辺ほか編1976：26-27頁)。

◆ **教育改革と国家神道の解体**　戦前、日本人が天皇制を信奉し、軍国主義を支え、アジア諸国への蔑視観を持った原因の一つは、教育にあった。総司令部は、1945年10月「日本ノ教育制度ノ行政ニ関スル覚書」により、軍国主義的・超国家主義的思想の流布を禁止、民主主義教育の推進・徹底を日本政府に指令し、12月、「神道〈国家神道、神社神道〉ニ対スル政府ノ保護、支援、保全、監督及ビ弘布ノ廃止ニ関スル覚書」を日本政府に交付した。こうして、近代国家の基本原則である政教分離が実現された。

さらに教育改革を企図した総司令部は、日本政府に対して、1946年1月、米国の教育使節団に協力する教育家の委員会設置を指令した。1947年3月、教育憲法といわれる「教育基本法」(1947法25)、六・三制を採用した「学校教育法」、教育委員公選制を規定した「教育委員会法」(1948年7月)などが法制化された。「教育基本法」は、憲法の理念を実現するため「個人の尊厳を重んじ、真理と平和を希求する人間の育成」と「個性ゆたかな文化の創造をめざす教育」を普及、徹底することを明確にした。

◆ **両性の平等と「家」制度の廃止**　総司令部の改革5項目の第1は、婦人の解放であった。これに基づき、1945年12月「衆議院議員選挙法」が改正(1945法42)され、女性に選挙・被選挙権が認められた。日本国憲法は両性の平等原則を明確にし、第14条で「法の下の平等」を規定し、第24条で、両性の合意のみに基づく婚姻の成立、夫婦の権利の平等を規定した。戦前の「民法」の

「家」制度は、こうした憲法の規定とは相容れないため、1947年12月に「民法」の親族・相続編が改正（1947法222、1948年1月1日施行）され、「家」制度が廃止された。また、「刑法」も改正され、女性だけに適用された姦通罪も廃止された。

> このように女性の地位は、戦前に比べ飛躍的に改善されたが、現実の社会構造の中では、女性差別はさまざまな態様で現在も残っている。しかし、女性の権利を認めた日本国憲法をはじめとする諸法が、女性がより実質的な権利を獲得するに際して法的根拠となっていることは看過されてはならない。

❖ **統治機構の改革**　統治機構の改革において、その最も核心となるのは、大日本帝国憲法の天皇主権が日本国憲法の国民主権へと転換したことである。この最高法規を具体化する各種の下位法規が統治機構においても、制定・改正された。

まず立法機関では、国会が「国権の最高機関であつて、国の唯一の立法機関」（憲法第41条）と定められ、これを具体化する「国会法」（1947法79）が1947年4月30日に制定された。また、選挙法の改革も、既述したように、「衆議院議員選挙法」の改正によって婦人参政権等が規定され、真の普通選挙が実現した。

さらに国民主権の原理から天皇の官制大権も否定され、国の行政組織に関する基本事項は、国会の統制下に置かれ、法律で定められることとなった。総理大臣の権限も大日本帝国憲法下より大幅に強化され、官吏も天皇の官吏から国民「全体の奉仕者」（憲法第15条）＝公務員に改められた（1947法120、国家公務員法）。

地方制度の分野でも、日本国憲法と「地方自治法」（1947法67）の制定により、戦前の中央集権的・官治的性格は、根本的に改められ、住民参加の地方自治が制度上は実現した。しかし、財政面での中央集権的構造は改められず、三割自治と言われる情況が生み出された。

また、日本国憲法の制定に伴い「裁判所法」（1947法59）が制定され、司法権の独立が図られた。

❖ **戦後（法）改革と日本の対米従属化**　以上のように、戦後改革によって、日本の政治理念や法制度は大きな変革を遂げた。国民主権原理を中核とする日

本国憲法制定および農地改革等の諸改革は、戦前日本社会の根本的な構造改革であり、その限りで「民主的」改革であった。

　　この改革の評価について、戦前日本社会に戦後改革と連結する運動や構想、改革が存在したことを重視する連続説と戦後改革によりはじめて戦前日本社会の構造的変革が行われたとする断絶説がある。

　戦後日本は、既述のような日本国憲法制定を基軸とする「民主的」諸改革により基本的転換を遂げたことは明白であり、この歴史的意義は大きいが、戦後改革が総司令部、とくに米国の対日政策の枠内という制約下で行われたことは、「民主的」改革を不徹底に終わらせ、日本を米国の従属者（渡辺ほか編1976：28-29頁）、「冷戦」における米国の「従属的パートナー」（ジョン・ダワー〔三浦陽一ほか訳〕2001：6頁）とした。

　以上に述べたように、戦後の法の「民主化」は限定的なものであり、現代法体制形成の素地を造成した。その意味で、現代法体制形成の起点（基点）とも考えられる。

第5節　現代法体制の形成──占領政策の転換・日米講和条約の締結と法体制の変容

　◆ 冷戦と占領政策の転換　　反ファシズムを標榜して第二次世界大戦を戦った連合国間の矛盾・対立が漸く表面にあらわれ、とくに冷戦（＝米ソ対立）がアジア地域にも及ぶと、米国は、1948年10月、対日占領政策を転換した。その主眼は、冷戦下、日本を米国側へ組み入れることを目的とする、①戦後改革の停止、②日本政府への大幅な行政責任の委譲、③公職追放の解除、④戦争裁判の終結、⑤治安確保のための警察力強化にあった。その実現のため、今後の対日政策の基本方針を経済復興に置き、それを民間企業の育成、労働強化による生産力の向上、輸出振興、均衡予算の達成によって実現することを企図した。そのような企図の一端は、国家公務員の争議行為・政治活動を禁止した同年12月の「国家公務員法」改正（1948法222）や「公共企業体労働関係法」（1948法257）、1950年12月の「地方公務員法」（1950法261）にも見られた。

　◆ 経済安定九原則と治安法の強化　　経済復興の実現を目指す米国の対日政策

は、徹底的な財政緊縮、価格差補給金などの削減、米国の援助物資削減、復興金融公庫の投資整理、徴税強化を示した1949年の総司令部の「経済安定九原則」（ドッジライン）に具体化された。財政緊縮を迫るこの施策によって中小零細企業の倒産は増加し、復興金融公庫が廃止され、米国の統制の強い見返り資金制度が導入された。同年4月には1ドル＝360円の単一レートが実施され、日本経済を米国の主導する国際経済システムに結合し、日本に輸出重視の財政経済政策をとらせた。この政策は、企業整備、行政整理という名目で労働者の大量整理（首切り）をもたらした。

　こうした政策への反対運動が展開されると、これを規制する目的で総司令部地方軍政部指導による「公安条例」が各地方自治体で制定されたが、勤労者は、生活保護法などの社会保障制度の改善を要求し、1950年4月には「生活保護法」の改正を実現した。これは、生存権の保障を明文化したものである。

　超国家主義団体の取締りを目的とした1946年公布の「勅令101号」は、1949年4月、「団体等規制令」に改正され、左翼系諸団体の結成・指導の禁止・解散・関係者の公職追放が図られた。その背景には、総司令部が反共産主義を明確化したこともあった。1950年には、マッカーサーは、吉田茂首相宛書翰で日本共産党中央委員らの公職追放などを指令した。

　◆朝鮮戦争と対日講和への動き　1950年の朝鮮戦争の勃発は、米国に日本の対米協力をより強固・確実にするため対日講和を急がせ、米軍基地としての日本の役割を強く認識させ、日本の国土を無制限・無期限に利用する計画と米軍戦略に協力する日本の再軍備計画を一体のものとして推進させた。米軍基地の継続使用や沖縄の米国支配への日本政府の抵抗はなく、沖縄・小笠原の米軍政下存置を前提に、講和交渉と日米安保条約・日米行政協定協議が併行して進められた。

　◆対日講和条約　米国政府は、1950年10月、「対日平和七原則」を発表、講和交渉を始めることを各国に表明した。占領下にもかかわらず、米国の主導による単独講和に反対する全面講和要求運動が展開されたが、1951年9月8日、「サンフランシスコ平和条約」（対日講和条約）が締結された。しかし、全面講和要求運動を通じて、日本国憲法の平和主義が広く深く国民に浸透し、平和運動、憲政擁護運動の出発点となったことは、明記しておかなければならない

（渡辺ほか編1976：58頁）。

　この条約には、①日本の完全な主権の承認、②日本による朝鮮独立の承認、済州島・巨文島・欝陵島を含む朝鮮及び台湾・澎湖諸島に対する日本のすべての権利、権原・請求権の放棄、③千島列島・樺太の一部とこれに近接する諸島に対する日本のすべての権利・権原・請求権の放棄（ただし、日本の千島列島領有は、ロシア・ソ連に対する関係においては、戦争によるものではなく交渉によるものであり、放棄には根拠はないと考えられる）、④北緯29度以南の琉球列島・小笠原諸島に対し、米国は行政・立法・司法上の権力の全部及び一部を行使する権利を有する（北緯29度以北は、1953年12月、日本に復帰）、⑤2国間もしくは多数国間との協定に基づく外国軍隊の日本駐留を妨げないこと等が、明記された。

　同じく、1951年9月8日、日本は、米国と安全保障条約を締結し①米国は「日本が……直接及び間接の侵略に対する自国の防衛のために漸増的に自ら責任を負うことを期待する」として日本再軍備の期待を示し、②日本が希望するかたちで米国の陸海空3軍の日本配備を可能にし、米軍に対し、場所を特定せず本土全域の基地を提供することを約した。③米軍は、「外部からの武力攻撃に対する日本国の安全に寄与する」と規定されてはいたが、法文上は日本防衛義務を課されていなかった。④一方「極東における国際の平和と安全に寄与」すると規定されたため、米軍が極東において軍事行動を行う際の日本国土の利用を認めた。⑤日本国内の治安維持のための米軍の出動権も認め、米軍配備を規律する条件は、翌年2月の日米行政協定で決められた。これは、米軍の出入・移動の無制限の権利を認め、米軍駐留費用を日本が分担するとした。また米軍・軍属その家族の治外法権、米軍の物資・労働の調達に関する特権も与えた。

　この結果、国際社会における日本の対米従属的地位が定まった。こうした対米従属の体制は、一般に「サンフランシスコ体制」あるいは「日米安保体制」と呼ばれる（渡辺ほか編1976：59-62頁、歴史科学協議会編2000：278-281頁〔青木哲夫執筆〕）。

◆ **逆コースと法の変容**　「サンフランシスコ体制」成立の前後から日本国憲法や戦後の「民主的」改革の方向に逆行するような法令が制定され、制度・組織がつくられていく。「逆コース」と呼ばれる動きである。

　第1に、1952年7月「保安庁法」、1954年6月には「防衛庁設置法」・「自衛隊法」（1954法165）が制定され、陸・海・空自衛隊が組織され再軍備が行われた。第2に、治安法制の強化である。講和発効と同時に占領下の治安法＝「団体等規制令」（1949年）が失効し、

1952年7月「破壊活動防止法」(1952法240)(破防法)が制定された。破防法の「破壊活動のおそれ」などに対する規制が、言論・結社の自由を奪い、労働運動を弾圧するとの反対運動が高まり、法案の一部が修正され、拡張解釈の禁止（第2条）、国民の自由と権利や労働組合活動の制限の禁止（第3条）条項等が入れられた。同法は「暴力主義的破壊活動」を行った団体が継続・反復して破壊活動を行うおそれがある場合、解散や活動停止などの処分を公安審査委員会が行い、政治的行動に関して刑法外の多くの罪を規定した。同時に、共産党等の監視機関として公安調査庁や公安審査委員会が設置された。第3に、地方自治法制の漸進的な中央集権化が行われた。1952年8月、地方自治庁・全国選挙管理委員会・地方財政委員会が統合されて自治庁が設置され、次いで翌年9月の「町村合併促進法」(1953法258)によって町村数は3分の1に減少し、広域行政化が推進された。地方財政制度においても、地方自治体の権限は制限され、1954年5月には「地方交付税法」(1954法101)、翌1955年12月には「地方財政再建促進特別措置法」(1955法195)などが制定された。これらは、1954年6月「警察法」改正（1954法162）による自治体警察と国家地方警察の都道府県警察への統合とともに、地方に対する中央統制の強化・集権化の方向を明確に示した。第4に、1956（昭和31）年6月の「地方教育行政の組織及び運営に関する法律」(1956法162)（新教育委員会法）によって教育委員を公選制（1948年、教育委員会法）から首長任命制とするなど、教育行政の中央集権化が進められた。

このような「逆コース」の流れの中で、1954年から55年において自由党など保守党側の憲法改正の動きが生まれ、いくつかの憲法改正案も作成される。このような動きに対し、戦後改革の中、日本国憲法の精神を体得してきた日本国民は、基地拡張・破防法反対・改憲反対運動・平和運動等を展開していった。1955年2月の総選挙でも革新政党は、改憲阻止に必要な議席の3分の1を確保した。

◆ **1955年体制・日ソ国交回復**　こうした国民の動向を「赤化」脅威の増大と捉えた政府・財界は、1955年10月の左右社会党の統一で、いっそうの危機意識を持った。財界は、民主党（1954年結成）と自由党の合同を強く要求し、同年11月、自由民主党が結成され第3次鳩山一郎内閣が成立した。ここに「1955年体制」と呼ばれる自民党の長期政権体制（1983年8月まで継続）がはじまる。鳩山内閣最大の課題は、日ソ国交回復と憲法改正にあった。鳩山内閣は、改憲に必要な議席の確保を意図して小選挙区制法案を国会に提出したが、大混乱の末、審議未了、廃案となった。こうして改憲は失敗したが、日ソ国交回復は1956年10月「日ソ共同宣言」が調印され実現した。しかし、領土問題は、棚上げ先送りにされた。

第6節　現代法体制の成立と展開

❖ **安保改定と現代法体制の成立**　戦後の法の「民主化」を起点（基点）に展開されてきた法体制は、その基本的枠組みを1960年代に定着させていく。このことをもって現代法体制の成立と言えよう。その契機となったのは、1960（昭和35）年の安保改定であった。1951年の日米安保条約は、日本にとっては、米軍行動に対する発言権の欠如、米軍特権などの点で、米国にとっては、日本の軍事的義務が明記されていない点で、それぞれ問題があった。米国は当初、安保改定には消極的であったが、1957年8月、ソ連が米国より早く大陸間弾道弾実験に成功すると、対ソ、対社会主義戦略の変更を余儀なくされた。米国は、安保条約改定による日米共同防衛体制の構築を企図し、安保全面改定を日本に提案した。安保改定に対し、社会・共産党、総評などの労働組合は激しい反対運動を展開したが、1960年5月、衆議院に警官隊を導入して強行採決され、6月、新安保条約は自然成立した。ワシントンで調印（同年1月）された新安保条約は、米軍基地の無制限使用、「極東平和」のための米軍出動が可能という二点（旧安保）に加え、防衛力の増強義務（第3条）、相互防衛義務（第5条）が課されるなど、日本に米国の軍事行動への参加義務を課した。また、核兵器積載の米艦船・航空機の日本立ち寄りを核持込みの事前協議の対象とせず、有事の際、日本への核兵器持込みに反対しないことも極秘裏に決められた。安保改定反対運動に直面した政府は、以後、「解釈改憲」による軍事力強化を推進していった（宮地正人2006：501頁）。

　こうして、日本は、米国の「従属的パートナー」としての位置と役割をいっそう強化し、米国の世界戦略の一翼を担う立場を明確化した。以後、日本の法体制は基本的には、このような米国従属体制の枠組みの中で展開されていく。

❖ **日韓基本条約・日中平和条約**　1964年に始まったベトナム戦争の本格化に伴い、米国は韓国の助力も必要とするようになり、日韓交渉の斡旋を1951年から始めていたが、1965年に至って、急遽「日韓基本条約」が、日韓両国民の反対を排して締結され、戦後処理が行われた。中国に対しては、1972（昭和47）年の米国ニクソン大統領の訪中によって米中の国交が回復されたのを受けて、

同年には日中共同声明を行って国交を回復し、1978年に「日中平和友好条約」がようやく締結された。

❖ **沖縄返還協定**　沖縄は、ベトナム戦争の基地としての役割を果たしていたが、戦争が泥沼化するなか、1971年、米国との間に「沖縄返還協定」が締結された。佐藤栄作首相は、沖縄の本土復帰によって沖縄の戦後は終わるとし「核抜き本土並み」返還を表明したが、緊急時の沖縄への核兵器の「再持込み」を認める密約があったことが確認されたと言われている（2009年12月23日『朝日新聞』日刊）。

❖ **高度経済成長と現代法体制の展開**　1960年7月に発足した池田勇人内閣の基本政策の第1は、高度経済成長政策の推進、第2は、日米協調関係の強化とアジア地域への経済的進出の推進、第3は、高度成長の担い手を養成する「人づくり」政策の推進であった。こうした高度経済成長政策の過程で、いわゆる「鉄の三角形」と呼ばれる政治構造が政府（政権）・財界（企業）・官僚間で構築された。いわゆる政財官の癒着の構造である（宮地2006：502頁）。

❖ **所得倍増計画と旧全総・新全総**　高度経済成長政策は、「国民所得倍増計画」（1960年）と「全国総合開発計画」（旧全総、1962年）から成り立っていた。それに伴い「首都圏整備法」（1956法83）に加え「近畿圏整備法」（1963法129）などの地域開発法が制定された。この開発法制の特徴は、形式的な根拠は法律にあるが、内容的には、中央の行政庁による中央集権化された手続を経て策定される計画に基づいて行われる。そこでは「法律による行政」が「計画による行政」に転化すると同時に、計画そのものの中に上下のヒエラルキーが形成され、議会制定法＝法律の役割の後退と行政権の肥大化という現代法の特徴が明瞭に看取される（渡辺ほか編1976：126-127頁）。1969年には旧全総に代って「新全国総合開発計画」（新全総）が提示され、新たな大規模工業基地の建設、交通・通信のネットワークのための法整備がなされた。

❖ **産業構造改善立法**　高度経済成長政策を推進するエネルギー政策として、政府は原油輸入の自由化に伴い、新たに石油業統制のため「石油業法」（1962法128）を制定した。また対米依存構造の下にあったエネルギー産業や重化学工業分野の国際競争力を強化することを迫られた政府、財界は、産業構造改善の立法化を試みる。その典型は「海運業再建整備臨時措置法」（1963年）と廃案

となったが、「特定産業振興臨時措置法案」（同年）などであった。これらの立法は、「独占禁止法」と競争政策の後退をもたらすものであった（渡辺ほか編1976：127頁）。

❖ **基本法制の展開**　高度経済成長政策の下では、農林漁業・中小企業などの産業部門が劣位に置かれた。これらの産業部門の経営構造を改善して経済成長の利益再配分を行おうと企図された一連の立法が、個々の施策を方向づける基本法という形式をとって1960年代に登場する。

最初の基本法制は、「農業基本法」（1961法127）、「林業基本法」（1964法161）であり、農林業の生産性向上、農林業従事者保護などを標榜したが、小規模経営を排除する構造改善政策に重点が置かれ、農林業従事者の保護はおろそかにされた。「中小企業基本法」（1963法154）も同様で、中小企業の体質を近代化して大企業の系列下に置くという筋道になっていた（渡辺洋三1988：228頁）。以後、このような単に国家の政策目標の抽象的表現にすぎない諸種の基本法が、その分野に関して制定される諸法に対する指導的地位を有していった。従来の憲法―法律という序列の中に基本法が入り込む憲法―基本法―法律という序列が生まれたのである（渡辺ほか編1976：128-129頁）。

❖ **労働力の広域流動化政策と法**　労働法関係立法は、所得倍増計画を前提に、1950年代の地元重視の離職者対策法から、労働力の広域流動化のための事業や職業紹介のための就職者の宿舎設置などが「雇用促進事業者団体法」（1961法116）によって推進された。「職業安定法」改正（1963年）も、労働者の移住資金貸付制度を創設した。このような労働力の広域流動化のための基本法が「雇用対策法」（1966法132）である。それは所得倍増計画、開発立法、産業構造改善立法に対応して完全雇用の達成を目的として、技能検定制度の確立、転職の奨励・確保の措置を規定し、農村からの労働力流出を促進する役割を果たした（渡辺ほか編1976：131-132頁）。また1985年には、「労働者派遣事業法」（1985法88）が制定され、パート労働を含む非正規雇用の労働者＝社員が増大していった。一方、女性労働者には「勤労婦人福祉法」（1972法113）、「育児休業法」（1975法62）による実効性のある保護が始められ、1985年「男女雇用機会均等法」（1985法45）が制定された（1999年には、「男女共同参画社会基本法」（1999法78）も制定された。同法に関連して、2008年7月には、防衛省に男女共同参画推進企画

室が設置され、女性自衛官採用・登用の拡大が図られたことが注目される〔内閣府「共同参画」NO5. 2008年9月〕。人口減による人員確保難のほか、冷戦終結に伴い、災害派遣、国際平和協力活動など、女性が参加しやすい非有事対応が増えていることが、その理由とされている（2009年8月22日『日本経済新聞』日刊）。

❖ **公害対策法・消費者保護法**　1960年代後半に入ると高度成長政策に随伴して「公害」が全国で発生し、公害反対運動や企業・国・県などを相手とする訴訟が提起された。「公害対策基本法」（1967法132）は、これらの動きに対する政府の対策であった。また、1969年には「公害健康被害救済特別措置法」も制定された（1993年には地球環境保全の国際的な取組みを受けて「環境基本法」も制定される）。また高度経済成長とともに商品の誇大宣伝や虚偽広告また商品の質の粗悪化も拡がり、その対策として「消費者保護基本法」（1968法78）が制定された。同法は、事業者に対し危害防止、適正表示を促し、その促進を国や地方公共団体の責務とする一方、消費者に対する自覚を促す立場をとっており、消費者の権利の確立やそれに対応する国・地方公共団体や事業者の義務を明確化したものではなかった（渡辺ほか編1976：137-140頁）。

❖ **同和対策事業特別措置法**　1965年には、同和対策審議会が答申で同和問題を「基本的人権に関わる問題」として、その早急な解決を国に求め、1969年に「同和対策事業特別措置法」（1969法60、10年間の時限立法）が制定された。その後は、「地域改善対策特別措置法」（1982年）などに受け継がれた。

❖ **憲法改正の動きと公職選挙法の改正**　既述したような安保改定による日米軍事協力の強化は、自衛隊の存在を「解釈改憲」によって正当化することも困難な状況を生み出し、他方、高度経済成長政策の矛盾に対応する国民の民主主義的諸要求の増大は、政治的には自民党単独支配の危機、法的には憲法をめぐる闘いを深化させた。このような1970年代初の政治状況は、政府・自民党など支配層の関心を、再び憲法と選挙制度（小選挙区制の導入）へと向かわせた。1972年10月には、天皇の法的地位の明確化、自衛力の保持と集団安全保障機構の確立、基本的人権に対する制約の明示、緊急事態時の内閣の非常大権の創設等を内容とする、自民党憲法調査会の「憲法改正大綱草案」が決定された。また、1971年4月の自民党司法制度調査会の「司法制度改正意見」は、違憲立法審査権を最高裁大法廷に専属させることも提案した。

一方、小選挙区制導入の試みは、鳩山一郎内閣以来、政府・自民党によって追求されてきたが、反対運動によって実現できなかった。しかし、1975（昭和50）年7月には、三木武夫内閣によって「公職選挙法」の改正（1975法63）、「政治資金規正法」の改正（1975法64）が行われた。改正公職選挙法は「ビラ公害」を理由として、選挙期間中の政策宣伝等を規制するなど、国民の政治活動の自由の制限を強化した。改正政治資金規正法は、企業・労働組合の献金を1億5千万円を限度として認める一方、市民の少額選挙カンパについても、氏名・住所等の届出を義務づけるなど、内容の偏ったものであった（渡辺ほか編1976：175-177頁）。

第7節　現代法体制の転換と現代日本の課題

　◆ **世界規模の安保体制と現代法体制の転換**　1989年から91年にかけて、ソ連・東欧の社会主義体制が崩壊し東西冷戦が終結した。1989年の中国「天安門事件」に連動して、東欧でも民主化運動が高揚した。

　1990年の湾岸戦争勃発に際し、日本政府は、米国の軍事行動を支援し、多額の戦費＝資金援助を行い、創設以来はじめて自衛隊を派遣した。1992年に「国連平和維持活動（PKO）協力法」（1992法79）が制定されて以降、自衛隊が各地に派遣された。米国は、このような米・日軍事協力の明文化を日本政府に求め、1996年4月に「日米安全保障共同宣言」が行われた。1997年には、この「共同宣言」のガイドラインが制定され「安全保障面での地域的地球的規模」での日米協力や対日攻撃時の共同作戦計画、周辺事態（地理的なものではない）に際しての相互協力計画等が検討された。周辺事態時の日本の米軍支援も約束された。この具体化のため、1999年には、新ガイドライン関連法として「周辺事態法」（1999法60）等が制定された。同年には、「国旗・国歌法」（1999法112）、警察の盗聴を合法化する「盗聴法」も制定された。

　9・11（2001年）同時多発テロ事件、アフガン戦争、イラク戦争は、日本に大きな衝撃を与えた。2001年11月には、自衛隊の米軍などへの後方支援を可能とする「テロ対策特別措置法」（2001法113）、2003年には「武力攻撃事態対処法」（2003法79）、「イラク復興支援特別措置法」（2003法137）、2004年には「武力攻撃

事態国民保護法」(2004法112) 等有事関連立法が整備されていった。

　次いで2005年に発表された日米の合意文書「日米同盟：未来のための変革と再編」(仮訳) は、自衛隊を日本の専守防衛力よりも、米軍に実質的に統合される世界的な軍事力の一部に変えていくことを示した (吉見俊哉2009：232頁)。

　以上のような経過を経て「日本の防衛」を原則としてきた日米安保体制は、「周辺事態」、現実にはアジア太平洋地域を対象とする日米軍事同盟に転換した。このように、日本の現代法体制は、この世界規模の安保体制によって規定され、展開されている。

❖ **長期不況と金融機関救済法**　　米国からドル安実現のために押しつけられた、低金利・金融緩和政策に起因する日本のバブル経済の破綻は、当時としては戦後最大の不況をもたらした。巨額の不良債権を抱えた金融機関等の救済のため、金融機関救済諸立法が制定され、1997年には金融監督庁の設置とともに金融持株会社が解禁され、金融機関の合併も促進された。「商法」の頻繁な改正により株式会社制度も変化し、不況に苦しむ国民の貯蓄を株式投資へ誘導する株式交換制度の創設 (1999年) や株式分割規定の新設 (2000年公布、2001年施行) 等がライブドア社のマネーゲームを生み、証券取引法違反事件を惹起した。

❖ **福祉関係立法**　　長期不況下での税収不足に対し、国家財政は国債発行や1997年の消費税引上げなどで補填される一方、社会保障関係費用に占める国庫負担率は徐々に引き下げられてきた。同年の第2次「健康保険法」改正による通院・入院時の本人の医療給付の引下げ (9割→8割) (2003年～7割給付) が行われ、年金も1994 (平成6) 年「国民年金法」等が再改正され、年金給付開始年齢が引き上げられた (男性、60歳→65歳、女性は5年遅れの実施)。2004年には年金財政の安定化を図って「国民年金法」等が改正されるとともに、「高齢者雇用安定法」も改正 (2004法103) され、年金給付開始年齢の引き上げに合わせた雇用確保年齢の引き上げを企業に義務づけた。また、1997年には「介護保険法」(1997法123) が公布 (2000年施行) され、介護保険制度が導入されて、原則として65歳以上の要介護認定を受けた高齢者が介護サービスを利用できるようになった。1999年には「民法」が改正されて、高齢者の生活や財産を守るための成年後見の制度が創設された。

◆ **労働関係法の改定**　不況で中高年のリストラが進む一方、1999年の「労働者派遣事業法」の改正（1999法84）で派遣対象業務が原則、自由化され、さらに2003年の改正（2004年施行）による派遣期限制限などの規制緩和によって、非正規雇用の労働者＝社員がさらに増大し、労働条件の悪化が進んだ。

◆ **小選挙区・比例代表制の導入**　1990年代はじめの政治資金にまつわる巨額脱税事件等の政治腐敗をきっかけに、政治改革論議が起こった。選挙制度の改革の気運も高まり、1994年、細川護煕内閣によって、小選挙区・比例代表並立制を導入した「公職選挙法」の改正が行われた。しかし、小選挙区制が、既述したように、改憲を目指す政府・自民党によって追求されてきたものであることは看過されてはならない。

◆ **情報公開法・個人情報保護法の制定**　1999年には「行政機関の保有する情報の公開に関する法律」（1999法42）（情報公開法）が公布された。日本国憲法は、憲法第21条で表現の自由を保障する。それには情報を受領・収集する自由の保護が必要である。そのため、国民は憲法第21条に基づいて政府情報（国家機密のようなものを除く）の公開を求める権利を主張できると考えられる。しかし、戦後も、行政情報は国民の権利とは何の関係もない行政の内部的事項であり、行政の情報を国民に公開する憲法上の義務はないという帝国憲法時代の考え方が継承されていた。しかし、情報公開制度の導入に積極的になったのは、住民に密着した行政を行っている地方自治体であった。その背景には、高度成長期における成長型社会の矛盾の顕在化、政治的問題の発生に起因する政治に対する国民の関心の高まりがあった。1970年代以降、地方自治体の行政への住民参加が重要課題となり、情報公開条例の制定も活発化してきた。1980年代には、各府県で情報公開条例が制定され、ようやく政府も情報公開法を制定するに至った（松井茂記1996：17-28頁、山中永之佑1999：2-3頁）。また、2003年には、国・地方公共団体・民間業者等が適正に個人情報を取り扱うことを責務化・義務化する「個人情報保護法」（2003法57、2005年施行）も制定された。

◆ **法科大学院の設置と裁判員制度**　一方、司法制度改革も行われ、2002（平成14）年には、法曹養成のための法科大学院制度が設けられて、司法試験制度が改革された。2004年には、20歳以上の有権者名簿から選出された裁判員が、死刑・無期懲役・禁錮に当る罪に係る強盗殺人等の重大な刑事事件の裁判（第

一審）に参加する「裁判員法」（2004法63）が公布（2009年5月施行）された。

◆ **憲法調査会報告書、新憲法草案**　2005年4月、衆・参両院の憲法調査会が5年の論議の末、最終報告書をまとめた。次いで、10月には、結党以来「改憲」を標榜してきた自民党が、結党50周年大会で初めて「新憲法草案」を発表した。それによると、前文には「愛国心」や「防衛の義務」が規定され、第9条には「自衛軍」と「集団安全保障」が規定され、自衛隊の軍への昇格と海外派兵の根拠が規定されている。第19条には個人情報の保護、第25条には国の環境保全の責務、犯罪被害者の権利が規定されたが、第20条の政教分離は「社会的儀礼又は習俗的範囲を超える」範囲と規定され、靖国神社参拝などを「社会的儀礼」と解釈する余地がつくられている。また、第76条には下級裁判所として「軍事裁判所」の設置も規定され、第96条の憲法改正手続では、「各議院の総議員の過半数の賛成」で改憲手続が開始されることが規定され、改憲の発議が従来より緩和されるなど、わが国の今後にとって重要な課題や問題の多い内容となっている。しかし憲法第9条については、依然、国民の間で根強い支持があり、2009年5月の新聞の世論調査でも64％が憲法第9条維持を望んでいることが判明している。その反面、生存権を規定した憲法第25条が「あまり実現されていない」、「ほとんど実現されていない」という回答が合わせて47％と半数近くに達していること（2009年5月2日『朝日新聞』日刊）にも注意が払われなければならない。

◆ **教育基本法の全面改正**　こうした改憲の動向の中で、2006年には、教育基本法が59年ぶりに全面改正（2006法120）され「伝統と文化を尊重しそれらをはぐくんできた我が国と郷土を愛するとともに他国を尊重し、国際社会の平和と発展に寄与する態度を養うこと」、「勤労を重んずる態度を養うこと」、「生命を尊び、自然を大切にし環境の保全に寄与する態度を養うこと」等が教育の目標とされた。しかし、この改正には、国際化時代や環境保全に対する国際間の意識の高揚に対応する一方、国旗・国歌法に関連する「愛国心」教育の推進につながる要素もある。同時に「防衛庁設置法等」改正により、防衛庁が省へ昇格され、自衛隊の海外活動を「本来任務」に格上げする関連4法も制定された。

◆ **むすび：現代日本の課題**　以上（第4節以降）、敗戦から近年までの日本現代法史のうち代表的法令のいくつかを、その歴史的背景に配慮しつつ、法の流

れについても触れながら素描してきた。そこから明らかなように、戦後日本は、日米関係を優先させ、日米安保体制の枠内で米国に従属し、国際社会に対応してきた。そのことから、日本現代法史を次のように特徴づけることができよう。

第1に、最高法規である日本国憲法こそ、勤労者を中心とする国民の自由と権利や生存を守る要求を正当化し、実現しうる根拠を規範化したものである。第2に、にもかかわらず、法の流れは、憲法体系と安保体系の相克・矛盾として把握される法現象を生み出してきた。憲法と安保条約は基本的には排斥し合い、対立する異質の法原理を有し、安保体系は憲法体系を侵し、空洞化させている（渡辺ほか編1976：192-193頁）。このことは、一方では、憲法の最高法規性を貫徹しようとする運動と、他方でそれを否定しようとする運動を生じさせている。第3に、この二つの相対立する運動は、それぞれ固有の担い手によって担われてきた。日本の支配層は、安保条約を憲法より上位の最高法規としてそれと整合する法制度を策定・適用し、たえず憲法を形骸化しようと図ってきた。これに対し、国民は、憲法原理の実現こそ自己の自由と権利や生存を確保・発展させる道であるとの確信を持ち、憲法を一貫して擁護し、堅持してきたのである（渡辺ほか編1976：192-193頁）。

戦後日本は、安保体制を軸に、その枠内で国際社会、とくに日本が位置するアジアの国々に臨み、経済的進出を図ってきた。その中で現代日本は、国際社会から解決すべき様々な課題を突きつけられている。この課題を解決するためには、まず日本は、米国の軍事的戦略へ追随している日本のあり様が、国際社会、なかでもアジアの平和に対して深刻な問題を醸成している現実を直視・自覚して、日米関係を対等かつ友好・平和なものへと転換し、真の意味で自主・自立の国家とならなければならない。と同時に日本は、アジア諸国に対する侵略と植民地支配に対する真剣な反省をし、その反省を現実の具体的行動に表すことによって、アジア諸国と真に友好・平和的な関係を構築し、アジアの引いては世界の平和に貢献するよう努めることが肝要である（歴史科学協議会編2000：513-514頁〔山田敬男執筆〕）。

【参考文献】

安在邦夫・大日方純夫・佐藤能丸・須崎愼一・山本悠三（1994）『日本の現代―平和と民主主義』梓出版社
井ケ田良治・山中永之祐・石川一三夫（1982）『日本近代法史』法律文化社
石川一三夫・中尾敏充・矢野達雄編（2003）『日本近代法制史研究の現状と課題』弘文堂
岩村等編（2005）『入門戦後法制史』ナカニシヤ出版
岡義武（1958）『山県有朋―明治日本の象徴』岩波書店
川口由彦（1998）『新法学ライブラリー29　日本近代法制史』新世社
ジョン・ダワー〔三浦陽一・高杉忠明・田代泰子訳〕（2001）『敗北を抱きしめて―第二次大戦後の日本人（上）』岩波書店
利谷信義（1966）「日本資本主義経済と法」渡辺洋三編『岩波講座現代法7　現代法と経済』
中村政則（2005）『戦後史』岩波書店
成田龍一（2007）『大正デモクラシー』シリーズ日本近現代史④　岩波書店
長谷川正安・利谷信義（1961）「日本近代法史」伊藤正己編『岩波講座現代法14　外国法と日本法』岩波書店
原田敬一（2007）『日清・日露戦争』シリーズ日本近現代史③岩波書店
広渡清吾（2009）『比較法社会論研究』日本評論社
福島正夫編（1981・1982）『日本近代法体制の形成』上・下巻、日本評論社
福島正夫（1993）『福島正夫著作集第一巻　日本近代法史』勁草書房
藤田正・吉井蒼生夫編著（2007）『日本近現代法史（資料年表）』信山社
松井茂記（1996）『情報公開法』岩波書店
宮地正人（2006）「戦後日本の政治過程」宮地正人・佐藤信・五味文彦・高埜利彦編『国家史』新体系日本史1、山川出版社
山中永之佑（1999）「情報公開、監査制度と地方自治―『知る権利』を焦点として」『追手門経営論集』5巻2号
山中永之佑編（2002）『新・日本近代法論』法律文化社
吉見俊哉（2009）『ポスト戦後社会』シリーズ日本近現代史⑨岩波書店
歴史科学協議会編（2000）『日本現代史―体制変革のダイナミズム』青木書店
渡辺洋三（1979）「日本ファシズム法体制・総論」東京大学社会科学研究所編『ファシズム期の国家と社会4　戦時日本の法体制』東京大学出版会
渡辺洋三（1988）『法と社会の昭和史』岩波書店
渡辺洋三（2001）『社会と法の戦後史』青木書店
渡辺洋三・甲斐道太郎・広渡清吾・小森田秋夫（1994）『日本社会と法』岩波書店
渡辺洋三・清水誠・宮坂富之助・室井力（1981）『現代日本法入門』岩波書店
渡辺洋三・長谷川正安・片岡昇・清水誠編（1976）『現代日本法史』岩波書店

Column 1　近世法から近代法へ

1　中世以降の都市史研究

　　言うまでもないことであるが、他のあらゆる研究分野と同様に、歴史学の研究成果も日進月歩たるものがある。たとえば、歴史教科書で必ず扱われている慶安御触書や田畑勝手作の禁等の江戸時代の有名な法も20年前の学説とは大きく異なって理解されてきており、とくに慶安御触書については、現在の教科書は、すでに新たな学説を反映した説明や記述となっている。

　　さらに、個別の法だけでなく、より大きな広がりを持ついっそう根本的な問題についても、たとえば、自治や自由特権は中世都市固有のものとかつては常識的に理解されていたものが、実際にはそれらが欠けている中世都市も数多くあり、自由や自治権の獲得は、中世都市成立の指標ではなくむしろ到達点であるという脇田晴子による新たな主張がなされている。

　　そして、近世都市についても安堵型と創出型という類型化の試みが、かつて吉田伸之によってなされた。近世都市の典型であるとされる城下町は、当然にその中の創出型の範疇に入ると思われるが、いずれにしてもこのような観点からするならば、明治期以降の近代都市は、個々の都市によって程度の差こそ存在するものの、ほんらい中世以来都市が持っていた自治や自由を、近世を通じて徐々に制限することによって発展してきたいわば一つの到達点であると理解することができるのではあるまいか。

2　近世都市の法制度

　　そもそも、都市の形成は、人々がより快適で充実した生活を営む保障を得るために政治、経済、宗教等の様々な権力によって担われてきた。そして、その発展の過程において、個々の政策に関して、人々の合意を獲得し、それを支配のために積極的に取り入れた場合が数多くあった（江戸時代においても、民衆によっていつ打ちこわされるかも知れないという恐怖を体験した、天明の打ちこわしの後の江戸の場合はその代表的な事例である）。

　　とくにその中でも、近世法に注目するならば、近世都市の内部で庶民の要望によって作り出された諸々のルールの中には、江戸幕府の行政機関のトップである老中や町奉行等によって制度化され、その後結果的に庶民の生活を秩序づけるための役割を担うようになったものが相当存在していたことが確認されている（京都の願触や江戸の町触願をめぐる事例）。これに対して、同様の法の存在を農村部において見出すことができるのは、極めて限定的な

状況であったろう。

　また、近年村田路人や岩城卓二等によって明らかにされた用聞、用達、公事宿、郷宿といった近世社会における独自の支配の実現メカニズムの存在は、現在のところ農村部を中心に確認することができ、逆に都市社会内部では同様の存在を見出すことはできていない。そして、これに代わる存在として、都市社会においては、庶民に伝達する必要のある先述の「触」だけでなく、各種役人の間のみで通用していた行政法規を含めた数多くのルールが一段と発達し、制度化されていたと捉えることができよう。

3　近代法の淵源

　日本（近世）法制史の分野では、これまで都市と農村の問題を截然と区別して考察を進めてこなかった。近世都市固有の「町触」が厳然と存在しているにもかかわらず、そのような手法を採らざるをえなかった原因としては、その依拠すべき史料や史料集の絶対量の不足といった点を挙げることができるが、『京都町触集成』や『江戸町触集成』等の刊行が成った現在では、法制史は研究対象の点でも新たな段階に立ち至っていることは明らかである。

　近年原田敬一によって、近代都市法史についての的確な整理がなされている。その中の、とくに都市の「装置」や「運営」については、近世都市においてその先駆的な事象が存在していたと指摘することができる。しかし、ここでは、あえてこのような「ハード」の側面にではなく、先述のような庶民の合意を取り入れつつ、その支配のために蜘蛛の糸のごとく張りめぐらされていた近世都市法の「ソフト」の面にこそ近代法の先駆的なあり様を認識することが可能であるように思えるのである。その意味において、近代法の一つの淵源を近世都市法の中にも見出すことが可能ではないかと考えるものである。

【参考文献】
岩城卓二（2006）『近世畿内・近国支配の構造』柏書房
坂本忠久（2007）『近世都市社会の「訴訟」と行政』創文社
原田敬一（2003）「都市法史」石川一三夫ほか編『日本近代法制史研究の現状と課題』弘文堂
村田路人（1995）『近世広域支配の研究』大阪大学出版会
吉田伸之（1998）『近世都市社会の身分構造』東京大学出版会
脇田晴子（1981）『日本中世都市論』東京大学出版会

【坂本　忠久】

第2章 法典論争と明治民法・商法の成立

第1節 法典論争

◆**旧民法・旧商法の公布**　1890（明治23）年4月21日、民法の財産編・財産取得編（前半、第1～第12章）・債権担保編・証拠編（1890法28）が、同年10月7日、民法の財産取得編（後半、第13～第15章）・人事編（1890法98）が公布され、1893（明治26）年1月1日より施行すべきとされた。前者は、お雇いフランス人法律家ボワソナード（Gustave Boissonade；1825-1910）がフランス民法（1804）を範として起草した財産法に関する部分であり、後者は、フランス法系の日本人委員（熊野敏三・高野真遜・光妙寺三郎・黒田綱彦）が起草した家族法に関する部分である。各編ごとに条文番号が付され、合計1762条ある。

　1890（明治23）年4月26日、商法（1890法32）、ついで同年8月8日、商法施行条例（1890法59）が公布され、翌1891年1月1日より施行すべきとされた。お雇いドイツ人法律家ロェスラー（Hermann Roesler；1834-94）が商法の起草に当たり、フランス商法（1808）第4編商事裁判所を除き、同商法の編成に倣い、第1編商の通則（商人、商業登記簿、商号、商業帳簿、商事会社、商事契約、仲買人、手形・小切手等）、第2編海商、第3編破産から成る（1064ヵ条）。ロェスラーは商法の普遍性・国際性を重視し、日本の商慣習を考慮しなかった。1890年公布民法・商法（旧民法・旧商法）は、編纂が急がれ、法律取調委員会、元老院、枢密院の審議を経て、同年11月の帝国議会開会までに公布されえた。

◆**商法施行の延期**　1890（明治23）年8月、東京商工会は、商人に商法を理解せしめるには準備期間を要し、商法に日本の商慣習と抵触する規定が少なくないとして、1893年1月1日までの商法施行延期を建議した。他方、1890年9月、神戸商法会議所が、10月、大阪商法会議所が商法断行を議決した。同年12月、第1回帝国議会に衆議院議員永井松右衛門らが「商法及商法施行条例施行

期限法律案」を提出し、商法施行を民法に合わせて1893年1月1日まで延期し、その間に商人に商法を研究させると建議した。商法施行延期は、衆議院そして貴族院で可決された。貴族院議員・帝国大学法科大学教授穂積陳重（1856-1926）は、貴族院審議において、商法は欧州商法と同様で日本の商慣習に配慮しておらず、日本に適合しないと批判した。1890年12月27日、「商法及商法施行条例施行期限法律」（1890法108）が公布され、商法は民法に合わせて1893年1月1日より施行となった。

◆ **法典編纂に関する法学士会の意見（1889〔明治22〕年5月）**　イギリス法系の東京大学法学部・帝国大学法科大学卒業生の法学士会は、政府の法典編纂は拙速主義・慣習無視であると批判し、歴史法学の立場から民情風俗に適しない法は善法といえないと法典編纂の慎重論を唱えた。法学士会の意見は、1890年民法・商法の施行断行・延期論である法典論争のいわば前哨戦であった。

◆ **延期論**　民法・商法施行延期論に多大の影響力があったのは、帝国大学法科大学教授の憲法学者、穂積八束（1860-1912）の有名な論文「民法出テ、忠孝亡フ」（法学新報5号、1891年8月）である。日本は祖先教の国であり、家と、その延長拡大である国家は祖先教に基づく。神聖不可侵である祖先の霊を代表する家長の権は、したがって神聖不可侵である。家族は、家長の威力に服従し家長の保護に頼る。日本が欧州の個人本位の民法を採用したのは、祖先教、家制度の反映である孝道を破滅させると論じた。穂積八束は、家制度の維持擁護を主張したが、その論は抽象的・非実証的である。しかし、八束の兄、穂積陳重は、施行断行派・延期派「双方から出た仰山な脅し文句は沢山あったが、右の如く覚え易くて口調のよい警句は、群衆心理を支配するに偉大なる効力があるものである」と回想している（穂積陳重1980：339-340頁）。

延期派の代表的意見は、帝国大学法科大学関係者の「法典実施延期意見」（江木衷・高橋健三・穂積八束・奥田義人・岡村輝彦等）（法学新報14号、1892年5月）である。個人主義・民主主義をもって成る民法を共和政治が行われていない日本の社会に適用するのは社会的大革命である。欧州法律にのみ偏った法典は日本の国体・社会を破壊すると総括し、民法・商法の欠陥を7項目にわたって列挙している。「新法典ハ倫常ヲ壊乱ス」は、穂積八束の「民法出テ、忠孝亡フ」と論旨は同じである。「新法典ハ社会ノ経済ヲ攪乱ス」は、個人主義の新法典

は、契約自由の確認を本旨とし、犲狼相食む経済社会において弱肉強食の自由活動を奨励するという。その他、新法典は、「憲法上ノ命令権ヲ減縮ス」、「予算ノ原理ニ違フ」、「国家思想ヲ欠ク」、「税法ノ根源ヲ変動ス」、「威力ヲ以テ学理ヲ強行ス」としている。

❖ **断行論**　フランス法系の法治協会は「法典実施断行意見」（岸本辰雄・宮城浩蔵・熊野敏三・磯部四郎・井上正一等）（法治協会雑誌号外、1892年5月）を発表した。署名者は司法省法学校出身者である。法典実施の実利を示すとともに、実施延期の不可を説き、9項目を挙げて上掲「法典実施延期意見」に反駁した。法典実施延期は「倫理ノ壊頽ヲ来ス」は、現在乱れている道徳を法典の実施によって外部から制裁・維持しなければならないとする。法典実施延期は「国家ノ経済ヲ攪乱スル」は、民法・商法は国家経済の保護・発達進歩を主眼とし、その実施によって、今日の無法無規の経済社会を救済しなければならないとする。その他、法典実施延期は、「国家ノ秩序ヲ紊乱スル」、「国家ノ主権ヲ害シ独立国ノ実ヲ失ハシムル」、「憲法ノ実施ヲ害スル」、「立法権ヲ拋棄シ之ヲ裁判官ニ委スル」、「各人ノ権利ヲシテ全ク保護ヲ受クル能ハサラシムル」、「争訟紛乱ヲシテ叢起セシムル」、「各人ヲシテ安心立命ノ途ヲ失ハシムル」としている。フランス法系学者、帝国大学法科大学教授梅謙次郎（1860-1910）は、長文の「法典実施意見」（明法誌叢3号、1892年5月）を発表している。梅は、司法省法学校卒業後、フランスのリヨン大学に留学、博士号を取得していた。条約改正達成のために、まず民法・商法を実施すべきである。民法が倫常を壊乱するというのは「讒誣」である。民法人事編は、欧州の制度と比較すると、ほとんどそれに類似しない。民法は、戸主・家族・隠居・養子・庶子等、日本の慣習を廃止していないという。穂積八束の「民法出テ、忠孝亡フ」を痛烈に批判している。

❖ **民法・商法施行延期法の公布**　法典論争は、舞台を1892（明治25）年第3回帝国議会に移して繰り広げられることとなった。同年5月、貴族院議員村田保は、同議員113名の賛成を得て、民法・商法の修正を行うため、1896年12月31日までの施行延期法律案を提出し、その趣旨を以下の5点を挙げて説明した。①倫常を紊（みだ）ること。民法が養料の義務を認めたことは、親子兄弟間に養料請求訴訟を生ぜしめ道徳を乱る。②慣習に悖ること。民法が用益権を規定し、

賃借権を物権としたこと、商法が商号制度を採用したことは、日本の慣習に反する。③法律の体裁を失すること。註釈のごとき条文が少なくない。④法理の貫徹しないこと。相続についてボワソナードは均分相続、日本人委員は家督相続の趣旨で起草している。⑤他の法律と矛盾すること。民法はフランス人、商法はドイツ人が起草し相互の整合性に欠ける。

　貴族院では議員・帝国大学法科大学教授富井政章（1858-1935）が延期法律案を支持する演説を行った。富井は、梅と同じくリヨン大学に留学し博士号を取得していたが、フランス民法を批判した。日本民法は、約90年前制定のフランス民法に依っており、最近のドイツ民法草案・ベルギー民法草案等を参考にしておらず、条文が繁多で定義に関するものがあり、起草者の講義録のようである。法典を条約改正のためではなく日本国のために編纂すべきであると主張した。

　1892年5月、貴族院は、延期法律案に「但シ修正ヲ終リタルモノハ本文期限内ト雖之ヲ施行スルコトヲ得」と修正を加え可決した。6月、衆議院は本修正案を可決した。ボワソナードは、帝国議会の延期法律案可決に対して、国民の利益保護と条約改正（領事裁判権撤廃）のために民法・商法を予定どおり実施すべしとする意見書を提出している。

　1892年6月、司法大臣田中不二麻呂は、議会可決の延期法律案に天皇の裁可を奏請すべきでないと内閣総理大臣松方正義に建言した。天皇の裁可を得て公布された民法・商法を延期するのは不適当であるとした。松方内閣総辞職の後を受けた第2次伊藤博文内閣は、同年10月、民法商法施行取調委員の設置を閣議決定した（委員長西園寺公望）。民法の家族法部分の再調査、それ以外の施行、商法中会社等の施行を審議せしめ、これに基づいて閣議は延期法律案の裁可奏請を決定した。同年11月24日、「民法及商法施行延期法律」（1892法8）が公布された。民法・商法修正のために1896年12月31日まで、その施行を延期する。政府は修正の義務を負い、そのための機関が設置されることとなった。修正が終わったものは施行延期期限内でもこれを施行するとする但書は、延期派・断行派の妥協の産物である。

❖ **商法の部分的施行**　1892年12月、第4回帝国議会において貴族院に「商法及商法施行条例中改正並施行法律案」が提出された。司法大臣山県有朋は、

商法中、会社（第1編第6章）、手形及小切手（第1編第12章）、破産（第3編）を1893年1月1日より施行する、その施行は商業社会にとって焦眉の急であると説明した。貴族院で施行日が1893年7月1日に修正され、同年3月6日、「商法及商法施行条例中改正並施行法律」（1893法9）が公布された。

◆**法典論争**における**断行派・延期派の法観念**　断行派・延期派が各々前提とする法・人間・社会に関する観念がどのように異なるかについて、大久保泰甫氏が、以下の3点を的確に要約しているので、紹介する（断行派の見解はボワソナードでもって代表させている）（大久保泰甫1977：185-191頁）。

①「個人主義」（ボワソナード）対「集団主義」（延期派）　ボワソナードは、「民法典は、国家権力は専ら個人の利益のために、かつ専ら個人の道徳的知的な発展を保護し増進するために存在する、と考えている。」という。一人ひとりの人間に、人格的価値を認め、一人ひとりの人間が如何なる権利を持ち義務を負担するかを明らかにするのが西欧における法の使命であるとする。延期派は、民法が個人を権利の主体としていることを攻撃し、最高の価値を持つのは、個人ではなく集団（家と、その延長拡大である国家）であるとする。家、国家は、祖先教を基礎とし、家は祖先の霊を祀る家長によって統率され、国家は天皇によって統率される垂直的なタテ社会である。

②「権利主義」（ボワソナード）対「徳義主義」（延期派）　ボワソナードは、親子兄弟が助け合わないことが倫常を壊乱させ、これを防ぐために養料を受ける権利を法律上認めなければならないとする。延期派は、民法が養料を受ける権利を規定したことは、親子兄弟間に訴訟を生み、徳義を破壊し美風を損なうとする。

③「契約自由の原則」（ボワソナード）対「国家統制主義」（延期派）　ボワソナードは、契約自由の原則による経済的自由主義に立ち、契約自由を保証する法典は、一人ひとりの人間に対して、平等に富と幸福の追求を保障し、一国にとって最も望ましい法典であるとする。延期派は、経済的自由主義の法典は弱肉強食の社会を生み出す悪法であるという。人間は他律的存在であり、国家が経済統制しなければならないとするのである。

◆**法典論争の意義**　法典論争をどのように把握するかをめぐって、これまで様々の議論がなされてきているが、いまだ定説を見ていない。戦前には、断

行派・フランス法系学者は、自然法的立場に、延期派・イギリス法系学者は、歴史法学的立場にあり、この根本学説の差異に論争の原因があるとする説（穂積陳重）、民法制定におけるブルジョア自由主義に対抗して封建的家族制度を再建することが論争の本質的要素であるとする説（平野義太郎）があり、戦後には、論争が封建派とブルジョア派との対立ではなく、条約改正と相関する政治的立場の相違にあるとする説（中村菊男）、政治史の立場から、断行派・延期派の対立は、諸政治勢力の横断的対立として現れたとする説（遠山茂樹）等が出されている（吉井蒼生夫1996）。法典論争の解明は、なおも残された重要な検討課題である。

　法典論争は民法・商法施行延期法の公布によって決着した。こうした過程を踏まえて、日本近代法史における法典論争の意義を、下記の3点にまとめておこう。

　①西欧法を継受した民法・商法と日本の伝統的慣習との衝突・摩擦、日本の慣習調査の喚起　1892年第3回帝国議会で村田保が施行延期法律案提出時に民法・商法が日本の慣習に反する新たな規定を置いていると具体的に批判していた。民法・商法修正案作成に際して、日本の民事・商事慣習の調査を行い、それを参考資料とする必要が担当者に強く認識されることとなった。

　②民法を否定する明治憲法（大日本帝国憲法）の天皇制国家観の国民への浸透　明治憲法は欽定憲法であり、天皇は国の元首であって統治権を総攬する。天皇は絶対的主権者であって法律はその命令である。このような国家観に立って民法を攻撃した先鋒は穂積八束である。すなわち、民法は、天賦の権利を認めた個人主義・民主主義に基づいており、日本古来の淳風美俗である家制度を破壊するというのである。

　③条約改正交渉（領事裁判権撤廃）に対する抑止的作用　1887年4月、外務大臣井上馨を議長とする条約改正会議で議定された裁判管轄条約案は、日本民法・商法等の法典の制定を掲げていた。同会議頓挫後、外務大臣に就任した大隈重信は、1889年、日本民法・商法等の法典の改正・編纂を欧米列国政府に対して宣言していた。1892年第3回帝国議会貴族院で、外務大臣榎本武揚は、法典は条約改正と密接な関係にあり、法典施行延期は条約改正の自滅を招くと力説した。民法・商法施行延期法の公布は、条約改正交渉を抑止する方向に作用

した。このことは、欧米列国が高い関心を寄せるところであった。たとえば、駐日イギリス代理公使ドゥ・ブンセン (De Bunsen) は、民法・商法施行延期法公布の本国への報告の中で、榎本演説に注目して、これを引いている。

第 2 節　明治民法・商法の成立

◆ **法典調査会の設置**　1893（明治26）年 3 月25日法典調査会規則（1893勅11）が制定された。法典調査会は、内閣総理大臣の監督に属し、民法・商法、その附属法の修正案の起草・審議に当たることになった。総裁に内閣総理大臣伊藤博文、委員に高等行政官・司法官・帝国大学教授等が任命された。法典調査の方針によると、法典調査の目的は、既成の法典を調査・修正することにある。民法の構成順序は第 1 編総則、第 2 編物権、第 3 編人権（債権）、第 4 編親族、第 5 編相続とする。フランス民法に倣った旧民法のインスティトゥティオネン体系（Institutionensystem）に代わって、サヴィニー（Friedrich Carl von Savigny；1779-1861）に始まる19世紀ドイツ民法学（Pandektistik）によって形成されたパンデクテン体系（Pandektensystem）を採用した。商法の編別・順序は概ね既成法典による。民法と重複する商法の規定は、これを削除する。法典の文章用語について定義・種別・引例に関するものは、これを削除するとした。

◆ **パンデクテン体系による民法の構成**　法典調査会は、新民法にパンデクテン体系を採用した理由を、以下のように記している。欧州では中世のローマ法継受により広範に行われたインスティトゥティオネン体系が廃れ、近世ドイツの法学者が採用したパンデクテン体系が行われるに至った。パンデクテン体系には 2 類型がある。ザクセン王国民法（1863）とドイツ民法第一草案（1887）である。前者は物権・債権の順、後者はその逆である。日本民法にはザクセン民法型を採用する。債権は物権の得喪行使を目的とするから、ザクセン民法型の順が自然である。旧民法の構成は、各編を独立させているが、民法全体の配列法に学理上の標準がなく、分類方法に穏当を欠くという。パンデクテン体系の採用には、委員穂積陳重の意向が強く反映している。かれは、『法典論』（1890年刊）において、パンデクテン体系は、近世社会に適合する法典編纂史中の一大変革にして法典編纂法の一大進歩であると高く評価していたのである。

第2章　法典論争と明治民法・商法の成立　35

❖ **明治民法の成立**　法典調査会は民法起草委員に帝国大学法科大学教授穂積陳重・梅謙次郎・富井政章の3名を任じた。旧民法財産法部分の修正点は、条文数削減、賃借権物権の債権化、用益権の廃止、法人の新設、時効の総則における規定等であるが、とくに、入会権・永小作権規定を設けるにあたって、1893（明治26）年6月、法典調査会は、農商務省を通じて各府県の入会慣行を調査し、翌年9月、永小作慣習調査のために広告文を出している。法典調査会で議了した民法中修正案（総則編・物権編・債権編）は、1896年第9回帝国議会で審議された。衆議院において流質契約禁止規定の新設、永小作権10年の20年への修正がなされ、同年4月27日新民法の総則編・物権編・債権編の前3編が公布された（1896法89）。旧民法の財産法に当たる1890年法律第28号は同日より廃止となった。

　民法中修正案（親族編・相続編）は旧民法施行延期期限（1896年12月31日）までに完成せず、旧民法の家族法に当たる1890年法律第98号は、その施行が1898年6月30日までさらに延期された（1896法94）。

　民法中修正案（親族編・相続編）は、1898年第12回帝国議会に提出・審議され、同年6月21日新民法の親族編・相続編の後2編として公布され（1898法9）、1890年法律第98号は同日より廃止となった。家制度の柱となる戸主権と家督相続が定められた。同日民法施行法（1898法11）が公布された。

　新民法全5編、すなわち明治民法（1146ヵ条）は、パンデクテン体系を採用して、財産法と家族法の編成を峻別し、近代資本主義社会に適合する財産法に家制度を柱とする家族法が整合的に配置される構造を創出したのである（利谷信義1971）。

　明治民法は、1898年7月16日より施行された（1898勅123）。施行日は改正条約実施と関連する。すなわち、1894年7月16日、外務大臣陸奥宗光は、領事裁判権撤廃を実現した日英改正条約の調印に成功し、改正条約は5年後に実施されることとなった。続いて、他の西欧列国とも改正条約が調印され、その実施は日英改正条約と同日とした。附属文書で、日本政府は、実施にあたって、その1年前に通告し、通告条件として、公布された法典が施行されていることを約した。対象とされたのは民法であった。したがって、民法施行日が改正条約実施通告日に合わせて設定されたのである。

明治民法の編成がドイツ民法のパンデクテン体系を採用しているために、明治民法にドイツ民法の影響が強大であるとする説が従来支配的であった。しかし、近年、これが「神話」に外ならず、根拠を欠くことが実証的に解明されている（星野英一1970）。明治民法は新たに編纂されたのではなく、旧民法の根本的修正によって成立したのであり、財産法の部分では旧民法、ボワソナード民法草案、フランス民法の影響が少なくない。明治民法は、穂積陳重が言うように、比較法の成果である。

　明治民法の総則編・物権編・債権編の前3編は、基本的に現行法であるが、重要な幾つかの改正が近年行われている。1999年、成年後見制度が導入され（1999法149）（家族編にも規定が置かれている）、2003年、社会・経済情勢の変化への対応から、担保物権規定が改正された（2003法134）。条文の片仮名文語体が一般に難解であり、2004年、平仮名口語化された（2004法147）。明治民法の親族編・相続編の後2編は、日本国憲法の個人の尊厳と男女の本質的平等の理念により、1947年12月22日、全面的に改正され、平仮名口語化された（1947法222）。

❖ **明治商法の成立**　　法典調査会の商法修正案起草作業は、民法に遅れて、帝国大学法科大学教授梅謙次郎・岡野敬次郎（1865-1925）・司法省参事官田部芳（1860-1936）の3名が担当した。法典調査会での商法修正案の審議は、1896（明治29）年5月に始まった。法典調査会は旧商法が考慮しなかった日本の商事慣習を重視し、1895年東京商業会議所に商事慣習について諮問し、翌年10月同会議所は答申している。1896年12月31日まで施行延期された旧商法の部分は、商法修正案が同日までに完成せず、1898年6月30日まで施行延期された（1896法94）。商法修正案は、1897年12月第11回帝国議会貴族院に提出されたが、衆議院解散により審議に入らなかった。1898年5月第12回帝国議会に再度、商法修正案が提出され、貴族院で可決されたが、衆議院解散により審議未了となった。商法修正案は、1899年1月第13回帝国議会貴族院に3度めの提出がなされ、貴族院そして衆議院で可決された。1899年3月9日、新商法である明治商法（1899法48）（689カ条）および商法施行法（1899法49）が公布され、施行日は同年6月16日とされた（1899勅133）。本施行日より、旧商法（第3編破産を除く）、商法施行条例（一部を除く）は廃止となった。1898年6月30日まで施行延

期された旧商法の部分は、さらに施行延期する措置がとられなかったため、明治商法施行まで約1年余、施行される異例の事態が生じた。

　明治商法は、一般私法である民法の特別法とし、商事に関する特別規定にとどめ、民法の規定との重複・矛盾を除いた。明治商法は、私法上の規定と実体上の規定とし、特別法に譲ったのは、公法に属す規定（船舶法〔1899法46〕、保険業法〔1900法69〕等）と手続法に属す規定（非訟事件手続法〔1898法14〕）である。

　明治商法は、下記の5編から成る。ドイツ商法（Allgemeines deutsches Handelsgesetzbuch [1861]. 1871ドイツ帝国法となる）の編別に倣ったが、手形に関する規定をドイツ手形法（Allgemeine deutsche Wechselordnung [1848]. 1871ドイツ帝国法となる）のように単行法とせず、商法の1編とした。明治商法は商業社会の発展に対応して度重なる改正を受けている。

　①第1編総則　　第1章法例に商法適用の範囲を、第2章以下に、商人、商業登記、商号、商業帳簿、商業使用人、代理商を定めた。

　②第2編会社　　会社の設立は、旧商法の免許主義を廃止し、準則主義を採用した。会社合併が新たに規定された。1897（明治30）年6月東京商業会議所は、銀行合併法（1896法85）が制定された以上、経済社会の現状からして会社合併法を制定し、経済機関の発達を図るべきであると建議していた。日清戦後のこの時期は、戦前期日本資本主義展開の一画期であった。会社は、合名会社・合資会社・株式会社・株式合資会社の4種とする。会社法は頻繁に改正された。1938（昭和13）年有限会社法（1938法74）、1950年商法改正（株式合資会社の廃止）（1950法167）、1974年「株式会社の監査等に関する商法の特例に関する法律」（「特例法」）（1974法22）等がある。2005年、第2編会社と関係法律が整備・再編され、会社法（2005法86）が体系的法典として成立した。

　③第3編商行為　　商法の中核となる部分である。2008年、第10章保険は、改正を受け、保険法（2008法56）として単行法となった。

　④第4編手形　　為替手形・約束手形の統一法を制定するジュネーブ条約（1930）、小切手の統一法を制定するジュネーブ条約（1931）への参加により、第4編手形が廃止され、1932（昭和7）年手形法（1932法20）、1933年小切手法（1933法57）が制定された。

⑤第5編海商　　船舶、船員、運送、海損、保険に関する規定を独立の1編とした。

旧商法第3編破産は、明治商法施行後も効力を持ったが、フランス商法に倣って商人破産主義をとっていた。1922（大正11）年破産法（1922法71）が制定され、ドイツ破産法（Konkursordnung [1898]）に倣って一般破産主義を採用し、旧商法第3編破産は廃止された。2004年、倒産法の全体的改正により、新たに破産法（2004法75）が制定され、1922年破産法は廃止となった。

【参考文献】
大久保泰甫（1977）『日本近代法の父　ボワソナアド』岩波新書
小柳春一郎（1998）「民法典の誕生」広中俊雄・星野英一『民法典の百年 I 』有斐閣
志田鉀太郎（1995）『日本商法典の編纂と其改正』新青出版（復刻）
利谷信義（1971）「明治民法における『家』と相続」社会科学研究（東京大学社会科学研究所）23巻1号
福島正夫（1988）『日本資本主義の発達と私法』東京大学出版会
星野英一（1970）「日本民法典に与えたフランス民法の影響―総論、総則（人―物）」『民法論集』第1巻、有斐閣
星野英一（1986）「日本民法学の出発点―民法典の起草者たち」『民法論集』第5巻、有斐閣
穂積陳重（1980）『法窓夜話』岩波文庫
吉井蒼生夫（1996）「法典論争研究への関心」研究年報（神奈川大学法学研究所）15

第3章

統治機構と官僚制

第1節　明治前期の国家機構——近代的国家機構と官僚制の初期形成

◆ **太政官政府の形成と官僚制の萌芽**　江戸城開城の2ヵ月後、政体書（慶応4年閏4月21日〔1868年6月11日〕）が出された。政府として太政官が置かれ、その中に議政官（上局・下局）と行政官・神祇官・会計官・軍務官・外国官・刑法官の7官が置かれた。翌年4月（1869年5月）民部官を置き、新政府の支配下に入った旧幕領と旧朝敵藩領に置いた府県を統治する機関とした。7月、職員令は、太政官を実体のある官衙とし、左右大臣・大納言・参議を置いてここに国家の全権を集中し、そのもとに民部・大蔵・兵部・刑部・宮内・外務の6省を置いた。このとき、官位相当表が定められ、官僚制の基本的秩序が設けられた。

　明治4年7月（1871年8月）廃藩置県を断行し、各藩の封建的支配権を太政官に移した。同時に大規模な官制改革が行われ、司法省・文部省が置かれ、民部省が廃されて大蔵省に併せられた。大蔵省は租税・財政のみならず、戸籍・駅逓・勧農など地方行政を含む巨大な官省となった。太政官に正院・左院・右院の三院が置かれ、正院に太政大臣・納言・参議の三職が置かれて、ここに太政官制が確立した。このとき、天皇輔弼の最高責任者としてはじめて太政大臣が登場した。執行権力が立法・司法・軍事の権力を独占するこの体制は、1885年の内閣制の成立まで継続した。

◆ **明治6年政変と内務省の成立：大久保政権下における近代的行政の成立**　廃藩置県後、明治政府は岩倉使節団を欧米に派遣した。留守政府は、地租改正と秩禄処分・学制・徴兵制など積極的な改革を進め、封建権力からの脱却を図った。太政官正院の権限が拡大され、太政大臣と参議による内閣が成立した。司法制度改革が行われ、府県裁判所を設置して裁判権を府県から奪ったため、府

県・それを管轄する大蔵省と司法省は激しく対立した。

　明治6年政変後の官制改革によって、内務省が創設された。内務省は内政機構全体の中枢とされ、大蔵省から勧業・戸籍・駅逓・土木の各寮、司法省から警保寮を移すなどして、殖産興業政策と治安政策の中心機関となった。また、政策立案と執行において官僚群、とくに内務官僚の比重が大きくなった。これ以降第二次世界大戦の敗戦まで、内務省は内政の要として中心官庁であり続けた。

　◆ 明治8年の改革：大審院と元老院の成立　　1875（明治8）年2月の大阪会議の結果、4月、漸次立憲政体樹立の詔が出された。元老院・大審院・地方官会議が設置され、立法権と司法権を行政権から分離するとともに、太政官制が改革された。左右両院を廃し、三職（太政大臣・左右大臣・参議）の輔弼機能を強化した。参議と大臣とが政策決定の主体となり、その会議体が内閣となった。また、正院に法制局を置いた。

　1876（明治9）年には各省の寮を局に改め、大少丞を書記官に改めるなど官僚機構の整備も進んだ。また、内務省が教部省と東京警視庁を吸収した。1878年、参謀本部条例によって参謀本部が陸軍省から独立し、天皇に直隷する独立した軍令機関となった。1881年4月、産業政策を管掌する機関として農商務省を設置し、内務省から担当部局を移した。

　◆ 明治14年の政変：参事院と統治機構の整理　　明治14年の政変と同時に官制改革がなされた。参議と省卿（各省長官）を兼任制とし、各省の卿（長官）がその主管事務について輔弼責任（政治責任）を負うこととした。また、各省からエリート官僚を集めて設置された参事院は、国会開設に備えた制度改革を担い、かつ中央地方を通じた強力な統治機関となった。さらに行政官吏服務紀律（1882年7月）によって官僚の近代化を図った。

　1883（明治16）年8月、約1年半の憲法調査から帰国した伊藤博文の主導の下に、制度取調局が宮中に設置され、国家体制全般にわたる制度改革がすすめられた。憲法制定までの間に地方制度、警察制度、軍制、行政裁判制度、皇室の諸制度が整えられ、とくに1884年には華族制度が一新された。

　◆ 内閣制の成立と官僚制の整備　　1885（明治18）年、内閣制が創設された。太政官の3大臣・参議と省卿を廃して内閣総理大臣以下の各大臣を設け、これ

によって内閣を組織した。工部省を廃してあらたに通信省を置き、外務・内務・大蔵・陸軍・海軍・司法・文部・農商務・通信の9省編成として、各省編成の基本形が完成した。宮内省にも宮内大臣を置き、皇室に関する事務を扱い、また華族を監督するものとした。なお、宮内大臣は内閣に入らないものとした。宮中には内大臣を置き、側近として天皇を輔弼する職とした。このとき定められた内閣職権では、内閣総理大臣は各大臣の首班として行政各部を統督するものとし、各大臣はその所管事務につき輔弼責任を負うものとした。参謀本部は帷幄上奏権を持つが、これは陸軍大臣を通じて総理大臣に報告するものとした。

　伊藤博文の「官紀五章」に沿って1886（明治19）年2月、各省官制が定められ、翌年7月には文官試験試補及見習規則によって、文官を試験任用とし、帝国大学を官僚養成機関と位置づけ、官吏服務紀律を改正して官吏を天皇とその政府に「忠順勤勉」を尽す存在と規定した。

　1888（明治21）年に市制・町村制、90年には府県制・郡制が公布され、地方制度が一新された。大規模な町村合併によって7万余の町村を1万5千余とした。府県と郡は自治団体とされ、知事はその執行機関となったが、内務大臣が任命し、その監督と指導の下に置かれる行政官であった。

第2節　大日本帝国憲法の体制

❖ **大日本帝国憲法の成立と国家機構**　大日本帝国憲法に基づく国家体制においては、国家主権は「万世一系の天皇」にあり、天皇が万機を「総攬」したが、天皇自身は一切の政治的責任を負わなかった。帝国憲法下の主要な輔弼機関として、内閣、帝国議会、裁判所、枢密院、参謀本部、元老があったが、参謀本部と元老については憲法に規定がなかった。また、条約・官制・教育その他重大な内政事項は枢密院の諮詢を経ることとした。内政・外交の最高輔弼機関は内閣（内閣総理大臣）であったが、議会・枢密院以外にも元老、参謀本部などが内閣の意思決定を制約していた。陸軍大臣・海軍大臣は武官に限るとされた（陸・海軍省官制）。元老は、天皇の相談相手として置かれ、とくに次期内閣総理大臣を推挙する役割を担った。裁判所は大審院を頂点とする裁判機構を

構成したが、行政訴訟には行政裁判所が置かれ、軍人の事件、皇族の事件などはそれぞれの特別裁判所に委ねた。

　各省の官制も改めて整備された（各省官制通則）。官制と官吏の任免・昇進・給与などは勅令事項とされ、最上級官吏にまでいたる試験任用制度によって、官僚組織への議会・政党などによる介入を排除した。官僚機構はその政策立案機能と強力な執行権限とあいまって、独自な勢力を築いた。

◆ **日清戦争と日露戦争：総力戦体制と植民地の獲得**　最初の対外戦争である日清戦争は、戦時体制を整備する上でも大きな契機となった。植民地とした台湾には台湾総督府を置き、1897（明治30）年に本国に台湾事務局を置き、台湾総督を陸海軍大中将とした。

　1900（明治33）年に官制改革が行われ、各省に大臣官房を置いた。また、日清戦後経営の過程で、産業政策を中心として官僚の支配力がいっそう強化され、軍官僚の肥大化もみられた。

　日露戦争は最初の総力戦であり、戦力の再配置のほか傷病兵や留守家族の保護などの制度が整えられ、大規模な増税が行われた。戦後の1907（明治40）年には全国の鉄道を国有化して鉄道庁を置いた。これは軍事的意義のみならず、日清戦争後に建設された八幡製鉄所や各種軍工廠などとともに、国家官僚の政策決定力の基盤となった。

　他方、韓国の植民地化がすすめられ、1905（明治38）年、韓国統監府を置き、統監は天皇に直隷するものとした。1907年ついに韓国を植民地化し、植民地統治機関として朝鮮総督府を置き、本国には拓殖局を置いた。また、遼東半島の利権を確保するため、1905年、外務省の監督下に関東都督府を置いた。

　軍事に関する事項は従来勅令によったが、軍令によることとした（1907軍令1）。同時に、皇室関係法令についても皇室令を設けた。

◆ **審議会と調査会：国家意思形成過程の変容**　1912（明治45）年、明治天皇が死去し大正天皇が践祚した。明治天皇の死去によって天皇権力の求心力が減退することがおそれられ、元老が増員された。

　1913（大正2）年、政府は行政改革をすすめ、同時に文官任用令を改正して局長級の高位官僚について試験任用の制限を解除し、また、陸海軍大臣を現役に限るとの制限を解除した。資本主義社会の展開に伴う政治構造の変化に対応

して、議会と政党の発言権を確保し、法と政策の決定過程の修正が図られたのである。官僚・枢密院側の抵抗は大きく、翌年には早くも局長級の試験任用制が復活したが、1920年に再度同様の改正がなされた。

　第一次世界大戦中の1916（大正5）年以降、経済調査会、臨時外交調査委員会、臨時教育会議をはじめとする各種調査会・審議会が設置され、野党・財界・枢密院・軍・官僚などの指導者を結集して国家の政策全般の再調整を行うこととした。この方式は、その後も政策決定プロセスを特徴づけた。

　◆**政党内閣制と省庁の整理、官僚制の変容**　　資本主義社会の展開に伴う労働問題・社会問題に対しては、1922（大正11）年、内務省に社会局を置き、これがその後の労働立法・小作立法や社会政策を担った。さらに1929（昭和4）年、社会政策審議会を設置し、社会政策立案を強化した。米価問題・小作争議の拡大に対応するため、1925年、農商務省から農林省を分離し、残りを商工省とした。

　都市社会の形成を背景とする大衆的な運動の結果、1925（大正14）年に衆議院議員選挙法が改正され男子普通選挙が実現した。翌年、府県制・市町村制を改めて選挙権を拡大し、また地方団体の自治権を強めた。他方、社会運動・思想に対する弾圧は大学や宗教団体にも拡大し、弾圧体制を強化するため1928年に内務省警保局に高等課、全県警察に特別高等課を置き、司法省に思想係検事を置いた。

　すでに1918年、軍需工業動員法によって軍需局が置かれていたが、1927（昭和2）年には内閣に資源局を設置し、軍が資源の統制・運用に直接関与することになった。また、産業合理化の推進のため、1930年、商工省に臨時産業合理局を置き、重要産業統制法（1931年4月）を軸として、重要産業分野におけるカルテル結成を主とする産業統制がすすめられた。

第3節　帝国憲法体制の崩壊

　◆**戦時体制への移行**　　満州事変（1931年）と翌年の五・一五事件によって政党内閣制が終わり、植民地支配や海外派遣軍をてこに、軍の意向が政策決定を左右するまでになる。満州事変の際の五省会議（外務・陸軍・海軍・大蔵・拓務

の各省）以降、五相会議（首相・蔵相・陸相・海相・外相）が基本政策の決定を行うこととなった。1935（昭和10）年5月に内閣審議会を置いて重臣・政党・貴族院・官僚・財閥の代表による政策調整機関とし、事務局として内閣調査局を置いた。満州統治に関しては、関係する諸機関が複雑かつ激烈に対立していたが、1934年に軍の主導による対満事務局と関東局の設置で決着をみた。

　他方、文官分限令改正（1932年9月）によって官僚の身分保障が強化された。

　◆国家総動員体制の形成　　1937（昭和12）年に中国との戦争が全面化し、国内体制は戦時体制の様相を深めた。

　近衛内閣は国民精神総動員運動を展開し、推進団体として1937年、国民精神総動員中央連盟と府県ごとの実行委員会が組織された。また言論統制の機関として内閣に情報部を置いた。

　1937年11月、日中戦争遂行のため、宮中に大本営を置いて作戦用兵と外交・国内政治を統一的に運用するものとしたが、メンバーは天皇と軍人に限られ、政府との意思調整のために大本営政府連絡会議を置いた。内閣には、同年10月に内閣参議官を置き、陸海軍・政党・財界・外交関係者が国務大臣待遇で一種の戦時委員会を構成した。同時に、内閣企画局を前身とする企画庁と資源局を統合して企画院が置かれ、大蔵・商工両省と軍がここで各省事務の調整と統一を図り、国家総動員計画を立案し実施した。1938年1月、対中国戦争の方針をめぐって大本営と政府が対立し、天皇を交えた御前会議によって決定された。これ以降敗戦まで、戦争方針等の重要国策の決定について五相会議・大本営政府連絡会議が決定できない事項は、御前会議が行う方式が採られた。

　1938（昭和13）年4月の国家総動員法は、すべての人的物的資源を戦争に動員するため政府に包括的な命令権を与える授権立法であり、物資の生産や産業資金の流通、企業経営、労働力の配置など広範な決定権が行政権に与えられた。この権限は1941年3月の改正によってさらに拡大された。半官半民の統制会が12の重要な産業部門に結成され、生産・労務などを一元的に取り扱うものとされた。

　1938（昭和13）年1月、内務省から分かれて厚生省が設置され、人的資源としての国民の保健、出生数の増大と児童の育成、貧窮者の保護などを担当した。戦争の長期化によって国民生活の窮乏化は著しく、1941年1月には食糧管

理局が設置されて翌年から始まる食糧管理制度（米の供出と配給）を担った。

1940（昭和15）年10月には新体制運動の一環として大政翼賛会が結成され、既存政党のほとんどが解党して合流し、政党を基盤とした議会運営はここに崩壊した。翌年1月の官僚制度改革において勅任文官の試験任用制度を廃止するなど、官吏の身分・任免などに関する政府の自由度が大幅に拡大された。

◆**軍事独裁権力の成立**　1941（昭和16）年10月、陸軍大将東条英機が首相となり、ついに軍が内閣をも直接掌握した。戦争体制を強力に整えるため翌年11月、植民地機関を含めて各省官制の大改正が行われ、行政組織の簡素化が図られた。台湾・朝鮮・樺太を除く占領地域と従属地の行政一元化のため、拓務省・対満事務局などを統合して大東亜省が設置され、外務省の事務の多くを吸収した。他方、台湾・朝鮮・樺太の統治の準内地化が行われた。産業統制では、各省庁の行政権限が大幅に各統制会に委譲された。しかし、とくに産業界では戦時ファシズム体制は徹底せず、1943年3月には財界人を内閣顧問とし首相に権限を集中して独裁体制を強化する措置が採られた。同年11月、省庁の合併をすすめ、運輸通信省、農商省、軍需省を設けた。ここに戦時統制経済に対応した行政機構の再編が完了した。

1944（昭和19）年2月、すでに陸軍大臣を兼任していた東条首相が参謀総長を兼任し、海軍大臣が海軍軍令部総長を兼任して、東条内閣の独裁体制が極点に達した。しかし、戦局の悪化と限界点に達した国民生活の打開を望む重臣たちの動きによって、同年7月、東条内閣は退陣に追い込まれた。次の小磯国昭内閣では、重臣と経済人を内閣に取り込み、大本営政府連絡会議を最高戦争指導会議と改称し、戦争続行が図られた。1945年3月、内閣総理大臣を大本営に加え、戦時緊急措置法（6月）によって内閣に独裁権を付与して、軍の権力を抑えうる構成を試みた。

第4節　占領下における国家機構の再編──戦後改革

◆**敗戦と占領**　1945（昭和20）年8月、日本政府はポツダム宣言（7月26日発表）を受諾し、第二次世界大戦が終結した。連合国軍はただちに占領を開始し、占領は1952年4月の講和条約発効まで継続した。9月2日に降伏文書調印

式ののち、8日、連合国軍最高司令官（SCAP、マッカーサー元帥）の総司令部（GHQ）が東京に進駐し、GHQによる占領統治が始まった。連合国による占領管理のため、米英中ソなど11ヵ国からなる極東委員会がワシントンに置かれ、東京に対日理事会を置いた。

統治方針はGHQより指令、覚書、書簡などの形式で日本政府に伝達され、政府がその具体的施策を立案、法令化した（間接占領方式）。したがって、軍事占領下においても憲法は停止されず、大日本帝国憲法に基づく国家機関が存続し、占領統治は帝国議会（日本国憲法制定後は国会）の制定法、勅令（同、政令）、各省の省令・通牒などの法形式によって進められた。緊急勅令「ポツダム宣言の受諾に伴い発する命令に関する件」（1945勅542）は、SCAPの要求にかかる事項実施のため、大日本帝国憲法第8条（法律に代わるべき命令）により、日本国政府に包括的な命令権を与えていた。これを根拠とする勅令・政令等は「ポツダム勅令」「ポツダム政令」などと呼ばれ、日本国憲法制定後も憲法外において効力を有する超憲法的な法規であるとされた（最判昭和28・4・8）。

❖ **占領初期の国家機構再編、戦時体制の解除**　占領当初の指令によって陸・海軍が解体されて武器・装備類は没収され、軍人と軍官僚は解雇され、兵士は郷里に戻された。同時に陸軍省・海軍省も廃されたが、両省は兵士の復員を扱う第一・第二復員省として存続し、のち厚生省復員局に再編されることになる。

占領統治の進行に従って、中央官省が大幅に再編された。戦前官庁の中心にあった内務省が解体されて、自治庁（のち自治省）・国家地方警察・建設省・消防庁などに再編された。すでに1938（昭和13）年に内務省から分離していた厚生省からは、さらに労働省が分かれた。警察機構も内務省から分離され、特別高等警察が廃止されるなど縮小され、1947年12月の旧警察法によって再編された。警察を管理・運営するための公安委員会制度が採られ、当初は地方自治体警察が中心の組織となった。

❖ **憲法改正と国家機構の再編**　1947年5月、新憲法の施行によって国家原理が転換し、国民主権原理に基づく国家が成立した。天皇は、特別身分として国家および国民統合の象徴となり、国家機関として憲法に定める国事行為を行うこととなり、財産は没収ないし国有化された。宮内省は廃止されたのち、1949年6月、宮内庁として総理府の外局となった。枢密院は廃止された。帝国議会

は国会となり、二院制のまま貴族院は廃止され参議院が置かれた。大審院は最高裁判所となり、行政機関から完全に独立し、行政訴訟をも扱うものとなった。内務省の再編を中心に省庁の編成も行われ、1950年までに総理府、外務・厚生・労働・建設・大蔵・文部・農林・通商産業・郵政・運輸の各省と法務庁・行政管理庁・地方自治庁・北海道開発庁を置いた。さらに、1952年7月には、破壊活動防止法に基づいて公安調査庁を置き、内閣法制局を再設置し、経済審議庁を置き、地方自治庁が自治庁に、法務庁が法務省になった。10月、講和条約の発効に合わせて保安隊を設置し、これに伴って保安庁を置いた。

　行政組織では、一定目的の行政権限を有し、準立法的権限と準司法的権限を持つことを特徴とする行政委員会制度が加わった。独占禁止法による公正取引委員会（1947年7月）、警察法による国家公安委員会（1948年3月）、国家公務員法による人事院（1948年12月）、労働法による中央・地方労働委員会（1949年6月）、公安審査委員会（1952年7月）、教育委員会（1948年7月）などが代表的である。

　地方自治体は地方公共団体としてその独立性を強められ、地方議会の権限が強化され、首長は住民の選挙によるものとなった。

　1954年6月、警察法が全面改正され、警察庁が置かれ、再び中央集権的な警察組織が形成された。また、1954年6月、保安隊を自衛隊に改組するのに伴って保安庁を防衛庁とし、1955年7月、経済審議庁が経済企画庁となった。1960年6月、自治庁が自治省になった。

　官僚は、天皇の官吏から国民に奉仕する国家公務員となった（1947年10月、国家公務員法）が、試験任用制に変更はなく、占領統治が間接統治であったこともあって、戦前以来の強固な官僚組織が生き残った。国家公務員の身分と労働条件などの決定には人事委員会が置かれ、同委員会は1948年12月人事院となった。地方公務員に関しても人事委員会を置いた（1950年12月、地方公務員法）。

第5節　現代的国家機構再編の試み

◆ 省庁再編と地方分権問題：臨調答申　　1962年2月の第一次臨時行政調査会設置以来、総理府設置の審議会で、行政運営の方法、行政政策体系、行政組織

に関する議論が重ねられた。1983年3月の最終答申を実施し行革を推進するため、5月、臨時行政改革推進審議会を置いた。1993年10月の第3次審議会閉止までに、地方行政改革、多方面にわたる規制緩和や民営化・民間委託、土地取引など一連の答申をなし、これに沿って行政改革が進められた。この最終答申で地方分権の推進と中央省庁の再編が提言されたのを受けて、1995年に地方分権推進委員会が、1996年11月には行政改革会議が設置され、翌年、1府21省庁を1府12省庁に再編する答申が出され、また、1998年までに地方分権に関する一連の勧告が出された。

◆**中央省庁の再編** 行政改革会議の答申を受け、1998年6月に中央省庁等改革基本法が定められ、翌年一連の中央省庁等改革関連法が成立し、2001年から中央省庁再編が進められた。内閣機能強化のため内閣官房の改革と内閣府の新設がなされ、基本政策を審議する4審議会を置いた。また、行政組織の減量と効率化のため省庁数を減じ、国の許認可事項を大幅に削減し、独立行政法人制度を新設した。

総理府・経済企画庁・沖縄開発庁を併せて内閣府とし、建設省・運輸省・国土庁・北海道開発庁を併せて国土交通省とし、総務庁・自治省・郵政省を併せて総務省とした。郵政事業は日本郵政公社として分離し、その後株式会社化された。すでに1998年、大蔵省から金融機関の監督機能を分離し金融監督庁としていたが、これを金融庁として大蔵省の金融行政部門を分離し、大蔵省の名称も財務省に変えた。さらに大蔵省の予算編成方針の決定権限を経済財政諮問会議（内閣府）に移した。厚生省と労働省は併せて厚生労働省とし、文部省と科学技術庁を併せて文部科学省とした。通商産業省は経済産業省に名称変更し、環境庁は環境省としたが、農林水産省、外務省、法務省、国家公安委員会と管下の警察庁はそのまま残った。防衛庁もそのまま残ったが2007年に防衛省となった。

国が自ら実施する必要はないが民間に委ねるのも難しい事業について、独立行政法人の制度が新設された（1999年独立行政法人通則法）。各省庁所管の試験研究機関を中心に、89の事業が独立行政法人化され、さらに国立美術館・博物館や病院・療養所が加わった。国立大学も2004年4月から独立行政法人となった（2003年国立大学法人法）。

◆ **地方分権の推進**　　地方分権推進委員会の勧告に従って1998年5月、地方分権推進計画が閣議決定された。戦後地方公共団体となった都道府県市町村などは、制度的には自治団体であったが、財源はその多くを中央政府に依存しており、事務の7割近くが国政委任事務であった。このように政府に集中した権限や財源を地方に移すとともに、国の地方に対する関与を緩和ないし廃止することとした。翌年7月、地方自治法をはじめとする475件の法律改正を含む地方分権一括法が成立し、2000年から地方分権の推進が始まった。その後、自立的な地方公共団体の建設を旗印として大規模な市町村合併が推進され、他方で地方公共団体への許認可権等の行政権限や財源の移譲が進められている。また、地方制度の大枠を変更する道州制の議論も進められている。

【参考文献】
今村都南雄編著（2002）『日本の政府大系』成文堂
行政制度研究会（1983）『現代行政全集　1　政府』ぎょうせい
田中二郎編（1938）『行政法規集』上巻
吉井蒼生夫（1996）『近代日本の国家形成と法』日本評論社

第4章

憲　　法──運用と解釈を中心に

❖はじめに　　憲法学においては、そもそも憲法とは何か、という概念の説明はまず、「形式的意味における憲法」と「実質的意味における憲法」の区別としてなされるのが通例であるが、この区別は、「第一世代」の憲法学者である穂積八束が行って以降100年近くほとんど変わることがないとされる。このことは、統治の根本に関する法文（テクスト）の多くが、憲法典、すなわち、1889（明治22）年2月11日に発布され、翌年11月の第1回帝国議会開会とともに施行された「大日本帝国憲法」、および、1946年11月3日に公布され、翌年5月3日に施行された「日本国憲法」という二つの「形式的意味における憲法」に含まれ、その残余が、憲法附属法や条約などの形式をとって「実質的意味における憲法」の大部分をなす、という構造が100年近く変わっていないことを示していよう（南野森2007：28-31頁）。その一方で、それぞれに「天壌無窮ノ宏謨」や「惟神ノ宝祚」（大日本帝国憲法告文）、あるいは「人類普遍の原理」や「恒久の平和」（日本国憲法前文）といった観念的な表現を含むテクストが寄り添い、これらを踏まえて「実質的意味における憲法」をとりまく多様な「解釈」が──時には「憲法学者」たち自身によって──提示され続けてきたという点でも、二つの憲法の構造は類似している。

　「日本憲法史」として取り扱うべき範囲としては、「憲法体制成立史」、すなわち、「実質的意味における憲法」の成立に至る経緯のみならず、憲法上の諸機関による基本法典の実施のあり方や相互関係、「憲法的機関による公権的解釈」をも含めた「憲法体制運用史」、さらに、憲法体制の成立に係る憲法思想史のみならず、「憲法典や基本法典・憲法附属法などの解釈」や「いわゆる憲法改正の主張」なども含めた「憲法思想／学説史」をも含めることに「一定の合意がある」とされる（大石眞2005：5-7頁）。上述の二つの憲法がともに「硬性憲法」であり、双方とも明文による改正を受けてこなかったことに鑑みれば、

わが国の憲法の歴史について考察を加えるためには、静態的な「テクストとしての憲法」を出発点として、「解釈」という営為を通じて動態的に生成され続ける「規範としての憲法」のあり方（南野2007：33-47頁）について、歴史的に検討することが不可欠であろう。この論理構造を念頭に置きながら、新旧二つの憲法をめぐる運用と解釈、および、その間に存する共通性と差異について考えてみよう。

第1節　大日本帝国憲法の運用と解釈

◆ **大日本帝国憲法の制定過程**　　法哲学者の長尾龍一は、明治国家における憲法史・憲法思想史を、「閉じた社会の原理」である「国体」と、「開いた社会の原理」である「憲政」という「二つの標語の闘争と妥協の歴史」であったと分析している（長尾龍一1996：10頁）。「広ク会議ヲ興シ万機公論ニ決スヘシ」との文言を掲げる「五ヶ条誓文」（1868〔慶應4〕年3月14日）は、天皇が群臣を率いて天神地祇を祭り誓約するという形を採ったが、このことは、幕末期の「衆議下問＝公議世論」政策の採用に即する形で受容されてきた西洋の「憲政」思想と、王政復古によって誕生した明治政府の正統性を担保するための「国体」観念の並存を象徴するものであった。明治初年には、オランダ・フランス・イギリス等西洋諸国の憲法を参照して、限定的ではあるが民選議院を予定した「国会議院規則」（1873年）が左院で作成され、一方、独裁制を志向する木戸孝允の意見書を基に、プロイセン憲法の影響を強く受けた「大日本政規」「帝号大日本国政典」も作成された（1873-74年）。1875（明治8）年4月14日には「立憲政体詔勅」によって政府の漸進的方針が明らかにされ、元老院において、プロシア・ベルギー・オランダ・イタリアなどの憲法を参照して、三次にわたり憲法草案が作成されたが（1876-80年）、その内容は伊藤博文によって「我国人情等ニハ聊モ致注意候モノトハ不被察」と手厳しく批判される。政府内の国家構想は必ずしも一様ではなかった。

一方、板垣退助らによる「民選議院設立建白」（1874〔明治7〕年）を契機に広がった自由民権運動の中からも様々な私擬憲法草案が生まれたが、そのうち、交詢社が発表した「私擬憲法案」（1881〔明治14〕年4月）は、参議大隈重

信が同年3月に提出した「国会開設奏議」と極めて関係の深いものであった。大隈はこの奏議の中で、イギリス型の政党内閣主義を採り、1883年には「国議院」を開設することを唱えており、政府関係者からは極めて急進的なものと受け止められたのである。これに対して、井上毅がドイツ人お雇い法律顧問ロェスラー（K.F.H.Roesler）の答議を踏まえて起草し、岩倉具視によって示された憲法制定方法についての方針と意見は、行政権を国王が掌握するプロイセン型の立憲君主制を志向しており、これが大日本帝国憲法の基本線を定めることとなった。大隈は開拓使官有物払下事件を契機に1881（明治14）年10月11日に罷免され、その翌日に、1890（明治23）年を期して国会を開設する旨の勅諭が出されることになる。

伊藤博文は1882（明治15）年憲法調査のため渡欧し、グナイスト（R.v.Gneist）・モッセ（A. Mosse）・シュタイン（L.v.Stein）らの講義により、憲法制定の理論的確信を得て帰国した。具体的な憲法起草作業は1886（明治19）年から、伊藤を総裁格に、井上毅・伊東巳代治・金子堅太郎の4名によって秘密裏に開始され、ロェスラー、および、伊藤の訪問後お雇い法律顧問として来日したモッセの答申を参照して井上が起草した「乙案試草」「甲案試草」と、ロェスラーの「日本帝国憲法草案」を参照して「夏島修正案」が成立し、さらに訂正・推敲が加えられ、憲法草案は1888年4月に成案を得、5月8日に開院した枢密院における数次の審議を経て、翌年2月11日に発布されたのである。

◆ **大日本帝国憲法の発布とその解釈**　憲法典と前後して、「実質的意味における憲法」の重要な部分を占める憲法附属法の整備も進められた。憲法調査から帰国した伊藤は、1884（明治17）年に宮中に置かれた制度取調局の長官となり、宮内卿を兼任している。同局では行政裁判・議会・皇室制度などについて検討が行われ、その成果をも踏まえて、1885年12月には内閣制度の創設、翌2月には公文式および各省官制通則の制定をみた。そして、大日本帝国憲法の発布と同日に皇室典範が勅定、議院法・衆議院議員選挙法・会計法・貴族院令が公布され、さらに、多くの憲法附属法の制定、既存法令の改正も行われた。このように伊藤は、渡欧調査においてシュタインらから得た知見を駆使して、立憲政治の受け皿となる行政システムの構築に強力なリーダーシップを発揮した。一方、「憲法典」の発布に際しては、慣行に反して天皇自らが「告文」および

「発布勅語」を読み上げたことに象徴される「伝統の創出」が行われ、「不磨ノ大典」は君が代・万歳・御真影・日の丸という「国民統合の四点セット」によって祝祭的に迎えられた（牧原憲夫1998：159-172頁）。

　大日本帝国憲法は改正の発議権を天皇が持ち、改正手続の厳格な「硬性憲法」であったが、違憲審査制を備えていないという点で、その「最高法規」性は「潜在的」であったと言える（南野2007：34-35頁）。この観点からは、枢密院に提出された憲法説明を加除修正し、帝国大学法科大学教授（穂積陳重・富井政章・末岡精一）が参加した共同審査を経て『帝国憲法・皇室典範義解』（『憲法義解』）が1889（明治22）年6月に公刊されたことが注目される。伊藤の私著の形で国家学会から出版された『憲法義解』は、序において「敢テ大典ノ註疏ト為スニ非ス」と述べながらも、実際には半官的な逐条説明書の性質を持った。また、伊藤と井上から「憲法ノ研究」につき「周到ナル注意」を与えられたとされる穂積八束が同年1月29日に留学先から帰国し、その直後に公表した論説において「憲法成典ハ必ラスシモ憲法ノ全体ニアラサル」こと、解釈にあたって「日本国体史」や「古来ノ法令習慣ヲ参酌」すべき旨を述べている。八束は『憲法義解』の共同審査から外されているが、帝国大学憲法講座の初代担当者となり、「国体」観念を中核に据えた憲法解釈を展開した。このベクトルは弟子の上杉慎吉にも引き継がれ、いわゆる「正統学派」が形成されることになる。

　政府においては、憲法に先行して主要法典の編纂が進められていた。そのような中、憲法発布と同年の1889年5月に「法典編纂ニ関スル法学士会ノ意見書」が公表され、法典論争の口火が切られている（第2章参照）。公布された旧民法に対して、穂積八束は1891年に「国家的民法」や「民法出テ、忠孝亡フ」といった論説を発表して「公私ノ法制習慣」の源としての「祖先教」を媒介とした「国体」の意義を強調した。翌年の民商法の施行延期法案成立により終結するまで続いた法典論争は、「家族制度」概念の法理化を通じての「国家全能主義の私法領域への貫徹」と、憲法典と教育勅語によって漠然と与えられていた「国体」観念の確立において「てこ入れとでも言うべき大きな役割」を果たしたと言えよう（中村雄二郎1967：86-94頁）。法典論争はまさに、遅れて登場した憲法が私法原理を併呑した「事件」であった。

❖ **典憲体制の成立と「憲政」の展開**　　憲法発布の翌日、黒田清隆首相は、政

府は「超然トシテ政党ノ外ニ立」つ旨を述べ、第1回帝国議会以降しばらくの間、民党が過半数を占める衆議院と鋭く対立したが、1900（明治33）年には、伊藤博文を総裁とする立憲政友会が成立した。このことによって伊藤は前年に設置された帝室制度調査局の総裁の職を辞すことになったが、後に再任され、伊東巳代治・有賀長雄らとともに皇室制度の調査・立案を行った。その結果として、1907（明治40）年2月には公式令が定められ、皇室典範が増補を受けて公布された他、一連の宮務法も整備されたため、この段階で政務法と宮務法の二系統から成る「明治典憲体制」が確立した、とする見解もある（川田敬一 2001：212頁）。

　「第二世代」の憲法学者たちも現れてくる。憲法典の制定過程に鑑みれば、憲法解釈の方法をドイツに求めるのは自明のことであったが、「第二世代」においてその代表的な受容者となったのは美濃部達吉であった。ドイツ国法学の通説的見解であった国家法人説は、すでに有賀長雄、一木喜徳郎などによって紹介されていたが、美濃部が中等教員夏期講習会で行った講演をまとめた『憲法講話』（1912〔明治45〕年）に上杉慎吉が批判を加えたことから、いわゆる「天皇機関説論争」が生じた。論争においては、天皇機関説が通説であることが確認されたが、美濃部が「我が帝国が万世一系の統治に属するの大義」には異を唱えなかったように、母法国における背景の吟味を経ずに継受された「学説」には自ずから限界が胚胎する。この点、イギリスをモデルとして国民主権を論じた植原悦二郎や「聖俗分離」を唱えた中島重らの営為には注目すべきであろう（小野博司2006：781-810頁）。

　しかし、美濃部をはじめとするいわゆる「立憲学派」の憲法解釈は、政党内閣制の成立と定着に寄与したと評価し得よう。美濃部は、通説では否定されていた各省大臣の連帯責任について、憲法第55条2項の「国務大臣ノ副署」および内閣官制第5条の「高等行政ニ関係シ事体稍重キモノハ総テ閣議ヲ経ヘシ」との規定を根拠に「内閣は議会の多数を占めて居る政党から組織」されるのは「免るべからざる自然の勢」であるとした。また、京都帝国大学の佐々木惣一は、1916（大正5）年に吉野作造が「憲政の本義を説いて其の有終の美を済すの途を論ず」を発表して民本主義を唱えたのと並行する形で、議会政治を積極的に擁護したのである。

第4章 憲　法　55

◆ **天皇機関説事件と「国体」の明徴**　　二度目の「憲政擁護運動」を経て1924（大正13）年6月に護憲三派内閣が成立してからのいわゆる「政党内閣期」においては、「憲政の常道」に従って二大政党制が運用され、男子普通選挙などの施策が実現された。しかし、1930（昭和5）年のロンドン海軍軍縮条約の締結に際して、天皇が「陸海軍ノ編制及常備兵額」を定める旨を規定した憲法第12条について、政府と野党および軍部の間で解釈の相違が生じ、いわゆる「統帥権干犯問題」として政治化した。美濃部は政府の立場を擁護し、結果的に条約は批准されたものの、その憲法解釈は青年将校や民間右翼から批判を受けることとなった。浜口雄幸首相は右翼に狙撃されて後に辞職、「憲政の常道」に従って成立した第二次若槻内閣が満州事変で倒壊した後、1932（昭和7）年5月15日に犬養毅首相が暗殺されて「政党内閣期」は約8年で終焉を迎えた。

　「国体」をめぐる言説も噴出する。普通選挙制度の導入と同時に、「国体ヲ変革」することを構成要件に掲げた治安維持法が制定され（第12章参照）、1928（昭和3）年に発生した日本共産党関係者の大量検挙事件に適用されたが、大審院は、同法「第一条ニ所謂国体ノ意義」とは「我万世一系ノ天皇君臨シ統治権ヲ総攬シ給フコト」であるとの「解釈」を行っている（大判昭4・5・31）。この「解釈」の無意味さ自体が、「国体」観念の空疎さと、「変革」を迫るかにみえる危機に際してのみ「不意に噴出して言説空間を活性化する」という役割を極めてよく象徴していよう（松浦寿輝2000：313-317頁）。内容自体は10年前のものと変わらない美濃部の学説が、1935（昭和10）年2月に貴族院において「皇国ノ国体ヲ破壊スル」として批判され、美濃部は著作を発売禁止処分とされ、不敬罪に問われたことも（後に貴族院議員辞職により不起訴）、この文脈から理解することができる。この「天皇機関説事件」に際して、岡田啓介首相は二度にわたって「国体明徴」を宣言したが、それは「政治的便宜が学問的および政治的信念を圧伏した結果」であり、「国体」の「規範性」の薄さの反映でもあった（三谷太一郎1995：456-457頁）。

　もとより、この頃の憲法をめぐる言説が全てファナティックだったわけではない。美濃部と「国体憲法論者」の対立は、主権と統治権をめぐる解釈論争でもあり、憲法改正論へと繋がっていた（林尚之2008：1-6頁）。1937（昭和12）年に文部省が刊行した『国体の本義』が「伝統的国体論の枠内」のテクストであ

ったのに対し、1941（昭和16）年の『臣民の道』は、「皇国臣民としての自覚」を説いて主体性の発揮を促すテクストに変容する（昆野伸幸2008：180-188頁）。滝川事件で職を辞した佐々木が大政翼賛運動の違憲性を指摘したのに対して、宮沢俊義は迎合的に見える反駁を行うが、そこにも一定の「科学性」を指摘する余地はある（高見勝利2000：117-134）。「国防国家」をめぐる議論は、佐々木の後任となった黒田覚の憲法制定権力をめぐる思惟と重なる（須賀博志1998：28-35頁）。京城帝国大学では、清宮四郎・鵜飼信成らが「名状し難い翳」をまとう「学知」を蓄えていた（石川健治2006：172-230頁）。彼ら「第三世代」の憲法学者の解釈の営為は「戦後憲法学」の重要な礎石となっていくのである。

第2節　日本国憲法の運用と解釈

❖ **日本国憲法の制定過程**　1945（昭和20）年7月26日に発表されたポツダム宣言に対して、日本政府は当初これを「黙殺」していた。しかし、広島・長崎への原子爆弾の投下やソ連の対日参戦などを受けて、8月10日付で同宣言を「天皇ノ国家統治ノ大権ヲ変更スルノ要求ヲ包含シ居ラザルコトノ了解」の下に受諾する旨を連合国に伝えた。連合国側はこれに正面からは答えず、天皇および日本国政府の国家統治の権限が連合国最高司令官に従属すること、日本の最終的な政府の形態が「日本国国民ノ自由ニ表明スル意思」に従って決定されるべきことを11日付で回答した（いわゆる「バーンズ回答」）。日本政府は議論の末、14日付でポツダム宣言を最終的に受諾する旨を連合国側に通告し、9月2日に降伏文書に調印した。ポツダム宣言および降伏文書は憲法改正に言及していないが、アメリカ政府内部で始められていた対日占領政策の検討を反映して作成され、連合国最高司令官総司令部（GHQ/SCAP、以下GHQ）の行動指針となった「降伏後に於ける米国の初期の対日方針」等の政策文書には、より民主的な形態の政府の必要性が明確に示されていた。

　日本側では、10月初旬に連合国最高司令官マッカーサー（D. MacArthur）の示唆を受けて、近衛文麿と佐々木惣一が内大臣府において憲法改正案の作成を行ったが、後に近衛が戦犯指名を受けて自決したこともあり、その後の経過には影響を与えていない。これと並行して、10月11日に幣原喜重郎首相がマッ

カーサーから「憲法の自由主義化」を含む示唆を受けたことを踏まえて憲法問題調査委員会が設置され、美濃部・宮沢・清宮らの憲法学者も参画して憲法改正案が検討されたが、その案は大日本帝国憲法の思惟の枠組みを出るものではなかった。また、政府外でも、政党などがそれぞれ憲法改正案を作成・公表しており、なかでも、在野の憲法学者鈴木安蔵らの「憲法研究会」が作成した草案は、GHQ の作業にも一定の影響を与えたものとして注目される。

　GHQ 側では、12月27日のモスクワ外相会談において連合国の政策決定機関として極東委員会（FEC）の設置が決定されたこと、その活動開始に先立って極東諮問委員会代表団が来日し、憲法改正問題についての質問を行ったこと、さらには、GHQ 内部の対立構造等も背景となって、いわゆる「毎日スクープ」を機に、1946年2月3日の「マッカーサー・ノート」に基づき、アメリカ本国からもたらされた「日本の統治体制の改革」を指針として、いわゆる「マッカーサー草案」が民政局（Government Section）において起草され、2月13日に日本側に手交された。これを受けて、松本烝治国務大臣と法制局の佐藤達夫・入江俊郎らが翻案を作成して3月4日に GHQ に携行したところ、即日逐条審議が開始され、翌日に成案を得た「憲法改正草案要綱」は、6日に天皇の勅語およびマッカーサーの声明とともに公表された。これを元に条文化された日本国憲法の草案は、枢密院の諮詢を経た上で、6月20日に開会した第90回帝国議会に、大日本帝国憲法第73条の手続により憲法改正を行う旨の勅書とともに提出され、衆議院・貴族院での審議、枢密院への再諮詢を経て、11月3日に「日本国民の総意に基いて」憲法改正を裁可する旨の上諭を附し公布、翌年5月3日に施行された。

　◆ 制憲議会と憲法解釈　　第90回帝国議会においては、「憲法典」のテクスト確定と並行してその解釈が行われたが、焦点となったのは、終戦の詔書において「護持」されたとされる「国体」であった。政府は、天皇が「憧レノ中心」として存在するという意味での「国体」は変更されないとしたが、宮沢俊義は、憲法改正限界論の立場から「国民主権主義ノ採用ヲ内容トスル」改正が許容されるためには、1945年8月に生じた「我ガ国ノ政治体制上ノ根本的ナ変革」を「学問的意味」における「革命」と捉える必要がある旨を貴族院議員として主張している。宮沢のこの解釈（いわゆる「八月革命説」）は、同年5月の

『世界文化』誌に掲載された「八月革命と国民主権主義」の議論を敷衍したものであったが、宮沢自身は、憲法改正を不要とは考えていなかったにせよ、ポツダム宣言および「バーンズ回答」に接した当初からこの解釈を採っていたとは考えにくく（高見2000：315-338頁）、「八月革命説」は「事実経過とは結びつかない新憲法成立の法理を説明する解釈理論」と理解されよう（芦部信喜1983：341頁）。

帝国憲法改正案委員小委員会におけるいわゆる「芦田修正」は、憲法典のテクストとその解釈が密接に関連する局面であった。芦田均委員長は7月29日の小委員会で、現行第9条2項に該当する陸海空軍その他の戦力の不保持と国の交戦権の否認を1項に、現行第9条1項に該当する武力による威嚇または武力の行使の放棄を2項とし、入れ替え後の1項に国際平和の誠実な希求についての修飾、2項に「前掲の目的を達成するため」との修飾の追加を提案した。8月1日に行われた審議では、入れ替え提案が退けられたにもかかわらず上記修飾の追加は踏襲され、さらに、芦田委員長の議事整理の際「前掲」が「前項」に変更されてテクストが確定した。この修正は自衛戦力保持を容認する解釈の根拠となるが、当時の芦田の意図は史料上明らかでない。しかしFECは9月21日の会議で「芦田修正」をこのように解釈し、再軍備後の軍国主義化を予防するために第66条2項の「文民条項」の挿入を求めた（佐々木高雄1997：321-381頁）。

なお、「憲法改正草案要綱」の公表の直後から、憲法附属法の整備も慌しく始められた。1946年7月に設置された臨時法制調査会では、第一部会で皇室・内閣関係、第二部会で国会関係、第三部会で司法関係、第四部会で財政その他に関する法令を審議し、GHQの民政局においても各部会に対応するスタッフが指定された。臨時法制調査会は同年10月に19件に及ぶ法案要綱について答申を行い、内閣法・財政法・裁判所法・地方自治法・会計検査院法・国会法等の憲法附属法が憲法施行までに制定されたが、とりわけ、皇室典範・皇室経済法が国会制定法として定められたことに大きな意義がある。なお、刑事訴訟法・民事訴訟法および民法については、日本国憲法の規定に即した改正が間に合わず、さしあたり「応急措置法」を定めることで処理し、刑法に関しては、GHQの指示に基づく不敬罪・大逆罪の廃止を含めた改正が憲法施行後に行わ

れた（第12・14・17章参照）。

◆ **日本国憲法の施行と憲法学**　1946年12月1日、帝国議会内に「憲法普及会」がGHQの指導下で設置され、「中堅官吏」に対する研修や一般国民向けの講演会、『新しい憲法』と題するパンフレット2000万部の各戸への配布など活発な普及活動を行った。しかし、様々なメディアを通じた「啓蒙」とその祝祭性にもかかわらず、憲法の公布から約半年間の「熱狂的体験」はほどなく忘れ去られた（古関彰一2009：319-341頁）。もとより普及会の性格には限界があったが、食糧難にあえぐ国民にとって「憲法」のプレゼンスがそれほど大きなものであったとは考えにくい。芦田は「マッカーサー草案」が政府を介さずに公表された場合「我国の新聞は必ずや之に追随して賛成する」ことへの危惧を日記に記しており、確かに、総選挙後の世論調査では憲法草案は圧倒的に支持されていた。しかし、このことから直ちに、例えば、日本国憲法は少なくとも国民にとっては「押し付け」ではなかった、という帰結を導くことは難しいのではないか、との見方も提示されている（安念潤司2007：138-141頁）。

「憲法典」というテクストを普及するためには、その解釈が不可欠である。「憲法普及会」にも参加した宮沢ら「第三世代」の憲法学者は、新憲法の「啓蒙」活動に積極的に取り組んだが、ドイツ国法学の思考枠組みでアメリカ型の憲法典を解釈するには困難が伴ったことは想像に難くない。『憲法義解』が「明治憲法学のため重要な礎石をおいた」ことに対応して、1947年9月に設立された「東京大学憲法研究会」の共同研究に依拠して『註解日本国憲法』（1948～50年）が刊行されたが、その執筆者のほとんどは狭義の「憲法学者」ではなかった（石川健治2002：288-289頁）。なお、上記『註解』の執筆者の一人である鵜飼信成はアメリカへの留学経験があったが、戦前におけるわが国のアメリカ法研究は概して不振であったことも、併せて指摘しておく必要があろう。

憲法第81条に定められた違憲審査制は、憲法典の「最高法規」性を顕在化させる規定であるが（南野2007：35頁）、これを終局的に担保する機関である最高裁判所の発足は、裁判官任命諮問委員会での人事の紛糾の影響もあり、1947年8月4日となった（第13章参照）。しかし、連合国による占領管理下においては、最高裁判所もまた連合国最高司令官に従属することになる。とりわけ問題となったのは、1945年9月20日に大日本帝国憲法第8条に基づいて制定された

いわゆる「ポツダム緊急勅令」(1945勅542)、および、その広範な委任によって発出された「ポツダム命令」と日本国憲法の整合性である。この問題について、占領下の最高裁判所は「まことに已むを得ないところ」として合憲と解釈していた。端的に、占領下において日本国憲法は「管理法令の一種」という性格のものであったと言わざるをえない（高橋正俊1998：76-103頁）。なお最高裁は占領終結後、これらは「憲法外において法的効力を有する」と解釈している（最判昭28・7・22）。

❖「改憲論」の諸相　FECは1946年10月17日に、日本国憲法の再審査についての政策を決定した。マッカーサーはこれに抵抗したが、結局翌年1月3日に吉田茂首相に対して「憲法は日本の人民ならびに国会の正式な審査に再度付されるべき」と伝える書簡を送付し、新聞各紙は3月30日付でこれを報じた。政府は一時これに応じる動きを見せたが、1949年4月20日に憲法改正の意思を否定し、FECも28日に新たな指令を発しない旨を決定した。これに対して同年、丸山眞男・佐藤功・鵜飼信成らが参加した「公法研究会」と上述の「東京大学憲法研究会」が憲法改正に関する意見を公表したことは、日本国憲法の基本原理を支持する動きと評価できよう（竹前栄治編著2001：67-90頁）。この背景には、国際環境の変化に伴う占領政策の転換（いわゆる「逆コース」）がある。1950年6月の朝鮮戦争勃発を受けて、8月にはポツダム命令に基づき警察予備隊が設置され、1951年9月8日にはサンフランシスコ講和条約とともに日米安全保障条約が締結されたのである（翌年4月28日発効）。警察予備隊はその後保安隊に改組され、1954年には自衛隊が設置された（第11章参照）。

これらの事態は、憲法典というテクストの解釈を動揺させる。占領期に解体された法制局が復活し、憲法第9条にいう戦力は「近代戦争遂行に役立つ程度の装備、編成を具えるもの」であり、保安隊はこれに該当しない旨の政府統一解釈が1952年11月25日に示されたが、これは自衛隊発足後に、自衛のために「必要相当な範囲の実力部隊」を持つことは違憲ではないとの解釈に変更された。この変化には、上述の「芦田修正」に関するFECの解釈を、この時芦田自身が唱えたことの影響があったとされる（渡辺治1987：118-139頁）。裁判所は、警察予備隊に関しては日本国憲法が定める司法審査の付随的性格を（最判昭27・10・8）、日米安保条約および自衛隊に関しては、後に「統治行為（政治問

題)」の法理を導き出し（最判昭34・12・16、札幌高裁昭51・8・5）、当該問題についての直接の憲法解釈を避けている。

　保守系の政党においては、占領終結を踏まえて憲法典を明文改正する動きが本格化する。自由党および改進党は党内に「憲法調査会」を設置し、1954年にそれぞれ改憲構想を発表しているが、両者は日本国憲法が占領下における「押し付け」であったことを強調し「明治憲法精神への復帰」を掲げる点で基本的に同じであった（竹前編著2001：102-118頁）。改憲に積極的な鳩山一郎の組閣は、社会党の統一と自由民主党の結成に繋がり、いわゆる「55年体制」が成立した。鳩山は「日本国憲法に検討を加え、関係諸問題を調査審議」する憲法調査会の設置法を成立させたが、小選挙区制度導入に失敗して憲法改正発議に必要な議席数を獲得できなかった。憲法調査会は高柳賢三を会長として1957年に活動を開始し、1964年に最終報告書を提出した。憲法調査会の活動には多くの批判もあったが、憲法制定過程等について周到な調査を行い、調査会としての結論を示さなかったことについては、一定の評価を与える事ができよう。

　◆「戦後民主主義」と憲法学　　このような政治状況は、憲法学のあり方にも影響を与える。「第四世代」の憲法学者の中心的存在である芦部信喜の言を借りるならば、この時期は憲法学者も「研究活動を通じて実践的な働きかけ」を行い「現実に揺れ動く憲法の基本原理をいかに護るか、ということを考えざるを得ない」時代であった（芦部信喜1994：153-157頁）。明文改憲の挫折により、いわゆる「解釈改憲」によって自衛隊は維持されたが、その後も憲法学者から政府解釈の問題点が厳しく指摘され続けたことによって、政府はその解釈の脆弱性を補うために種々の譲歩を行い、結果として第9条の規範内容が明確化されることに繋がったと評価できよう。

　戦後日本において「平和主義」とともに強調された理念は「民主主義」であったが、その背景には「第三世代」の憲法学者達が受容したワイマール期のドイツないし第三共和制フランスの議会中心の憲法論があったとされる（高見勝利2007：63頁）。一方、樋口陽一の指摘によると、戦後改革が社会・経済の前近代性の克服という「広い意味でのマルクス主義社会科学」と前提を共有し、かつ、上述のように憲法論争の主要な争点となった第9条についての問題が「国内体制の次元での自由の問題」と連関しているという認識が希薄であったこと

から、権力の制限・個人の解放を中核とする「立憲主義」概念は、憲法論の文脈では取り上げられることが少なかったという（樋口陽一2002：73-75頁）。

　無論、芦部や樋口に代表される「第四世代」以降の憲法学者の営為、すなわち「戦後憲法学」が、日本国憲法に示された理念や価値を擁護するのに大きな役割を果たしてきたことに疑いを容れる余地は無い。しかし、「戦後憲法学」の方法論に「強い普遍志向と外国志向」を看取することが可能であるとするならば（林知更2007：40頁）、そのようなあり方については、とりわけ、1989年1月の昭和天皇の死去、6月の天安門事件、11月のベルリンの壁崩壊などの出来事が生じ、国内外の状況が流動化し始めた1989年を大きな画期として、再検討が必要なのではないかという議論も出てきている。

❖ **おわりに**　芦部や樋口と同じ「第四世代」に属する憲法学者の小嶋和司は、第一世代の憲法学者は同時に法哲学者でもあり、第二・第三世代は同時に行政法学者、時には政治学者をも兼ねていたことを指摘した上で、同時代の憲法学が「憲法典の裁判規範性」そのものへの思惟や法理学的追究を希薄化させていることを指摘しているが（小嶋和司1989：481-482頁）、この指摘に呼応するかのように、現在の憲法学は「憲法のメタ理論」への関心を高めている。本章で用いた「テクストとしての憲法」と「規範としての憲法」の区分も、この動向の中で提起されている枠組みを借用したものであった。戦後の改憲問題の中核的争点であった第9条の解釈についても、現在の憲法学は、自衛のための必要最小限度の実力を保持することは「比較不能な価値」の共存という「立憲主義」の概念と適合的であるとの解釈を提示している（長谷部恭男2006：3-22頁）。2007年5月には「日本国憲法の改正手続に関する法律」が制定され、「憲法典」の明文改正の前提が作られることとなった。しかし、本章において概観したように、新旧二つの憲法をめぐる運用と解釈の歴史は、我々が安易に「改憲の是非」を問うことをためらわせるに足りる複雑さを備えているように思われる。

【参考文献】
芦部信喜（1983）『憲法制定権力』東京大学出版会
芦部信喜（1994）『憲法叢説1　憲法と憲法学』信山社
安念潤司（2007）「日本国憲法の意義と運営」長谷部恭男ほか編『岩波講座憲法6　憲法と

時間』岩波書店
石川健治（2002）「憲法学の過去・現在・未来」横田耕一・高見勝利編『ブリッジブック憲法』信山社
石川健治（2006）「コスモス―京城学派公法学の光芒」酒井哲哉編『岩波講座「帝国」日本の学知1 「帝国」編成の系譜』岩波書店
大石眞（2005）『日本憲法史〔第二版〕』有斐閣
小野博司（2006）「明治憲法と政治的多元主義 美濃部達吉と中島重の学説比較を中心に」『阪大法学』56巻3号
小嶋和司（1989）『憲法解釈の諸問題』木鐸社
川田敬一（2001）『近代日本の国家形成と皇室財産』原書房
古関彰一（2009）『日本国憲法の誕生』岩波書店
昆野伸幸（2008）『近代日本の国体論―〈皇国史観〉再考』ぺりかん社
佐々木髙雄（1997）『戦争放棄条項の成立経緯』成文堂
須賀博志（1998）「憲法制定権力論の日本的変容(1)」『法学論叢』144巻3号
高橋正俊（1998）「憲法の制定とその運用」佐藤幸治・初宿正典・大石眞編『憲法50年の展望Ⅰ 統合と均衡』有斐閣
高見勝利（2000）『宮沢俊義の憲法学史的研究』有斐閣
高見勝利（2007）「『戦後民主主義』後の憲法学の課題」『憲法問題』18号
竹前栄治編著（2001）『日本国憲法検証1945-2000 7 護憲・改憲史論』小学館
長尾龍一（1996）『日本憲法思想史』講談社
中村雄二郎（1967）『近代日本における制度と思想―明治法思想史研究序説』未来社
長谷部恭男（2006）『憲法の理性』東京大学出版会
林尚之（2008）「天皇機関説事件後の憲法改正問題―1930～40年代の主権論争を中心に」『歴史学研究』836号
林知更（2007）「戦後憲法学と憲法理論」『憲法問題』18号
樋口陽一（2002）『憲法 近代知の復権へ』東京大学出版会
牧原憲夫（1998）『客分と国民のあいだ―近代民衆の政治意識』吉川弘文館
松浦寿輝（2000）「国体論」小林康夫・松浦寿輝編『表象のディスクール5 メディア 表象のポリティクス』東京大学出版会
三谷太一郎（1995）「天皇機関説事件の政治史的意味」石井紫郎・樋口範雄編『外から見た日本法』東京大学出版会
南野森（2007）「『憲法』の概念―それを考えることの意味」前掲『岩波講座憲法6 憲法と時間』
渡辺治（1987）『日本国憲法「改正」史』日本評論社

第5章

植民地法制

第1節　植民地帝国日本の成立

　日本は、日清・日露戦争によって台湾・朝鮮などを代表的な植民地として領有する植民地帝国となることができた。両戦争の目的は、朝鮮を日本の独占的支配下に置くことにあった。日本帝国は、台湾・朝鮮なかでも朝鮮を植民地として領有し得て、はじめて近代国家を植民地帝国として、いちおう完成することができたのである（本書1頁参照）。したがって、本章ではこの二つの代表的な植民地の統治法・政策について、三つの時期に分けて考察することにする。

　❖ **台湾領有と統治**　　台湾領有は、1895（明治28）年「日清講和条約」によるものであった。当初、抗日運動に直面した日本は、軍政を布き「台湾民主国」樹立など抗日武力闘争を鎮圧し、1896（明治29）年、総督府の民政に移行した。

　台湾総督は親任官で、陸海軍大将・中将より任用され陸海軍統率権を有した。政府は、総督に対し同年法律第63号（いわゆる六三法）で「法律ノ効力ヲ有スル命令」＝律令制定権を、「台湾総督府法院条例」で法院を管理し裁判官・検察官を「補職」（官吏に職務担当を命ずる）する権限を与えた。台湾総督は、このように行政・軍事・立法を独占する強大な権限を与えられていたのである。

　こうした強大な総督権限を削減しようとする意見や原敬の内地延長主義の立場からの意見等によって総督への立法委任（総督の律令制定権）の廃止が試みられたが貴族院などの反対によって挫折し、1906（明治39）年法律第31号「台湾ニ施行スヘキ法令ニ関スル法律」（いわゆる三一法）が制定・施行（1907年）された。結果、三一法は基本的には六三法と同じで、総督に律令制定権と「臨時緊急ヲ要スル場合」の命令発令権を認めていたが、本国の法律・勅令には「違背」できず律令は本国の法律・勅令の下位にあることが規定された。三一法は5ヵ年間の期限つきであったが1921年末まで延長された。総督府はまた、民政

第5章　植民地法制　65

移行後も続く抗日運動に対して警察の監督下で住民に相互監視を行わせる「保甲条例」(1898年)、抗日運動家らを「匪徒」として罰する「匪徒刑罰令」(同年)、「台湾新聞紙条例」・「台湾出版規則」(1900年)、非近代的な笞打ち刑を含む「罰金及笞刑処分令」(1904年)などや警察権が台湾人の日常生活に介入する警察政治によって抗日運動を弾圧した。また1898 (明治31) 年「台湾公学令」で台湾人を「順良忠実ナル日本国民」にするため「次代ノ島民タルヘキ幼年ヲ薫陶シ日本ノ言語ヲ注入スルト同時ニ、日本的普通教育ヲ施ス」公学校を設けた。総督府財政確立のための地租徴収の確保を目指して土地調査も実施した。

❖ **朝鮮領有と統治**　日本の植民地領有に抵抗する武力闘争を鎮圧し、1910 (明治43) 年「日韓併合ニ関スル条約」によって、日本は韓国 (朝鮮) を「併合」、植民地とし、総督府を設置した。朝鮮総督は親任官で、陸海軍大将が任用された。総督は天皇に「直隷」し、陸海軍を「統率」し「朝鮮防衛ノ事ヲ掌」るとともに「諸般ノ政務ヲ統轄」し、法律に代る「制令」発令権を有するなど、朝鮮における立法・行政・司法権を独占した。

❖ **朝鮮総督と台湾総督の地位**　朝鮮総督が天皇に「直隷」するとの規定は、1919 (大正8) 年まで続いたが、「諸般ノ政務」について内閣総理大臣を経ての「上奏」権限を有する点において、朝鮮総督は、台湾総督より上位に位置づけられた。このため中央主務官庁は、台湾総督を「監督」するが、朝鮮総督に対しては、法上の遵守義務を伴う中央主務官庁の監督権・指示権はなく、朝鮮総督に対する主務官庁 (内務大臣) の指示権と内閣総理大臣・各省大臣の特定の所管事務についての朝鮮総督に対する監督権・指示権に、はじめて法的根拠が与えられるのは、1942 (昭和17) 年の勅令729号「朝鮮総督及台湾総督ノ監督等ニ関スル件」によってである (72-73頁参照)。戦時法体制下の「内外地一元化政策」の結果である (山崎丹照1943：74-127頁、185-194頁、本書7頁)。

❖ **武断政治**　朝鮮総督の強大な権限を保障した実力は、総督直属の一個師団半の朝鮮駐剳軍と憲兵警察であった。憲兵警察は軍事警察と普通警察を一体化したもので、総督直属の日本軍憲兵司令官が警務総長を、道 (府県に当たる) の憲兵隊長が道の警務部長を兼任し、諜報蒐集、暴徒討伐、犯罪即決、民事訴訟の調停、国境税関の業務、山林監視、民籍事務、外国旅券、郵便護衛、海賊及密漁船密輸入の警戒取締り、労働者取締り、日本語普及、植林農事の改良、

法令普及、納税義務の諭示など実に広範な職務を有し、朝鮮人の生活全般に関与して厳しい統制と弾圧を行った。「武断政治」と言われる所以である。

「武断政治」は、官吏・教員の制服・帯剣にも象徴されている。さらに「治安警察法」(1900年)より厳しく集会・結社を取り締る「保安法」(1907年)、新聞・出版を取り締る「新聞紙法」(同年)・「出版法」(1909年)、統治と弾圧に都合よく作られた「朝鮮民事令」・「朝鮮刑事令」(1912年)、「封建的残酷性」を帯びた「朝鮮笞刑令」(同年)などが、朝鮮人を厳しく制御・弾圧した(朴慶植1973a：45-52頁)。「武断政治」下で、地租徴収確保のために土地調査事業(1910〜1918年)が実施され、「会社令」(1910年)の公布によって内地資本の朝鮮進出が図られた。こうした朝鮮統治の政策・法は、朝鮮人の生活基盤を奪い、多数の人々を内地や中国東北地方(満州)・シベリア・沿海州などへ移住させた。また朝鮮民族の「同化政策」推進のため、1911(明治44)年「朝鮮教育令」が公布され、教育勅語に基づき、朝鮮人を「忠良」なる「帝国臣民」に育成するため、公立普通学校において朝鮮語学習が制限され、日本語教育が強制された。

第2節　第一次世界大戦後の民族運動の高揚と植民地統治の改変

◆ **第一次世界大戦後の民族運動の高揚**　第一次世界大戦中の1917(大正6)年、ロシアに起きた社会主義革命は、全世界の資本主義国や植民地、従属国に大きな影響を与えた。朝鮮独立運動も内外で活発化し朝鮮では急死した前皇帝高宗の葬儀を機に1919年3月1日、民族代表が京城(現ソウル)で独立宣言を行うと、この動きは独立運動に発展、全土に拡大し台湾にも影響を及ぼした。日本政府―朝鮮総督府は運動を厳しく弾圧したが、もはや軍事力と憲兵警察を背景とする従来の「武断政治」では朝鮮統治の安定を図れないことをも自覚させられた。台湾では1921(大正10)年、台湾議会設置(請願)運動も始まった。

さらに、米騒動(1919年)に象徴されるような内地の民衆運動の高揚、大正デモクラシー運動、第一次世界大戦を契機とする更なる日本帝国主義の拡大政策、それに伴う米・英との対立といった、内外の矛盾・対立を克服するため、日本は内地・植民地ともに統治体制＝統治機構・法構造の再編、強化を迫られた。それは一定の民主化の要請と日本の帝国主義的拡大政策に対応する統治体

制の再編、強化という二つの課題に応え得るものでなければならなかった。その再編・強化策の中核となったのは内地（本国）、植民地ともに国民統合政策であった（本書3-5頁参照）。それは、内地ではいわゆる普選・治安維持法体制の構築として、朝鮮では「武断政治」から「文化政治」への改変として表明される。

❖「文化政治」と朝鮮統治の改変　「文化政治」は、「一視同仁」の詔書（1919年8月）、「朝鮮ヲ内地ニ同化スルノ方針」（原敬「朝鮮統治私見」斎藤実文書、国立国会図書館、憲政資料室所蔵）＝内地延長主義により、朝鮮と内地の制度的差別を縮小し「内鮮融和」と「民意暢達」を図るという建て前をとった。まず、1919年8月「朝鮮総督府官制」改正（勅令386号）により、総督の任用範囲が「文官」にまで拡大され、総督の陸海軍統率権が廃止され、陸海軍司令官に対する兵力使用請求権に留められた。しかし現実には、文官総督が任命されることはなく、斎藤実海軍大将以外はすべて陸軍大将が任命された。

「文化政治」と「武断政治」との違いは「民意暢達」が具体化された地方制度改正、「総督府官制」改正、憲兵警察制度から普通警察制度への変更（1920年）、官吏・教員の帯剣廃止、「朝鮮教育令」（1911年）の改正＝（新）「朝鮮教育令」の制定（1922年）、朝鮮語雑誌・新聞の発行許可、厳格な制限付の集会・結社の許可、「笞刑令」廃止（1920年）などに見られる。しかし普通警察制度も、現実は最末端の面（町村）に駐在所を置く一面一駐在所主義により警察力が物的・人的に強化され、憲兵警察と同様の機能を発揮した。この措置は、「独立騒擾後の治安状態」に対して極めて「有効であった」と言われている（朝鮮総督府『施政二十五年史』）。また（新）朝鮮教育令は「一視同仁」「内地延長主義」の名の下、国語（日本語）の普及・奨励を図り、「国語」の常用者か否かで小学校と普通学校に分類したほかは、基本的には内地と同一の教育制度を採用し、「特別ノ事情ガアル場合」と限定はあるが「内鮮共学」＝民族同化（日本人化）教育を推進した（朴1973a：220-224頁）。これは国民統合の基礎作りであったが、限定的な「内鮮共学」や小学校と普通学校の分類は、差別の根本的解消ではなかったことを示している（鈴木敬夫1989：153-160頁）。

三・一独立運動直後には、「治安維持法」の先駆とされる制令第17号が制定（1919年4月15日）され朝鮮内外における抗日独立運動にも適用されていたが、内地で「治安維持法」が公布（1925年）されると、同法は朝鮮（台湾）等の植民

地にも適用された。同法は内地で取締り対象であった「国体ヲ変革シ又ハ私有財産ヲ否認スル」社会主義、共産主義運動に加え、朝鮮（台湾）等の植民地では独立運動にも適用された。同法案の審議資料と考えられる「治安維持法案審議材料」には、すでに「朝憲紊乱」に該当する事項の例示として「植民地独立企画」が挙げられている。さらに政府は、帝国議会の治安維持法案審議に当たっても同法を朝鮮（台湾）等の植民地独立運動に適用することを約束している（水野2004：419-421頁）。このように治安維持法は、同法案作成の当初から独立運動などを弾圧する植民地統治法として運用することも意図されていたのである。しかし、日本政府は、朝鮮（台湾）等の植民地には普通選挙法を適用せず、内地延長主義を唱えながら植民地住民への権利付与は拒否したのである。朝鮮には「保安法」が施行されていたためか、台湾に延長、適用された「治安警察法」も適用されなかった（本書70頁参照）。朝鮮語雑誌・新聞も販売禁止、停刊が繰り返され、集会も監視・抑圧された。また三・一運動後の1919（大正8）年6月に第20師団が増設されて常設二個師団となった軍事力は、民族独立運動に対する最強、最大の抑止力となり、民衆を制御することによって住民＝国民統合にも重要かつ強力な役割を果たした。

　以上のような軍事、治安・教育法体制下において1920（大正9）年7月「民意暢達」を標榜した地方制度改正が行われた。すでに1914（大正3）年に府尹（市長）の諮問機関として設置されていた官選制の府協議会（名誉職会員）が民選制に改められ、道知事・面長（町村長）の諮問機関として名誉職の会員によって構成される道評議会・面協議会が設けられた。道知事は、道評議会員の3分の1を道内の「学識名望」ある「一年以来道内ニ住所ヲ有スル帝国臣民」で「独立ノ生計ヲ営ム年齢二十五年以上ノ男子」から直接任命（官選）し、3分の2を同じ「男子」から府・面協議会員が選出した候補者の中から任命（準官選）した。面の大多数を占めた普通面（村）の協議会員は、郡守・島司の任命（官選）制で、選挙（民選）制が採用されたのは府・指定面（町）協議会員だけであった。選挙・被選挙権者は、同じく25歳以上の「男子」で1年以上同一地域に居住する府税または面賦課金を年額5円以上納めている者、すなわち富裕な日本人、朝鮮人の地主、資産家などの限られた地方有力者であった。選挙の結果も同様な人々が選ばれた。これは、地方制度において選挙制を採り朝鮮人の意

思を反映・尊重するかのように装うことによって、植民地統治に対する朝鮮人の抵抗を和らげ、朝鮮人「有識不平分子」の一部を懐柔し、総督府統治機構に組み入れようと企図したものであった（朴1973a：216頁）。この企図は1920年の地方制度改正が、朝鮮統治の安定のために朝鮮軍参謀部が要望した地方制度改正案をほぼ実現したものであったことからも実証される（具英姫1988：38-40頁）。また朝鮮人官吏の登用、親日派官吏の育成も図られた。こうして朝鮮統治の安定と住民＝国民統合を図りつつ朝鮮軍の間島出兵が行われ、米騒動に表わされるような内地の食糧不足解消のために朝鮮の食糧基地化も進められたのである。

❖ **台湾統治の改変**　第一次世界大戦後の民族運動の高揚や朝鮮の三・一独立運動の影響、大正デモクラシー、社会主義、共産主義運動などの急激な台頭・展開に対処するため、日本政府は、台湾でも統治改革を行った。1919（大正8）年8月、「台湾総督府官制」改正（1919勅393）により、朝鮮と同様に、総督任用を文官にも拡げ、総督の軍隊統率権を廃し、総督には、陸海軍司令官に対する兵力使用請求権のみを与えた。「警察政治」と言われた統治も改められたが、警察力は軍事力同様、台湾統治の重要な実力であり、依然、抗日運動の抑止力や民衆の制御・弾圧に大きな力を発揮し住民＝国民統合にも機能した。

1922（大正11）年1月からは、法律第3号（1921年3月公布）によって、内地の法令を台湾に適用する内地（法）延長主義が採られた。この結果「訴願法」・「民法」・「民法施行法」・「商法」・「商法施行法」・「人事訴訟手続法」などがかなりの例外を設けて台湾に施行され、台湾人株主のみによる会社設立も可能となった。これは民族資本の成長や民族的自覚の伸展・台湾人上層に対する懐柔策であった。「共通法」（1918年）も、内地（法）延長主義の関連立法である。

また、内地（法）延長主義に基づいて同化主義政策も採られ、1922年2月には、（新）台湾教育令によって、初等教育において国語常用者か否かで別学としたほかは、内・台人の別学主義を廃止し中等教育以上を内地の学制と一致させ進学上の連絡を可能にした。これは台湾人上層＝土着の地主、資産家階層の教育要求に応じて彼らの懐柔を図り、内地―植民地間の人材の流れ、連絡を強化することにより住民＝国民統合を企図したものであった（若林正丈2001a：58-59頁）。初等教育における国語習得は、台湾人の日本への「同化」の手段であり（若林正丈2001b：46-47頁）、台湾人を効率的に日本本国に結合・統合させる基

礎的手段であった。こうした経過の中、台湾では、武装抵抗運動が終わり台湾議会設置（請願）運動など体制内の合法・非合法の抵抗運動に変わっていった。

このような変化に対応して治安法も変化していった。1920年、「罰金及笞刑処分例」が廃止されたが、従来の「保甲条例」、「匪徒刑罰令」に加え、内地で政治運動、労農運動の取締り等を目的として制定された「治安警察法」（1900年）が、1922年に厳格化されて延長、適用され、政治結社の設立も厳しく統制された。さらに、1925（大正14）年には、朝鮮同様、「治安維持法」も延長、適用されたが、普通選挙法は延長、適用されず、「治安維持法」が民族独立運動に拡大、適用されたのも同様であった。内地（法）延長主義は、このように植民地の人々を統治上の都合により差別する、御都合主義的なものであった。これが、内地（法）延長主義の本質である。また、台湾でも軍事力は抗日運動に対する最強、最大の抑止力であり、民衆を制御することによって住民＝国民統合に機能した。台湾は面積比にすると朝鮮より強大な軍事力の制圧下に置かれていた（王育徳1970：102頁）。このような軍事、治安・教育法体制の下、台湾における合法・非合法の民族運動への対応策として地方制度改正が行われ住民＝国民統合が図られたのである。

1920年7月、1901（明治34）年以来の「庁・街庄・社」の制度が「州制・市制・街庄制」に改正された。従来の12庁のうち2庁を残し、10庁を統廃合して5州が新設された。5州は3市、47郡に分けられ、庁・郡の下に263街庄（町村）が置かれた。州に知事、郡に郡守、市に市尹、街庄に街庄長が、各地方団体の首長の諮問機関として州・市・街庄協議会が置かれた。州協議会員は台湾総督が、市協議会員は州知事が、街庄協議会員は州知事または庁長が、各州・市・街庄に住所を有する「学識名望アル」者から任命（官選）した。協議会員は、名誉職で「職務ヲ怠リ又ハ体面ヲ汚損スル行為」ある時は、任命権者によって解任された。したがって、地方行政においては、台湾総督はじめ各地方団体の首長が完全に掌握する強権的統治が行われていたのである。総督府は、協議会を設置したことを挙げて、この地方制度改正を「地方自治制」の実施であると宣伝したが、協議会は単なる諮問機関にすぎず、台湾の人々の意見を行政に反映できるような組織も権限も付与されていなかった。こうして1920年当時の台湾は、統治の安定と住民＝国民統合を図りつつ、米騒動対策等のために内

地の食糧基地＝米・砂糖の生産供給地化されていったのである。

第3節　15年戦争と植民地統治

　1931（昭和6）年の満州事変に始まる15年戦争の開始は、植民地統治に新しい変化をもたらした。統治には根絶され得ない植民地の抗日運動への対策も必要であった。さらに1937（昭和12）年の台湾軍の中国派遣以降、戦争の南方方面（東南アジア地域）への拡大は、台湾統治の戦時体制化を緊急なものとした。

　❖ 満州事変と朝鮮統治　　満州（中国東北地方）には、日本による朝鮮の植民地化により、移住せざるをえなくなった朝鮮人が多く住む間島地域があった。満州事変は、彼らの抗日独立運動を抑え、朝鮮統治の安定を図るための戦争であり、満州を植民地化し、対中国本土、対ソ連邦の侵略拠点とする戦争でもあった。そのため、日本政府は、朝鮮を侵略拠点＝兵站基地として再編成することを企図した。朝鮮統治の戦時体制化である。その方策の中核は、地方制度の改正であった。それは、1930（昭和5）年3月1日付「朝鮮地方制度ノ改正ニ関スル松田拓務大臣ノ声明」の「民意ノ暢達ニ更ニ一歩進ムル事ハ最モ必要」であり、明治・大正天皇の「一視同仁」の「方針ニ基キ朝鮮ニ於ケル地方自治制度ニ改正ヲナサン」（『公文類聚第54編　巻1　地方自治　朝鮮』国立公文書館所蔵）との文言に示されているように、この地方制度の改正は、朝鮮の人々の民意を伸展、育成して朝鮮の人々を侵略戦争に動員するための更なる統合の強化を企図したものであった。

　1930年12月の地方制度（道・府・邑・面制）改正（府・邑・面制1931年4月施行、道制1933年4月施行）では、従来の道評議会、府・邑（従来の指定面）協議会（諮問機関）を道・府・邑会（議決機関）とした。道・府・邑会議員、協議会員は名誉職であり、その選出方法は、道・府・邑会・面協議会では従来の官選を主とする制限された民選制を道会議員の一部を除きすべて民選制に改められた。道会では、議員定数の原則3分の1を「学識名望アリ」「被選挙権ヲ有スル者（帝国臣民の25歳以上の男子で1年以来道内に住所を有する者―山中注）」から道知事が任命（官選）、原則3分の2を府・邑会議員・面協議会員の選挙（複選制）とした。道会議員の選挙権者である府・邑会議員・面協議会員の選挙・被選挙権

者は「帝国臣民タル年令二十五年以上ノ男子ニシテ独立ノ生計ヲ営ミ一年以来府住民（邑・面住民—山中注）トナリ且一年以来朝鮮総督ノ指定シタル府税（邑・面税—山中注）年額五円以上」の納税者であった。こうして選挙（民選）制によって選ばれた府・邑会議員、面協議会員も道会議員と同じく年額5円以上の納税者＝少数の地主や富裕層（内地人を含む）に限定された。しかも既述したように、面の大多数（朝鮮の人口・面積の大部分）を占めた普通面の協議会は、従来どおり諮問機関で選出方法が官選から選挙（民選）に変わっただけであった（具1988：44頁）。さらに道知事、府尹、邑・面長は議長として道・府・邑会、面協議会を厳しく規制・監督し、総督は、道・府・邑会、面協議会の解散権を有した。

◆ 日中・太平洋戦争と朝鮮・台湾統治　日中戦争の勃発（1937年）による朝鮮軍の華北への派遣に伴う抑止力の減退は、朝鮮の治安維持と兵站基地としての強化を重要課題とした。課題遂行のため、朝鮮人の「皇民化」＝皇国臣民化とともに「治安維持法」違反者の思想活動の取締り・拘束・監視のための「朝鮮思想犯保護観察令」（1936年12月）が施行され、加えて「国防保安法」・改正「治安維持法」（1941年）が適用され、さらに「朝鮮戦争刑事特別令」（1944年）が施行されるなど、治安立法も強化された。他方、農山漁村振興運動の展開など食糧基地化も促進された。また軍の人的資源確保のため、「陸軍特別志願兵令」（1938年）、「徴兵制度」が実施（1944年）され、その前提として軍隊内で常用する日本語の習得、日本式姓名、天皇崇敬の徹底が図られた。これは、学校での日本語の強要、「創氏改名」（1940年）、皇国臣民の誓詞や神社参拝の強要等の政策となった。また、「朝鮮教育令」改正（1938年、1941年）、「小学校規程」改正（1938年→1941年「国民学校規程」）、「朝鮮青年特別練成令」（1942年）等によって皇民化教育の徹底が図られた。これにも朝鮮軍の意向が働いていた（宮田節子1985：50頁以下）。1942年には、「国家総動員法」を中軸とする戦時法体制の一環として、内外地（植民地）行政の一元化を図る官制改革が行われ、拓務大臣に代り、内務大臣が朝鮮・台湾総督府などに関する事務を「統理」することになった。ただ、この時発せられた勅令「朝鮮総督及台湾総督ノ監督等ニ関スル件」によれば、朝鮮総督に対して内務大臣は「事務ノ統理上必要ナル指示ヲ為スコト」ができるのみであったが、台湾総督に対しては「事務ノ統理

ノ為監督上必要ナル指示ヲ為スコト」ができた。しかし、内務大臣以外の内閣総理大臣・各省大臣（大蔵・文部・農林・商工・通信・鉄道）は、特定の所管事務については、台湾総督のみならず朝鮮総督をも監督し、両総督に対し「監督上必要ナル指示ヲ為スコト」ができた点は注意されなければならない。

　また日中・太平洋戦争の進行は、内地の労働力を不足させた。1939（昭和14）年から、「国民徴用令」による朝鮮人の強制連行が始まり、80万人もの朝鮮人が内地やアジア・太平洋地域へ連行され、朝鮮人女性も従軍慰安婦として動員された（宮田1985：50頁以下）。徴兵制をはじめ上述のような諸政策の見返りとして、改正「衆議院議員選挙法」（1945年施行）によって朝鮮・台湾・樺太の帝国臣民男子に選挙権が与えられたが、内地の普選と異なり、選挙資格は直接国税年額15円以上の高額納税する男子に限られ、選出議員数も対住民数比率において、内地よりも極めて低かった。しかし、実施されることなく敗戦を迎えた。

　台湾でも、1937（昭和12）年から神社参拝、日本語強要、「創氏改名」（1940年）などの皇民化政策が始められ、1945（昭和20）年に「徴兵令」も実施された。台湾議会設置運動も強制的に中止され、「国防保安法」・改正「治安維持法」「戦時刑事特別法」（1942年）などの内地の治安立法が延長、適用された。

　こうした皇民化政策実施の前提として、台湾の人々の国民統合を図るべく地方制度改正が行われた。1935（昭和10）年4月、台湾では州制・市制・街庄制が改正され、従来の州・市協議会を州・市会（議決機関）とした。州会議員は名誉職であり、その定数の原則2分の1を選挙（複選制）によって選任、原則2分の1を「州会議員ノ被選挙権」者で「学識名望アルモノノ中」から総督が任命（官選）した。州会議員の被選挙権者は「州内ニ於テ市会議員又ハ街庄協議会員ノ選挙権ヲ有スル」者で、州会議員は「各選挙区ニ於テ市会議員及街庄協議会員」の選挙によって選出された。市会議員・街庄協議会員も名誉職であり、その選挙・被選挙権者は「帝国臣民タル年令二十五年以上ノ男子ニシテ独立ノ生計ヲ営ミ六月以来市住民（街庄住民―山中注）ト為リ且六月以来台湾総督ノ指定シタル市税（街庄税―山中注）年額五円以上」の納税者であった。市会議員・街庄協議会員は、定数の2分の1は選挙によって、2分の1は「市会議員（街庄協議会員―山中注）ノ被選挙権」者で「学識名望」ある者から州知事（または庁長―山中注）が任命（官選）した。この点、府会・邑会議員、面協議会員が

選挙（民選）制のみによって選ばれた朝鮮の場合と異なっていることに注意しなければならない。しかし、年額5円以上の納税要件は、朝鮮と同様に、地主や富裕層を優遇するものであった。台湾では、こうして州・市会において2分の1官選という安全弁を設け、選挙（民選）制を採り入れることにより富裕層を中心に住民＝国民統合が図られたのである。しかもこの地方制度改正は、台湾の治安を確保し「有事」に際し「皇軍ヲシテ国防ノ本旨ニ副ハシ」め「南支南洋ニ対スル経済発展ニ関スル施政ヲ為ス」という、軍部の強い影響が看取される、日本帝国（本国）政府の方針（1934年12月18日、拓務大臣兒玉秀雄より台湾総督宛、「台湾統治方針ニ関スル件」、中華民国、国史館台湾文献館所蔵―謝政徳氏の教示による）に基づいて行われたものであった。

◆ **朝鮮・台湾植民地統治法・政策の特徴**　以下、両植民地統治法・政策の特徴の要点を列記しておきたい。

①日本の植民地領有は、台湾から始まったが、植民地領有の主な目的は、対中・対露―ソ連邦侵略の拠点とするため、朝鮮を日本の独占的支配下に置くことであった。日本は植民地朝鮮・台湾に内地に対する食糧供給基地、また兵站基地から人的資源の供給地としての役割を担わせた。②そして、朝鮮・台湾における統治法は、抗日武力闘争、合法・非合法の抗日運動に対処するため軍事力、警察力にバックアップされた治安・教育法体制下で、地方制度を中核として展開された。③そのため朝鮮・台湾における統治法・統治政策に対する軍の影響力は強く、しばしば軍が法・政策について決定的な役割を果たした。④第一次世界大戦を契機とする更なる日本帝国主義の拡大政策に、朝鮮・台湾人を動員するための住民＝国民統合政策が、御都合主義的内地（法）延長主義、差別的同化主義に基づいて推進された。内地（法）延長主義・同化主義は、日中戦争以後においては、皇民化政策・「内鮮一体」政策として展開される。そして、皇民化政策は、植民地の現実、その地域の民族性や歴史・文化をまったく無視し、天皇を頂点とする皇国臣民化＝日本化を推進したという特徴を有する。⑤上述してきたような朝鮮・台湾植民地法における国民統合と内地における国民統合のあり様とをトータルに把握すれば、日本帝国の基本的統治構造は、地方改良運動型国民統合→普選・治安維持法体制型国民統合→ファシズム（法）体制＝国家総動員（法）体制型国民統合が図られた内地を日本帝国の中核

として中心の上位に置き、その両脇の下位に、それぞれの軍事、治安・教育法体制下で地方制度を中核として展開された威圧と教化・懐柔政策によって統治の安定と住民＝国民統合が図られた植民地朝鮮・台湾を置く、階層的＝ヒエラルキー的なものであった。そして、この内地と両植民地を統合する政策（その基調としてのイデオロギーを含む）こそ、御都合主義的内地（法）延長主義と差別的同化主義にほかならなかったのである。

むすびにかえて——植民地支配と現代日本

　戦前日本の朝鮮・台湾植民地統治法・政策について概観してきた。それは簡潔に言えば朝鮮・台湾人を弾圧、収奪し、彼らの自由や人権を抑圧、制御することによって、日本帝国の存立と国益を追求するための法・政策の歴史であったと言えよう。日本は、これら植民地を人的・物的資源の拠点として、さらなる帝国主義的侵略をアジア諸国に対して行ったのである。そればかりではない。朝鮮・台湾の人々の中には、捕虜収容所の監視員であったがために戦犯として処刑された者もいた。彼らもまた日本の植民地支配と侵略戦争の犠牲者である。戦後、日本政府はアジア諸国への侵略行為については認めてきたが、彼らに対する謝罪も含め、植民地支配と侵略戦争に対する謝罪は十分ではない。

　それどころか戦後日本は、戦争責任を問われた指導者たちが政治の中枢を握り、日米安保条約を中軸に日本国民を犠牲にしつつ、日米同盟を強化し、対米従属政策を展開・推進してきた。しかし、日本政府は、植民地を含むアジア諸国に対しては、補償は決着したと繰り返し主張している。これに対して、民主化が進み人権意識の高まったアジア諸国の被害を受けた人々から1990年代以降、日本政府に対する謝罪と補償を求める訴訟が、次々に提起されている。

　日本政府にとって、国民を犠牲にして対米従属政策を続けることよりも、対内的には、強制連行された人々の二世・三世が多数を占める在日韓国・朝鮮人への差別を根本的に是正し、対外的には、アジア諸国の人々に対する差別を根本からなくすとともに、アジア諸国の人々に対して明確な謝罪と補償を行うことこそ最重要課題ではなかろうか。この課題を果たすことこそ、世界の、アジアの一国として日本が平和・友好裡に生き、発展していく最強・最大の安全保

障となるのである。

【参考文献】
浅田喬二編（1994）『「帝国」日本とアジア』近代日本の軌跡10、吉川弘文館
浅野豊美（2008）『帝国日本の植民地法制―法域統合と帝国秩序』名古屋大学出版会
王育徳（1970）『台湾―苦悶するその歴史』弘文堂
王泰升（2007）『台湾法史論集（日・英語版）』私家版
岡本真希子（2008）『植民地官僚の政治史―朝鮮台湾総督府と帝国日本』三元社
糟谷憲一（1992）岩波講座近代日本と植民地２『帝国統治の構造』岩波書店
姜再鎬（2001）『植民地朝鮮の地方制度』東京大学出版会
姜東鎮（1979）『日本の朝鮮支配政策史研究』東京大学出版会
具英姫（1988）「朝鮮植民地時代における『地方自治制』」『史学研究』第182号、広島史学研究会
許世楷（1972）『日本統治下の台湾―抵抗と弾圧』東京大学出版会
駒込武（1996）『植民地帝国日本の文化統合』岩波書店
近藤正己（1996）『総力戦と台湾・日本植民地崩壊の研究』刀水書房
鈴木敬夫（1989）『朝鮮植民地統治法の研究―治安法下の皇民化教育』北海道大学図書刊行会
中塚明（1969）『近代日本と朝鮮』三省堂
橋本誠一（2002）「植民地法制」山中永之佑編『新・日本近代法論』法律文化社
春山明哲・若林正丈（1980）『日本植民地主義の政治的展開――八九五―一九三四年』アジア政経学会
平野武（1972）「日本統治下の朝鮮の法的地位」阪大法学第83号
朴慶植（1973a）、（1973b）『日本帝国主義の朝鮮支配』上、下、青木書店
松田利彦（2009）『日本の朝鮮植民地支配と警察――九〇五～一九四五年』校倉書房
水野直樹（2004）「植民地独立運動に対する治安維持法の適用　朝鮮　日本「内地」における法運用の落差」浅野豊美・松田利彦編『植民地帝国日本の法構造』信山社
宮田節子（1985）『朝鮮民衆と「皇民化」政策』未来社
向山寛史（1987）『日本統治下における台湾民族運動史』中央経済研究所、永井守昌
山崎丹照（1942）『外地統治機構の研究』高山書院
山中永之佑（2007）「植民地統治法與内地統治法之比較―以日本帝国在朝鮮與臺湾的地方制度為中心的討論」『台湾史研究』第14巻第４期、中華民国中央研究院
山中永之佑（2009）「植民地帝国日本における内地・朝鮮・台湾統治法の比較研究――九二〇年代の地方制度を焦点とする国民統合の視点から」渡辺洋三先生追悼記念論集『日本社会と法律学―歴史・現状・展望』日本評論社
若林正丈（2001a）『台湾抗日運動史研究〔増補版〕』研文出版
若林正丈（2001b）『台湾―変容し躊躇するアイデンティティ』筑摩書房
Hui-yu Caroline Ts'ai（蔡慧玉）(2009) "Taiwan in Japan's Empire Building: An institutional approach to colonial engineering" Academia Sinica on East Asia

第6章

行　政　法——行政救済法制を中心に

　近世社会においては、行政庁の行為の違法性を問題にして行政訴訟が行われるということはなかった。それゆえに、行政訴訟をはじめとする行政救済法分野の成立は、わが国の法文化に重大な変化をもたらすものであった。本章では、この行政救済法分野について、明治から現在までを対象にその歴史的展開を概観する。

第1節　戦前の行政救済制度

　◆**明治行政救済法制**　わが国における行政訴訟に関する最初の法は、1872（明治5）年11月の司法省第46号布達である。地方官の権利侵害行為に対する人民の裁判所への出訴が認められ、地方官を対手とする訴訟が行われるようになった。しかし、司法権による行政権の侵害を危惧した政府は、その後同布達に修正を加えていった。1874年9月の司法省第24号布達（「人民ヨリ院省使府県ニ対スル訴訟仮規則」）は、行政訴訟を受理した裁判所は正院に具状・申稟して指示を乞わなければならないと定め、行政訴訟を直接審理できないようにしたのである。そして、この司法省第24号布達が、1890年に行政裁判法が制定されるまで行政訴訟手続の基本法令となった。

　1889（明治22）年2月発布の大日本帝国憲法は、第61条において「行政官庁ノ違法処分ニ由リ権利ヲ傷害セラレタリトスルノ訴訟ニシテ別ニ法律ヲ以テ定メタル行政裁判所ノ裁判ニ属スヘキモノハ司法裁判所ニ於テ受理スルノ限ニ在ラス」と定め、行政訴訟を司法裁判所ではなく行政裁判所で審理することとした。これは、明治初年に生じた司法権による行政権の侵害を意識してなされた制度設計であったといえる。1890年6月に行政裁判法が制定され、10月に行政裁判所が開庁した。

行政裁判所は、東京に1ヵ所のみ設置され（行政裁判法第1条）、そこでは限られた事件のみが受理され審理された（同法第15条）。1890（明治23）年法律第106号（「行政庁ノ違法処分ニ関スル行政裁判ノ件」）で規定された5項目（「海関税ヲ除ク外租税及手数料ノ賦課ニ関スル事件」、「租税滞納処分ニ関スル事件」、「営業免許ノ拒否又ハ取消ニ関スル事件」、「水利及土木ニ関スル事件」、「土地ノ官民有区分ノ査定ニ関スル事件」）および個別の法律・勅令でとくに定められた事件のみが出訴を認められたのである（列挙主義）。このため、憲法第2章の権利のうち、精神的自由権や人身の自由への侵害に対しては、行政救済の機会は原則として存在しなかったのである（この点、1900年制定の治安警察法第8条2項が、内務大臣の結社禁止処分に対する出訴を認めていたのは例外的である）。

　行政上の不服申立てについては、行政裁判法に遅れて訴願法（1890年10月）が制定された。行政裁判法第17条は訴願前置主義を採用し、訴願を経ない行政訴訟の提起を認めなかった。なお、訴願は、行政裁判所への出訴事項同様に限定され、法律第106号で挙げられた事件のほかには、「地方警察ニ関スル事件」および個別の法律・勅令でとくに定められた事件のみが認められた（訴願法第1条）。

　ちなみに、近代日本の植民地では、全人口に占める本国人の割合が約9割にのぼる樺太に行政裁判法と訴願法が延長施行された（ただし、1890年法律第106号と訴願法第1条は延長施行されなかった）。しかし、台湾では、1921（大正10）年に内台行政制度の一体化構想の下で訴願法の一部が延長施行されるにとどまり、さらに朝鮮・関東州・南洋群島では行政争訟が全く認められなかった。

　国家賠償については、行政裁判法第16条が行政裁判所の管轄から損害賠償事件を除外したため、司法裁判所による民事訴訟上での救済の範囲が問題となった。裁判所は、行政作用を①権力的な公行政作用、②非権力的な公行政作用あるいは公営造物の管理作用、③私経済的作用に分類して責任の有無を判断した。大審院は、③については1890年代（大判明31・5・27民録4輯5巻91頁）より、②については1916年の徳島市立小学校遊動円棒事件（大判大5・6・1民録22輯1088頁）によって損害賠償責任を肯定したが、①については損害賠償責任を認めなかった。学説上では、公法関係についても、反対の規定がない以上、国家賠償責任を認めるべきという主張（渡辺宗太郎）も見られたが、通説は権

力行政については、特別の規定のないかぎり、国家賠償は認められないという立場をとった。なお、国家の使用者責任を認めるボワソナード民法草案第393条が旧民法典第373条では削除されているところから見て、権力的な公行政作用に対する民事訴訟上での救済の否定というのは立法者意思であった。その意味で、旧民法と行政裁判法が公布された1890年に、権利行政についての国家無答責という基本政策が確立したと言われる。

行政裁判法および訴願法を中心とする戦前の行政救済法制（＝明治行政救済法制）では、「違法な行政活動をいかに是正するか」や「行政庁により侵害された国民の権利をいかに救済するか」ということではなく、「行政権の自由をいかに確保するか」に重点が置かれていた。諸列強による植民地化の危機を抱えつつ、後進資本主義国として成立した明治政府が、「法治主義」を敏活な行政の実現のための便法として理解・利用したことが、こうした行政救済法制を生み出す一因となった。

◆ **法制改革論と改正事業**　明治行政救済法制、とりわけその中心となる行政裁判法に対しては、制定まもない時期から改正の必要性が指摘されていた。帝国議会でも、1893（明治26）年の貴族院議員松岡康毅による改正法案をはじめにしばしば改正法案が提出された。その中で指摘されたのは、①出訴事項の拡大、②各行政庁からの出向による兼任評定官の廃止、③一審制の見直し、④再審の導入、⑤訴訟手続の是正、⑥権限裁判所の設置などであった。なお、帝国議会において改正を唱えた議員の多くは弁護士出身者であり、行政裁判法の改正は「法曹社会ノ世論」であるといわれていた。また、1896年に設立された日本弁護士協会においても行政裁判法改正は早くから主張されていた。

大正末期から昭和初年にかけての臨時法制審議会、引き続いて開催された行政裁判法及訴願法改正委員会における行政救済法制改正事業は、それまで帝国議会などで唱えられてきた改革論を集大成したものであった。そして、その成果として、臨時法制審議会は行政裁判法改正綱領と訴願法改正綱領（ともに1928年答申）を策定し、行政裁判法及訴願法改正委員会は行政訴訟法案、行政裁判所法案、訴願法案、権限裁判法案、行政裁判官懲戒法案（いずれも1932年に政府に答申）を起草した。事業を主導したのは、これを機に自身の権限拡大を目指した行政裁判所であった。なお、改革案には、①概括的列挙主義の採用に

よる出訴事項の拡大（精神的自由権や人身の自由への侵害を含む）、②兼任評定官の廃止、③二審制の採用、④再審の導入、⑤訴訟手続の是正、⑥権限裁判所の設置といった、これまで求められてきた改革の要点が網羅的に含まれた。さらに、改革案では、訴訟の類型化（抗告訴訟／当事者訴訟）、民衆訴訟の採用、そして事情判決制度など、現在の行政訴訟法制に通ずるものが登場した。とくに、この時の行政救済法制改正事業の成果のうちでも、行政裁判法及訴願法改正委員会によって起草された行政訴訟法案は、行政事件訴訟特例法および行政事件訴訟法の起草にあたって基礎的な資料として参照されるなど戦後の立法作業の中でも重要な役割を果たすものになった。

第2節　占領期の改革

◆ **行政裁判所の廃止**　他の法分野同様に、行政救済法分野も、アジア・太平洋戦争後の占領期に改革を経験した。重要なのは、行政裁判所の廃止（1947年5月）、国家賠償法の制定（1947年10月）、行政事件訴訟特例法の制定（1948年7月）である。

　行政裁判所の廃止がはじめて具体的に問題とされたのは、1945年10月に松本烝治国務大臣を委員長として設置された憲法問題調査委員会（松本委員会）においてであった。同委員会では当初より廃止を視野に入れた話し合いがなされ、12月26日の第6回総会において、「行政裁判所廃止ハ大体異議ナシ」と廃止することで議論が決着した。松本委員会での改正作業は1946年2月のマッカーサー草案の手交により挫折したが、行政裁判所の廃止はマッカーサー草案および3月の憲法改正草案要綱でも維持された。

　行政訴訟法制の審議は、7月に設置された司法法制審議会の第1小委員会で進められた。当初議論になったのは行政裁判所が提案した二審級の行政事件裁判機関を別に設置するかどうかであったが、小委員会はこれを否決した。続いて議論されたのは行政部設置の可否で、これについては可決されたが、裁判所法案において最高裁判所につき大法廷・小法廷制が構想されるとともにこの行政部構想は消滅した。1947年5月3日に行政裁判法は廃止され、係属事件は裁判所法施行法第2条2項により東京高等裁判所に移管されることになった。

第6章　行政法

❖ **行政事件訴訟特例法の制定**　行政裁判所の廃止により行政訴訟も民事・刑事訴訟同様に最高裁判所以下の司法裁判所によって取り扱われることとなった。しかし、行政訴訟については、特別の手続を定めず民事訴訟法によるべきとの意見が出されたにもかかわらず、行政訴訟に関して1948年7月に行政事件訴訟特例法が制定された。

行政事件訴訟特例法は、司法法制審議会第1小委員会によって起草された。この作業は「行政訴訟に関する特則案要綱」にまとめられ、1946年9月にGHQ/SCAP（連合国最高司令官総司令部）の審査を受けて10月の臨時法制調査会第3回総会で可決後に内閣総理大臣に答申された。その後作業を引き継いだ司法省民事局は、1947年5月3日の日本国憲法の施行を念頭に作業を進め、同年2月に行政事件訴訟特例法案を作成したが、GHQ/SCAPの承認が得られずに作業は挫折した。その結果、日本国憲法施行にあたっての行政訴訟に関する特則は「日本国憲法の施行に伴う民事訴訟法の応急的措置に関する法律」第8条のみとなり、その他はすべて民事訴訟法によることとなったのである。ただし、同法はその年の年末をもって失効すると定められていたため、民事局では1948年1月1日の施行を目指し起草準備を進めたが成果をあげることはできなかった。

膠着した立法作業を一気に進めるきっかけとなったのが平野事件であった。中央公職適否審査委員会の審査に基づき公職追放覚書該当者に指定された平野力三衆議院議員が、これを不服として効力停止の仮処分申請を行ったところ、1948年2月2日に東京地方裁判所はその主張を容れた。しかし、日本政府とGHQ/SCAPがともに仮処分決定の取消しを求めたため、5日に東京地方裁判所は同仮処分を取り消した（平野事件）。GHQ/SCAPは、この平野事件に少なからず衝撃を受け、にわかに行政訴訟に関する特例法の制定に積極的な姿勢を見せるようになった。仮処分決定の翌3日には民事局を中心とする行政訴訟法制の起草担当者を呼び出し、執行停止の要件の厳格化を求めたのである。また14日には、内閣総理大臣および各省大臣の処分に対しては一切執行停止を許さないようにすべきであるとまで主張した。日本側は執行停止を無力化するような修正には反対したが、GHQ/SCAPが内閣総理大臣の異議については譲らなかったために、それについては受け入れざるをえなかった。

GHQ/SCAPとの折衝ののちに成案を得て、政府は行政事件訴訟特例法案を国会に提出し7月に成立した。行政事件訴訟特例法は全12条からなり、①概括主義の採用、②訴訟の類型化（取消訴訟／当事者訴訟）、③訴願前置主義、④土地管轄についての専属管轄制度、⑤出訴期間の延長（3ヵ月→6ヵ月）、⑥原状回復、損害賠償その他の請求に関する訴えの併合、⑦行政処分の執行停止に対する内閣総理大臣の異議、⑧事情判決、⑨職権による訴訟参加および職権証拠調などをその内容とした。行政事件訴訟特例法の制定によって、民事訴訟法とは異なる法律をもって司法裁判所により行政訴訟が行われるという戦後の行政訴訟法制の原型が形作られたのである。

　◆国家賠償法の制定　　1947年10月に制定された国家賠償法の憲法上の根拠は第17条であるが、憲法改正草案要綱にはそれに当たる条文は見られなかった。この条文は、1946年7月24日以降に開催された衆議院帝国憲法改正委員会小委員会の懇談会の際に挿入されたものなのである。要するに、同条は、GHQ/SCAPの指示によるものではなく、日本政府の発意によるものであった。

　憲法草案の修正を受けて、司法法制審議会第2委員会において民法改正要綱案とともに国家賠償法案の起草が進められることになった。同委員会は、当初民法の改正により対応しようとし、1946年9月の民法改正要綱追加原案の第41に「国又は公共団体は、公権力の行使に当る公務員がその職務を行うに付、故意又は重大なる過失により第三者に加えたる損害を、賠償する責に任ずる旨の規定を設くること」との規定を置いた。しかし、委員会はその後方針転換し、国家賠償に関する独自の法案を作成することにした。そして、12月の国家賠償法案要綱において、現在の国家賠償法の第1条および第2条の原型が示された。政府は、翌年7月の第1回国会に国家賠償法案を提出し、無過失賠償責任、故意過失の挙証責任の転換、非権力的活動を含めた包括的国家賠償制度の創設、公務員の個人的責任、民法第717条との関係、被用者負担説の是非、相互保証主義の是非といった問題が議論された。法案は8月に衆議院を原案が通過し、9月に参議院で一部修正の上通過し再び衆議院に送られて成立した。

第3節　現代の行政救済制度

❖ **行政事件訴訟法および行政不服審査法の制定**　行政事件訴訟特例法は、解釈上幾多の疑義を残すとともに、行政訴訟の特質に対する考慮が十分でなかった。また、各種の行政法令との整合性もとれていないとの批判があり、早くから改正が計画されていた。問題とされたのは、①訴願前置主義の是非をめぐる訴願と訴訟の関係、②出訴期間に関する種々の規定、③行政機関による執行停止制度との関係を考慮した上での行政処分の執行停止命令の要件・効果・実効性確保のための手続、④行政事件の確定判決の効力および和解・認諾等のあり方、⑤訴の変更・併合・参加についての規定、⑥無効確認訴訟の取り扱いなどであった。

　1955年3月に開催された法制審議会第11回総会の席上において、行政訴訟に関する法令の改正が諮問され、同年6月に第1回行政訴訟部会が開催された。会議では小委員会の設置が決められ、行政訴訟部会会長で当時最高裁判所裁判官の入江俊郎が小委員会委員長に就任した。翌月から1960年6月まで開催された小委員会において行政事件訴訟法の原案作成は行われた。小委員会は数次にわたる試案の作成を経て、1960年7月に第5次案（行政事件訴訟特例法改正要綱試案）を公表した。これを受けて法制審議会は、翌年5月に行政事件訴訟特例法改正要綱を答申した。そして、この要綱をもとに1962年5月に行政事件訴訟法が制定されたのである。行政訴訟法案および行政事件訴訟特例法を念頭に主要な内容をまとめると、①訴訟の類型化（抗告訴訟／当事者訴訟／民衆訴訟／機関訴訟）と抗告訴訟の細分化（取消訴訟／無効等確認訴訟／不作為の違法確認訴訟）、②訴願前置主義の廃止、③一般管轄・特別管轄の導入、④出訴期間の短縮（6ヵ月→3ヵ月）、⑤行政処分の執行停止に対する内閣総理大臣の異議、⑥事情判決、⑦取消判決の第三者効などである。

　一方、行政上の不服申立てについては、訴願事項の概括主義や自由選択主義などを内容とする訴願法中改正法案要綱が臨時法制調査会により作成されたが、行政裁判法と異なり改正されることはなかった。そして、行政事件訴訟特例法においても訴願前置主義が維持されたため、占領改革期以降も訴願法はそ

れまでと変わらぬ地位を持ち続けた。

　訴願法改正が問題となったのは、法制審議会行政訴訟部会における行政事件訴訟特例法改正のための審議調査の際であった。委員より訴願前置主義を定めた行政事件訴訟特例法第2条との関係で、訴願法の全面的改正を求める意見が出されたのである。そこで、まず内閣法制局と行政管理庁が中心になり、1957年6月以降に関係各省の担当者とともに数回にわたり会合を重ね今後の改正作業のための意見交換を行った。こうして政府は、1958年9月に、行政訴訟との関連を視野に入れた上で、行政処分の適正を確保し、国民の権利救済を全からしめ、もって行政運営の改善を図る見地に立って訴願制度の改正を行う旨を閣議で了解し、臨時訴願制度改革委員に改正事業を行わせることとした。しかし、制度として曖昧な同委員に訴願法改正事業のような重大な事業を担当させるのは適当ではないとの意見が出たため、新たに総理府に訴願制度調査会を設置することになった。同調査会は、1959年6月以降、現行制度の運営状況の調査や諸外国の制度の研究を行い、さらに小委員会を設置して検討を加えることにした。同年11月より活動を開始した小委員会は、翌年11月の総会に小委員会案を報告し、総会での審議ののちに12月に訴願制度改善要綱を内閣総理大臣に答申した。そして、これをもとに1962年8月に行政不服審査法が制定されたのである。行政不服審査法には、①不服申立事項における概括主義、②不服申立の種類の整理、③不作為に対する不服申立、④教示制度の新設等の内容が盛り込まれ、訴願法と比べてより充実した行政不服審査法制となった。

　以上のように、今日においても行政救済に関する基本的法律である行政事件訴訟法と行政不服審査法の制定は、いずれも占領期の不十分な改革の修正作業により生み出された。加えて、両法の制定は、戦前から主張されてきた行政救済法制改革論の集大成であったとも言える。

❖ **行政手続法および情報公開法の制定**　　行政争訟法制の整備は、行政の法的統制に欠かせないものであるが、加えて現代では公正・透明な行政活動を実現することも強く求められている。そのための法律が1993年制定の行政手続法と1999年制定の情報公開法である。

　行政手続法制定の動きは、すでに占領期の法制審議会行政手続法部会の設置（1950年10月）や国家行政運営法案の国会への提出（1952年5月）などに見出すこ

とができる。また、個人タクシー事件（最1小判昭46・10・28民集25巻7号1037頁）や群馬中央バス事件（最1小判昭50・5・29民集29巻5号662頁）などにおいても、行政手続の適正化が問題となった。その後も、第1次臨時行政調査会第3専門部第2分科会による行政手続法草案の公表（1964年2月）、行政手続法第1次研究会による行政手続法法律案要綱案の公表（1983年11月）といった動きが見られたが、実現には至らなかった。

　起草が本格化したのは、1985年6月に総務庁に行政管理局長の私的諮問機関として行政手続法第2次研究会が設置されて以降である。同研究会は、第2次臨時行政改革推進審議会と連携を図りつつ、1989年10月に行政手続法要綱案を発表した。その後、第3次臨時行政改革推進審議会の下で1991年1月に公正・透明な行政手続部会が設けられて立法化作業を引き継いだ。同部会は、同年11月に行政手続法要綱案を報告し、同案はそのまま第3次臨時行政改革推進審議会の「公正・透明な行政手続法制の整備に関する答申」（同年12月）として発表された。そして、1993年11月に行政手続法が国会で成立し、翌年10月から施行された。なお、長年にわたり実現に至らなかった行政手続法の制定が実現した背景としては、①ドイツ、フランス等の他の先進国において手続法制の整備が進み、わが国においても行政手続に関する研究が大きく進展したこと、②わが国の産業社会の成熟度の向上に起因する国際化の進展や公的規制緩和への要請の高まりが挙げられる。

　同様に情報公開法も、公正・透明な行政を実現する上で重要なものである。また、同法は国民の「知る権利」にも資するものである。情報公開の必要性は、ロッキード事件（1976年）やダグラス・グラマン事件（1978年）といった汚職事件の発生により認識され始めたが、具体的な立法作業は進まなかった。一方で、地方公共団体においては、1970年代に情報公開制度に関する研究が進められ、80年代に次々と情報公開条例が制定された。市町村では1882年3月制定の山形県の金山町公文書公開条例が、都道府県では1982年10月制定の神奈川県公文書公開条例が最初の情報公開条例である。

　1993年の政権交代後に発足した細川護煕・羽田孜両内閣は、ともに情報公開法の制定に積極的な姿勢を示した。そして、その後成立した自由民主党・社会党・新党さきがけによる連立政権において、3党の「新しい連立政権の樹立に

関する合意事項」中に「情報公開法の早期成立を図る」ことが明記された。こうして、1994年11月に制定された行政改革委員会設置法に基づき設置された行政改革委員会において、情報公開法のための調査審議が行われることとなった。改革委員会は、1996年12月に橋本龍太郎首相に対し情報公開法要綱案を示し情報公開法の制定を具申した。政府はこの要綱案に沿って法案を作成し、1998年3月に情報公開法案を国会に提出した。そして、1999年5月に情報公開法（行政機関の保有する情報の公開に関する法律）が成立し、2001年4月1日から施行された。なお、特殊法人や独立行政法人における情報公開については、2001年12月に独立行政法人等情報公開法（独立行政法人等の保有する情報の公開に関する法律）が制定された（翌年施行）。

❖ **行政事件訴訟法の改正**　行政事件訴訟法に対してはかねてより様々な問題点が指摘されており、2004年に大幅な改正が行われた。改正の直接的な契機となったのは、「紛争の解決を通じて、予測可能で透明性が高く公正なルールを設定し、ルール違反を的確にチェックするとともに、権利・自由を侵害された者に対し適切かつ迅速な救済をもたらす」21世紀社会の司法制度を構築することを目指した司法制度改革である（「司法制度改革審議会意見書」2001年6月）。そして、その一環として司法の行政に対するチェック機能の強化のために行政訴訟制度の見直しの必要性が指摘されたのである。

これを受けて設置された司法制度改革推進本部事務局における検討会の一つである行政訴訟検討会は、2004年1月に「行政訴訟制度の見直しのための考え方」を公表し、「具体的な見直しの考え方」として、①救済範囲の拡大、②審理の充実・促進、③行政訴訟をより利用しやすく、分かりやすくするための仕組みを挙げた。この3項目を軸に①取消訴訟の原告適格の拡大、②義務付け訴訟の法定、③差止訴訟の法定、④確認訴訟の明示、⑤資料・記録の提出要求制度の創設、⑥抗告訴訟の被告適格の明確化、⑦抗告訴訟の管轄裁判所の拡大、⑧出訴期間の延長、⑨出訴期間等の教示制度の創設、⑩執行停止の要件の緩和、⑪仮の義務付け・仮の差止めの制度の新設を内容とする改正が行われた。

【参考文献】
宇賀克也（1997）『国家補償法』有斐閣

宇賀克也（2005）『行政手続法の解説〔第5次改訂版〕』学陽書房
大平祐一（2007）「近世日本の訴願手続―「訴訟」の体系的考察に向けて」『立命館法学』第316号
小野博司（2008）「昭和戦前期における行政裁判法改正作業―行政裁判法及訴願法改正委員会における行政訴訟法案の起草を中心に」『甲子園大学紀要』第36号
小野博司（2009）「臨時法制審議会における行政裁判法改正作業―臨時法制審議会における行政裁判所の役割を手掛かりにして」『法制史研究』第58号
小野博司（2009）「帝国日本の行政救済法制」鈴木秀光・高谷知佳・林真貴子・屋敷二郎編著『法の流通』慈学社
木野主計（1972）「行政裁判法成立前史の研究」『大倉山論集』第10輯
木野主計（1974）「行政裁判法制定過程の研究―モッセ案を中心として」『大倉山論集』第11輯
木野主計（1990）「行政裁判法制定過程の研究―ロェスエル案を中心として」『大倉山論集』第27輯
木野主計（1993～1996）「訴願法制定過程の研究（上）（中）（下）の1」『大倉山論集』第33、35、39輯
近藤昭三（1975）「ボアソナードと行政上の不法行為責任」『法政研究』第42巻第2・3合併号
佐藤竺（1961）「行政事件訴訟特例法の立法過程」鵜飼信成編『行政手続の研究』有信堂
下山瑛二（1954）『国家賠償』日本評論新社
高柳信一（1975）「行政訴訟法制の改革」東京大学社会科学研究所戦後改革研究会編『戦後改革4　司法改革』東京大学出版会
高柳信一（1977）「行政国家制より司法国家制へ」田中二郎先生古稀記念論集『公法の理論（下2）』有斐閣
高柳信一（1979）「戦後初期の行政訴訟法制改革論」『社会科学研究』第31巻第1号
田中真次・加藤泰守（1977）『行政不服審査法解説〔改訂版〕』日本評論社
田中舘照橘（1988）『行政裁判の理論』信山社
飛田清隆（2007）「明治国家体制における行政訴訟制度の成立過程に関する体系的考察」『法制史研究』第57号
内藤頼博（1959～1971）『終戦後の司法制度改革の経過――事務当局者の立場から（1～6）』司法研修所
中村義幸（2007）「行政訴訟制度の改革―その軌跡と成果」高地茂世・納谷廣美・中村義幸・芳賀雅顯『戦後の司法制度改革―その軌跡と成果』成文堂
橋本博之（2004）『解説改正行政事件訴訟法』弘文堂
古崎慶長（1955）『国家賠償法の研究』司法研修所
松井茂記（2003）『情報公開法〔第2版〕』有斐閣
三阪佳弘（1986）「明治前期における行政事件取扱制度の一考察―明治10（1877）年起草行政処分願訴規則案を題材に」『阪大法学』第139号
和田英夫（1979）「行政裁判」『国家権力と人権』三省堂

第7章

徴税機構と税制

　本章では戦前の徴税機構と税制の特徴を概略し、戦後改革とシャウプ勧告について概観する。とくに戦前税制の仕組みとその徴税機構との関連を念頭に置き、シャウプ勧告の位置づけおよびその崩壊と戦後税制の特徴を明らかにする。

第1節　戦前の徴税機構と税制

　◆ **徴税機構の特徴**　1896年（明治29）10月、税務管理局官制が制定された。地方長官の管理・監督の下で税務行政を遂行してきた従前の地方行政機構に依存した徴税機構が一変され、大蔵省の管轄の下に、統一的・専管的な徴税機構が形成されることになった。さらに、1902年（明治35）11月、税務監督局官制および税務署官制が制定され、税務に関する執行機関と監督機関を分離して、前者の権限を税務署長に、後者の権限を税務監督局長に与えて、税務監督局は「純然タル監督機関」として、従来の税務管理局よりも広い区域を管轄することにより「税務執行ノ画一ヲ期スル」ことが期待された。税務署は執行機関としてその責任を果たし、確実に国税を徴収・確保することが期待されたのである。

　この時期に戦前の国税徴収機構は、大蔵省（主税局長）→税務監督局（長）→税務署（長）→市町村（長）→納税者という行政系列として整備・確立することとなった。この徴税機構は、1941年（昭和16）7月、財務局官制が制定されるまで存続した。

　◆ **税制の特徴**　日露戦争の戦費調達のために制定された非常特別税法は、当初、第27条で「平和克復に至りたるときはその翌年末日限り本法を廃止する」と規定されており、時限立法として制定されたものであったが、1906（明

治39)年3月、法律7号により非常特別税法が改正され、第1条と第27条が削除された。この結果、第1条に規定されていた「臨時事件に因り生じたる経費を支弁するため」に租税などを増徴賦課することができるという限定された目的規定が消滅し、経常的な諸経費の支出のために増徴賦課することが可能となった。また、第27条の削除により、この非常特別税法は当初の時限税法から永久税法に変更されることになった。さらに、1908年3月、「地方税制限に関する法律」の制定によって、戦時中設けられた国税付加税に対する制限が恒久化され、地方団体の課税権が戦後も引き続き強く制約を受けたのである。

こうして、日露戦後期に日本の税制は、有力税源の徹底した国税集中と、市町村税における国税付加税・府県税付加税（戸数割を含む）依存という税源配分の特質が定置されることになった（金澤史男1984：75頁）。

◆ **臨時財政経済調査会と税制整理** 日露戦後期に国政の重要な政策課題となった「財政整理」は、非常特別税法によって増徴された国税の「整理」および日露戦争時に発行された膨大な国債の「整理」が主なものであった。

原内閣は1919（大正8）年7月、臨時財政経済調査会を設置し、国防の充実・交通通信機関の整備・教育の振興・産業の奨励などの積極政策を遂行するために、1920年6月、税制改革の根本方策を同調査会に諮問し、財源調達およびその配分の改革に乗り出した。

調査会の特別委員会が作成した税制整理案大綱は、①直接国税の体系を根本的に改革して、一般所得税を中核とし、その補完税として一般財産税を創設する構想を立て、現行の地租および営業税は地方税に委譲すること、②間接国税については、消費税のうち生活必需品に対する課税をなるべく避け、主として奢侈品に課税する主義を採り、現行税種のうち醤油造石税・石油消費税などを廃止し、また、酒造税・砂糖消費税などを整理し、さらに、化粧品税・清涼飲料水税を創設すること、③地方税については、その根本的整理として、道府県においては地租、家屋税および営業税を中軸とし、所得税付加税をもって補完すること、市町村においては府県税たる地租、家屋税および営業税の付加税を中軸とし、独立税たる戸数割をその補完税とすることを提案していた。

単なる参考案にとどまったこの税制整理案は、当時の経済界および学界の権威によって、詳細な調査・検討のすえ作成されたもので、わが国税制の根本的

整理に関する調査として最も詳細で抜本的なものであった。その故、その一部は、1923年の税制改正において実現され、また整理案そのものは、その後ながく税制整理に対し重要な指針を与えたと言われている（『昭和財政史』5巻37-38頁）。

❖ **1940年税制改革**　政府には、戦局の進展に対応して、税収入の増大を可能とする弾力性のある租税制度の樹立が必要となるとともに、複雑化した租税体系を統合整理すべしとの要望が財界その他各方面から提出された。政府は、1939（昭和14）年4月、税制調査会を開き、「中央地方ヲ通ズル税制ノ一般的改正ニ関スル方策如何」を同調査会に諮問し、その税制改正の目標として、①租税負担の均衡化、②経済政策との調和、③税収入の弾力性、④税制の簡素化の四つを挙げて検討させた（同上：493-494頁）。

　1940（昭和15）年3月、所得税法改正、法人税法、地方税法、地方分与税法、家屋税法その他40に上る税制改正に関する法律が制定され、長年にわたる懸案であった租税制度の抜本的改革がついに実現した。改正の特徴は、①個人所得税と法人税が制度的に独立したこと、②個人所得税が分類所得税（不動産、配当利子、事業、勤労、山林、退職の6種類の所得に異なる比例税率を適用）と総合所得税（各種所得の総合金額に超過累進税率を適用）の二本立てとなったこと、③勤労所得と退職所得に源泉徴収制度が導入されたこと、④産業組合などの特別法人にも特別法人税が賦課されたこと、⑤還付税と配付税からなる地方分与税制度を創設して、独立財源である地方税を物税本位とし、また戸数割を廃して市町村民税を創設したことなどであった。戦時の度重なる増税によって所得税と法人税が国税の大黒柱になるとともに、所得税の納税者数が従来の150万人程度から約450万人にまで激増し、所得税の大衆課税化をいっそう促進した。この税制改革は、戦後の税制の基本的前提となったものである。

　戦前の税制改革は、日清戦争・日露戦争・第一次世界大戦・一五年戦争という戦争遂行による国家財政の膨張に対応して行われたことが特色であり、また、国税優先を常に先行させた。とくに、1941年12月のアジア・太平洋戦争へと、戦争が拡大していくに応じて、課税対象は生活必需品、財貨、サービスなどあらゆるものに拡大されていった。増税の重圧はもはや合理的な租税観念では説明しえなくなり、神がかりの「皇国租税理念」などが大まじめに説かれる

ようになった。こうして、大衆課税を中心とした戦時増税は、税源そのものを枯渇させ、財政の危機をもたらしたのである。ここに、租税に対する国民の意識・感情は、嫌悪を伴う最悪のものとなったと言えよう。

このような国民の租税に関する感情・意識を前提として、戦後の税制改革が行われていくことになる。

第2節　戦後改革とシャウプ勧告

◆ **シャウプ勧告**　シャウプ使節団は、1949年5月10日に来日した。シャウプは来日早々調査目的について声明を発表し、次の五つの目標を掲げている。①経済九原則に明示された政策の線に沿った経済安定に資すること、②今後数年にわたって変更の必要がない安定した税制を確立すること、③現行税制に大きな不公平がある場合はこれを一掃すること、④地方の自治と責任を強化する既定政策に対し財政面から支援を与えること、⑤現在行われている税務行政改善の諸努力を促進するとともに、諸税法の厳格な実施を励行させること（林健久1974：223頁）。一行は、約2ヵ月半にわたる研究・調査の後、8月27日にマッカーサー元帥に報告書を提出して任務を完了した。この報告書が『シャウプ使節団　日本税制報告書』(Report on Japanese Taxation by the Shoup Mission)、いわゆるシャウプ勧告である。

◆ **勧告の特徴**　その最大の特徴は、第1に、所得税を中心に日本税制の改正を提言したことである。所得税は、1947年度で国税総額の48％、48年度には54％のウエイトを占めており、シャウプ使節団は、所得税を「全国のほとんどすべての世帯から徴収される大衆課税」とみなしていた。また、税務行政上の問題点であった脱税などを防止するためには、納税意識を向上させることが必要であり、減税措置によって税務執行上の改善を図ろうとしていたのである。

第2に、キャピタル・ゲイン課税も勧告の目玉商品の一つであった。シャウプ税制が全体として相互依存的な体系であるという特徴がこの課税に表れている。勧告は、「キャピタル・ゲインの全額課税、キャピタル・ロスの全額控除こそはわれわれの勧告の中で最も強調されているところなのである」と主張する。

第3に、勧告の法人税に対する特徴は、法人を株主の集合体とみなした擬制

説の立場にたって、均一税率、配当控除、利子付加税の3要素からなる法人税の基本的メカニズムを提示した。その上で、勧告は、法人税改正の基本構想とキャピタル・ゲイン課税との直接的連関を重視したのである。

第4に、当時の異常な物価騰貴の状況の中で、資産価値を時価で評価し直す資産再評価の問題を重視した。勧告は、再評価後の資産価値に対して通常の減価償却率の適用を認めていた。

第5に、勧告は、税務行政に関して詳細で、税務行政上の多くの技術的問題まで言及した。それは、①目標額制度の廃止、②前年度実績を基礎とする予定申告、③所得税の申告書様式の簡易化、④高額所得者の所得金額の公示制度、⑤高額所得者等の資産、債務の明細書の提出、⑥青色申告制度の創設、⑦農業所得に対する源泉徴収制度の導入等、⑧無記名・偽名預金の禁止、株式・社債等の強制登録および名義書換えの実施、⑨同業者組合の課税に対する関与の排除、⑩異議処理機構および税務訴訟に関する改革、⑪公認会計士の税務への活用および税務代理士の資質の向上、⑫税務行政上の訓令、解釈通達の公開などであった（『昭和財政史―終戦から講和まで』8巻456-463頁）。

第6に、勧告は、地方自治の確立のために、地方自治体の財政力の強化と均等化を図る必要性を強調している。この点については、第9章第4節以降を参照されたい。

このように、シャウプ勧告の基本方針は、①税制自体の体系性と恒久性を確保するため、負担の公平と資本価値の保全という課税原則を立案の基本理念に据えること、②直接税中心主義の税制を実質的に確立するため、徴税行政の効率化と納税協力の高度化を図ること、③地方自治の財政基盤を強化するため、国と地方の財政関係および地方行財政制度の改革を推し進めることにあり、初期の対日方針に沿うものであった。その意味で、戦前の1940年税制改革の立法趣旨とは大きく異なるものであった。

❖ **昭和25年（1950年）税制改正**　1950年1月17日閣議決定「税制改正に関する基本要綱」では、シャウプ勧告をより日本の実情に沿うように調整することが強調されていた。国会に提出された法案は、国税関係で16、地方税関係で1の計17であり、資産再評価法案の修正可決以外は全て原案可決として国会を通過している。ただし、①有価証券等の課税の適正化を図る措置、②社会保険税

の新設、③税務代理士制度の改正、④減価償却資産の耐用年数の改定の4点については、「今回の改正においてその実施を見合わせ、目下引き続き検討中である」としていた。

この税制改革によって、713億円の減税を伴う抜本的な税制改正が実現した。所得税を中核とした国税における直接税中心主義が一応貫かれており、地方税についても税制簡素化が見事なほど実現している。この段階で、シャウプ税制の骨格がひとまず日本税制の中に実現したと評価されている。

他方、資産再評価に関して、シャウプ勧告は、強制再評価を勧告したが、改正では、再評価は任意とし、再評価額も一定基準内で任意に定めることとした。企業の経営状況に応じた任意再評価を認めるなど、明らかに勧告の基本的な考え方と違っていた。このほか、高額所得者の資産申告制度や株式の強制登録制度などが実現しなかったりまたは骨抜きとなり、負担の公平化を図る点に重点を置いた方針は結局充分な裏付けを欠くことになった。

第3節　国税庁の設置と税務行政

◆**国税庁の設置**　1949年5月4日、占領軍司令部から「日本政府の国税行政の改組」が発せられ、それに基づいて同年6月1日、国税庁は内国税の賦課徴収を主たる任務とし、国税庁長官の下に4部制の組織を持つ大蔵省の外局として設置された。また付属機関としての税務講習所および関係の諸審議会ならびに地方機関として全国11ヵ所に設置された国税局、国税局の下部機関としての各税務署（東京61、関東信越59、大阪83、札幌29、仙台56、名古屋46、金沢15、広島51、高松28、福岡30、熊本39、合計497）を一元的に統轄する官庁であった。成立した国税庁の内部組織は、総務部、直税部、間税部、調査査察部の4部制が採用され、その下で2室12課の機構が組織された。

高橋衛初代国税庁長官は、開庁式の訓示で、新しい国税庁の制度は、「徴税機構を一本にまとめあげて、国税庁、国税局、税務署と、税の執行面に強い一本の筋金を入れ」、「強力な一元的な税務行政が保障され」た点に意義があり、また「監督官、監察官、教育官、国税調査官、国税検査官、国税徴収官などの特別な職を設け、分業を徹底し、職責を明らかにして、合理的、科学的に、税

務行政を運営していこうという点に」もその重要なねらいがあると述べている。

　しかし、その1年5ヵ月後において、高橋長官は、税務行政の現状につき、「税務行政はまだ混乱の域を脱せず、納税者の負担の回避と諸君のこれに対する追求は、広範な更正決定あるいは異議申立の続出となり、その間、一部煽動分子の策動も加わって、反税闘争の展開とさえなり、その実情はなお寒心にたえないものが少なくな」いと嘆き、「昭和24年度における所得税の更正決定件数が、その納税者総数の5割を超え、また、昭和25年度への繰越滞納額が一千億円を超えている事実は、納税者がまだ税務職員を信頼することができず、われわれがなお納税者を充分に理解していないところに由来するもの」であって、このような事態を解決するためには、「税務職員と納税者とが相互にその人格を重んじることに始まり、その成功のかぎは、一にかかって税務職員が納税者の信頼を得ることにある。」として、納税者に対する税務職員の心構えを強調したのである。

　◆青色申告制度の導入　　戦前は納税者に課税標準の申告を求めるものの、それは一つの参考資料にすぎず、政府が独自に調査して課税標準を決定し、その税額の納付を告知することによってはじめて具体的な納税義務が発生する賦課課税方式が採られていた。しかし、この方式は、収入目標がまず、大蔵省において財務局ごとにその金額を計算して設定し、財務局は、大蔵省から指示された収入目標の総額を管内の税務署ごとにその金額を区分計算して設定するという、上から下への目標額の提示に基づく徴税業務を各税務署に強制するものであった。

　シャウプ勧告は、この「目標額制度」は、「所得税の徴収が完全に崩壊するのを防止するために当初は必要であったかもしれない」としつつ、自発的な申告納税制度の建て前とはまさに背馳するもので、これをやめなければ健全な税務行政の出現は望めないと述べ、その廃止を勧告した。また、シャウプ勧告は、当時の所得税徴収行政において、納税者の無申告ないし過少申告→推計による大量の更正・決定→おびただしい異議申立てと更正、決定の訂正→再度の不十分な所得申告、という悪循環の繰り返しが顕著で、この徴税執行の改善を図ることが税務行政上の最大の課題であると認識し、根本的な方策を提示して

いる。その方策は、納税者が正確な帳簿をつけ、それに基づいて誠実な申告を行い、一方税務署は調査に十分な時間をかけ、更正・決定は自信のある調査に基づいてのみ行うような態勢を作ることであった。「勧告」は、その中心に「青色申告制度」の創設を置くとともに、更正・決定に対する納税者の異議申立制度の改革などについても勧告した。

1950年現在、法人の場合は50％が青色申告を申請したのに対して、個人の営業所得者中の青色申告者は9万4000人、その普及割合はわずか5％にすぎなかった。しかし、この制度は、個々の納税者の所得個別実額に立脚した賦課を目標とする近代的な所得税行政への前進を図る上で重要な「要石」となるべきもので、実際その後の所得税行政の発展を通じて、シャウプ勧告の残した最も大きな遺産の一つとなったと評価されている（前掲『昭和財政史』8巻459頁）。

◆ 税理士法の制定　　1951年6月15日法律237号により税理士法が制定された。第1条で、「税理士は、中立な立場において、納税義務者の信頼にこたえ、租税に関する法令に規定された納税義務を適正に実現し、納税に関する道義を高めるように努力しなければならない。」と規定され、第2条で、税理士業務につき規定していた。税理士とは、租税に関し申告、申請、再調査もしくは審査の請求または異議の申立て、過誤納税金の還付の請求その他の事項につき税務代理、税務書類の作成および税務相談の事務を行うことを業とする者のことであった。税理士となる資格を有する者は、弁護士、公認会計士、税理士試験合格者および同試験免除者であった（第3条）。これらの者が税理士となるためには、国税庁に備える税理士名簿に氏名、生年月日、事務所の所在その他大蔵省令で定める事項の登録を受けなければならなかった（第18条）。その名簿の登録は国税庁長官が行うことになっていた（第19条2項）。税理士が、「税務代理をする場合には、その行為について代理の権限を有することを明示する書面を税務官公署に提出しなければならな」（第30条）かった。また、税務官公署の職員と面接するときには、税理士証票を呈示しなければならなかった（第32条）。税理士には、脱税相談の禁止、信用失墜行為の禁止、守秘義務、事務所設置の義務、帳簿作成の義務が課せられていた（第36～38条・40条・42条）。

当時の税理士は、税務の専門家として、国税庁長官のもとに税務行政に協力することが要請されていたのである。

第4節　シャウプ税制の崩壊とその後の税制改革

◆ **国税における勧告の崩壊**　1953年度予算は政策決定権限が占領軍の統制から完全に解放された最初の本格的な予算であった。これまで司令部によって抑制されてきた保守党政府およびその支持基盤である財界を軸とする利益集団の要求が噴出し、予算内容および予算編成が従来とはかなり異なった様相を呈したのである。その異なった様相こそ、今日の財政の原型ともいえるものであったと評価されている（佐藤進・宮島洋1990：39頁）。

その予算の特色は、①政党主導的編成、②総合予算均衡主義の放棄、③財政投融資計画の策定、④税制の抜本改正と大規模減税であった。税制改正の主なものは、富裕税の廃止、有価証券譲渡所得税の廃止、相続税の累積課税方式の廃止、利子所得の分離課税、輸出所得控除などの租税特別措置などであり、この抜本改正により、直接税のシステムが解体され、シャウプ税制の理念と体系性がまず国税部分において崩壊した。

具体的には、所得税における総合課税制度が崩壊し、利子の分離課税や有価証券キャピタル・ゲインの課税廃止により、税率表の累進性は事実上骨抜きにされた。また、相続税の抜本改正は、相続税・贈与税の二本立ての一時課税方式に切り替えることにより、富の集中・蓄積に対する歯止めが後退して、相続税制度を大きく変質させることとなった（同上42頁）。

◆ **地方税における勧告の崩壊**　1954年には、国際収支の逆調が生じ、ＩＭＦ加盟後、はじめての外貨危機に陥った。この要因は、昭和28年度の予算が3回の補正を含めると、その財政規模が1兆円を突破し、さらに財政投融資の積極化などにより内需拡大→輸入増大→国際収支悪化という効果を生み出したことにあった。そのため、1954年度の予算編成方針は財政規模を1兆円未満に抑制する緊縮予算の確保と財政投融資の大幅な圧縮にあった（同上44頁）。

この年、地方税制の抜本改正が行われ、シャウプ地方税制の理念と体系が崩壊することとなる。この点については、第9章第5節を参照されたい。

シャウプ地方税制の根幹であった市町村中心主義および税源の分離と責任帰属の明確化という原則は、今回の税制改正でほぼ崩壊した。府県重視への移

行、水平的な税源再配分、税源偏在の是正という要請は、行政効率化論および応益原則という論理に基づいてなされた。この論理の歪曲化や拡大適用を推進したものは、旧地方制度への回帰、いわゆる「逆コース」と呼ばれる政治状況と経済自立促進政策の自由度を高めるために地方財源保障責任を回避しようとした国の財政政策であった。その根底には保守政権の定着、経済基盤の整備・充実という日本資本主義の自立過程があったと言われている（同上52頁）。

❖ **新たな基本税制の成立**　昭和30年代は、シャウプ税制の抜本的改正を基本に置く税制構造が経済成長の装置として定着し、その根幹を変えるような抜本的かつ全面的な税制改正はもはや実施されなかった。この高度成長の原動力は言うまでもなく民間の設備投資であり、新産業の発達を基盤に推進された技術革新的投資の本格化は産業構造の重化学工業化を急速に促進したのである。この時期の租税政策の基本的な課題はこうした民間の設備投資の積極化を支えるとともに、経済成長の障害となる国際収支の制約を打開し、さらに国内市場拡大のために個人消費支出の拡大と高度化を推し進めることであった。したがって、資本蓄積の促進、輸出の振興、国民税負担の軽減合理化という三つの目標が税制政策において引き続き維持され、この三つの目的に沿う基本方針が戦後税制の特徴となったのである。

❖ **財政再建と一般消費税の導入**　1981年春に発足した臨時行政調査会の第1次答申は、「増税なき財政再建」を呼びかけ、行政改革による歳出削減の動きを本格化させる。すでに1979年秋の総選挙を契機に一般消費税構想が断念され、同年11月には国会決議により一般消費税によらない財政再建という枠がはめられていた。この財政再建を本格化させざるをえない要因は、国の予算における公債依存度が1979年度には39.6％という財政の破綻状況にあった。

1986年10月、税制調査会は、戦前・戦後一貫して採用してきた個別消費税体系を抜本的に改革する税制改革答申を公表した。そのねらいは、①長期的に見て財政需要増は不可避であり、既存税制では限界があり、新しく間接税のウエイトを高める必要があること、②1970年代からすでにヨーロッパ諸国では付加価値税に大きく依拠した税制改革が進められてきたことに見做うこと、③既存の個別消費税体系の欠陥を根本的に見直すことにあった。この考え方の下に新しい方式の日本型付加価値税を導入するという方針が打ち出された。

税制調査会の答申が自民党税調において、「売上税」という名称で導入されることが決定された。中曽根首相は、この税制改革案を「所得税等の一部を改正する法律および売上税施行法案」として、1987年2月正式に国会に提出した。しかし、この売上税に対して、公約違反を追及するという形で反対運動が次第に激化し、いわゆる売上税騒動ともいうべき社会現象が発生した。結局、国会に提出されたものの、一度も審議されずに、税制改正法案は5月27日ついに廃案が決定する。その結果、法人税率引下げと新しいタイプの間接税の問題は、竹下内閣に引き継がれることになった。

　1987年10月16日、「税制の抜本的改革に関する方針」が政府・与党首脳会議において決定し、その基本方針では、「直間比率の是正」および「個別消費税体系を基本的に改組する」という文言が挿入され、売上税に代わる新しいタイプの間接税の早急な実現が目指されていた。

　竹下抜本改革の内容は、1988年4月28日に税制調査会により提出された「税制改革についての中間答申」によってほぼ固められた。

　その主要な点は、①所得課税の負担を軽減するため、所得税の最低税率の適用範囲を大幅に拡大して、それにより累進構造のいっそうの緩和を図るほか人的控除の引上げを行う。②税負担の公平確保に対する国民の強い要望に応え、有価証券譲渡益を原則課税とするほか、様々な租税負担回避行為への対応策を講じる。③相続税については、配偶者の生活安定にも配慮しつつ、大幅な負担調整を行う。④間接税については、消費に対し薄く広く課税する制度の導入を改めて訴え、具体的には累積排除の多段階課税を提起し、その具体的仕組みについては、売上税について寄せられた批判や意見を踏まえたものとする。⑤法人課税については、我が国経済の国際化の進展を踏まえ、課税ベースの拡大を図りつつ税率の引下げを行い、負担を軽減・合理化する（石弘光2008：417頁）。

　新型間接税は「消費税」という名称で、税率3％で付加されることが最終的に合意され、税制改革の全体像が確定した。自民党税制調査会は、この中間答申に沿った「税制の抜本改革大綱」を6月14日に公表し、この政治的決定を受け、税制調査会は翌6月15日に総会を開き、最終的な答申として「税制改革についての答申」をとりまとめ、法案の一体的な処理を強調した。

　税制改革関連6法案の可決について、1988年12月25日の日本経済新聞は、論

説でその経緯を次のように厳しく批判していた。

　国会の舞台裏での手練手管と体系のない「バラマキ福祉」で一部野党の顔をたてながら、関連法案の成立だけを目指した自民党と、消費税の仕組みについてロクな質問もしなかった野党、とくに公明、民社両党の共同製作である。

　このような背景をもって導入された消費税だけに、その後長い間、国民に素直に受け入れられないものとなったのである。

【参考文献】
石弘光（2008）『現代税制改革史—終戦からバブル崩壊まで』東洋経済新報社
牛米努（2002）「国税徴収機構形成史序説—租税局出張所から税務管理局まで」『税務大学校論叢』39号
牛米努（2005）「営業税と徴収機構」『税務大学校論叢』48号
碓井光明（2000）「地方財政の展開とシャウプ勧告」租税法学会編『シャウプ勧告50年の軌跡と課題』租税法研究28、有斐閣
大蔵省編（1938）『明治大正財政史 1、6、7巻』財政経済学会
大蔵省昭和財政史編集室編（1955〜57）『昭和財政史 2、3、5、14巻』東洋経済新報社
大蔵省財政史室編（1976〜84）『昭和財政史—終戦から講和まで 1、2、3、4、7、8、11巻』東洋経済新報社
金澤史男（1984）「両税委譲論展開過程の研究—1920年代における経済政策の特質」『社会科学研究』36巻1号
金子宏（2000）「シャウプ勧告の歴史的意義」前掲『シャウプ勧告50年の軌跡と課題』
近代租税史研究会編（2008）『近代日本の形成と租税』有志舎
佐藤進・宮島洋共著（1990）『戦後税制史〔第2増補版〕』税務経理協会
鈴木武雄等著（1962）『財政史』東洋経済新報社
税務大学校研究部編（1996）『税務署の創設と税務行政の100年』大蔵財務協会
中尾敏充（1990）「1896（明治29）年営業税法の制定と税務管理局官制」『近畿大学法学』39巻1・2号
中尾敏充（1992）「1902（明治35）年税務監督局・税務署官制の意義」『阪大法学』42巻2・3号
中尾敏充（1996・2001）「非常特別税法の継続化と税制整理(1)(2)」（未完）『阪大法学』45巻6号、51巻4号
日本租税研究協会編（1983）『シャウプ勧告とわが国の税制』日本租税研究協会
林健久（1974）「シャウプ勧告と税制改革」東京大学社会科学研究所編『戦後改革7　経済改革』東京大学出版会
福田幸弘監修（1985）『シャウプの税制勧告』霞出版社
藤田武夫（1949）『日本地方財政発達史』河出書房
明治財政史編纂会編纂（1971）『明治財政史 1、3、5、6巻』吉川弘文館

第8章

財政法制

　本章は、明治から現代までを対象にして、財政に関する法制度について概観する。財政法は、租税賦課のような権力的な作用に係る法と財政管理法に大別されるが、本章では後者を対象とし、また戦前については1889（明治22）年の大日本帝国憲法発布以降の時期を取り上げる。なお、地方財政については第9章も併せて参照されたい。

第1節　戦前の財政法制と政策

◆**大日本帝国憲法下の財政法制**　大日本帝国憲法第6章「会計」（第62～72条）は、国家財政の原則を定める。現在では経理手続を意味する「会計」が財政全般に関する意味で用いられたのは、予算施行を規制する会計制度が最初に形成されたという歴史的経緯とともに、議会の予算議定権の制限という起草者の考えが反映されたためである。起草過程では、財政に対する議会の権限を弱めようとするロェスラーと議会の財政監督機能に期待する井上毅とが対立した。たとえば、予算不成立の場合について、政府原案執行を主張したロェスラーに対し、井上は前年度予算執行を主張した。

　以下では、憲法第6章の条文を中心に関係法令とともに解説していく。

　第64条は、予算に対する帝国議会の協賛を定める。帝国議会の協賛を経て成立した予算は成立予算と呼ばれた。同じく議会の協賛を要するものとしては、起債や予算外国庫負担の契約がある（第62条3項）。予算の先議権は衆議院が有した（第65条）。予算編成手続については、会計法、会計規則、そして1889（明治22）年の歳入歳出予算概定順序が規定し、予算編成過程での大蔵省の優位性が確認された。

　第66条は、毎年定額の皇室経費を国庫より支出し、増額を要する場合を除い

て帝国議会の協賛を必要としないことを定めた。なお、皇室財産の設定は、1884年の松方正義大蔵卿による建議をもとに翌年に日本銀行や横浜正金銀行の株が編入されたのを皮切りに、89～90年には北海道・木曽などの山林原野も編入された。皇室財産のうち皇室に代々伝える世伝御料については1889年の皇室典範が、世伝御料以外の御料の法的地位については1910年の皇室財産令が定める。また皇室財産の設定により、1888年には皇室独自の会計法である帝室会計法が制定され、その後1890年に常用部会計経理要領が、翌年に皇室会計法が制定された。毎年の残余について、次年度に繰り越される政府会計とは違い、皇室会計では蓄積される仕組みになっており、皇室財産を豊富にして皇室の財政基盤を強固にすることが目指された。

　第67条は、既定費、法律費、義務費を政府の同意なく帝国議会が廃止・減額することを禁止した。具体的にどのようなものが既定費、法律費、義務費にあたるのかについては、井上毅を中心に第67条の施行法として会計法補則が制定された。会計法補則は、1891（明治24）年度予算における費目を定めたものにすぎなかったが、その後の費目決定においても相当程度尊重された。

　第69条は、予備費について定める。明治会計法第7条では、超過支出のための第一予備金と款項外支出のための第二予備金が認められた。また、ともに1890年制定の陸軍作業会計法第7条や官設鉄道会計法第7条に見られるような、特殊予備費と呼びうる法律・勅令に基づく予備費が存在した。予備費額は、明治24年度予算では第一・第二ともに含めて100万円で、その後も少額に抑えられた。そのため慢性的な予備費不足が生じ、予備費外支出が行われる一因となった。国庫剰余金支出は、各年度の歳計剰余金の翌年度歳入への繰入を定める明治会計法第20条に明白に違反するが、政府による剰余金支出の件数は優に700件を超えたという。

　憲法第70条は、政府の緊急財政処分について定める。公共の安全を保持するため緊急の需用がある場合において内外の状況により帝国議会を召集できないときに、政府は勅令により財政上必要な処分を行うことができる。ただし、緊急財政処分は枢密院への諮詢事項（枢密院官制第6条5号）となっており、台湾銀行救済のための勅令案を枢密院で否決された若槻礼次郎内閣は倒閣に追い込まれた。同様の規定は、プロイセン憲法、バーデン憲法、バイエルン憲法など

に見られる。憲法第8条の緊急勅令と第70条では、第8条は常会以外の時期にはいつでも発することができるが、第70条は臨時議会をも開催できない場合にしか発することはできないという点が異なる。また、第70条は財政上の個別的処分（起債、予算外国庫負担契約、特別会計資金の流用）のみしか行えず、新たに課税するなどの場合は同条と第8条の緊急勅令とが併せて発せられた。

　第71条は、予算不成立時の政府の前年度予算執行権について定める。同条により成立した予算は施行予算と呼ばれた。政府による予算支出上の制約を取り除くためのものであった。同条は時にわが国独自の制度であるといわれるが、実はヨーロッパ諸国の憲法でも多く見られるものである。

　第72条は、会計検査院による決算審査について定める。会計検査院は、大隈重信の建議により1880（明治13）年に設置された。1881年制定の会計法および会計検査院章程では、会計検査院に決算監督にとどまらず予算審査も認めていたが、翌年の改正で会計検査院の権限は決算監督に限定された。この点は、憲法および1889年の会計検査院法でも維持された。

　憲法にあわせて、財政に関する法律も制定された。憲法と同日に制定された会計法（＝明治会計法）は、財政に関する憲法附属法である。4月には、施行細則を定めた会計規則も制定された。この「憲法―会計法―会計規則」が、旧憲法下における財政制度に関する法体系の中心となった。明治会計法の起草は、憲法起草者ではなく、1886年（明治19）に主計局調査課長に就任した阪谷芳郎を中心に大蔵省主導で行われた。大蔵省は、この機会に自身の財政統制権の確立を目指したのであるが、全面的に成功を収めることはできなかった。たとえば、法案中では金庫を統一し大蔵省による官有地の統一的管理が予定されていた。しかし、各省の反対のために、1890（明治23）年の官有財産管理規則では各官有財産（官有不動産および船舶）は各省大臣が管理することとなった。

　◆**財政をめぐる政治力学**　憲法上の財政規定は、帝国議会（衆議院）による財政監督と天皇大権・行政活動のための予算確保という両者の微妙な力関係の上に成り立つ。ゆえに、どの政治勢力により、いかなる財政政策が採られるのかはその時代の政治状況に大きく左右された。こうした観点から、財政政策の変遷を見てみよう。

　藩閥政府と民党が激しく対立した初期議会では、激しい予算闘争が繰り広げ

られた。民党は、官吏俸給や諸手当等を削減し、剰余分を地租軽減および高利公債の償還に充用すべきであると主張した（政費節減・民力休養論）。両者の対立は、1894（明治27）年における第２次伊藤博文内閣と自由党との提携により終了し、同年に勃発した日清戦争では全ての政党の支持の下で、それまでの国家予算の約２倍の戦費が支出された。さらに、1904年に勃発した日露戦争では、当時の一般会計の約８倍にあたる戦費（約20億円）が支出された。

　日清・日露戦後経営期には、軍拡および鉄道・港湾・治水・電信電話等のインフラ整備を基調とする積極財政政策が展開された。積極財政政策の背景には、政党・軍部・官僚といった各政治勢力の自立化と連携が存在していた。すなわち、軍部は軍拡を、政党（政友会）と官僚（とくに内政諸省）は地方におけるインフラの整備をそれぞれ要求していたのである。ただし、いまだ日露戦後期においては、こうした予算要求に対して、外債非募集・公債返還といった「財政整理」を唱える憲法外調停者たる元老が制御機能を果たしていた。

　1918年に成立した原敬内閣は、第一次世界大戦の戦後経営の方針として、四大政綱（①教育の改善、②交通機関の整備、③産業の振興、④国防の充実）を掲げ、積極財政を展開し、財政規模は以前と比べて約２倍になった。また、藩閥政府時代から違憲論の根強かった剰余金支出についても、1919（大正８）年には一般会計歳出のおよそ１割にあたる約１億7500万円が支出された。こうした財政膨張の背景には、元老の影響力の低下が見られる。元老という憲法外調停者を失い、各政治勢力による予算獲得競争はいっそう激化したのである。

　なお、原内閣時代に会計法が大幅に改正された（1921年成立）（＝大正会計法）。改正の主眼は、決算提出期や第二予備金支出事後承諾案提出期の繰り上げという予算に対する議会監督の拡張・強化と、国庫預入金制度の採用、時効に関する画一主義の廃止などといった民事法規範と会計法の調和にあった。また、1918年に官有財産調査会が設置され、1921年に国有財産法が制定された。これにより、これまで勅令（官有財産管理規則）で定められていた国有財産の管理の問題が法律によって定められた。内容面では、国有財産の範囲（不動産と動産および権利）が拡大され（第１条）、その統括事務を大蔵大臣が行うことになった（第３条）。これにより国有財産の大蔵大臣による統一的管理が実現した。

　地方への利益誘導を重視した政友会が積極財政を展開したのに対し、同志会

の流れを汲む憲政会（1927年より民政党）は、若槻礼次郎や浜口雄幸（ともに元大蔵官僚）を中心に財政緊縮・国債整理・金解禁を唱えた。浜口内閣において、井上準之助蔵相が1917年の「金貨幣又ハ金地金輸出取締等ニ関スル件」を廃止する旨の大蔵省令を公布し、1930年1月より金輸出を解禁した。また、井上蔵相は緊縮財政を実施し、すでに田中内閣で編成されていた29年度予算を減じて新たに実行予算（成立予算または施行予算の範囲内において定める行政上の予算）を決定した。なお、議会の協賛を経て成立した予算を政府が減額することは、憲法違反ではないかとの批判が寄せられた。

1929（昭和4）年10月のニューヨーク株式市場の大暴落に端を発する世界恐慌により、デフレ政策を採用する井上財政の下で日本経済は深刻な不況に陥った。そのため、犬養毅内閣で大蔵大臣を務めた高橋是清は、1931年12月に「金貨又ハ地金輸出取締等ニ関スル件」により金輸出の許可制（事実上輸出禁止）を採り、また「銀行券ノ金貨兌換ニ関スル件」により兌換についても許可制を採った（1942年制定日本銀行法により法律上兌換の義務免除）。

高橋は当初、不況からの脱出と経済の回復を目標に経済運営を行い、また、農村救済・失業対策のための時局匡救事業を実施した。さらに、1920年代にはおよそ4億円台で推移していた軍事費を、1931年の満州事変をきっかけに約6億8000万円まで増額した。こうした積極財政の財源としては国債が用いられ、1932年11月に日銀引受発行を行った。この後新規公債の大部分はこの方式により発行され、戦時期には戦争遂行のための財源確保のために大いに利用された。なお、高橋は、赤字公債発行が悪性インフレーションを招くことを懸念しており、1934年頃から安定的な景気上昇を持続させることに政策の重点を移した。また、軍事費の抑制に尽力した。しかし、1936年の二・二六事件により高橋は暗殺され、高橋財政は暴力的に終結を迎えた。

日中戦争勃発直後の1937（昭和12）年9月に臨時軍事費特別会計法が制定され、日清戦争、日露戦争、第一次世界大戦に続いて、4度目の臨時軍事費特別会計が設置された。予算科目は、「臨時軍事費」の一款とその下に「陸軍臨時軍事費」「海軍臨時軍事費」「予備費」の3項（のちに陸海軍の区別も消滅）だけでほとんど区別されなかった。会計年度は戦争開始から終結までとされ、最終的な支出金額は1600億円以上になった。国家財政に占める軍事費の割合は1936

年度の47.2％から1944年度には85.3％になった。

　財政統制の骨抜き化は、その後一般会計にまで及んだ。1943（昭和18）年10月に東條英機内閣において「予算ノ徹底的単純化ニ関スル件」が閣議決定され、「予算の形式を単純化すること」「予算の編成を敏速容易ならしむること」「予算の実行を機動的且つ効果的ならしむること」などが定められた。また、支出統制の面でも、1937年勅令第584号により前渡し・前払い・概算払いが拡大された。1942年には会計法戦時特例および会計規則等戦時特例が制定され、会計制度の特例が一般行政官庁の軍事関係支出にも及んだ。

第2節　戦後の財政法制と政策

　◆ **占領期における法制改革の性格**　　GHQ/SCAP（連合国最高司令官総司令部）の財政に関する当初の指示は、軍人恩給・臨時軍事費特別会計等の廃止、戦時利得税・財産税の賦課など「非軍事化」・戦争懲罰に関わるもの、政府起債・借入の制限など財政の「健全化」「民主化」を目指すものであった。そして、GHQ/SCAPによる間接統治の下で、財政法制改革が行われた。1946年11月3日に成立した日本国憲法は、第7章「財政」（第83～91条）で国家財政に関する新たな原則を示した。その特徴は、議会（国会）が財政に対する責任機関であることを明確化した点にある（＝財政議会主義の徹底）。旧憲法のように議会の予算審議権を制約する規定は置かず、予算不成立時の前年度予算執行も当然認められなかった。財政議会主義の徹底は、戦前における政治勢力間の予算闘争や国民生活を逼迫するほどの軍事支出を反省し、国民による国民のための財政を実現するためである。憲法の財政規定をもとに、1947年に財政法、会計法、予算決算および会計令、皇室経済法、会計検査院法が、1948年に国有財産法、地方財政法が制定され、また、財政法の数次の改正、1956年の物品管理法と国の債権の管理等に関する法律の制定を経て、戦後日本の財政法体系が形成された。

　占領期の財政法制改革には、日本側が積極的に志向したものと改革の影響を最小限に抑えようとしたものが存在する。前者の代表例が財政法で、後者の代表例が皇室経済法である。

　財政法は、「国の予算その他財政の基本」（第1条）を定める新憲法下での財

政に関する基本法である。最初に起草を手がけたのは、臨時法制調査会第4部会であった。同部会は当初、会計検査院法や国有財産法とともに審議を進めていたが、最終的には対象を財政法に絞り、1946年10月に財政法案要綱を作成した。そして、この財政法案要綱をもとに、終戦直後から調査を進めていた大蔵省が1946年11月末頃に法案を完成させた。

その後、民政局（GS）次長のリゾー（マッカーサー憲法草案「第7章財政」の起草者）と彼の補佐役の仕事をしたウォルターを相手に折衝が行われ、継続費規定が削除されたり独立3機関（国会・裁判所・会計検査院）の予算に対する特別の規定が追加されるなどの修正が行われた。しかしながら、全体的な骨子については、日本側の意見が維持されたのである。

他方で、GHQ/SCAP主導の改革も存在した。その代表例が、皇室経済法であった。戦時中よりアメリカ国内では、皇室財産の凍結・解体は、非軍事化および民主化の観点から計画されていた。1945年7月の国務・陸軍・海軍三省調整委員会（SWNCC）では、日本が無条件降伏または全面敗北を認めた場合、皇室財産は「公共財産」として取り扱われることが決定された。

9月の「降伏後における米国の初期の対日方針」（SWNCC150/4）は、皇室財産を「占領目的を達成するのに必要な措置」から免除しないとし、11月の「皇室財産凍結ニ関スル総司令部覚書」（AG091.3）で8月15日以後の皇室財産に関する取引を無効にすべきことを日本政府に通達した。そして、同じ11月の「戦時利得ノ排除並ビニ国家財政ノ再編成ニ関スル覚書」（SCAPIN337）は、皇室財産も戦時利得税の対象とし、1947年2月「財産税法及附属法令ヲ御料ニ関シ準用スル等ノ件」により、皇室財産にも前年11月に制定された財産税法などが準用されることになった。こうして、皇室財産のうち9割にあたる約33億円が国に納められた。皇室財産は没収ではなく課税という形で解体されたのである。

皇室財政に関する新たな法律の起草は、当初臨時法制調査会によって行われた。法案は第1部会において起草され、1946年10月に皇室経済法案要綱が答申された。臨時法制調査会の起草方針は、国会の管理や様々な制限ができるだけ及ばない皇室の安定した経済的基盤を確保することであった。しかし、GHQ/SCAPはこうした日本側の動きを許さず、日本国憲法第8条および第88条の内容を実現させるために皇室財産の縮小、皇室財産への国会や行政機関の

関与、皇室の財産授与や皇室費の明確化などを要求した。こうした修正要求を受け入れて、翌年1月に皇室経済法が制定されたのである。

◆支出費目の変化　それでは、一新された戦後の財政法制の下で、いかなる財政政策が採られたのだろうか。支出費目に注目して見てみよう。

　1950年代後半から1970年代前半にかけての高度経済成長期においては、1950年の地方交付税法制定に伴う「地方財政関係費」、積極的な交通施設整備や地域開発による「国土保全及開発費」、1961年の国民皆保険皆年金制度の実現による「社会保障関係費」、ベビーブームによる子どもの増加に伴う教育環境整備による「教育文化費」が比重を高めた。戦前は軍事費が、また戦後まもなくは終戦処理費を中心に「防衛関係費」の支出が多かったが、日本国憲法第9条で陸海空軍を保持できなくなったことによる剰余分と増加した税収分がこれらの財源にまわされた。

　高度経済成長が終わりを告げた1970年代には、約11％で安定していた一般会計歳出対GDP比は一気に約18％に上昇した。田中角栄内閣において次々と社会保障制度が拡充されて「社会保障関係費」が膨張したことと、積極的な公共投資のための「国土保全及開発費」が増加したことが要因である。そして、福祉元年と呼ばれた1973年度には、はじめて「社会保障関係費」(16.8％)が「国土保全及開発費」(16.1％)を上回った。これまで農村に対して公共事業によって所得の再配分を行っていた自由民主党が、組織活動の遅れた都市に対して給付の拡大を先行させる形で社会民主的政策を展開したためである。

　鈴木善幸内閣において増税なき財政再建が公約とされ、第二次臨時行政調査会（＝土光臨調）が設けられた1980年代には、「国土保全及開発費」が大幅に削減され、また「社会保障関係費」の支出が抑制された。他方で、国際貢献の観点から、「防衛関係費」および政府開発援助（ODA）のための「経済協力費」は、例外的に増額を認められて急増した。とくに、「防衛関係費」は、1976年11月に三木武夫内閣によって閣議決定された対GNP1％枠の歯止めが、中曽根康弘内閣下の1987年度予算において突破された。

　1990年代初頭には、崩壊したバブル経済後の景気対策として積極的な公共投資が打ち出されて再び「公共事業関係費」の割合が高まった。1994年には、海部俊樹内閣によって閣議決定された総額430兆円の「公共投資基本計画」（1990

年)を村山富市内閣は1995～2004年度に630兆円の投資を行うように改定した。一方、高齢化の進行とともに、2000年の介護保険制度の発足などにより「社会保障関係費」の増大は加速した。

　2001年4月に成立した小泉純一郎内閣は構造改革を掲げ、財政再建を進めた。小泉内閣は、公共投資を大幅に削減するとともに、「社会保障関係費」の抑制も行った(2002年の医療制度改革、2004年の年金制度改革、2005年の介護保険改革における国民自己負担率の引上げ)。

　◆ **財政赤字と財政民主主義**　こうした財政支出の財源の一部は国債により賄われた。2009年9月末現在の累積赤字(＝国債残高)は694兆円を超え、国債処理は最も困難かつ重要な政策課題の一つとなっている。

　国債発行について、財政法第4条は国債発行による財源調達を原則として禁止し、但し書きにおいて公共事業費などの投資的経費についてのみ例外的に認めている(建設国債の原則)。また、第5条は、国債の日銀引受けの原則禁止を定めている(市中消化の原則)。これらの規定は、戦争遂行の財源確保のために公債の日本銀行引受が利用されたことを反省した日本側の発意により財政法上に加えられたものであった。その意味で、これらの規定は、本来は日本国憲法における平和主義を担保するためのものであった。そして、少なくとも1965年度までは、一般会計において国債(建設国債・赤字国債)が発行されることはなかった。

　戦後はじめて国債が発行されたのは、租税収入の異常な減少等に対処する目的での1965年度の補正予算においてである。その際には、1965年度における財政処理の特別措置に関する法律が制定され、赤字国債の発行が正当化された。1968年予算編成における大蔵省による「財政硬直化打開キャンペーン」は挫折し、彼らの唱える均衡財政主義は放棄された。そして、1973年の第1次石油危機を契機とする深刻な不況により、1975年度の公債の発行の特例に関する法律の下で75年度補正予算において再び特例国債が発行されることになった。その後、70年代後半の国際的要請(「日独機関車論」)を福田赳夫首相が受け入れたことから積極的な財政運営が行われ、建設国債とあわせて赤字国債が継続して発行された(1976年度～1989年度まで)。

　バブル経済の下での税収の大幅増により国債依存度は一時低下した。しか

し、バブル経済の崩壊により税収が大幅に減少したことで、景気刺激策の財源確保のために国債が発行され、再び国債依存率が上昇した。1995年に大蔵省は財政危機を宣言した。橋本龍太郎内閣期の1997年には財政構造改革の推進に関する特別措置法（＝財政構造改革法）が制定され、同法の下で2003年までに特例国債からの脱却を図ることなどを目標に掲げて財政構造改革が進められることになった。しかし、その後の景気の急速な悪化のため景気対策を最優先とした小渕政権において同法は翌年に停止されることとなった（財政構造改革の推進に関する特別措置法の停止に関する法律）。

　小泉純一郎内閣の下で経済財政諮問会議が2001年6月に答申した「今後の経済財政運営および経済社会の構造改革に関する基本方針」（＝骨太の方針）は、新規国債発行額30兆円以下を謳い、またその後も2010年代初頭に国と地方をあわせたプライマリーバランスの黒字化や三位一体改革などを打ち出した。しかし、財政再建を目指した小泉内閣でも、やはり長引く不況に対する景気対策の財源確保のために国債は発行され続け、2002年度補正予算以降で当初の公約は破られて国債発行額は30兆円を突破した。

　戦前と比較すると、戦後の財政法制では財政議会主義が徹底された。財政赤字の大きな要因となっている国債発行も、これまで見てきたように当時の与党が実施する政策のための財源として常に法的・政治的に正当化されてきた財政議会主義の帰結なのである。とはいえ、財政赤字に苦しむ現状に対し、多くの国民は納得しているだろうか。今日特別会計や財政投融資をはじめ財政法制改革が進められているが、加えて財政に関する政策決定・執行・統制のプロセスに、国民、会計検査院、裁判所等、多様な主体が監視・参加でき、有機的連携の下に協働する仕組みを構築することが、国民による国民のための財政を実現するためには必要となろう。

【参考文献】

青木昌彦・鶴光太郎編著（2004）『日本の財政改革―「国のかたち」をどう変えるか』東洋経済新報社

安藤実（1996）『日本財政の研究』青木書店

石井寛治・原朗・武田晴人編（2007）『日本経済史4―戦時・戦後期』東京大学出版会

大蔵省財政金融研究所財政史室編（1998）『大蔵省史―明治・大正・昭和（全4巻）』大蔵

財務協会
片桐正俊編著（2007）『財政学―転換期の日本財政〔第2版〕』東洋経済新報社
川田敬一（1999）「終戦前後アメリカの皇室財産政策に関する基礎的考察―『皇室経済法』制定前史」『憲法論叢』6号
川田敬一（2001）『近代日本の国家形成と皇室財産』原書房
川田敬一（2004）「近代日本の皇室財産」伊藤之雄・川田稔編著『二〇世紀日本の天皇と君主制―国際比較の視点から一八六七～一九四七』吉川弘文館
川田敬一（2006）「『皇室経済法』制定史（1）」『日本学研究』9号
川田敬一（2007）「『皇室経済法』の成立過程　GHQとの折衝を中心に」『産大法学』40巻3・4号
講座今日の日本資本主義編集委員会編（1982）『講座今日の日本資本主義第5巻　日本資本主義と財政』大月書店
小嶋和司（1996）『日本財政制度の比較法史的研究』信山社
小柳春一郎編著（1991）『日本立法資料全集4　会計法』信山社
坂野潤治（2006）『近代日本政治史』岩波書店
須賀博志（2000）「剰余金責任支出慣行の誕生」梧陰文庫研究会編『井上毅とその周辺』木鐸社
杉村章三郎（1982）『財政法〔新版〕』有斐閣
鈴木武雄（1952）『現在日本財政史〔上巻〕』東京大学出版会
鈴木武雄編著（1962）『財政史』東洋経済新報社
高橋誠（1974）「財政制度改革」東京大学社会科学研究所編『戦後改革7　経済改革』東京大学出版会
武田隆夫（1959）「戦時財政法（法体制崩壊期）」『講座日本近代法発達史』8巻、勁草書房
日本財政法学会編（2005）『財政法の基本課題』勁草書房
西野元（1926）『会計制度要論〔第3版〕』日本評論社
原朗（1981）「1920年代の財政支出と積極・消極両政策路線」中村隆英編著『戦間期の日本経済分析』山川出版社
牧野輝智（1930）『予算の話』朝日新聞社
三和良一（2002）『概説日本経済史　近現代〔第2版〕』東京大学出版会
山村勝郎・加藤睦夫（1961）「財政法（法体制再編期）」『講座日本近代法発達史10巻』勁草書房

第9章

地方自治法制

本章では、明治地方自治制度の成立前史から戦後の改革を経て現在に至る、地方自治法制の変遷を概観する。

第1節 明治地方自治制度成立前史

維新後、新政府は、旧幕府直轄地に府・県を置き、全国を府・藩・県に分けた。1871（明治4）年には廃藩置県を行い、全国を3府302県に区画して地方官を任命することで、中央集権国家としての体制を整えていく。

◆ **大区小区制** 同年4月、政府は、戸籍法を発布し、戸籍編制事務のため従来の町村を組み合わせた区を定め、戸長・副戸長という役人を置いた。翌1872（明治5）年10月大蔵省布達146号は、府県の下に大区、その下に小区を置き、大区に区長、小区に副区長等を置くことになった。こうして、大区小区制といわれる地方行政区画が定められた。大区小区の規模、区長・副区長の呼称・選出方法などは地方官の裁量に委ねられ、その実態は府県により千差万別であった。

1873（明治6）年11月に内務省が設置され、地方行政を管轄する。初代内務卿に就任した大久保利通は、府県庁の機構改革を押し進め、1875年11月に「府県職制並事務章程」が公布された。

◆ **三新法体制の成立** 1878（明治11）年3月の内務卿大久保利通による「地方之体制等改正之儀上申」を受けて、新たな地方制度が創出された。同年7月、太政官布告第17号「郡区町村編制法」、同18号「府県会規則」、同19号「地方税規則」が公布される。地方三新法と称されるこれらの法律をもとに成立した地方制度を、三新法体制と呼ぶ。

その特徴は、第1に、行政区画として郡が設定され町村が復活したこと、第

2に、府県会規則や1880（明治13）年4月制定の区町村会法により、公選議会が全国的に設置されたこと、第3に、地方税規則により、新しい府県財政制度が作られたことである。府知事県令に予算編成の義務を課し、府県会の予算議定権を明記したことは、地方税予算に自治の一歩が刻まれたという点で大きな変化であった。

また、1878（明治11）年7月太政官達無号（三新法施行順序）で、戸長の性格は、「行政事務ニ従事スルト其町村ノ理事者タルト二様ノ性質ノ者」とされた。翌8月には、内務省達乙第54号で戸長の公選が許された。戸長公選制や区町村会の開設は、町村行政への住民参加を意味した。一方で、町村は、郡役所および郡長の監督下に置かれていた。

❖ **1884年の改正**　自由民権運動の発展は、各地で、府県会と地方官との対立を引きおこした。そのような状況に対応すべく、政府は、1881（明治14）年12月に府県会規則を改正し、府県会に対して監督を強化する。また、松方デフレ政策の進行により、多くの農民が貧窮し、農村の支配構造が不安定になる。さらに、近代的な地方行政遂行のために、町村の基盤拡大が求められた。こうして、政府は、町村制度に改正を加える。1884年の改正では、戸長管轄区域が拡大されるとともに、戸長官選制が採用された。さらに、区町村会法を改正し、町村会の会期その他の規則は府知事県令が定め施行することにした。

なお同年5月太政官布告第15号および内務省訓示により、区町村協議費が区町村費と協議費に分けられた。これにより、区町村財政には、公財政の性格が付与され、財産差押えや公売処分という公法的保護が加えられるとともに、区町村の公法人としての性格が強化された。

第2節　明治地方自治制度の成立

❖ **市制町村制、府県制・郡制の制定**　1886（明治19）年、お雇いドイツ人アルベルト・モッセが来日し、これを契機に、明治地方自治制度の起草作業が本格的に開始される。翌年には、内務大臣山県有朋を委員長とし、モッセらを委員とする地方制度編纂委員会により、「地方制度編纂綱領」が作成された。

1888（明治21）年4月公布の法律第1号市制町村制は、この綱領を下敷きと

したものである。市制町村制において、はじめて、地方自治と地方分権が明文化された。

町村制では、町村長を執行機関とし、町村会を議事機関と位置づけ、必要な場合は委員を設置することが定められた。市制では、合議制の執行機関である参事会を置き、市長は議長として参事会を代表することとなった。町村会は二級、市会は三級の等級選挙制を採る。また、プロイセンの名誉職自治制度を継受していることも市制・町村制の特徴の一つである。

東京市・京都市・大阪市については、1889（明治22）年3月法律第12号「市制中東京市京都市大阪市ニ特例ヲ設クルノ件」により、府知事が市長の職務を、書記官が助役の職務を務めることとされた。これらは3市の自治権を弱めるもので、大都市特例廃止運動が惹起される。

府県制・郡制も、元老院に下付された法案では、市制・町村制と同じ自治原理で編制されていた。しかし、井上毅は、「府県制ニ対スルノ杞憂」で、自治制の導入は必要最低限度（市町村の範囲）に止めておくべきだと主張し、府県制法案を批判する。井上のこのような主張には、お雇いドイツ人のロェスラーの影響があった。井上の批判は、その後、郡制法案に対しても及んでいく。1890（明治23）年5月公布の法律第35号府県制・同36号郡制は井上の主張を採り入れたものとなっており、府県および郡は、地方行政区画としてのみ規定された。

◆**町村合併の実施**　政府は、市制町村制施行に先だって、町村財政基盤の拡大・安定化を目的に大規模な町村合併を推進した。1888（明治21）年6月内務大臣訓令第352号により、町村は「大凡三百戸乃至五百戸ヲ以テ標準」（第3条）という合併標準が示された。1886年12月の時点で、全国の町村の7割弱が無民戸ないし100戸以下であった。全国で町村合併が実施された結果、1888年末と比較して、1889年末では町村数が2割強に減少した。こうして、江戸時代以来の伝統的な町村（自然村）を組み込んだ町村（行政村）が新たに出現した。町村合併の強行は、町村行政に様々な紛糾を引き起こす原因となる。

◆**1899年の改正**　府県制・郡制は、施行に多大の困難を伴った。最大の原因は、郡の分合法案をめぐる紛糾である。1899（明治32）年に府県制・郡制が全面改正されるまで、5府県で郡制は施行されず、7府県で府県制は施行され

なかった。

1899（明治32）年3月法律第64号・同65号により、府県制・郡制は全面改正され、府県および郡は公共団体となり、その法人格が明確に認められた。この改正により、明治地方自治制度は、府県・郡・町村という三層の地方団体により構成されることが明瞭になった。

◆地方官官制の公布　1886（明治19）年7月に勅令第54号地方官官制が公布され、地方官僚制度や地方行政機構が整備された。これにより、知事は、各大臣の指揮監督の下、行政および警察事務の執行に責任をもった。郡には郡長が、区には区長が置かれた。長崎県などの指定府県には島司が置かれ、知事が委任する事務の処理にあたった。地方官官制は、1890年10月に全面改正を経て1947年に廃止されるまで、戦前の地方官僚機構を規定するものとして明治憲法体制を支えた。

第3節　明治地方自治制度の変遷

◆1911年の改正　日露戦争前後から農村経済が疲弊し、名誉職制度に支えられた町村有力者支配構造が動揺する。1911（明治44）年4月、法律第68号市制、同69号町村制が公布され、市制町村制が全面改正された。この改正の重点は、第1に、執行機関の合議制から独任制への変更および市参与制度の新設など、市制の整備を行い、発展する都市行政に対応した制度改正を図ったこと、第2に、町村の行財政機能が強化されるとともに、町村民の自発的参加による町村の自治機能の強化が図られたこと、第3に、代執行が規定されるなど、府県知事の監督権が強化されたことである。

◆大正デモクラシー期の改正　明治末期から大正期にかけて発展する大正デモクラシー運動の地方自治要求は、①普通選挙制、②郡制・郡役所の廃止、③府県知事公選制、④地租・営業税の地方税への移譲による財政上の地方自治の拡充であった。

1921（大正10）年4月、法律第58号・同59号が公布され、市制・町村制が改正された。この改正により、第1に、直接市町村税を納める者を市町村公民とし、公民権が拡大された。第2に、等級選挙制が修正され、町村会議員の等級

選挙制は原則として廃止、市会議員選挙は三級から二級選挙制へ改められるとともに等級間の格差が緩和された。第3に、沖縄県にも市制・町村制が施行された。

続いて法律第63号「郡制廃止ニ関スル法律」が成立し、郡は純然たる行政区画となり、市町村と府県という二層の地方団体によって自治制度が構成されることになった。郡長および郡役所は、1926（昭和元）年6月勅令第147号で廃止され、郡は地理上の名称として残るのみとなった。

1926（昭和元）年6月法律第73号以下による地方自治制度の改正は画期的であった。主な改正点は、①前年の衆議院議員選挙法改正を受けて、地方議会議員選挙における25歳以上の男子普通選挙制度を実現し、市制に残されていた等級選挙制を廃止したこと、②各種地方団体法が改正され、これ以後地方団体法は同一理念の下で同時に改正が加えられるようになったこと、③市長候補者に対する内務大臣の裁可および町村長に対する知事の認可が不必要となり、市町村長は議会の選出によるものとなったこと、④各種の許認可事項を整理し、国家の監督権を緩和し、自治行政の範囲を拡大したこと、⑤府県高等官を参事会員から除外するとともに名誉職参事会員の定数を増加したことである。

1929（昭和4）年、田中義一政友会内閣の下で制度改革が行われる。これは、地方分権・団体自治の拡充を図るもので、大正デモクラシー期の地方自治発展の到達点となった。

この改正の特徴は、第1に、団体自治権の拡充である。府県に条例および規則制定権が認められ、府県および市町村会議員に一定範囲で発案権が認められた。第2に、内務大臣の府県予算削減権が削除されるなど、議会の権限が拡充された。しかし、第3に、執行機関の権限が強化され、議会が府県知事および市町村長にその議決事項の一部を委任しうるよう改正された。こうして、1929（昭和4）年の改正は、自治権の拡大と同時にファシズム体制に向けての制度整備という側面を持ち、自治の発展と官僚統制の強化との分水嶺となった。

❖ **昭和戦前期の地方自治制度改正**　戦局が進み、総力戦体制に対応すべく自治制度が改正される。1940（昭和15）年の一連の法改正は、地方財政制度を抜本的に改めた。法律第60号地方税法は、地租・家屋税・営業税を国税とし、その附加税を認めること、戸数割を廃して市町村民税を設けることなど、府県・

市町村の税制を統一し、体系的な地方税制度を定めた。さらに、1936年に創設された地方財政補給金制度を引き継ぎ、地方分与税法が公布された。また、法律第22号義務教育費国庫負担法により、教育費に対する国庫負担が制度化された。国の委任事務経費に国が一定の財政負担をするという観念が、制度上はじめて現れたのである。さらに、1940年の地方財政制度改革により、国庫から自治体に財源を配分し、戦時行政を自治体に分担・遂行させる仕組みが作られた。

1943（昭和18）年3月、戦時行政特例法が制定され、町内会・部落会が法的に整備された。町内会・部落会の下には隣組（隣保班）が置かれ、戦時行政を末端で担う行政組織として再編される。これは、国策を地方に浸透徹底させるためのもので、自治機関としての市町村はほとんど機能しなくなる。また、中央各省の命令でも国政事務を委任できるように改めた。自治体が処理する国政事務が大幅に増加し、自治体財政は国庫に依存せざるをえなくなった。府県や市町村は、中央政府の下部行政機関に変質し、地方自治は消滅した。

第4節　戦後改革と地方自治法の制定

戦後の地方自治制度改革は、日本の非軍事化と民主化を占領政策の基本に掲げるGHQ、とくに民政局によって推進される。間接統治であったため、占領下の地方制度改革に対しては、日本政府とくに内務省や各省庁も関与した。1946年から48年にかけて行われた改革により、戦前の地方自治制度は根本的な変革を加えられた。

◆ **第一次地方制度改革**　1946年9月、法律第26号「東京都制中改正」をはじめとする一連の法律が公布された。これらの法律は、当時の憲法改正作業を念頭に置き、民主的な要素を採り入れたものであった。また、北海道にも府県制が適用されることになった。この時の改革を第一次地方制度改革と呼ぶ。

第一次地方制度改革の骨子を以下に掲げる。住民の直接請求制度が導入され、住民による条例・規則の制定・改廃および監査の直接請求が可能となり、関連して、監査委員制度が新たに導入された。また、首長や地方議会議員などのリコール制度が導入された。さらに、公民・名誉職制度を廃止し、地方議会

議員の選挙権・被選挙権を拡大するとともに、議員に報酬が支給されることになった。また、議会の議決事項を拡充するなど、議会権限を強化した。なかでも最も注目すべきものは、住民による地方長官（知事）公選制の実施である。これは、GHQが強く要求して実現した。

1947年5月、政令第15号が制定され、町内会・部落会が廃止されるとともに、旧町内会長・部落会長等の影響力が排除された。GHQが、大政翼賛会や思想警察活動への貢献を重視し、それらを日本の民主化の阻害要因とみなしたからである。

◆ **第二次地方制度改革** 　GHQのさらなる要求により、戦後の地方制度改革は次の段階へと進む。1947年4月、法律第66号地方自治法が公布され、同年5月3日に施行された。地方自治法は、第1に、地方団体の種類を普通地方公共団体と特別地方公共団体とに整理し、都道府県および市町村を普通地方公共団体とした。第2に、住民による条例の制定・改廃請求権が認められるとともに、首長は請求原案に修正を加えられなくなった。第3に、普通地方公共団体の議会の議員と国会議員との兼職が禁止された。第4に、当該普通地方公共団体の事務に対する調査権・出頭証言および記録提出請求権などを議会に認めた。第5に、常任委員会制を採用するとともに、参事会を廃止した。第6に、副知事および助役を設け、普通地方公共団体の長が議会の同意を得て選任することとした。さらに、市町村の収入役・副収入役に相当する出納長および副出納長の制度を都道府県に設けた。第7に、参与制度は受け継がず、また、委員制を廃止して常任委員会にその機能を委ねた。そのため、執行機関として特定の事項を専門的に調査する専門委員の制度を導入した。第8に、内務大臣の一般的監督権を廃止した。第9に、大都市には、都道府県および市の事務・権能を併有する特別市制を創設した。第10に、個別の官制によらず、市町村を含む総ての地方公共団体の職員を同法に基づく吏員とした。

このように、地方自治法は、地方公共団体の自主性・自立性の強化、地方分権の徹底を企図していた。しかし、その法的枠組みや概念は、旧来の地方団体法や地方官官制を引き継いでいた。また、国の行政機関でなくなった府県は、新たな存在理由を見出さねばならなくなった。

◆ **内務省の廃止** 　内務省が中央集権的な権力統制の中心的機関として国民

生活を統制し、中央集権的な警察制度は日本の全体主義的政治体制を支えたという見解に立つ民政局は、警察制度を改革するためにも内務省の解体が必要であると考えていた。1947年12月、法律第238号により内務省官制が廃止され、同月31日限りで内務省は消滅する。

◆ **戦後地方自治制度の確立**　GHQ との協議不十分なまま公布された地方自治法は、GHQ から改正を要求されていた。1947年12月、地方自治法が改正され、新憲法下の地方自治制度が確立した。

重要な変更点を以下に掲げる。第1に、地方公共団体の行政事務処理権能が拡充された。従来は固有事務および団体委任事務を処理するものとされていたが、区域内における行政事務で国の事務に属さないものを処理する権能が加えられた。第2に、条例制定権が整備されるとともに、罰則の付与が認められた。罰則付与については、罪刑法定主義との関係や地方公共団体の立法能力への疑問等を理由として反対意見もあったが、GHQ の意向を反映して改正が行われた。第3は、職務執行命令訴訟の採用である。第4として、当分の間は所轄行政庁の許可を必要とするものの、地方公共団体の起債を原則自由とした。第5に、行政事務処理を条例によることとし、条例制定権を「法令に違反しない限り」認め、府県条例を市町村条例に優位させた。これにより、戦前の内務大臣―府県知事を軸とした監督系列から、法令―府県条例―市町村条例という立法を経由した規制へと構造転換が行われた。法令には政令や省令が含まれることに注意が必要である。

1948年7月には地方財政法が成立し、地方財政運営の基本原則が示された。これにより、地方財政の健全性確保が目指され、また、国と地方公共団体の経費負担区分がはじめて規定された。同日、地方税法が改正され、国税体系と地方税体系が分離・独立し、地方税財源の充実が図られた。入場税などの国税が地方税に移譲され、電気ガス税など新たな税目が法定された。さらに、地方分与税が地方配付税法に改正され、所得税と法人税の一定割合を自治体に配分することになった。

内務省は解体されたが、従来内務省が果たしてきた地方公共団体への監督と国政事務の調整という二つの機能は、地方公共団体が国政事務処理の基本単位である限り必要とされた。法令－府県条例－市町村条例という階層的立法構造

は、前者の機能を再編するものであり、地方財政法は、後者の機能を継承しようとするものであった。

❖ **シャウプ勧告**　1949年8月、「日本税制報告書」（シャウプ勧告）が提出される。シャウプ勧告の意図は、第1に、中央政府・府県・市町村の事務を分離し、それぞれの責任を明確にすること（行政責任明確化）である。そのためには、一定の規模・能力・財政力を有する政府（地方公共団体）に事務を割り当てること（能率の原則）、市町村に優先的に事務を割り当て、地方自治の主体は市町村とすべきこと（市町村優先の原則）が明示された。

　第2に、地方配付税制度の廃止および一般平衡交付金制度の創設による個別補助金の整理・統合である。1950年5月、「地方財政平衡交付金」制度が設けられる。これは、財政収入額を超える財政需要額（財源不足額）分を国の一般会計から各自治体へ、使途は特定せずに補塡するというものであった。各自治体への交付金の決定や交付を行う中央政府機関として地方財政委員会が設置され、地方財政委員会（地方自治体側）と大蔵省との対立は政治問題へと発展した。

　第3に、個別の事務を優先的に配分できるだけの、また配分した事務を効率的に処理できるだけの規模・能力をもつ市町村の創出である。地方行政調査委員会議（通称、神戸委員会）も、市町村合併による規模の合理化を勧告した。

❖ **市町村合併と大都市制度問題**　講和後の1953年9月、3年間の時限立法として町村合併促進法が制定されると同時に、内閣に町村合併促進本部が設置され、同年10月には町村合併促進基本計画が閣議決定される。町村数を3分の1に減らすことが目標に置かれ、1953年10月1日当時の286市9582町村が、1956年9月末には498市3477町村となった。

　1956年6月の地方自治法改正で、「大都市に関する特例」が定められた。いわゆる政令指定都市制度であり、この年、大阪・京都・名古屋・横浜・神戸の5大都市が指定都市になった。戦前以来の特別市制問題は、ここに一応の決着が図られた。

❖ **地方公務員制度**　1947年地方自治法施行に伴い、都道府県および市町村職員は、吏員その他の職員とされ、職員の任免は地方公共団体の長が行うことになった。さらに、1950年12月、法律第261号地方公務員法が公布され、体系

的な地方公務員制度が作られた。

　なお、地方公務員とは別に、地方事務官制度が設けられた。これは、地方自治法施行後の経過措置として設置されたもので、政令で定める事務に従事する職員は当分の間なお国家公務員とするものである。地方事務官が処理する事務は機関委任事務であり、職務上の指揮監督者は知事であるが、任免権は主務大臣またはその委任を受けた者が行った。公共職業安定所などがこれに該当した。これは極めて変則的な制度であり、多くの審議会等で廃止が勧告され、2000年4月に廃止された。

第5節　講和条約締結後の地方制度改革

　1951年9月8日の講和条約締結に先立ち、同年5月のリッジウェイ連合国最高司令官声明により、占領中に制定された制度の再検討と講和独立後の制度整備のための改革が進められていた。同年8月には、「行政制度の改革に関する答申」（「政令諮問委員会答申」）が出され、戦後改革を見直す新たな地方制度改革が目指される。

　❖ **1954年の改革**　　講和後最初の本格的な地方行財政改革は、地方財政制度改革と自治体警察制度の廃止である。1954年5月、地方税法が改正された。また、地方財政平衡交付金法が改正され、現行の地方交付税制度が設けられた。これにより、シャウプ税制が根本的に修正され、戦後の地方財政の基本的な枠組みができあがった。また、同年6月に警察法が改正され、国家地方警察と自治体警察が廃止され、都道府県警察に一元化された。

　地方税制改正の主要点は、シャウプ税制改革で廃止されていた府県民税の復活と、地方譲与税制度の創設である。地方譲与税制度は、国税として徴収した税源を府県間で配分しあう仕組みである。これらは、地方税制度を府県重視に転換しようとするものであった。

　地方交付税制度は、国税の所得税・法人税・酒税の一定割合（交付税率）を調整財源にして、基準財政収入額が不足する度合に応じて、府県・市町村に配分する仕組みである。これは、中央政府と自治体間の財政関係に根本的な変化をもたらす。第1は、地方交付税総額が自動的に決定される仕組みとなったの

で、地方財政平衡交付金をめぐって展開された大蔵省と自治体側との対立が解消された。第2は、財政調整の意味・性格が変化した。地方交付税制度は、定められた財源の枠内で自治体の財源不足額を埋めるもので、不足額全額を保障する性格はなかった。また、個別補助金否定の理念に立つ地方財政平衡交付金制度とは異なり、地方交付税制度は、個別補助金を前提とし、それと一体化した仕組みだった。第3は、地方交付税制度を通じて、国家財政と地方財政とが緊密に結びつくようになった。自治体全体の財源不足額と地方交付税総額との差が大きくなった場合、交付税率が改められた。これは、地方交付税制度の運用により自治体財政の内容や運営が左右されることである。地方交付税制度を所管する自治庁（1952年発足）や大蔵省の役割は増大していった。

❖ **府県中心体制の形成**　講和後の行政制度改革は、中央政府と自治体、府県と市町村といった異なった政府の間、また自治体内における首長と議会・行政委員会などの機関相互の間で調整できる仕組みの再構成を目指した。1956年の第24国会で制度改正が行われ、これにより、現行制度の基本的な枠組みとなる、自治体における首長中心体制と、それを基礎にして異なった政府間の調整を図る仕組みが制度化された。

ここで第1に指摘したいのは、個別行政での府県中心体制への変化である。1954年に市町村の自治体警察が廃止されていたが、1956年6月には「地方教育行政の組織および運営に関する法律」により、教育委員は公選制が廃止され、議会の同意を得て長が任命することになった。また、市町村立の小中学校教職員の任免権が、市町村教育委員会から都道府県教育委員会に移された。戦後改革によって市町村に権限移譲された警察・消防・教育のうち、消防以外は府県に権限移譲されたことになる。これ以後、教育と警察は府県の重要な事務となる。

第2に、1956年6月の地方自治法改正により、市町村は基礎的な自治体、府県は市町村を包括する広域自治体とされ、それぞれの地位・権能が明確にされたことである。また、政令指定都市も府県に包括されることが明記され、府県の地位が制度的に確立した。

第3に、自治体への中央政府の一般的な関与方式が整備された。1952年8月以降、自治体に対する中央政府の関与として、①自治体の組織・運営の合理化

に対する内閣総理大臣（自治大臣）または知事の助言・勧告、②自治体が処理する個別事務の運営に対する主務大臣・知事等の助言・勧告（地方自治法第245条）、③自治紛争の調停に関する規定が制度化されていた。1956年6月の改正では、自治体が法令に違反して事務処理等を行った場合、内閣総理大臣がその是正または改善を求めることができる権限を規定し、市町村に対する是正措置は知事に行わせることにした（第246条の2）。これは、第245条の助言・勧告よりも強い性格の非権力的関与の制度として設けられたものである。こうして、内閣総理大臣・知事を通じて中央政府が自治体に一般的に関与しうる体系が構築された。

第4に、個別行政への所管省庁による指導・助言が強化されていく。1956年の地方自治法改正は、府県重視、知事中心体制をはっきりと示す改革であった。しかし、府県が処理している事務の多くは、所管官庁による縦割り事務系列によるものである。警察と教育は行政委員会の下に置かれ、とりわけ所管省庁による関与・統制が強い部門であった。府県中心の行財政制度がつくられたといっても、個別行政に対する知事の関与には限界があった。

◆ **府県制度改革論議とその帰結**　講和後の地方制度改革において、府県の存在そのものを見直そうとする議論が表面化した。1957年に発足した岸内閣は、地方制度を抜本的に改正し、広域地方行政区画の導入を構想する。1957年10月、第4次地方制度調査会は、府県を廃止し、全国を7～9ブロックに分け、自治体の性格と国家的性格を併有した「地方」（仮称）を設ける答申（「地方制度の改革に関する答申」）を、わずか1票差で可決した。その内容は、①「地方」には議会と執行機関である「地方長」（仮称）を置き、「地方長」は内閣総理大臣が「地方」の議会の同意を得て任命する国家公務員とすること、②「地方」を管轄区域とする国の総合的な地方出先機関として「地方府」（仮称）を設置し、「地方」に移譲できない出先機関の事務を統合し、「地方府」の首長を「地方長」が兼ねるという案であった。「地方」制の答申は、戦後の知事公選制によって解体した戦前の仕組み（官吏である知事を通して地方行政を行う仕組み）を、府県よりも広域の「地方」という単位で制度化しようとするものであった。しかし、「地方」制は、世論の批判を強く受け、実現することはなかった。

「地方」制構想の挫折は、第1に、府県および知事公選制の存続を意味した。

それと同時に、所轄省庁の個別的な関与の仕組みや出先機関の存続をも意味した。第二に、地方自治の総務省的部局を復活させる構想を強めた。1960年7月、国家消防本部と統合して自治庁が自治省に昇格したのは、この理由による。こうして、講和条約締結後の制度の再編成は、一段落を遂げた。

おわりに

　明治地方自治制度は、国政事務と自治事務を担う制度として構築された。機関委任事務は、地方行政事務の中で大きな比重を占めていた。これは、戦後の地方自治制度を貫く特徴の一つともなり、その解消が強く求められていく。1997年の「地方分権の推進を図るための関係法律の整備等に関する法律」(地方分権一括法)により機関委任事務は廃止されたが、その一部は、法定受託事務という新たな事務区分に整理されて地方公共団体が担うことになった。

　地方公共団体が二種類の事務を担うことは、第1に、議決機関に対する執行機関の優位をもたらす。第2に、執行機関間に上下の指揮監督関係を生み出す。戦後も、この構造は、法令と条例の上下関係や個別行政への関与などにより維持される。

　地方公共団体が行政機関の末端と位置づけられる限り、総合的な監督機関が必要になる。また、地方公共団体の意見を中央政府に反映させる強力な機関が中央政府内に求められる。自治庁の発足・自治省への昇格はこのためであった。

　他方で、戦後改革は、地方自治制度の発展に大きく寄与した。

　第1は、地方自治が憲法第8章で規定され、これにより、自治権強化が憲法上保障されたことである。知事公選制や直接請求制度などが実現し、地方自治制度の運用・解釈に住民自治原理が持ち込まれた。第2は、内務省-府県を軸とする中央集権的地方行政制度が廃止されたことである。内務省の解体はそれを最も象徴する。第3は、自治体としての府県や市町村が、行政主体としての役割を増していくことである。公選首長と議会は、行政に民意を反映させ、自治体が扱う行政領域の拡大をもたらす。最後に、戦後の地方自治団体が、地方自治法という一元的な法律により規定されたことを挙げたい。府県制や郡制・

市制・町村制という多元的な法制度により構築されていた戦前の地方団体は、普通地方公共団体という一元的な原理により構成されることになった。

現在の地方自治法制は、戦前以来の仕組みを形をかえて残しつつも、戦後改革の成果をふまえて新たな改革を模索している。

【参考文献】

天川晃（1979）「地方自治法の構造」中村隆英編『占領期日本の経済と政治』東京大学出版会
天川晃（1987）「占領と地方制度の改革」坂本義和・R.E.ウォード編『日本占領の研究』東京大学出版会
石川一三夫（1987）『近代日本の名望家と自治―名誉職制度の法社会史的研究』木鐸社
大石嘉一郎・西田美昭編著（1991）『近代日本の行政村―長野県埴科郡五加村の研究―』日本経済評論社
大石嘉一郎（2007）『近代日本地方自治の歩み』大月書店
大島美津子（1994）『明治国家と地域社会』岩波書店
居石正和（2010）『府県制成立過程の研究』法律文化社
亀卦川浩（1940）『自治五十年史第1巻　制度篇』良書普及会（1977、文生書院復刻）
亀卦川浩（1962）『地方制度小史』勁草書房
島恭彦・宮本憲一編（1968）『日本の地方自治と地方財政』有斐閣
高江洲昌哉（2009）『近代日本の地方統合と「島嶼」』ゆまに書房
高木鉦作（1986）「戦後体制の形成―中央政府と地方政府」大森彌・佐藤誠三郎編『日本の地方政府』東京大学出版会
高辻正己・辻清明編集顧問・地方自治行政研究会編著（1983）『現代行政全集2　地方自治』ぎょうせい
地方自治百年史編集委員会編（1992〜1993）『地方自治百年史』第1〜3巻、地方自治法施行四十周年・自治制公布百年記念会
藤田武夫（1941）『日本地方財政制度の成立』岩波書店
山田公平（1991）『近代日本の国民国家と地方自治―比較史研究』名古屋大学出版会
山中永之佑監修（1991〜1998）『近代日本地方自治立法資料集成』1〜5、弘文堂
山中永之佑（1999）『日本近代地方自治制と国家』弘文堂

第10章

学校・教育法制

第1節　戦前の教育法制概観

◆ **学制・教育令**　近代日本の教育制度は、1872（明治5）年の学制から始まった。その基本理念には近代的教育観を示したが、大きな目的は、翌年の徴兵令の実施や殖産興業政策、すなわち富国強兵のために国民教育が不可欠であったことである。学制は当時の地域社会の現実を無視していたため改正が必要となり、1879年に教育行政につき町村の自治を大幅に認めて「自由教育令」と呼ばれた教育令が制定されたが、これもわずか1年で中央集権制を復活強化し、小学校学科の筆頭に修身をおくものに改正されることとなった。

◆ **諸学校令の制定**　1886（明治19）年、初代文部大臣森有礼により諸学校令が教育令に代わって制定された。森は学問と教育を峻別し、学問は国家の指導者階級となるべきエリートが学ぶべきものであり、臣民＝大衆が受ける教育は実用主義的なものと捉えていた。諸学校令とは小学校令、中学校令、帝国大学令、師範学校令で、これらはすべて勅令であり、ここに教育立法における勅令主義の成立を見ることができる。小学校・中学校の教育内容は文部大臣が定め、教科書も文部大臣が検定したものに限られるなど、教育全般を文部大臣の統制下におくものであった。帝国大学令は帝国大学の目的を「国家ノ須要ニ応スル学術技芸ヲ教授シ其蘊奥ヲ攻究」すること、と国家主義を明確に表明した。

◆ **小学校令の改正：勅令主義の確立**　1890（明治23）年、小学校令の全面改正が行われた。このとき、文部省は小学校法という法律で制定することを主張したが、枢密院は教育への議会の介入を防ぐため、勅令とすることを主張し、結局勅令として制定された。ここに教育法制における勅令主義が確立した。この第二次小学校令は、道徳教育を第一に明示し教科目の中では修身を第一に挙げた。関連法令として重要なものは「小学校祝日大祭儀式規程」（1891年文部省令

第4号）で、儀式における御真影への最敬礼、教育勅語の奉読を命じた。

❖ **教育勅語の発布**　1890（明治23）年10月30日、教育勅語が天皇から文部大臣に下賜された。その直接の契機は同年2月の地方官会議で「徳育涵養ノ儀ニ付建議」が提出されたことであった。教育勅語は「皇祖皇宗」による建国神話に基づき「臣民」が忠孝を尽くすことが「国体ノ精華」で、「教育ノ淵源」はそこにあるとし、一般的な道徳や遵法も説いたが、「一旦緩急アレハ義勇公ニ奉シ以テ天壌無窮ノ皇運ヲ扶翼スヘシ」と、国民の軍事への義務を求めた。さらに、官版解説書である『勅語衍義』は「以テ天皇陛下ノ命令ニ従フコト、恰モ四肢ノ忽チ精神ノ向クトコロニ従ヒテ動キ、毫モ渋滞スル所ナキガ如」きことを求めた。

❖ **第3次小学校令**　1900（明治33）年、小学校令が全面改正された。義務教育の構成要件とされる無償制・義務制・世俗制が規定され、ここに日本における義務教育制度が確立したとされる。しかし、それは国家のための義務教育であった。1903年改正により国定教科書制度が始まり、翌年から使用された。

❖ **高等普通教育の成立**　それまでの中等教育の系統的な制度化として、1899（明治32）年、中学校令、高等女学校令、実業学校令が勅令で定められた。中学校は「男子ニ須要ナル高等普通教育」を、高等女学校は「女子ニ須要ナル高等普通教育」を行うことを目的としたが、教育課程は中学校と高等女学校、つまり男女で大きく異なるものであった。女子教育には「良妻賢母主義」という理念を制度的に定着させた。実業学校は、工業・農業・商業・商船・実業補習の五種類とされ、各々について文部省令で学校規程を定めた。

❖ **高等専門教育**　1903（明治36）年、専門学校令が勅令により制定された。帝国大学以外の高等専門教育機関についての制度が必要となったことと、明治初期から法的根拠を持たずに成長してきていた専門学校の制度的根拠づけのためであった。専門学校は「高等ノ学術技芸ヲ教授スル学校」と定義づけられ、それまでにあった法律学校（後の法政大学、明治大学、関西大学など）が専門学校として認可された。

❖ **教員養成制度の改正**　1897（明治30）年、師範学校令に代わって師範教育令が制定された。従来は高等・尋常の二種類であったのを、高等師範学校・女子高等師範学校・師範学校の三種類とし、従来からいわれた「順良信愛威重」

の徳性を涵養することを求め、徳育をいっそう重視した。

❖ **臨時教育会議**　1917（大正6）年、教育関係では最初の内閣総理大臣直属の諮問機関として、臨時教育会議が設置された。開会における寺内首相の演説では「一層教育ヲ盛ニシテ国体ノ精華ヲ宣揚シ堅実ノ志操ヲ涵養シテ自彊ノ方策ヲ確立シ以テ皇猷ヲ翼賛」すべきことを求め、国民教育の目標を「護国ノ精神ニ富メル忠良ナル臣民ヲ育成」することに置くことを指示した。12回の答申と2件の建議「兵式教練振作ニ関スル建議」「教育ノ効果ヲ完カラシムヘキ一般施設ニ関スル建議」が議決され、後者の建議は民法改正の発端となった。これらの答申・建議では、審議中に起こったロシア革命や米騒動に対する危機感から、国体観念・国民道徳の涵養が強調され、諸学校令が改正された。

❖ **大学令の制定**　1918（大正7）年には大学令が制定され、官立の帝国大学の他に公立・私立の大学の設置を認めた。これにより私立専門学校から大学への昇格は、1920年から24年までに19校に及んだ。制度的な改革ではないが、この時期に専門学校が増設され、とくに女子専門学校の新設が進んだ。

❖ **国民精神作興ニ関スル詔書**　大正デモクラシー状況下で、自由主義・民主主義・社会主義が広まるという「思想の悪化」に対する「思想の善導」の必要性と、関東大震災による人心の動揺や社会不安への対処のため、1923年11月、「国民精神作興ニ関スル詔書」が発布された。翌年文政審議会が設置され、学校教育における軍事教練についての答申が出され、1925（大正14）年に陸軍現役将校配属令、26年には青年訓練所令が制定された。

❖ **戦時体制下の教育**　教育における国体観念の強調は、準戦時体制から戦時体制へと向かう中で、さらに強化された。1935（昭和10）年2月には貴族院で天皇機関説が問題とされ、天皇機関説事件となった。同年11月に設置された教学刷新評議会は「教学刷新ニ関スル答申」を可決したが、それは「我カ教学ハ源ヲ国体ニ発シ、日本精神ヲ以テ核心」となす、として基本方針は祭祀と政治と教学の三位一体にあることを明らかにした。答申に基づいて文部省外局として設けられた教学局は『国体の本義』『臣民の道』などを刊行した。1941年には小学校に代わって国民学校とする国民学校令が、43年には従来の中学校令・高等女学校令・実業学校令を廃止して中等学校令が制定されたが、両者は「皇道ノ道ニ則リテ」「国民ノ錬成ヲ為ス」ことを目的とするものであった。

1943年以降戦局はますます悪化し、「決戦体制」に突入する中で、教育は崩壊していった。1945年3月に閣議決定された「決戦教育措置要綱」は国民学校初等科以外の授業を4月1日から1年間停止することとし、5月に戦時教育令が公布された。

第2節　戦後改革における教育法改革

❖ **戦後における教育法の成立**　教育法学者である兼子仁は「戦前、明治憲法下の教育法制においては、教育は天皇大権に直属する権力的行政作用にほかならないものとされていたため、教育に適用された行政法たる『教育行政法』がもっぱら実在し、行政法とは別の『教育法』は存在しえなかった」ことを指摘している。また、永井憲一も教育法を「国民の教育を受ける権利を保障するための社会規範」と定義しているが、まさに、これは戦後の日本国憲法下ではじめて存立することとなったものであった。

❖ **戦後まもなくの文部省とGHQの動向**　敗戦から1ヵ月後の1945年9月15日、文部省は「新日本建設ノ教育方針」を発表した。そこでは、一方ではいまだに「国体ノ護持ニ努ムル」と述べられていたが、他方では「軍国的思想及施策ヲ払拭シ平和国家ノ建設ヲ目途」とすることが述べられていた。20日の通牒「終戦ニ伴フ教科用図書取扱方ニ関スル件」は、国民・中等・青年学校の教科書から戦時教材を省略・削除することを指令し、いわゆる「墨塗り教科書」が出現した。22日にはGHQに民間情報教育局（Civil Information and Educational Section、略称CIE）が置かれ、10月22日には「日本教育制度ニ対スル管理政策」の覚書により、軍国主義的および極端な国家主義的イデオロギーの普及の禁止、基本的人権の思想に合致する諸概念の教授および実践の確立の奨励を指令した。これは、10月30日の「教員及ビ教育関係官ノ調査、除外、認可ニ関スル覚書」、12月15日の「神道〈国家神道・神社神道〉ニ対スル政府ノ保護、支援、保全、監督及ビ弘布ノ廃止ニ関スル覚書」、12月31日の「修身、日本歴史及ビ地理停止ニ関スル覚書」とあわせてGHQの四大指令と称されている。

❖ **憲法・教育基本法制の成立**　戦後の教育法制は、日本国憲法がその第26条に社会権の一つとして「国民の教育を受ける権利」を定め、第23条の「学問の

自由」とともに「国民の教育権と教育の自由」を保障する法理が形成され、それに基づき教育基本法（以下「教基法」と省略）が制定されたことによって、大きく変革された。教基法に対しても日本国憲法と同様に占領軍による押しつけという非難がなされてきたが、それは誤りである。教基法の制定には田中耕太郎文部大臣が大きなイニシアティブを持った。教基法制定への動きは次のようなものであった。1946年6月、憲法改正を審議していた帝国議会において、田中文相が「教育根本法」の構想を述べた。7月の憲法改正委員会では、それは「民主主義的平和主義的教育の根本原理」をまず掲げ、「教権の独立」に伴う教育行政のあり方を示し、学校教育の根本・義務教育の範囲について規定することとなろう、と述べた。田中文相は、前任者の安倍能成以来、1952年退任の天野貞祐まで続いた学者出身の文相であった。この構想は教育刷新委員会により具体化される。同委員会は、1946年3月に来日した第1次米国教育使節団に協力するために設置された日本教育家委員会（委員長南原繁）から発展して内閣直属の調査審議機関として同年9月に発足したものであり、委員長は安倍能成、南原繁とやはり学者が歴任した。同年末には「教育の理念および教育基本法に関すること」を建議し、それを受けて翌年から文部省が立案を進めるが、その中心は田中二郎東大教授であった。そして1947年3月に帝国議会（当時は国会は未発足）に提案される。高橋文相は提案理由で、教育刷新の第一前提として新しい教育の根本理念を確立明示する必要があること、これまでのように上から与えられた詔勅、勅令などの形式ではなく国民の総意による国民みずからのものとして定めるべきであり、国民の代表者で構成される議会において討議確定するために法律とすることが新憲法の精神にかなうことを述べた。教基法は、まず前文で、日本国憲法に示された理想の実現は、根本において教育の力にまつべきものであることを宣言した。そして「個人の尊厳を重んじ、真理と平和を希求する人間の育成を期するとともに、普遍的にしてしかも個性ゆたかな文化の創造を目指す教育を普及徹底しなければならない」と、あるべき教育について述べた。教育の目的は人格の完成を目指し自主的精神に充ちた国民の育成であり（第1条）、そのための方針には学問の自由の尊重、自発的精神を養うことなど（第2条）が挙げられた。さらに、教育の機会均等、九年の無償の義務教育、男女共学、教員の身分保障・適正待遇、社会教育に関する規定を

置いた。教育行政については、教育は不当な支配に服することなく、国民全体に対し直接に責任を負うべきであり、教育行政の任務は「教育の目的を遂行するに必要な諸条件の整備確立」にあるとした（第10条）。教育は不当な支配に服しないということは、戦前のような教育に対する政治権力支配を禁止することであり、まさに権力の教育支配を厳しく抑制し権力からの教育の自由を確立することを意図したものであった。教基法の理念実現のため、学校教育法、教育委員会法、教育職員免許法、社会教育法などが制定され、憲法・教育基本法制と呼ばれた。

❖ **教育勅語の扱い**　教基法の制定への動きの中で、教基法とは相容れない内容の教育勅語をどうするのかが当然問題となった。1946年10月、文部省は「勅語および詔書等の取扱について」を通達し、①教育勅語を我が国教育の唯一の淵源となす従来の考え方を去ること、②式日等の勅語奉読をやめること、③勅語・詔書の謄本の保管・奉読に当たっては神格化するような取扱いをしないことが指示された。1948年6月には衆議院で「教育勅語等排除に関する決議」が、参議院では「教育勅語等の失効確認に関する決議」がなされた。前者は教育勅語や軍人勅諭その他の教育に関する諸詔勅の「根本理念が主権在君並びに神話的国体観に基づいている事実は、明らかに基本的人権を損ない、且つ国際信義に対して疑点を残すもととなる」と指摘した。後者では「教育の真の権威の確立と国民道徳の振興のために、全国民が一致して教育基本法の明示する新教育理念の普及徹底に努力を致すべきことを期する」と述べている。

❖ **六・三・三・四制教育の確立：学校教育法の制定**　教育基本法と同日に、学校教育法が公布された。この法律により、戦前の制度は次のように変革された。第一に、戦前は小学校令（国民学校令）、中等学校令、高等女学校令、大学令など個別の勅令であったのを、学校教育法という単一の法律に総合的に定めることとなった。学校教育法では学校とは「小学校、中学校、高等学校、大学、盲学校、聾学校、養護学校および幼稚園」（第1条）とされ、これらすべての学校に対する通則法として、学校の設置や教員について総則で定めた。注目すべき点の一つは第11条が体罰を禁止したことである。第二に、戦前の学校制度が小学校以降は男女で制度が異なり、またその中でも様々なコースが存在する「複線型」のものであったのを、「六・三・三・四」制の「単線型」とした

点である。複線型の下では上級学校への進学が妨げられることが多く、大学へ進むことができるのは原則男子のみで、しかも中学校・高等学校というコース以外からの進学が非常に困難という、教育を受ける機会が著しく不平等であったのが、単線型とされたことで、教育の機会均等が保障された。

◆**教育委員会法**　1948年7月に公布された教育委員会法の第1条は、その目的を「法律は、教育が不当な支配に服することなく、国民全体に対し直接に責任を負つて行われるべきであるという自覚のもとに、公正な民意により、地方の実情に即した教育行政を行うために、教育委員会を設け、教育本来の目的を達成すること」と規定した。ここに述べられている「不当な支配に服することなく、国民全体に対し直接に責任を負って行われるべき」というのは、教基法第10条の文言そのものであり、まさに、教基法を地方教育行政において実現しようとしたのが、教育委員会制度であった。それまで地方教育行政に関して都道府県知事・市町村長が持っていた権限は、教育委員会が持つこととした。学校その他の教育機関の設置、管理、廃止に関することをはじめ、教科内容、教科用図書の採択、人事、予算など、幅広いものであった。その教育委員会の委員は、「公正な民意」によるものとするため、住民による選挙で選ばれることとなった。いわゆる教育委員公選制である。また、第55条2項は、「法律に別段の定がある場合の外、文部大臣は、都道府県委員会および地方委員会に対し、都道府県委員会は、地方委員会に対して行政上および運営上指揮監督をしてはならない」と、教育委員会の文部大臣からの独立を明示した。また、地方公共団体の長に対して相対的独立性を保持するものとされた。これらは、戦後教育行政の三原則といわれた地方教育行政の民主化、その地方分権、その一般行政からの独立の確保を実現しようとするものであった。

第3節　その後の教育法制の転換

◆**逆コースと教育法制**　「戦後改革」の理念に基づいて進められてきた教育法制は、1950年以降の逆コースと呼ばれる動きの中で後退することになる。その背景にあったのは、中華人民共和国の成立、そして朝鮮戦争という国際情勢、それによるアメリカ（＝GHQ）の国際戦略の変更ということであった。

1950年9月の第2次米国教育使節団報告書は、「極東において共産主義に対抗する最大の武器の一つは、日本の啓発された選挙民である」と述べた。また、前年の1949年から50年にかけて、CIE顧問のイールズは、新潟大学など30に及ぶ大学における講演で、共産主義を信奉する教授の追放を主張した。大学以外の教員に対しては、1950年2月の東京都を最初に、レッドパージが進められていた。11月には、天野貞祐文相が修身科の復活、国民実践要領の必要を表明し、1951年2月には文部省が道徳教育振興方策を発表した。

◆政令改正諮問委員会の教育制度改革の答申とその後の動向　日本独立後の諸制度に対応するために、マッカーサーに代わる司令官となったリッジウェイの指令に基づき、吉田茂首相の私的諮問機関として設置されていた政令改正諮問委員会は、1951年に「教育制度改革の答申」を出した。それは戦後の教育改革を全面的に批判するもので、冒頭では「終戦後に行われた教育制度の改革は、過去の教育制度の欠陥を是正し、民主的な教育制度の確立に資すところが少なくなかった。併し、この改革の中には、国情を異にする外国の諸制度を範とし、徒に理想を追うに急で、わが国の実情に即しないと思われるものも少なくなかった。」と述べていた。具体的措置としては、六・三・三・四制学校制度の再編、とくに学校体系の例外として職業教育に重点を置く中・高を併せた「高等学校」、高・大を併せた五又は六年制の「専修大学」の設置、教育委員公選制を否定して任命制へ、文部大臣の権限強化、国家による標準教科書の作成、教育行政全般にわたる単一最高審議機関の設置などが挙げられていた。

1952年には文部省設置法が改正され、それまであった「教育機関に対する専門的・技術的な指導・助言、条件整備」、「民主教育の大系を確立するための」という文言が削除され、「学校教育に関する国の行政事務を一体的に遂行する責任を負う行政機関とする」と総括的に規定された。

アメリカとのMSA協定の際に行われた、池田・ロバートソン会談（1953年10月）で、アメリカが日本政府に再軍備のための憲法改正を要求したのに対し、日本政府は実質的に憲法改正と同じ効果のあることとして「日本国民の防衛に対する責任感を増大させるような日本の空気を助長し」「教育と広報により、国民に愛国心と自衛のための自発的精神が成長する空気を助長すること」をアメリカに約束した。それは、その後の日本の教育政策を大きく変えるもの

となった。さらに、経済復興をとげてきた財界が教育に関して発言するようになった。1952年10月、日経連は「新教育制度再検討に関する要望書」を発表し、戦後教育が「社会人としての普通教育を強調するあまり、職業乃至産業教育の面が著しく等閑に附され、この点新教育制度の基本的欠陥」と述べ、実業高等学校の充実と大学制度の改善を求めた。さらに、1954年12月の「当面の教育制度改善に関する要望」では、大学における法文系偏重の不均衡の是正、専門教育の充実、中堅的監督者職業人の養成などを求め、「一部短大と実業高校との一体化などにより五年制の職業専門大学」を提言したのは、後の五年制高等専門学校の設置（1961年学校教育法改正、翌年開設）へと結実した。これは、六・三・三・四制の単線型の教育制度に複線型を持ち込むものであった。

❖ **教育二法・地教行法の制定**　教員の政治活動を禁止し、教育の政治的中立を確保するため、として1954年に制定されたのがいわゆる教育二法、すなわち「教育公務員特例法の一部を改正する法律」および「義務教育諸学校における教育の政治的中立の確保に関する臨時措置法」であった。前者は公立学校の教育公務員の政治的行為を制限するものであり、後者はいわゆる「偏向教育」とされたものの教唆・せん動を禁止し、違反者に刑事罰を科するものであった。国会の審議では日教組の政治性が批判の的とされた。さらに1956年には教育委員会法を廃止し、地方公共団体の長による任命制教育委員会制度を採用した「地方教育行政の組織および運営に関する法律」（地教行法と略称される）が、警官を導入した国会で可決されて成立した。ここに、戦後民主主義教育を大きく推進した制度の一つであった教育委員公選制が廃止されたのであった。

❖ **学習指導要領**　学習指導要領は、1947年から53年までは「試案」と銘打たれ、画一性を排しあくまで手引きという立場であったが、58年に文部省の告示となり、61年施行後は法的強制力を持つものとなった。そのため、教師の教育の自由に大きな制限が加えられることとなった。また、教科書検定にも大きな影響力を持ち、事実上拘束力を持つと考えられている。

❖ **教科書問題から家永教科書裁判へ**　1948年の教科用図書検定規則は、教育基本法・学校教育法の趣旨に合うか否かの検定であったが、その後国家統制の動きが強まる。1955年、日本民主党は国定化方針を出し『うれうべき教科書の問題』と題するパンフレットを公表したが、それに対して教育学者・学術会議

など学者から批判の声が挙がった。1956年、政府が教科書法案を参議院に上程したが世論の強い反対もあり廃案となる。しかし同年に常勤教科書調査官が文部省令で新設され、その後の初の検定結果では3分の1が不合格となった。このように検定を通じて教科書（＝教育内容）への統制が強まるのに対し、1963年に検定不合格となったことにより精神的損害を被ったとして65年に家永三郎が国家賠償請求訴訟を提起した（教科書裁判第一次訴訟）。家永は1967年には66年の不合格処分取消しを求める行政訴訟、第二次訴訟を提起したが、その第一審判決は国民の教育権論を展開して検定を違憲とし、家永全面勝訴となった杉本判決（1970年7月17日）であった。1982年の検定に対する第三次訴訟（1984年提訴）では、第一審から上告審まで検定を違法として国に賠償を命じた。

◆ **児童の権利としての教育**　　1951年の児童憲章は、すべての児童は「個性と能力に応じて教育され」（第4条）、「就学のみちを確保され、また、十分に整つた教育の施設を用意される」（第5条）という教育の権利を謳っていた。1989年に国連が採択し94年に日本が批准した「児童の権利条約」第28、29条にも教育についての児童の権利が詳細に規定されている。教育法制は、これまでに述べてきたことに加え、2006年には教育基本法が全面改正されるという事態に陥ったが、国民の教育権、児童の教育権という観点に立たねばならないことを、児童憲章や児童の権利条約は指し示している。

【参考文献】
家永三郎退官記念論集（1979）『日本国憲法と戦後教育』三省堂
兼子仁（1963）『教育法』有斐閣、新版1978年
神田修・寺崎昌男・平原春好編（1973）『史料 教育法』学陽書房
白石玲子（2002）「教育・学校法制」山中永之佑編『新・日本近代法論』法律文化社
永井憲一（2000）『教育法学の原理と体系—教育人権保障の法制研究』日本評論社
『日本教育法学会年報』各号（1972〜）有斐閣
宮原誠一他編（1974）『資料 日本現代教育史1〜3』三省堂

第11章

軍事・警察法制

第1節　軍　　事

◆**軍事力の解体と日本国憲法第9条の制定**　日本の降伏を受けて、連合国司令官総司令部（GHQ/SCAP）は、〈民主化〉と〈非軍事化〉を柱とする占領政策の一環として、ポツダム宣言の求める「日本国国民ヲ欺瞞シ之ヲシテ世界征服ノ挙ニ出ヅルノ過誤ヲ犯サシメタル者ノ権力及勢力」の永久除去、日本軍隊の武装解除、戦争犯罪人の処罰を実現するために、主要な戦争犯罪人の逮捕、軍需産業の停止・弾圧法制と機構の解体に着手した。10月4日「政治的、公民的及ビ宗教的自由ニ対スル制限ノ除去ニ関スル総司令部覚書」（いわゆる「人権指令」）、同11日の五大改革指令は、こうした動きを加速させ、戦前日本の統治機構の根幹をなす弾圧法制と機構の解体が実施された。すでに8月に大東亜省と軍需省は廃止されていたが、10月に参謀本部（陸軍）と軍令部（海軍）が廃止、12月には陸軍省と海軍省がそれぞれ第1復員省と第2復員省に改称・解体され、国家総動員法も廃止された。戦争犯罪人に関しては、同月にA級戦犯59名の逮捕が命じられ、翌1月に戦争犯罪人、職業軍人など軍国主義者の公職追放と超国家主義団体の解散が命じられた。

　他方、1945年10月の段階で日本政府に憲法改正の必要を示唆していたマッカーサーは、翌年1月4日の会談で幣原喜重郎首相から提示された日本が何らかの形で公的に平和主義を宣言すべきだという考えに同調し、新憲法に盛り込むことを強く推進した。日本側作成の憲法草案（「憲法改正要綱」）が保守的なものであることが明らかになると、マッカーサーは憲法改正の3原則をGHQ民政局に示し（2月3日）、幣原会談で得られた発想を、戦争放棄として憲法条項に盛り込むことを指示した。その背景には、戦争放棄条約、国連憲章という世界史的な戦争違法化の流れの存在とともに、かれ自身の現実的な戦略があっ

た。第1に、天皇を象徴として残すことで占領政策の円滑な実施を図るためには、5月に始まる極東国際軍事裁判所の開廷に向けて、昭和天皇を戦争犯罪人として不起訴・免責することが必要であり、そのためには憲法に戦争放棄条項を盛り込むことが不可欠だと判断した。第2に、沖縄を基地として確保すること（「要塞化」すること）ができれば、日本を非軍事化したとしても、その安全は確保できると判断した。かれにとって、憲法第9条による戦争放棄は、象徴天皇制と沖縄の基地化を条件として、日本を戦後国際社会の中に再生させる現実的な条項でもあったのである（古関彰一2002：第1章、とくに第1節参照）。

❖ **再軍備の開始**　1947年3月のトルーマン・ドクトリンに始まる対ソ連封じ込め政策は冷戦を激化させ、対日占領政策を転換させた。アメリカ本国では、占領下で「警察力」を拡充強化し、これを基盤に「日本軍隊」を占領後設立して憲法改正を行う構想（1948年2月アメリカ陸軍省「日本に対する限定的軍備」に関する研究）、日本の防衛力強化のため既存の警察組織の拡充強化を進める構想（同年10月同国家安全保障会議決定「合衆国の対日政策に関する勧告」）など、後の再軍備政策を先取りする構想が相次いで提起された（同上：51頁以下）。こうした日本再軍備に向けた政策転換に対して、マッカーサーは、アジア諸国からの反発を招く、憲法に反するといった理由で否定的であり、沖縄の基地化を軸にした日本の中立化政策を構想していた（同上：41頁）。この方針は1948年10月に内閣を組織した吉田茂の戦後復興のための「経済重視・再軍備否定」方針とも合致していた（佐道明広2006：20頁以下）。

　1950年6月に勃発した朝鮮戦争は、再軍備に向けて大きな転機となった。在日米軍7万5千名が朝鮮に移動した間隙を埋めるために、マッカーサーは、7月日本政府宛に「日本警察力の増強に関する書簡」を発し、同規模の警察予備隊を設立し、海上保安庁のもとにある人員を8千名増員することを命じた。日本政府は警察機構の「警察力を補う」ことを目的として同隊を設置した（警察予備隊令）。同隊の性格については「小型の軍隊」であることは事実であるが、設立の経緯からは、占領軍が朝鮮半島に出動した後の国内治安維持、海上保安庁については沿岸での密輸・密入国の取締りを主任務とする「警察」的性格のものにとどまるものであったことも否定できない（古関2002：137頁以下）。

❖ **講和条約・日米安保条約の成立**　警察予備隊を強化して軍隊とする方向性

が現実となったのは、1951年1月以降の講和条約をめぐる日米交渉においてである。朝鮮戦争によって冷戦下アジアにおける日本の戦略的位置の重要性を痛感したアメリカは、交渉にあたって、再軍備要求を強めるとともに、日本を占領期と同様に「全土基地化」してそれらを「自由使用」できる権利の獲得を求めた（アメリカ側ダレス使節団が展開した要求について、豊下楢彦1996：47頁以下参照）。日本側は、国内治安に関しては治安組織（警察・海上保安庁）の人員の増強と装備の補強によって独力で対処するが、再軍備は不可能であることを主張した。しかし、上記要求に抗することができず、交渉の中で、「国家治安省」とそのもとに置かれる5万人規模の「保安部隊」の創設を約束することになった（2月3日日本側回答。豊下1996：60頁以下、古関2002：72頁以下）。さらに重要な点は、アメリカが目指した日本における米軍駐留と基地の「自由使用」を、日本が「要請し合衆国は同意する」という構造にしたことである。このことは、後述するような日米安保条約の片務性を規定することになった（以上の日米交渉における日米間の対抗関係の詳細については豊下1996：Ⅰ～Ⅲ、古関2002：第2章参照）。

　この日米交渉は、アメリカの冷戦下の軍事戦略の中に日本を組み込んだ上で対日講和を実現し、国際社会に復帰させることを周到に準備するものであった。1951年9月8日いわゆる「サンフランシスコ講和条約」（翌年4月28日発効）が調印されたが、日本の再軍備に関して制限を設けることなく、占領軍撤退後は、日本が連合国のいずれかと個別に締結する協定に基づいて外国の軍隊が日本に駐留することを認めるものであった。これに基づいて同日「日本国とアメリカ合衆国との間の安全保障条約」（日米安保条約）が締結された。その前文において、第1に、日本は現段階で「固有の自衛権を行使する有効な手段」、すなわち軍備を持たないので、アメリカとの間に安全保障条約を締結し、日本国およびその付近にアメリカが軍隊を維持することを「希望」することが明示された。第2に、こうした日本の「希望」に応えて、アメリカは軍隊を日本に駐留させ、日本が「直接及び間接の侵略に対する自国の防衛のため漸増的に自ら責任を負うことを期待する」として、日本の再軍備が定められた。アメリカによる日本の「全土基地化」とそれらの基地を「自由使用」する権利、そして再軍備がここに確認されることになった。この原則に従って、第1条で、駐留米軍

は、「大規模の内乱及び騒じょう」の「鎮圧」への援助を含めた「外部からの武力攻撃に対する日本国の安全に寄与する」目的で使用されることが定められた。第3条では、駐留米軍の駐留地域を特定することなく（全土基地方式）、配備条件を「両政府間の行政協定」で決定することとし、国会の関与を回避する構造がとられた。これに関して1952年2月の「日米行政協定」（日本国とアメリカ合衆国との間の安全保障条約第3条に基く行政協定、4月発効）は全土基地方式を確認し、基地の設定維持に必要な土地・物資・労務についての便宜を図ること、米軍構成員・軍属・家族について刑事上、裁判上の特権を認めることなど、米軍への大幅な特権を規定した（古関2002：80頁以下）。

◆ 保安隊・自衛隊の設立　日米安保条約が発効すると同時に、日米交渉で約束されていた「保安部隊」の創設が、警察予備隊の改組によって実現された（1952年7月保安庁法）。「警察力を補うため」という目的に代えて、保安隊は「わが国の平和と秩序を維持し人命および財産を保護するため」に設置されるとされた。同時に海上保安庁に属していた同庁海上警備隊を保安庁警備隊とすることで、保安庁のもとに陸・海の組織が備えられた。その後もアメリカからの軍備強化の要求は弱まることなく、1954年3月MSA協定（日本国とアメリカ合衆国との間の相互防衛援助協定）が締結され、アメリカの相互安全保障法に基づく援助を受ける代償として、日米安保条約で期待された防衛力増強が義務づけられることになった。同年6月この協定を受けて、保安隊は陸上自衛隊、警備隊は海上自衛隊にそれぞれ改編され、新たに航空自衛隊も創設されて、自衛隊が発足し、あわせて、防衛庁が設立された（6月9日防衛庁設置法・自衛隊法制定。以上について、古関2002：第4章参照）。

◆ 日米安保条約のその後、そして現在　日米安保条約は、軍備を持たない日本が「希望」する米軍駐留を、アメリカが「恩恵」として施すのであって（豊下1996：181頁）、したがって、「再軍備」を実現した日本が具体的にアメリカの軍事戦略に「貢献」できるまでは、アメリカは日本を「防衛」する義務を負わない、これが日米交渉で日本が受け入れた日米安保条約の論理であった（同上：65頁）。自衛隊創設による再軍備は、こうした論理に対応するものであり、それが実現すると、「片務性」解消を目指して、1960年新条約（日本国とアメリカ合衆国との間の相互協力及び安全保障条約）が締結されるに至る。しかし、相互

性を目指して行われたこの改定によって、「武力攻撃に抵抗する（締約国の）それぞれの能力」の発展、すなわちよりいっそうの防衛力の強化が義務づけられる（第3条）ことになった。そして、日本領域内における日米いずれかへの武力攻撃に対して共同に対処することを義務づける相互防衛的な性格を強める（第5条）ことは、「極東における国際の平和および安全の維持」に関わるアメリカの軍事戦略に日本がよりいっそう深く組み込まれることを意味したのである。

新安保条約締結に当たって議論の焦点となったこれらの点は、冷戦構造の終焉とともにより拡大した形での具体化が進行することになった。1991年1月の湾岸戦争を契機に日本はアメリカから「国際貢献」を迫られ、92年国際連合平和維持活動等に対する協力に関する法律（PKO協力法）を制定し、PKO活動を軸に自衛隊の海外活動が開拓された。そして、日米安保条約の「再定義」は、その対象を従来の日本および「極東」有事から「アジア・太平洋地域」に拡大し、1996年4月「日米安保共同宣言」にも踏襲された。こうした動きに呼応して、99年「周辺事態に際して我が国の平和及び安全を確保するための措置に関する法律」（周辺事態法）が制定され、米軍に対して日本が「後方地域支援」を実施することが認められた。2001年の「9・11同時多発テロ」以後は、同年のいわゆる「テロ対策特措法」、03年のいわゆる「イラク特措法」による海外派遣が定着していった。並行して、70年代から「懸案」とされてきた「有事法制」について、2003年6月「武力攻撃事態等における我が国の平和と独立並びに国及び国民の安全の確保に関する法律」、04年6月「武力攻撃事態等における国民の保護のための措置に関する法律」が相次いで制定されることで法的整備が進んだ。

2007年1月、防衛庁設置法と自衛隊法の改正（06年12月）に基づいて、防衛省が発足したが、このことは、次の2点において戦後「再軍備」過程の帰着点として「かぎりなくふつうの軍隊にちかい」武力組織へ到達した（前田哲男2007：8頁）ことを示している。第1に、従来「内閣府の外局」として閣議請求権・予算編成権・政令制定権について課せられていた制約が解かれることによって、防衛省は本格的な「国防」官庁となった。第2に、自衛隊法改正により、自衛隊の「本来任務」が拡大された。従前「我が国」の「防衛」のみを本

務として規定していた同法第3条に、いわゆる「周辺事態」に対処する活動と「国際平和」のための活動が本来任務として付加されたのである。これによって、従来同法雑則（第100条の6以下）に規定されていた国際緊急援助活動、国際平和協力業務、在外邦人等の輸送、「周辺事態」に関わる後方地域支援などはすべて「本来任務」とされることとなった。同時に改正第3条2項により、同項で定める防衛の目的以外にも「同項の主たる任務の遂行に支障を生じない限度において」、「別に法律で定めるところにより自衛隊が実施するとされるもの」も「本来任務」に含まれることになり、当然ながら「テロ対策特措法」と「イラク特措法」による海外派遣もまた当該法律が効力を有する限り本来任務となるように設計されている。（前田2007：第1章、水島朝穂2009：73頁以下）。

　豊下楢彦（1996）は、戦後の対日講和に関する日米交渉について、次の点を明らかにしている。すなわち、交渉に当たって、日本側は、「日本と米国一国との特殊関係」にできるだけ依拠することを回避しつつ（同上：7頁）、国際連合を軸とした構想、あるいは中ソを含めた全面講和論の可能性を秘めた北太平洋における「非武装・中立地帯」設定構想など、幅広い選択肢を構想していたが、にもかかわらず、日本側は交渉の中でそうした選択の幅を次第に喪失し、そして選択の余地なく日米安保条約の形での軍隊駐留協定の締結に追い込まれていったのである。当時の日米交渉の経験は、1990年代以降現在に至る「前のめりで自衛隊に軍としての全属性を具備させる方向に進んでいる」状況（水島2009：87頁）を省みる上で、示唆に富むのではないだろうか。

第2節　警　察

　◆ 戦前日本の警察　1875年行政警察規則に始まる戦前の警察は、分権的要素を排し（自治体警察の不存在）、内務省（警保局）が府県警察から末端の派出所・駐在所までを掌握する中央集権的組織であった。そこでは、上から設定する秩序・価値を国民に浸透させ、それに対する反抗を予防することが目指された。そのことを端的に表すのが「予防ヲ以テ本質トス」る（川路利良述『警察手眼』）行政警察の概念である。第1に「犯罪の予防、安全の確保という観点から、経済的・社会的諸関係に介入し、様々な規制を加えていくこと、身体・生

命の維持・再生産に関与し、労働力の安定的な再生産を保障していくこと」、第2に「国家に対する反逆、反体制的動向を事前に察知し、その排除・抑止をはかっていくこと」が目指された（大日方純夫1990：477頁以下）。その結果、複雑化していく社会に対応して行政領域が拡大すればするほど、予防を目的とする警察が担当すべき領域は肥大化していくことになった。昭和戦前期には争議調停を通じて労資関係・小作関係、戦時統制経済のもとでは経済警察部門と、それぞれの時代に対応して活動領域を拡大していった。同時に、分権的要素を徹底的に排除した国家警察であることによって、市民の生命身体財産の保護と犯罪の捜査と被疑者の逮捕といった市民社会の秩序維持ではなく、国家そのものの防衛に至上の価値が認められていた。そのため、反国家的思想・運動に対する強力な弾圧装置である特別高等警察の肥大化と警察による社会に対する介入に歯止めを持ちえず、ついには戦時期の強力な統制の網の目に国民を組み込んでいった（荻野富士夫1988：とくに第5章参照。戦前日本の警察の展開と参考文献については三阪佳弘2002参照）。

◆ **敗戦と戦前警察の解体**　戦前の警察は、戦後改革によって根本的に変革された。ポツダム宣言、1945年9月「合衆国の初期の対日方針」での基本方針を具体化するために、人権指令（前掲）は、①治安維持法・思想犯保護観察法・国防保安法などこれらに類する思想・宗教・集会および言論の自由の弾圧法令の廃止、②政治犯人の釈放、③秘密警察機関、出版・集会・結社・映画の検閲監督等の干渉を行う関係部局の廃止、④内務大臣、警保局長、警視総監、府県警察部長および特別高等警察関係の警察官の罷免を命じ、順次実施されることとなった。しかしながら、これら諸改革には、「占領軍ノ安全ヲ保持スル必要」という限定が付されていることにも注意しなければならない。労働運動等の大衆運動の高揚が、占領体制に対する脅威と判断されるときには、「越軌行為」「不法行為」「不穏行動」として速やかに抑圧されるのである。この限定は、改革実施に日本の警察当局者が示した執拗な抵抗を支える役割を果たすとともに、占領体制という新しい支配体制に奉仕するものとしての警察組織の再編成を促した。12月には、内務省警保局内に「公安課」が創設され、「公安警察」部門が登場することとなった。10月の読売新聞社に始まる生産管理闘争から1946年5月の食糧メーデーと続く労働争議状況の展開と並行して、8月に同課

は2課に分けられ「大衆的集団的不法越軌行為又は事態」を対象とする「警備」事項を専門に所管する「第1課」が設けられるなど組織強化が行われた（以上、広中俊雄1973：11頁以下）。

❖ **1947年警察法の制定とその内容**　GHQが1946年3月以降アメリカの警察調査団を招いて警察機構「民主化」改革の準備を進めると、内務省警保局においても改革案の作成が進められた。しかし警保局の基本姿勢は、警察作用を個人の生命財産保護に当たる「自警的サービス的なもの」と「国家意思たる法令の執行を強制して治安を確保し、国家の統一を保持するという権威的なもの」の二つに分け、前者については地方分権に委ねることが可能であるとしつつ、後者については「国家的統一」の必要性を強く求め、戦前的な中央集権的警察組織を維持しようとするものであった（47年9月警保局改革案、広中俊雄1973：38頁）。GHQ内部では、こうした警保局を批判して民主化・分権化を求める民政局と、警保局を支持する参謀2部との対抗があった（副田義也2007：第7章参照）。最終的には1947年9月、マッカーサーが「警察力を現在の中央集権的形態において保存することは新憲法の精神および意図とまったく相容れないものであり民主的発展に対して害をなすもの」であり、こうした「中央集権的統制に不可分に付随する警察国家的可能性は最も注意して避けなければならない」がゆえに「現存の警察力の地方分権を遅延せしめるという考え方、又は其必要性についてはこれを認めがたく不賛成である」という方針を示し、民主化・分権化の方向で改革が行われることとなった（広中1973：38頁以下）。

❖ **1947年警察法と48年警察官職務執行法の制定**　新たに制定された警察法は、前文で「日本国憲法の精神に従い、又、地方自治の真義を推進する観点」から、個人の権利と自由保護のために「国民に属する民主的権威の組織を確立する目的」をもって同法を制定することを謳い、第1条で、警察の職務を「国民の生命、身体及び財産の保護」と公共の安全と秩序の維持（「犯罪の捜査、被疑者の逮捕及び公安の維持」）に関わる司法警察に限定し「日本国憲法の保障する個人の自由及び権利の干渉にわたる等その権能を濫用することとなってはならない」と規定した。これらはマッカーサーの前掲方針が「過去において日本警察制度の誤った一つの面は警察官が犯罪調査又は犯人の逮捕若しくは公安の維持に関係なき幾多の行政的機能を司ったこと」であるとしたことを受けたもの

であり、内務省廃止とともに、行政警察事務の多くは他の省庁に移管された。

　警察組織は、国家警察である国家地方警察と自治体警察（市および人口5千人以上の市街的町村の市町村警察と東京の特別区警察〔警視庁〕）とに二元化された。自治体警察については、「行政管理」（警察法第2条1項、人事・組織・予算に関する一切の事項）と「運営管理」（同法第2条2項、公共の秩序の維持・生命および財産保護・犯罪の予防および鎮圧・犯罪の捜査および被疑者の逮捕・交通の取締り・逮捕状、勾留状の執行等の6つの事項）をすべて国から切り離し、市町村・特別区の公安委員会の権限とし、そのもとに市町村・特別区警察が置かれた。国家地方警察については、内閣総理大臣の所轄のもとに「行政管理」を行う国家公安委員会を置き、その事務局として国家地方警察本部、全国6つの警察管区本部を設け、各都道府県に都道府県国家地方警察を設けた。都道府県知事の下には「運営管理」を権限とする公安委員会が置かれ、議会の同意を得て任命される3名の委員から構成された。このようにして従来の中央集権的な警察組織を否定し、民主的で分権的な自治体警察が誕生することになった。他方で、国家公安委員会が警察通信施設、犯罪鑑識施設、警察共用施設の維持管理に関する事項を掌り、また、「国家非常事態」の規定により、内閣総理大臣が全警察の統制を行うことができるようにされていた。こうした中央集権的組織ないしは国家警察への足がかりが、警察法の中に組み込まれていたことにも注意されなければならない（広中1973：67頁以下）。

　警察官の職務・権限面では、依然として、不審尋問や連行の根拠規定を含む1875（明治8）年「行政警察規則」、予防検束・保護検束の根拠規定を含む1900年「行政執行法」が存置されており、これらに代わる新法の制定が不可欠であった。そこで1948年7月に「警察官職務執行法」が制定され、質問、保護、避難等の措置、警告と制止、立入、武器の使用といった権限行使に慎重な要件を課した。

❖ **1954年警察法改正と中央集権的国家警察の復活**　1950年代に入ると、米ソ間の冷戦構造の中で「集団的」かつ「計画的な、統一的な破壊的犯罪」に対応するためとして、警察機構の再編が行われた。そして、1951年以後の2回の部分改正の後、54年に旧警察法が全面改正された（現行「警察法」の制定）。

　改編された警察機構は以下の特色を持つ。第1に、中央集権的国家警察の復

活である。警察機構は、国家公安委員会（長は国務大臣）・警察庁（長官）→管区警察局（局長、ただし警視庁と北海道警察は含まない）→府県警察（本部長）→各警察署（署長）という指揮監督系統に基づくこととなった。人事面でも警視総監と道府県本部長、警視正以上の階級の任免はすべて国家公安委員会によって行われることになった。第2に、第1の点の裏返しであるが、地方分権的要素の徹底した形骸化である。すなわち、知事、議会は、都道府県公安委員会の人事を除いて、警察予算、上級警察官の人事、警察官の定員、給与に関与することはできない。また「民主化」「地方分権」の象徴として設置された各都道府県公安委員会も形骸化された。第3に、警備公安警察組織の強化・発展である。1945年末に創設された「公安警察」部門（前述）は、47年警察法の下で、国家地方警察本部の警備部警備課に引き継がれ、「警備公安警察」部門としての体制が整えられていた（広中1973：76頁）。改正警察法の下では、「警備公安警察」部門は、警察庁警備局長→管区警察局公安部長→警察本部警備部・公安部→各署警備課・公安課という指揮監督系統が作られ、特定政党や団体に対する情報収集と内偵活動が強化され、一般警察とは異なる政治警察としての実態を展開させていくことになった（同上：147頁以下）。

◆ **戦後改革の否定と現代警察の展開**　再編された警察組織は、その後1960年安保闘争を経て、警備公安警察に比重を置きながら、警察機動隊充実をはじめとして組織の強化と拡大が図られてきた。その後90年代に入って新たな展開を見せ、その展開自体が、戦後警察改革の否定という歴史的条件により規定されている。最後にこうした現代日本の警察の展開について触れておこう。

　1990年代以降の展開は、94年の警察法改正で「市民生活の安全と平穏」を管轄するものとして生活安全局が新設されたことに始まる（以下70年代以降の展開も含めて三阪2002も参照）。地域コミュニティの衰退に伴う「匿名化」社会の進行が「犯罪情勢の悪化」をもたらしているという現状認識の下で、「個々の顔を持った警察官による警察活動」が、「同一の地域で定着性をもって地域の特定の場所を拠点として行われる」こと、「事件事故の事後よりは、むしろその発生前の段階から予防先行的に民間協力の下で様々な問題を把握し解決することを目的として行われる」ことが目指されるようになった。この改正は、従来の「公共の安全と秩序の維持」を目指して事後的に犯罪捜査と検挙を行う司法

警察中心の戦後日本の警察のあり方に対して、「個人の権利と自由の保護」を標榜して事前対策としての「予防」を基軸とした「生活安全警察」像を新たに加えるものであった（岡田章弘2009参照）。そこでは、地域コミュニティ・住民と警察との「連携」「協力」を強化し、コミュニティの犯罪抑止機能を回復させて「犯罪に強い社会」の構築が目指されるのである。その結果、事前の犯罪予防を主眼とする警察活動の積極的な展開と生活の場への浸透が進行することとなった（同上：547頁以下）。このことは、いきおい、「予防」のための情報収集活動を正当化し（1999年のいわゆる「通信傍受法」の成立は、将来の犯罪に備える警察機能の強化の現れである）、ひいては市民・社会生活に対する不断の「監視」を招来し、市民的自由に対する危険性を高めることとなる（2004・05年に公務員が集合住宅の郵便・新聞受けへ政党機関誌投函・配布した行為について、国家公務員の政治活動の禁止規定違反として逮捕・起訴された二つの事件を上記の観点で位置づけた論考として、大久保史郎2009参照）。

　1994年警察法改正が行われた際にも、上述のような警察のあり方が推進される前提条件として、社会と警察機構の分権化、民主化そして機構の水平化が不可欠であり、それが乏しい場合には「人々の考えの中に、国家を中心に据える原理が植えつけられる」危険性が潜在することが指摘されていた（ヘイリー・渥美東洋1994、渥美東洋1994）。しかしながら、現実にこれらの改革が展開する前提とは、戦後の警察改革が目指した分権化・民主化を否定する中で構築されてきた中央集権的かつ非民主的な基盤であり、これが1990年代以降の警察制度の上述の展開を規定しているのである。

【参考文献】
第1・2節の叙述の戦前部分については、三阪佳弘（2002）「第七章　軍事・警察法制」『新・日本近代法論』法律文化社を参照されたい。
渥美東洋（1994）「コミュニティ・ポリースィングについて」『警察学論集』47-9
岩村等編著（2005）『入門戦後法制史』ナカニシヤ出版
大久保史郎（2009）「『警察国家』への衝動と現代日本の司法」森英樹編『現代憲法における安全―比較憲法学的研究をふまえて』日本評論社
岡田章弘（2009）「「安全・安心」の自己責任化」前掲『現代憲法における安全』
荻野富士夫（1988）『増補特高警察体制史―社会運動抑圧取締の構造と実態』せきた書房

大口方純夫（1990）「日本近代警察の確立過程とその思想」『日本近代思想体系3　官僚制・警察』岩波書店
古関彰一（2002）『「平和国家」日本の再検討』岩波書店
佐道明広（2006）『戦後政治と自衛隊』吉川弘文館
全国憲法研究会編（2002）『憲法と有事法制―いま、憲法学から有事法制を問う』法律時報増刊，日本評論社
副田義也（2007）『内務省の社会史』東京大学出版会
高橋典幸・山田邦明・保谷徹・一ノ瀬俊也（2006）『日本軍事史』吉川弘文館
豊下楢彦（1996）『安保条約の成立―吉田外交と天皇外交』岩波書店
広中俊雄（1968）『戦後日本の警察』岩波書店
広中俊雄（1973）『警備公安警察の研究』岩波書店
藤田正・吉井蒼生夫編著（2007）『日本近現代法史（資料・年表）』信山社
ヘイリー・渥美東洋（1994）「《対談》コミュニティ・ポリースィングと警察」『警察学論集』47-3
前田哲男（2007）『自衛隊―変容のゆくえ』岩波書店
水島朝穂（2009）「『軍事的安全』の危険―日本型軍事法制の変容」前掲『現代憲法における安全』
山田朗（2005）『護憲派のための軍事入門』花伝社

第12章

刑法と治安法制

第1節　現行刑法の制定

❖ **明治初期刑法典と旧刑法**　明治維新後に「仮刑律」(1868年)、「新律綱領」(1870年) ならびに「改定律例」(1873年) が制定されたが、これらの明治初期刑事法は基本的には律型の刑法典であった。そのため、欧米諸国との不平等条約改正のために近代的な法体制の整備が必要であった政府は、1875 (明治8) 年に西洋的な刑法典の編纂を目的として刑法草案取調掛を設置し、フランスから招聘したボワソナードを中心とした編纂事業に着手した。その後、司法省段階における西欧近代刑法体系の移植作業と、刑法草案審査局および元老院段階における、より独自な天皇制秩序の定式化の作業という二段階の作業を経て、1880 (明治13) 年に旧刑法が制定され (施行は1882年)、明治初期刑法典である律系統の新律綱領ならびに改定律例は廃止された。この旧刑法ならびに同年に制定された治罪法は、わが国における西欧型近代刑事法の最初のものとされている (新井勉1975・1976)。

　フランスの1810年刑法典を基礎として立案された旧刑法は、①罪刑法定主義を明文で規定した、②刑罰の身分による差別待遇 (閏刑) を廃止した、③犯罪を重罪、軽罪、違警罪に大別した上で細別する方式を採用した、④犯罪の成立要件を明確に定めた、などの点では近代的な性格を有するものの、⑤不敬罪の厳罰化、尊属に対する罪の重罰規定、親族相盗例や犯罪を行った親族を匿った者への罪の軽減など、日本の伝統的な法思想に基づく規定を有していた。この他、全430条中各則は315条に及んでいることから明らかなように、旧刑法においては罪種が細分化されており、法定刑の幅も狭く、現行刑法と比較すると裁判官の裁量は限定されていた。

❖ **明治期の治安法制**　罪刑法定主義の明文規定などを盛り込んだ旧刑法が

1880（明治13）年に成立したものの、この時期の現実の刑政を指導していたのは治安立法であった。政府は、当時台頭しつつあった自由民権運動の言論活動に対して、1875年の讒謗律ならびに新聞紙条例をはじめとする言論統制を行い、国会開設運動が大きな盛りあがりを見せた1880年には集会条例を制定して取り締まりの強化を図った。その後も1882年から1884年にかけて、福島事件・高田事件・群馬事件・加波山事件・秩父事件・飯田事件・名古屋事件などのいわゆる激化諸事件が各地で発生し、自由民権運動が激しさを増すと、政府は、新聞紙条例・出版条例、そして集会条例を改正したほか、保安条例（1887年）や集会及政社法（1890年）を制定するなどして、憲法制定・議会開設前に治安法制の整備・強化を行った（吉井蒼生夫2002：166、168-170頁、内田博文2008：22頁）。

◆ **現行刑法の制定**　欧米諸国の刑法典を参考にして編纂されたにもかかわらず、旧刑法に対しては、旧刑法が持つ自由主義的性格と富国強兵路線との間に差があること、刑法の理論に関して当時ヨーロッパに台頭した新派の刑法理論を反映していないこと、当時の社会の急激な変化に伴う犯罪の増加に対応できていないことなどの批判が加えられた。このような批判に対して政府は、新聞紙条例、保安条例、治安警察法（1900年）などの治安立法を多用する一方で、刑法改正作業に着手した。その際、すでに多くの治安立法が制定されていたことから、治安立法を刑法典に合わせるという方向ではなく、刑法典を治安立法に合わせるという方向で改正が行われた結果、「治安刑法の制定が刑法典の全面改正をリードするという、日本における刑法の発達の基本構造がここで形作られることになった」（内田2008：24頁）。また、改正作業においては、1871年ドイツ刑法典ならびに当時における最新の各国刑法等の参照が行われた。現行刑法案は明治23年改正刑法草案（1890年）などを経て、1907（明治40）年の第23回帝国議会においてようやく通過し、同年4月24日法律45号として公布され、1908年10月1日から施行され、その後は一部改正を受けながらも現在に至っている。

現行刑法の特徴は、①当時のドイツ刑法において勢力を有していた新派刑法学の影響を受けたこと、②自由主義的な側面を有していた旧刑法とは異なり、犯人の改善を含む犯罪予防的な側面が強化されたこと、③犯罪類型の抽象化が行われ、犯罪を定めた条文数が旧刑法の430条から264条に減少したこと、④た

とえば殺人罪（第199条）の法定刑が、制定当時においては下限が懲役3年、上限が死刑であったように、法定刑の下限と上限の幅が広く、裁判官の裁量が拡大したこと、そして⑤刑の執行猶予制度を採用して従来の監視の制度を廃止するとともに、累犯に対する重罰など、刑事政策面での新たな措置を導入したことである（吉井2002：170-171頁）。

◆ 治安維持法と刑法改正作業　大正から昭和初期には、高揚する普選運動と関連して社会諸運動が展開した。関東大震災（1923年）に際して緊急勅令「治安維持ノ為ニスル罰則ニ関スル件」が発令された後、社会運動に対する危機感をつのらせていた政府は、男子普通選挙法案とともに、主として無政府主義者・共産主義者の運動と思想を取り締まることを目的とした治安維持法案を1925（大正14）年2月第50回帝国議会に提出し、同法案は、院内外のはげしい運動にもかかわらず、部分修正を経て可決、4月に公布された。男子普通選挙と治安維持法は、前者を用いて民衆による普選の要求と運動を吸収することによって体制内部に組み入れ、権力の支持基盤を拡大・強化するとともに、労働者・農民をはじめ無産勢力が議会勢力化することに対しては、後者による抑圧を行うことによって、支配体制の維持・強化の役割を担った（吉井2002：176頁）。

　治安維持法が制定された翌年である1926年、政府から刑法改正の諮問を受けた臨時法制審議会は「刑法改正ノ綱領」を答申した。その後、司法省内に設けられた刑法改正原案起草委員会による「刑法改正予備草案」（1927年）を経て、刑法竝監獄法改正調査委員会による「改正刑法仮案」（総則編は1931年、各則編は1940年）が公表された。刑法を全面改正し、日本の「国体」（天皇制）および家族制度を擁護し、「保安処分」の新設を目指した「改正刑法仮案」の主たる改正点は、①刑罰の執行猶予や仮釈放の要件の緩和、②有罪判決の宣告猶予制度の採用、③常習累犯者に対する不定期刑の導入、④他害行為等を防止するための保安処分の新設、⑤各則での法定刑の一般的な引上げ、⑥治安維持法や新聞紙法などの罪の一部を刑法に吸収するための「安寧秩序ニ対スル罪」の新設、⑦「遺棄ノ罪」に法律上の扶養義務の不履行の罪を追加したこと、であり、危険思想から国体や家族制度などを擁護する目的と、大衆運動に対して厳しく立ち向かうという国家意思が強く示されたものであった。しかしながら、1940（昭和15）年に同委員会は廃止され、戦前の刑法改正作業は終了した（内

田2008：26頁、山口厚2008：2-3頁）。

◆ **戦時下における刑法の一部改正ならびに治安立法**　戦前において行われた刑法の一部改正の中で、最大の改正は1941（昭和16）年改正であり、「安寧秩序ニ対スル罪」を新設したほか、労役場留置期間の延長、没収の拡張と追徴の新設、強制執行妨害罪・競売妨害罪等の新設、失火罪の法定刑の加重と業務上失火罪・重失火罪の新設、公正証書原本不実記載等の法定刑の加重といった厳罰化、そして贈収賄罪の規定の整備が行われるなど、戦時に合わせた一部改正が行われた。

治安立法としては、1941年に治安維持法を全7条から全65条のものとする全面改正が行われ、処罰範囲も飛躍的に拡大されたほか、戦時刑事特別法（1942年）において戦争遂行を妨害するかのような行為を処罰する規定が設けられた。また、国家総動員法体制下での国防保安法（1941年）などの治安立法の制定が行われ、戦時における治安維持の確保が図られた（内田2008：25-27頁、山口2008：3頁、吉井2002：176-177頁）。

第2節　刑法と治安法制に関する戦後改革

◆ **日本国憲法制定と刑法の一部改正**　ポツダム宣言受諾ならびに1946年の日本国憲法（1947年施行）の制定を契機として、刑法の改正が検討された。しかしながら、全面改正が行われた刑事訴訟法とは異なり、刑法については憲法の定める平和主義、民主主義、法の下の平等といった精神に対応させるための必要最低限の改正にとどまった。改正の主たる内容は、戦時体制を強化する意図から1941年改正で刑法中に新設された「安寧秩序ニ対スル罪」や間諜罪の削除、大逆罪・不敬罪を中心とする皇室に対する罪ならびに姦通罪の廃止、そして表現の自由などに配慮するための、名誉毀損罪における事実証明規定の新設などであった。

その後、刑法の全面的な改正が企図され、改正作業（後述）が開始されたが、その間においても社会情勢の変化に対して刑法は一部改正をもって対応し続けた。たとえば1953年には執行猶予要件の緩和ならびに再度の執行猶予・必要的保護観察の導入などが、1954年には国内犯に関する旗国主義の航空機への

拡張が、そして1958年には暴力犯罪ならびに汚職対策として証人等威迫罪、斡旋収賄罪、凶器準備集合罪が新設されるとともに、現場共同による強姦罪等の非親告罪化が行われた。そのほか、被害者やその家族に対しての被害拡大防止ならびにプライバシーの観点から、誘拐事件に際しては報道協定を結ぶ慣例の契機となった吉展ちゃん誘拐殺人事件の翌年である1964年には、通常の営利誘拐よりも重い法定刑を予定した身代金目的の誘拐に対する規定が新設された。また、1968年には自動車社会の到来を背景として、増加しつつあった交通事犯に対処するために、業務上過失致死傷罪・重過失致死傷罪の法定刑に懲役刑が追加され、1980年には、ロッキード事件を契機に、収賄罪などの法定刑の引上げが行われた（内田2008：28-29、33頁、山口2008：4、6頁）。

◆ **刑法改正作業**　戦後の改正作業は1956年、法務省刑事局内に刑法改正準備会が設置されることによって始まった。1961年12月に「改正刑法準備草案」が公表されたが、この草案は戦前の「改正刑法仮案」を基礎としてそれに修正を加えたものであった。その後、1963年5月20日に法務大臣による刑法改正についての諮問を受けた法制審議会は、刑事法特別部会を設置して審議を開始し、1971年11月29日、刑法全面改正の必要性を認め、草案とともに法制審議会に報告した。その報告を受けた法制審議会は、1974年5月29日に、「改正刑法草案」を決定し、法務大臣に答申した。369条からなる「改正刑法草案」は、原因において自由な行為や共謀共同正犯など、刑法制定当初においては想定されていなかった問題に対応しようとした点においては評価できるものの、外国元首・使節に対する特別保護規定、企業秘密漏示罪、公害罪、船舶・航空機の強奪・運行支配罪、準恐喝罪の新設や騒動の罪に対する刑の加重などの点ではいっそうの犯罪化、重罰化の方向が明らかであったため、「治安優先」、「重罰主義」、「倫理主義」といった批判が加えられた。

　法制審議会の答申を受けた法務省は1981年に「改正刑法作業の当面の方針」を公表し、大方の合意が得られると認められるものと、罪刑法定主義の規定、執行猶予の要件の整備、周旋第三者収賄罪、飲食物毒物混入罪、人質強要罪の新設など、不備是正等のために現行法に若干の修正を加えることが相当と考えられるものについては、おおむね草案に沿った規定とし、他方、賛否の対立が激しく、なおも動向を見守ることが相当と認められるものについては原則とし

て現行法のとおりとした。しかしながらこの段階においても、保安処分の刑法典への導入の姿勢が堅持されたために国民の強い批判を浴び、同草案は国会に上程されることなく現在に至る。また、その後の刑法の全面改正作業は、現代用語化に縮小していくことになった（内田2008：41-42頁、山口2008：3頁）。

第3節　刑事法における近年の動向ならびに治安法制

◆ 近年における刑法の一部改正　全面改正作業が見送られた後も、刑法の一部改正が行われている。たとえば、1987年にはコンピュータ犯罪に対応するために電磁的記録不正作出等の罪が新設され、1991年には、それまで罰金等臨時措置法（1948年）によってなされてきた罰金額の物価水準に見合った引上げに代わるものとして、罰金の金額自体を引き上げる改正が行われた。その後1995年には、刑法典のすべての規定を現代的な用語に「平易化」する改正が行われた。その理由は、明治期に制定された現行刑法は文語体で表記されており、その口語化ならびに現代語化の必要性が強く認識されるに至ったからである。この改正においても、内容に変更は加えないという方針が貫かれ、改正の形式も全面改正ではなく、一部改正とされたが、1973年に尊属殺違憲判決が出たにもかかわらず削除されずにいた尊属加重規定ならびに瘖啞者の責任能力規定の削除はこの改正時に行われた。また2001年には、東名高速道路での事故を契機として世間の関心が高まった悪質な交通事故への対応として、危険運転致死傷罪が新設されるとともに、軽微な事案への対応として、業務上過失致傷罪について刑の裁量的免除規定が新設された。また、支払い用カードの偽造事案に対する対応の必要から、支払用カード電磁的記録に関する罪が新設された。

　2003年以降は毎年のように一部改正が行われており、主たるものとしては、2003年に自国民保護の見地から国民以外の者の国外犯の規定が新設され、2004年には、「凶悪犯罪を中心とする重大犯罪に関する最近の情勢等にかんがみ、これらの犯罪に適正に対処するため、有期刑の上限並びにこれらの犯罪に係る法定刑等及び公訴時効の期間を改める必要がある」ことを理由とした改正が行われ、有期懲役・禁錮の上限、有期刑加重の上限が引き上げられたほか、殺人罪・傷害罪・強制わいせつ罪・強姦罪などの法定刑が加重され、集団強姦罪が

新設された。2005年には、国際的に対応が必要とされていた人身取引等に対する人身売買罪の新設など、拐取罪の規定が整備され、2006年には公務執行妨害罪・窃盗罪の法定刑に罰金刑が付加されるとともに、業務上過失致死傷罪の罰金刑の上限が引き上げられ、2007年には、自動車による交通事故事案を業務上過失致死傷罪から取り出して、刑の上限を引き上げた自動車運転過失致死傷罪が新設され、危険運転致死傷罪の対象に二輪の自動車も含まれることになった（山口2008：4、6-7頁）。

以上、刑法における主たる改正点を紹介したが、近年のあたかも「刑事立法ラッシュ」、また「罪刑法定主義の意義が、国家刑罰権から市民の自由を守ることから、犯罪化と重罰化にお墨付きを与えることへと変質したかのよう」（内田2008：43-44頁）な状況に対しては、市民のための刑法はいかにあるべきなのかという視点から、検討を行い続けることが必要である。

◆ 犯罪被害者保護関連法　犯罪被害者に対する立法は、三菱重工ビル爆破事件（1974年）を契機として制定された、1980年に「犯罪被害者等給付金支給法（犯給法）」（1980年）に始まる。しかしながらその後、本格的な被害者支援は進まず、犯罪被害者に対しては、捜査内容・刑事手続について十分な情報を与えられず、刑事手続においては単なる参考人、証人としての役割が与えられるにすぎない状況が長く続いた。

ところが1995年に発生した地下鉄サリン事件を契機として、犯罪被害者に対する市民の関心が高まったことを背景に、1996年に警察庁が被害者対策要綱を策定し、被害者対策室を設置した。その後、犯罪被害者に関する法整備が進み、「ストーカー行為等の規制等に関する法律」および「児童虐待の防止等に関する法律」（2000年）、「配偶者からの暴力の防止及び被害者保護に関する法律」（2001年）、「高齢者虐待防止法」（2005年）が制定された。

刑事手続においても、犯罪被害者の保護という視点から、2000年に犯罪被害者保護二法である「刑事訴訟法及び検察審査会の一部を改正する法律」および「犯罪被害者等の保護を図るための刑事手続に付随する措置に関する法律」が制定され、検察庁では、すでに始められていた事件の処分結果等を通知するとともに、出所情報の開示も認めるようになったほか、それまで刑事司法手続の外に置かれていた被害者が、事件の当事者として刑事司法に参加する道が開か

れた。犯罪被害者の刑事司法への参加についてはその後、被害者参加制度、損害賠償命令などを含む「犯罪被害者等の権利利益の保護を図るための刑事訴訟法等の一部を改正する法律」(2007年)が制定されたほか、経済的支援に関しては犯給法が、「犯罪被害者等給付金の支給等に関する法律」(2001年)として改正され、支給対象ならびに支給金額が拡大された。また、同法は、一定の要件を満たす民間支援組織を犯罪被害者早期援助団体として指定し、警察から被害者情報の提供等を行うという規定を新設し、被害者に対する犯罪発生直後からの直接支援を可能とした。

犯罪被害者に関する近年の立法は、刑事司法への参加ならびに経済支援という点では被害者支援を前進させたものであるとみなすことができるが、現在においてもなお多様な犯罪被害者に対する支援状況が不十分であること、また、被告人の無罪推定を原則とする刑事司法に被害者が参加することは、刑事司法に重大な矛盾をもたらす危険性があることなど、様々な問題を残している（高井康行・番敦子編著2005）。

❖ **死刑存廃論**　　刑法は第9条において、刑の種類を「死刑、懲役、禁錮、罰金、拘留及び科料を主刑とし、没収を付加刑とする」と定めており、それを受けて同第11条は死刑の執行方法および死刑確定者の監獄拘置を規定している。

死刑制度について最高裁は、死刑が窮極の刑罰であり冷厳な刑罰ではあるが、刑罰としての死刑そのものが憲法第36条にいう残虐な刑罰に該当するとは考えられないと判断し、現行死刑制度の合憲性を認めている（最大判昭和23・3・12）。また、「死刑制度を存置する現行法制の下では、犯行の罪質、動機、態様ことに殺害の手段方法の執拗性・残虐性、結果の重大性ことに殺害された被害者の数、遺族の被害感情、社会的影響、犯人の年齢、前科、犯行後の情状等各般の情状を併せ考察したとき、その罪質が誠に重大であって、罪刑の均衡の見地からも一般予防の見地からも極刑がやむをえないと認められる場合には、死刑の選択も許されるものといわなければならない」と死刑選択の際の基準を述べた、いわゆる「永山事件判決」（最大判昭58・7・8）は、今日に至るまで影響を及ぼしている（大塚仁ほか編2004：291-310頁）。

しかしながら、国外においてはヨーロッパを中心に死刑廃止国が多数派を占めつつあり、2007年12月には国連総会本会議で、すべての死刑存置国に対し

て、死刑の廃止を視野に入れた死刑執行の一時停止を求めることなどを内容とする決議が採択されたという国際的な状況、そして日本国内においても死刑の廃止を求める声が存在することを無視するわけにはいかない。

　死刑宣告または死刑執行に際して政府は、世論が死刑を支持している以上、死刑を存置すべきであると主張している。確かに国民の支持ぬきに刑事司法制度を運営するわけにはいかないが、他方、国家の刑罰制度は犯罪防止のために存在しており、国民や被害者等の応報感情を満足させるために存在しているわけではない（佐伯仁志2008：82頁）。また、2009年5月より施行された裁判員裁判においては、一般市民から選ばれた裁判員が、事件によっては死刑か無期刑かという極めて心理的負担の重い選択を迫られる可能性があることも、今後の死刑問題を議論する上で欠かせない論点である。なお、現時点においては、死刑の代替刑として、仮釈放の可能性のない終身刑が提案されているが、その実効性や問題点について十分に検討を行うことが必要である。

　❖**戦後の治安法制**　最後に戦後の治安法制について概観する。1945年、連合国総司令部（GHQ）の「政治的、公民的及ビ宗教的自由ニ対スル制限ノ除去ニ関スル覚書」によって、治安維持法をはじめ、治安警察法、新聞紙条例、出版条例、違警罪即決例などが廃止されるとともに、これらの治安法制の運用を担っていた内務省は解体、特別高等警察も廃止され、ここに戦前の国家体制を支えた治安体制はほぼ全面的に廃止された。

　しかしながら、早くも1949年には公安条例が、1952年にはサンフランシスコ講和条約後の治安維持を目的として破壊活動防止法が制定・施行された。公安条例は、集会や集団行進の遵守事項を示した上で、それらを行おうとする者に公安委員会への届出あるいは許可申請を義務づけ、無届ないし無許可で、または遵守事項や許可条件に違反して集会や集団行進を行った者を処罰できるようにしたものである。破壊活動防止法は、「団体の活動として暴力主義的破壊活動を行った団体」に対する「規制措置」として「団体活動の制限」および「解散の指定」などを定めるとともに、「暴力主義的破壊活動に関する刑罰規定を補整」するとして内乱・外患罪の独立教唆やせん動の処罰、政治目的のための放火・騒乱の予備を処罰する規定を設けたものである。破壊活動防止法は、制定時においても思想を処罰しかねないものであることが反対理由として挙げら

れたこともあり、同法によって摘発され、有罪にまで至った事例は三無事件（1961年12月12日）だけではあるが、同法による諜報機関として設置された公安調査庁や警察が日常的に諜報活動を行っているという問題がある。

　その後、1990年代に入って、暴力団の対立抗争等による市民生活に対する危険を防止するために必要な措置を構ずることを目的とした「暴力団員による不当な行為の防止等に関する法律」（1991年）に始まり、「国際的な協力の下に規制薬物に係る不正行為を助長する行為等の防止を図るための麻薬及び向精神薬取締法等の特例に関する法律」（1991年）、1995年3月20日に東京で発生した地下鉄サリン事件の再発防止などを目的とした「組織的な犯罪の処罰及び犯罪収益の規制等に関する法律」（1999年）、「犯罪捜査のための通信傍受に関する法律」（1999年）など、組織的犯罪取締りにおける国際協調を理由にする立法が行われ、その延長として、2003年以降、国連越境組織犯罪防止条約を批准するためという理由で、威力業務妨害などを含む500を超える罪種で「組織的な」犯罪の「共謀」を独立に処罰できるようにする「共謀罪」の成立が政府によって試みられているが、国民の反対によって、現時点では成立に至っていない（生田2003：61-66頁、内田2008：27-28頁）。

【参考文献】
　新井勉（1975・1976）「旧刑法の編纂（一）・（二完）」『法学論叢』98巻1号54-76頁・4号98-110頁
　生田勝義（2004）「日本における治安法と警察－その動向と法的課題」『立命館法学』292号（2003年6号）57-79頁
　内田博文（2008）『日本刑法学のあゆみと課題』日本評論社
　大塚仁ほか編（2004）『大コンメンタール刑法第1巻〔第二版〕』青林書院
　佐伯仁志（2008）「刑事制裁・処遇のあり方」『ジュリスト』1348号（特集・刑法典の百年）、81-93頁
　高井康行・番敦子編著（2005）『犯罪被害者保護法制　解説』三省堂
　団藤重光（2000）『死刑廃止論〔第六版〕』有斐閣
　山口厚（2008）「刑法典―過去・現在とその課題」前掲『ジュリスト』1348号、2-7頁
　吉井蒼生夫（1998）「近代日本における西欧型刑法の成立と展開」同『近代日本の国家形成と法』日本評論社
　吉井蒼生夫（2002）「刑法と治安法制」山中永之佑編『新・日本近代法論』法律文化社

第13章

司法制度と司法改革

第1節　司法制度の近代化

　❖ **江藤新平の司法改革**　明治政府の重要課題の一つは、領事裁判権を撤廃して国家的独立を図るために、西洋列強が要求する西欧型の近代的法典と裁判制度を如何に受容するかにあった。1872（明治5）年、江藤新平が初代司法卿に就任し、司法職務定制を制定して本格的な司法改革を推進することになった。江藤の改革の主な内容は、①司法省が府県の裁判権を吸収・統一する。②裁判機構として司法省臨時裁判所・司法省裁判所・出張裁判所・府県裁判所・区裁判所を設置する。③裁判官制度と検察官制度を設け、旧制度の捜査機関・訴追機関を兼ね備えた裁判機関から捜査機関・訴追機関を分離する。④司法省の管下に法典編纂事業や法学教育を担当する明法寮を設置する。⑤弁護士制度を創出する。⑥人民の権利義務の主張を裁判所で取り扱うことにする等である。司法職務定制は、司法制度全般にわたる改革を意図しており、近代的司法制度創設の出発点となるものであった。

　❖ **大審院の設置**　1875（明治8）年の大阪会議で、立憲政体の漸次移行の方針が確認され、大審院が設置されることになった。大審院の設置によって、国家機構上、司法行政権を所管する司法省と裁判権を所管する大審院以下の裁判所が分離され、裁判機構は大審院・上等裁判所・府県裁判所で構成されることになった。大審院は、①民事刑事の上告を受け、上等裁判所以下の不法な審判を破毀して、全国法憲の統一を主持する。②不法な審判を破毀した後、他の裁判所に移送して審判させ、また便宜に自判することもできる。③重大な国事犯罪、内外交渉の民事刑事事件についての第一審にして終審の裁判権を持つ。なお、このときの司法改革においても、府県裁判所未設置の県では地方官の判事兼任制が容認されていたが、1876（明治9）年、地方官による判事兼任制は廃

止され、行政官による裁判は全廃されることになった。

◆ **治罪法の制定** 国家的独立を確立するための前提として法典編纂が急がれていたが、最も早く制定され、実施に移されたのは刑法・治罪法であった。治罪法はボワソナードがフランスの刑事訴訟法を摸範として起草したものであり、1880（明治13）年に公布され、1882年に施行された。治罪法は犯罪の種類によって裁判所の管轄を分けることにしており、違警罪は違警罪裁判所、軽罪は軽罪裁判所、重罪は重罪裁判所の管轄とし、違警罪裁判所には治安裁判所、軽罪裁判所には始審裁判所をあて、重罪裁判所は始審裁判所または控訴裁判所において3ヵ月ごとに開くものとした。これに対応して従来の裁判機構は改革され、大審院・控訴裁判所・始審裁判所・治安裁判所となった。また、高等法院は司法卿の奏請によって開かれる特別裁判所であり、皇室に対する犯罪、国事犯罪等を裁判した。

◆ **裁判所構成法の制定** 1885（明治18）年、憲法発布・国会開設を前提として内閣制度が創設された。こうした改革の一環として、翌年、裁判所官制と司法省官制が制定された。裁判機構は高等法院・大審院・控訴院・始審裁判所・治安裁判所によって構成されることになり、控訴裁判所が控訴院と改称されたこと以外は治罪法の裁判機構と同じである。また、司法大臣が司法行政権を持つことが明らかにされている。一方、条約改正を促進するために、ルードルフを中心にドイツ裁判所構成法を手本として裁判所構成法の起草作業が開始され、1890（明治23）年、裁判所構成法が公布された（翌年施行）。裁判所構成法は、従来のフランス型の裁判制度からドイツ型の裁判制度に体系的に統一し、明治憲法下の裁判制度を規律する基本法となった。裁判所構成法は、①裁判機構として、大審院・控訴院・地方裁判所・区裁判所を置き、三審制を原則とする。大審院は「最高裁判所」として、上告・再抗告につき裁判権を行使するのが原則であるが、皇室に対する罪および内乱罪に関しては一審かつ終審の裁判権を与えられ、原則として7人の合議制である。②司法権の範囲は民事・刑事裁判権に限られ、行政裁判を扱う行政裁判所、軍法会議、皇室裁判所等の特別裁判所が置かれた。③検事局が裁判所と設備・会計を協同し、検事も司法官と称された。④司法行政の監督権は司法大臣にあり、そのため司法省と裁判所の関係は中央官庁と出先機関の関係と同視する傾向を生み出した。裁判所構成法

はその後、部分的に改正されたが、とくに第二次世界大戦中の1942（昭和17）年および43年非常事態に対処するために、裁判所構成法戦時特例、戦時民事特別法、戦時刑事特別法によって、区裁判所の事物管轄の拡大、控訴審を省略して二審制を採用するなど事件処理の迅速化、簡易化が図られた。

❖ **陪審制の導入**　陪審制はボワソナード起草の治罪法草案に規定されていたが、結局削除された。その後、陪審制実現運動は大正デモクラシーの影響を受け、弁護士層を中心に積極的に進められた。1918（大正7）年、原敬が内閣を組織すると、陪審制の立法作業は具体化し、1923年に陪審法が公布され、1928（昭和3）年から施行された。陪審法の主な特色は、①陪審の種類として、死刑または無期の懲役・禁錮にあたる事件を扱う法定陪審と、長期3年を超える有期の懲役・禁錮にあたる事件で被告人が陪審審理を請求する請求陪審の2種類がある。なお皇室に対する犯罪や治安維持法違反等は陪審裁判の対象から除外されていた。②法定陪審については陪審の辞退が許され、請求陪審についても請求の取り下げが認められたことから、陪審裁判を受けるか否かは被告人の意思に委ねられていた。③陪審員の資格は30歳以上の男子のみで、引き続き2年以上同一市町村内に居住し、直接国税3円以上を納めていて、読み書きの能力があることであった。④陪審の評議は過半数の意見によって決定されるが、裁判所はその答申に拘束されず、別個の陪審に再度付議することも可能であった。裁判所の判断と陪審の答申が一致したとき判決する。この判決に対して、控訴は許されず上告のみが認められていた。以上が陪審法の概要であるが、当時これは「陪審法ならざる陪審法」と呼ばれていた。この陪審制も1943（昭和18）年、時間と労力、経済的費用を節減してこれを戦争遂行に結集するとの理由で、停止されることになった。

❖ **司法官と弁護士**　1872（明治5）年、司法省法学校と称される法学教育機関が発足した。卒業生の大半は裁判官、検察官あるいは司法本省の事務官として奉職し、1900年代になると、組織的な教育を受けていない「特進組」を駆逐して司法界に牢固たる地位を占めていくことになる。1884（明治17）年、判事登用規則が制定された。判事登用規則は判事の任用資格について法学士・代言人・試験に及第した者とし、司法官の自由任用制が廃止された。ついで、明治憲法は裁判官の任用資格について法律によって定めることとしたため、裁判所

構成法、判事検事登用試験規則(1891年制定)が適用されることになった。そこでは、原則として2回の競争試験(第1回は学術試験、第2回は試補としての実務修習熟度を試す)を経ることが要求された。1918(大正7)年、高等試験令によって判事検事登用試験規則と弁護士試験規則が統合され、それによる司法科試験が1923(大正12)年に実施された。

　裁判官の身分保障については、裁判所官制が裁判官の身分保障について初めて規定したが、転所に関する保障はなかった。ついで、明治憲法は、「裁判官ハ刑法ノ宣告又ハ懲戒ノ処分ニ由ルノ外其ノ職ヲ免セラルヽコトナシ」(第58条2項)として裁判官の身分保障を規定した。また裁判所構成法は、判事を終身官とし、転官・転所・停職・減俸についても保障した。ただし補欠のための転所、心身の故障による職務執行不能の場合の退職命令および裁判所廃止の場合の待命は例外とされた。

　弁護士制度は、1872(明治5)年の司法職務定制により民事訴訟手続で訴訟代理が認められたことから始まる。1876(明治9)年、代言人規則が制定され、従来自由営業であった代言人は免許制となった。刑事事件についても代言人が認められたのは治罪法によってである。1893(明治26)年制定の弁護士法は、弁護士の職務の範囲を裁判所における訴訟行為とし、その資格は弁護士試験に及第することを原則とした。弁護士は地方裁判所ごとに弁護士会を設立し、弁護士会は地方裁判所の検事正の監督を受けるものとされた。1933(昭和8)年に改正された弁護士法の主要点は、①弁護士の職務が裁判以外の一般法律事務に拡張されたこと、②女性弁護士が認められたこと(1940年、最初の女性弁護士3名が誕生した)。③弁護士養成制度として弁護士試補制度を創設したこと、等である。

第2節　戦後司法改革

◆ **日本国憲法の制定と司法制度**　　戦後司法改革の作業は憲法の起草作業と並行して行われることになり、1946年7月、司法省内に設置された司法法制審議会が内閣の臨時法制調査会第三部会と一体になって改革作業にあたることになった。当時、政府の法律案は、修正も含めて議会に提出する前にGHQの承認

を必要としており、裁判所法もその承認を得て帝国議会に提出され、1947年4月に公布、同年5月、日本国憲法施行の日から施行された。戦後のわが国の司法制度はアメリカ法の影響下にスタートすることになったのである。

　戦後改革により司法制度は、次のような内容を持つものとなった。第1に、違憲立法審査権を裁判所に与えたことである。この権限によって国会と内閣に対する司法の優位が憲法上保障されることになった。第2に、民事・刑事・行政事件の裁判権を含めてすべての争訟の裁判を行う権限は裁判所に属することになり、従来の特別裁判所の設置は禁止された。第3に、最高裁判所に訴訟に関する手続、弁護士、裁判所の内部規律および司法事務処理に関する事項について規則を定める権限を付与した。第4に、司法行政権が裁判所の所管とされたことである。司法省は法制局と統合して法務庁となり、法務府、法務省と改編されていく。第5に、検察庁と裁判所の分離である。従前は、各裁判所に検事局が付置され、検事が配置されていた。新制度の下では裁判所が完全に行政部から独立することになった。

❖ **最高裁判所**　　戦後司法改革によって裁判機構は、憲法上、最高裁判所と下級裁判所が設けられ、裁判所法により下級裁判所として高等裁判所・地方裁判所・家庭裁判所・簡易裁判所が設けられた。最高裁判所は、憲法によって設置され、司法制度の支柱をなすものであり、最上級の裁判所として法令解釈の統一と違憲立法審査権の行使を主たる使命とする。最上級の裁判所である点では、旧制度の大審院とは異ならないが、①その設置が憲法自体で規定されていること、②違憲立法審査権、規則制定権、包括的な司法行政権を有していること、③裁判官の任命が国民審査に付せられること、等で大審院とは異なる。最高裁判所は最高裁判所長官および14名の最高裁判所判事によって構成される。最高裁判所は上告および訴訟法においてとくに認められた抗告等について裁判権を有する。司法行政権については、最高裁判所は各裁判所の頂点に位するものとして、その全体を掌握している。司法行政事務を行う権限は裁判官会議であるが、長官と事務総局が実質的な判断をし、裁判官会議は形式的な追認機関となっているのが実情である。戦後改革によって司法省は解体されたが、最高裁事務総局はほとんど司法省出身官僚によって支配され、事務総局による新しい官僚的人事行政の足がかりが作られた。事務総長以下、局長・課長など幹部

クラスはいずれも判事か判事補である。最高裁の司法行政権は事務総局主導の下で運営されている。

❖ **新制度下の裁判官と弁護士**　最高裁判所長官および最高裁判所判事は、「識見の高い、法律の素養のある年齢40歳以上の者」の中から任命される。そのうち10名以上は、高等裁判所長官、検察官、弁護士、簡易裁判所判事、大学の法律学の教授・助教授等の法律の専門家から選任される。その他は必ずしも法律家としての経歴または知識を必要としていない。最高裁長官は内閣の指名に基づいて天皇が任命し、最高裁判所判事は内閣によって任命される。下級裁判所の裁判官には、高等裁判所長官・判事・判事補・簡易裁判所判事の4種類がある。高等裁判所長官と判事の任命資格は、法律専門家として10年の経験を有することを要件としている。判事補は司法修習生の修習を終えた者の中から任命される。

裁判官の身分保障は司法権の独立のために不可欠である。下級裁判所の裁判官が任期中に身分を失うのは、心身の故障のために職務を執ることができないと分限裁判で決定される場合と、著しく義務に違反するとか、職務のはなはだしい怠慢、あるいは裁判官としての威信を著しく失う非行を行ったときに、弾劾裁判が行われる場合しか罷免されない。また、その意思に反して免官・転官・転所・職務の停止または報酬の減額をされない。しかし、下級裁判所の裁判官の任期は10年であり、さらに裁判官を続けるためには再任されることが必要である。その意味で下級裁判所裁判官の10年任期制は、戦前よりも身分保障の点で後退していると言える。

現行弁護士法は1949年に制定された。弁護士法は従来のそれと比べて次のような特色をもっている。第1に、弁護士会の完全な自治を認めたことである。弁護士会は裁判所・検察庁から独立し、行政機関の監督を受けることなく高度の自治権を有することになった、また、弁護士の資格審査と懲戒は、その所属弁護士会および日本弁護士連合会（日弁連）が持つことになった。第2に、全弁護士の強制加入団体である日弁連が設立されたことである。従来、弁護士は各地方の弁護士会に加入を義務づけられていたが、全国的な弁護士会は存在しなかった。日弁連は地方の単位弁護士会と個々の弁護士のすべてを会員とする公的団体であり、弁護士の登録のほか、弁護士および弁護士会の指導・連絡・

監督にあたることになっている。

◆**法曹一元制と陪審制**　法曹一元制は、英米法系の諸国で採用されており、戦後司法改革は、この制度を採用すべき絶好の機会であった。司法法制審議会においては、弁護士委員は法曹一元制を主張したが、司法省の反対運動により、法曹一元制は多数意見とはならなかった。この結果、裁判官の本流は司法修習生の修習を終えた者の中から判事補が任命され、判事補を10年務めた者が判事に任命されるという官僚裁判官制が維持されることになったのである。国民の司法参加については、憲法制定過程で、政府は帝国議会において陪審制が合憲であり、将来、その復活に努力することを繰り返し言明したが、憲法の中に陪審の規定を入れる意思は持たなかった。一方、司法法制審議会の第三小委員会においては、論議は陪審制よりも参審制を規定する方向に向かった。この参審制に関する論議は、さらに第一小委員会で検討されたが、司法省は、新憲法は参審制を排除するものではないとの見解を示したが、委員の中から違憲論が提起され、結局は研究課題のまま終わってしまった。陪審制については、裁判所法案要綱が確定した後、GHQから、刑事事件について陪審制を採用する途を開いておくための規定の挿入を要求され、裁判所法第3条第3項に「この法律は、刑事ついて、別に法律で陪審の制度を設けることを妨げない」と規定することになった。

第3節　21世紀の司法改革

◆**司法制度改革審議会設置への過程**　1962年、裁判官不足による裁判の遅延等が問題となり、臨時司法制度調査会が内閣に設置され、法曹一元制に関する事項、裁判官および検察官の任用制度ならびに給与制度に関する事項が検討されることになった。しかし、利害の対立などから法曹一元制の導入は見送られ、法曹の増員と裁判官・検察官の給与引上げ等が決定しただけであった。他方、1980年代に、相次いで冤罪事件の再審手続で無罪判決が下され、これを契機に国民の司法参加の導入の機運が高まり、1990年、日弁連総会は「司法改革に関する宣言」を決議し（1991年、94年にも決議）、陪審・参審制度の導入を提案した。最高裁判所も積極的に裁判官を外国に派遣して、国民の司法参加に関

Column 2　法史学と裁判

1　法学と裁判

　実定法学の多くは、裁判と密接な関係を有している。第1に、裁判例の分析である判例研究は、現在どのような紛争解決が裁判所においてなされているかを知るために必要である。第2に、実定法学は、よりよい紛争解決の規準形成をその大きな任務としている。学説が判例を生み出すことや判例変更のきっかけとなることが実定法学者の一つの目標である。筆者は、「法学者の勲章は、自らの学説が立法となるか又は最高裁に採用されることである。」との発言を有力な実定法学者から聞いたことがあるが、裁判は実定法学の題材であるとともにその研究を生かすべき場でもある。法史学でもこうした関係を指摘することができる。裁判例が法史学にとって研究資料となるが、法史学もまたよりよい裁判や紛争解決に貢献することも可能である。

2　過去の法のあり方の探求

　過去の裁判例分析を通じて、その時代の法のあり方を探ることは、法史学になじみ深い作業である。法規・法典の分析のみによっては過去の法のあり方を知ることができない以上、これはある意味当然であり、近代法史に限らず、古くは鎌倉幕府の裁判例の研究においても見られた。もっとも、こうしたあり方は、とくに法史学に限定されているわけでなく、歴史における資料の一つとして裁判資料が検討されるとも言えよう。そして裁判関連資料の分析においては、法学の素養に裏付けられた法史学者の貢献が求められている。その意味で、明治時代の判決原本の保存が実現したことは意義深い。

3　よりよい裁判の実現

　現在におけるよりよい裁判の実現のために法史学が貢献するということも考えねばならない。この点に関連して、山中永之佑教授は、「従来のように、『こんなことが何の役に立つのかと思われるような研究』ではなしに、そういう研究がまったく意味がないということではないし、大いに意味はあるんだけれども、そういった研究とともに、もっと現実に役立つような研究をする必要がある」と指摘している（岩野英夫・中尾敏充2005：152頁）。さらに、山中教授は、実務家、実定法研究者には法史学に対する無理解、軽視の傾向がしばしばあり、このため裁判における真実発見すら妨げられている実例が存在すると指摘している。こうした問題意識から山中教授が提出した裁判のための鑑定意見を中心とした『民事裁判の法史学』は、必読文献であ

る。

　法史学者は、さらに、基本的な法制度・法概念のあり方について歴史的な観点から再検討することを通じて現代の法や裁判の改善に寄与しうる。たとえば、民事訴訟法学者の鈴木教授は、「実定法学者は、先人から教えられた概念や理論を利用して、お互いに議論し合っているが、その概念や理論が形成されてきた歴史を探ると、なぜその概念や理論が必要的とされてきたかという事情を知ることができる。そして、そのことがその概念や理論の持つ絶対性（先人の権威に由来）からわれわれを解放し、自由で幅のある議論を展開させてくれることがある。」（鈴木正裕2004：はしがき）と論じている。

　それ故、法史学自ら、基本的法制度・法概念のあり方について歴史的な観点から再検討することを通じて現代の法の改善に寄与し、さらには、現行法の解釈問題について具体的に発言することも有益である（大審院連合部判決に法史学の立場からメスを入れた牛尾洋也ほか『近代日本における社会変動と法』や拙稿『震災と借地借家』）。これに関して、民法学の能見善久教授は、「法制史は、……現在を相対化して見る視点、複数の解決がありうるということを学ぶ格好の場となる……。もっとも、このようなおもしろさを法制史が学生に教えるには、法制史の側でも実定法学で問題となっている議論を少なくとも理解していることは必要であろう」と述べている（能見善久：173頁）。その意味で、現代法史に力点を置いた本書自体が法史学の新たな可能性を示すものである。

【参考文献】
岩野英夫・中尾敏充（2005）「聞き書き・わが国における法史学の歩み(4)—山中永之佑先生にお聞きする」『同志社法学』307号
牛尾洋也・居石正和・橋本誠一・三阪佳弘・矢野達雄（2006）『近代日本における社会変動と法』晃洋書房
小柳春一郎（2003）『震災と借地借家』成文堂
鈴木正裕（2004）『近代民事訴訟法史・日本』有斐閣
能見善久（2002）「実定法学は『歴史』に何を求めるか」法制史研究51号
山中永之佑（2005）『民事裁判の法史学』法律文化社

【小柳春一郎】

する調査・研究に従事させるようになった。

　1994年、経済同友会は、経済・行政の面での規制緩和の推進に見合う司法制度の改革を求め、とくに法曹人口（弁護士人口）の大幅な増大を要求し、司法改革推進審議会の設置を提唱した。この提案はアメリカからの要求と圧力をバックに、司法界の大きな反響と政財界の連鎖反応を引き起こすとともに、政府が推進していた規制緩和・行政改革の計画の中に取り入れられていった。1998年には経済団体連合会が、自由市場社会に見合う制度として、法曹一元化、ロースクール設立、法律事務開放、裁判迅速化等を要求した。1999年、司法制度改革審議法が成立し、審議会の議論が開始された。そこでの検討課題の中に国民の司法参加が含まれていた。これは法曹人口の増大は弁護士が大半を占めることになり、日弁連の同意が欠かせない。このため日弁連が求める陪審・参審制度を審議の対象とすることによって協力を得ようとしたためである。2001年、司法制度改革審議会は最終報告をまとめ、「制度的基盤の整備」「人的基盤の拡充」（法曹人口の大幅な増員、法科大学院の設置と新司法試験の実施等）、「国民的基盤の確立」（国民の司法参加）の方向を打ち出した。

　❖ **裁判員制度**　国民の司法参加については、司法制度改革審議会の意見交換で、日弁連は陪審制の導入を求め、最高裁は「評決権なき参審制」を主張し、法務省は参審員にも評決権を認める参審制が望ましいとした。審議会は、国民の司法参加制度として、陪審制でも参審制でもない裁判員制度を採用し、2009年から運用されることになった。裁判員制度の要点は、①対象事件は、法定刑の最高が死刑・無期懲役・禁錮にあたる罪の事件、または法定刑の下限が1年以上の懲役・禁錮にあたる罪で故意の犯罪行為により被害者を死亡させた罪に係る事件である。②裁判員等に危害が及ぶ恐れがある事件は対象から除外されるが、被告人は裁判官のみによる裁判を選択することはできない。③裁判を行う合議体は、原則として裁判官3名と裁判員6名で構成されるが、公訴事実について争いがなく、事件の内容等から適当と認められる場合には、訴訟当事者の異議がない限り、裁判官1名と裁判員4名で裁判を行うことができる。④裁判員には、証人・被害者・被告人に対して尋問ないし質問する権限、評議・評決にかかわる権限（事実認定、法律の適用、量刑）が認められている。⑤評決は裁判官と裁判員の合議体の員数の単純過半数とする。裁判官1名以上お

よび裁判員1名以上が賛成しなければならない。裁判官または裁判員のみによって有罪の判断を行うことはできない。⑥控訴審は裁判官のみで審理・判決する。⑦裁判員の選任方法は、衆議院議員選挙有権者（20歳以上）のうち、欠格事由、就業禁止事由、不適格事由のある者を除く者からくじにより候補者を決定する。候補者は裁判所に出頭し、必要な質問等を受けた後、裁判員または補充員に選任される。この裁判員制度は、裁判員が審理に加わることによって、市民の正義感覚、常識、一般人としての生活経験等が裁判に反映されることが期待され、国民の司法参加の第一歩として位置づけることができる。

◆ **法科大学院**　21世紀に入っての司法改革の目標の一つは法曹人口の大幅な増加を図ることにある。2018年には実働法曹人口が5万人規模になることを目指している。このため、法曹の養成機関として法科大学院を設置することにした。法科大学院は2004年に開設され、07年度現在全国74大学に設置されている。理論と実務を架橋する高度な専門教育を少人数の単位で行い、法学部出身でない者や社会人等の枠を設けるという特色を持っている。法曹人口の増大、法科大学院設置、新司法試験のあり方は、アメリカの弁護士養成制度、ロースクール、アメリカ各州の弁護士試験をモデルとしている。アメリカの制度と異なる点は、アメリカではロースクールのみが法学教育を担当し、法曹養成機能を持っているが、わが国の場合、アメリカに存在しない法学部や司法研修所も並行して存続させることにしたことである。問題点として、新司法試験の合格者は、当初、修了者の7～8割が合格すると言われていたが、2006～08年の3年間の合格率は3～4割台となっており、司法改革の理念とのギャップが生じていることが挙げられる。また、増加した法曹人員の大部分は弁護士になる。今後、弁護士は現状のような訴訟に従事する専門的な職業としてだけではなく、多様なリーガルサービスの提供者として多方面の職域に進出していき、職業としての弁護士から資格としての弁護士へと、弁護士の意味そのものが変わっていかざるをえないことである。

【参考文献】
大阪弁護士会編（1989）『大阪弁護士会百年史』大阪弁護士会
小田中聰樹（2008）『裁判員制度を批判する』花伝社

兼子一・竹下守夫（1978）『裁判法〔新版〕』有斐閣
楠精一郎（1989）『明治立憲制と司法官』慶応通信
最高裁判所事務総局編（1990）『裁判所百年史』大蔵省印刷局
佐藤幸治・竹下守夫・井上正仁（2002）『司法制度改革』有斐閣
染野義信（1988）『近代的転換における裁判制度』勁草書房
瀧川叡一（1991）『日本裁判制度史論考』信山社
竹田昌弘（2008）『知る、考える裁判員制度』岩波書店
東大社会研究所戦後改革研究会（1975）『戦後改革4　司法改革』東京大学出版会
利谷信義（1966）「司法に対する国民の参加」潮見俊隆編『岩波講座現代法6　現代の法律家』岩波書店
林屋礼二・石井紫郎・青山善充編（2003）『明治前期の法と裁判』信山社
福島正夫（1993）『福島正夫著作集第1巻　日本近代法史』勁草書房
丸田隆（2004）『裁判員制度』平凡社
三谷太一郎（2001）『政治制度としての陪審制―近代日本の司法権と政治』東京大学出版会
村上政博（2003）『法科大学院―弁護士が増える、社会が変わる』中央公論新社

第14章

訴訟法制

第1節　大正期における訴訟制度の変革

　1890（明治23）年に、近代的な訴訟法が民事・刑事ともに制定された。民事訴訟法（1890法29、以下では明治民訴法と略記する）は、口頭主義、処分権主義、弁論主義、当事者進行主義を特徴としており、弁護士強制主義を採用しなかった点を除けば、基本的にはドイツの民事訴訟法に倣（なら）ったものであった。刑事訴訟法（1890法96、明治刑訴法と略記する）は、1880年の治罪法と同様に、フランス法の影響を強く受けていた。また、大日本帝国憲法は、法律の留保が付されたものの、刑事裁判手続に関する人権条項（第23～25条）をもっていた。このように、近代的な訴訟法の下で、裁判が行われるようになったのである。さらに、1898年の民法典、1899年の商法典の全面施行後は、西洋法継受によって成立した実体法に基づく裁判が、行われるようになった。

　しかし、これらの近代的な法と裁判は、日本の社会の実情とは乖離（かいり）したものであった。1910年代に入ると、社会の現実に即応した法や裁判を求める声が強くなった。1920年代には、「法律の社会化」として、社会政策立法の要求や近代法の基本原則に対する修正（「所有権の不可侵性」や「契約の自由」への制約、罪刑法定主義の見直しなど）が求められた。また、法律文の口語化・平易化などの多種多様な主張が生まれた。これらの主張は、明治以来の西洋の法制度を導入した時から生じていた、法と社会との亀裂についての根源的反省を含んでいた。訴訟法制の分野においては、起訴便宜主義の確立や陪審制度の新設、調停制度の新設とともに、「訴訟手続の簡易化」が強調され、問題の解決における具体的妥当性を基礎とした「法律と実生活との調和」が求められた（伊藤孝夫2000：83-114頁）。このような大正期の法状況の中で、明治民訴法と明治刑訴法はともに全面改正を迎えた。

◆ **大正刑事訴訟法と起訴便宜主義の確立**　1922（大正11）年に、ドイツの刑事訴訟法を継受した刑事訴訟法（1922法75、大正刑訴法と略記する）が制定され、1923年には陪審法（1923法50）も制定された。大正刑訴法は、予審弁護制度の導入、未決勾留の要件・期間の規制の強化、被告人の陳述拒否権の保障、捜査検察機関作成の聴取書の原則的な証拠排除など、人権の保障面を強化した。明治刑訴法では無制限に証拠とされていた聴取書（供述録取書）は、大正刑訴法により、区裁判所対象事件を除いて、原則として証拠能力を制限された。

　しかし、予審弁護人は被告訊問への立会権が認められず、未決勾留期間の更新回数に制限がないなど、実質的には十分な人権保障が行われていたとは言えない。とくに、起訴便宜主義が明文化（第279条「犯人ノ性格、年齢及境遇並犯罪ノ情状及犯罪後ノ情況ニ因リ訴追ヲ必要トセサルトキハ公訴ヲ提起セサルコトヲ得」）されたことにより、公判提起や公判維持に関して検察官の裁量が拡大した。検察官の裁量によって起訴を猶予することができるという起訴便宜主義の確立は、司法部内における検察官の地位を上昇させた。なお、起訴猶予については、1907（明治40）年の現行刑法制定後から、刑事政策的見地を重視して、軽微な犯罪に対してのみならず重大犯罪についても行われるようになっていた。

　大正刑訴法および陪審法の制定過程は、米騒動・農民運動や労働運動などが活発化した時期に当たる。当初は人権蹂躙事件（たとえば京都豚箱事件、大逆事件の審理など）を問題として、刑事手続の自由主義的改革を目指したブルジョアジーや弁護士層も、1921年以降には「糺問主義的検察官司法」といわれるような治安政策重視の刑事手続化を是認するようになっていった（小田中聰樹1976：450頁以下、三阪佳弘2003：154-168頁）。

◆ **大正15年民事訴訟法改正と多様な紛争解決制度の併存**　明治民訴法は、徹底した口頭主義を原則として、準備書面の記載事項にも大幅な制限を加えていた。しかし、施行後6、7年を経過した時期から、実務においては当事者から提出される書面は、内容を問わずに受理するようになっていた。民事裁判では、訴訟当事者に弁護士をつけることを強制していなかったため、準備書面を充実させずに口頭弁論を展開すると、当事者の訴訟準備が十分できていない場合が多く、かえって審理の場での混乱を引き起こし、訴訟遅延を招いた。本人訴訟を認める上で、準備書面の充実は欠かせなかったのである。

1926（大正15）年の民事訴訟法改正（1926法61、大正民訴法と略記する）では、裁判所の職権による迅速な裁判の進行を目指し、合意による期日変更・期間の伸縮を廃止して、上訴期間を短縮した。訴訟準備を周到にし、審理の適正を期するために、準備手続・訴訟の移送・訴訟参加・職権証拠調などの制度を設けた。また、時機に後れた攻撃防御方法の却下などの失権規定もできた。職権証拠調は、実際に用いられることはほとんどなかったが、本人訴訟への配慮から規定されたと考えられている。大正民訴法は、国家の指揮・介入の権限を拡大する職権進行主義を徹底することによって、手続の促進と弁論の集中とを図り、訴訟遅延を解消しようとした。しかし、実際には、裁判新受件数は増え続け、しかも裁判官定員数の減少などもあって、結局、改正法によっても訴訟遅延の状態は改善されるまでには至らなかった（染野義信1988：242-310頁）。なお、この改正によって、欠席判決の制度や証書訴訟・為替訴訟などは廃止された。

また、1920年代に司法省・裁判所は、「法律の社会化」につとめ、法を適用して判決を出すよりも、裁判上の和解を奨励する方向へと舵を切った。第一次世界大戦後の重化学工業化と独占資本の確立、それらに伴う都市への労働者の流入・農業の変質は、農村秩序の動揺をもたらした。もはや、多くの民事紛争解決を共同体内部に委ねて、ごく僅かの民事紛争のみを裁判で法を厳正に適用して解決するという、法的世界と現実の社会との二極分化を保つことはできなくなっていた。社会生活に法律が浸透していったのである。そこで、国家が、具体的な一つひとつの事件について、利害の調整を政策的に行うようになった（川口由彦1990：233頁以下）。1922（大正11）年に借地借家調停法が制定され、1923年の関東大震災後に借地借家紛争の処理に大きな役割を果たした。1924年には小作争議の激化を抑制するために、小作調停法が制定され、1926年には商事調停法が制定された。なお、行政調停として1926年に労働争議調停法も制定された。これらの中で実体法が制定されたのは、1921年の借地法・借家法だけであり、実体法としての小作法・労働法などの立法は実現しなかった。

第2節　昭和恐慌期から戦時特別法の時代へ

1929（昭和4）年10月に始まった世界大恐慌は日本を直撃した。翌年の金輸

出解禁、その後の再禁止とも相俟(あいま)って、日本経済は大混乱に陥った。1930年代は、経済への国家統制、農業恐慌対策、農山漁村経済更生運動による部落会・町内会を活用した生活統制が進行した時代であった（山中永之佑1999：497頁以下）。小作争議は急増し、地主側による小作料請求・土地返還訴訟などの提起、全国農民組合支部の応訴、労資協調会等による調停などが繰り広げられた。政府は、1928年の治安維持法改正によって、その最高刑を死刑とし、労働運動の弾圧を強化した。

それでもなお1930年代前半は、急速にファシズム化する国家・社会にあって、近代法体制をなんとか維持しようとする努力もなされていた。しかし、1937年の日中戦争突入以後は国家総動員法の制定に始まり、国防保安法（1941法49）制定、治安維持法改正（1941年）が行われ、訴訟法制においても、1942年の裁判所構成法戦時特例（1942法62）・戦時民事特別法（1942法63）・戦時刑事特別法（1942法64）によって手続の簡素化が図られた。それらは、明治以来80年にわたる近代化の努力を無に帰す、もはや近代的訴訟法制とは言えないものであった。

❖「司法制度改善論」と刑事訴訟法制　1934（昭和9）年に司法省は、「司法制度改善ニ関スル諸問題」と題する諮問要綱を発表した。この諮問は、裁判手続の簡素化と裁判の敏速化・民衆化を目指したものであった（民事・刑事共通の諮問要綱は、訴訟記録を簡便にする方法／巡回裁判制度／軽微な刑事事件と少額請求の民事事件につき、夜間裁判の実施〔民事については裁判所外の適当な場所での裁判も検討〕、という点であった。とくに刑事事件については、司法警察の統一〔行政警察からの分離〕／予審制度の改正〔検察権の強化〕／聴取書の証拠化が挙げられた。また代表弁論制と弁護人数の制限／未決拘禁制度／刑務所の作業統制などについても諮問項目に挙がっている〔『正義』昭和9年11月号3頁〕)。

さて、ここでは予審制度の改正について検討しよう。大正刑訴法の刑事裁判手続は、人権保障を目指して、勾引・拘留あるいは押収・捜索というような強制処分は、検察・警察が行うことを認めず、予審判事（裁判官）が行うという原則を貫いた。しかし、捜査の実際を考え「真実」発見を目指した検察・警察は、違警罪即決例に基づく被疑者取調べ・拘留や行政執行法（1900法84）に基づく行政検束を行い、あるいは任意処分であるとしながら脱法的な身柄拘束を

行なった。これらのことが人権蹂躙の発生原因であるという問題提起が、日本弁護士協会のみならず政府内部からもなされた。司法省の司法制度改善論は、刑事訴訟法による捜査に対する制約を緩和して、検察・警察がある程度強制捜査を行えるようにし、その代りに濫用的な手段を厳禁することによって、人権蹂躙を根絶しよう、と主張する。この主張に対しては、予審廃止論と予審存置を前提とした修正論とがあった（小田中1976：456-465頁）。予審存置論は、予審を廃止することによって、かえって検察の強制権限が強化されることをおそれたものであり、予審を存置してその弾効化を図るという議論を展開した。この司法制度改善論義は1940年2月まで続けられ、日本弁護士協会と東京弁護士会は予審存置、起訴前の強制処分の期間延長、捜査官の職権濫用防止、検事局と裁判所の分離等を内容とする共同意見書を提出している。この6年間に示された諸々の改革案が、戦後の刑事訴訟法改正作業に大きな影響を与えた（松尾浩也1974：83-101頁）。

　しかし、1940（昭和15）年7月に第二次近衛内閣が成立し、いわゆる「新体制」運動が始まると、満州事変以後の準戦時体制は、明らかな戦時体制へと移行した。1941年に国防保安法（1941法49）が制定され、その第1章には「国家機密」に関する罪の規定が置かれ、第2章では「刑事手続」が示された。同法の「刑事手続」の特徴として、検察権の強大化と弁護人および弁護活動の制限、控訴審廃止が挙げられる。さらに、1942年の戦時刑事特別法によって、聴取書の証拠能力についての制限が撤廃された。

　◆1930年代の調停制度と債務者救済　　昭和恐慌・農業恐慌により疲弊しきった小商工業者や農民の救済を図るために、1932（昭和7）年に金銭債務臨時調停法（1932法26）が制定された。金銭債務臨時調停法は、①負債の整理によって「誠実ナル債務者」を更生させることを目的とし、②小作・借地借家関係を除いた私法上の金銭債務で千円を超過しないものについて実施することができる。調停不成立の場合、裁判所は一切の事情を斟酌して、利息や期限等の債務関係の変更を命ずる裁判を為すことができる（第7条1項）。これに対しては即時抗告ができるだけであり、裁判が確定した場合には裁判上の和解と同一の効力を有する。しかし第7条1項の「調停に代わる裁判」は、銀行その他官庁の監督を受けて金融業務を取り扱う者の債権については、その業務の機構を害す

るおそれがある場合には、調停の申立ては却下され、調停に代わる裁判も為し得ない（第7条2項）。したがって、第7条1項は高利貸しによる債務については一定の効果があったものの、金融機関から借入をしていた中小商工業者にとっては実質的には債務者保護の意味を持たなかった（本間義信1969：10、20頁）。同法は、どのように紛争が解決されるべきであるかを裁判所が判断して当事者に押し付けるという側面を持った「利益衡量主義」的紛争解決を行うものであり、特に、決定の理由づけが不要とされているので、裁判所の恣意的な決定を許すものである（広中俊雄1976：43、69頁）。なお同法第7条については、1960年に違憲判決が出されている（最大決昭35・7・6民集14巻9号1657頁）。

　日中戦争が長期化してきた1939（昭和14）年に人事調停法（1939法11）が制定された。司法省は当初、応召軍人遺家族間における戦死者の特別賜金、扶助料等をめぐる紛争を解決するための法案を準備していたが、最終的には対象を一般的な家庭に関する事件として名称も人事調停法とした。しかし、1942年の戦時民事特別法は、「戦時下隣保相助ノ精神」の下で民事紛争についての訴訟的解決を避けることが目的となった。民事紛争一般についても調停の申立てが許容され（第14条）、受訴裁判所が適当と認めるときは職権で事件を調停に付し、自ら調停によって処理し得るものとされた（第16条・第19条）。また、「調停に代わる裁判」は、戦時民事特別法による調停、借地借家調停、商事調停にも用いられることとなった。そもそも調停での手続は非公開であり、また同法によって、裁判所は機密の保持を理由として訴訟記録の謄写、抄本の交付を禁止することもできた（佐々木吉男1974：39-51頁）。なお戦時民事特別法は1943年11月の改正により、すべての第一審判決に対して、控訴を許さず、上告のみを許すこととなった。

　このように1930年代の調停制度は、1920年代とは異なり、紛争の早期の解消・沈静化を図り、あるいは負債を強引に整理することによって急迫した社会経済的局面を切り抜ける行政的制度であった。このような調停は、債務者・社会的弱者の保護を実行する手段という側面を持つ。しかし他方で、事件の種類を特定せずにすべての事柄についての調停利用が認められ推奨されると、当事者の訴訟提起を抑圧し、その正当な権利を制限することにつながった。

第3節　戦後改革と新しい訴訟法制の創設へ

　日本は1945年8月15日に敗戦をむかえた。直ちに、占領を行ったGHQ（連合国最高司令官総司令部）による日本の法制改革が始まった。戦時刑事特別法・戦時民事特別法は1946年1月15日に廃止された。しかし、新しい訴訟法の制定作業は、日本国憲法施行期日目前の時点でまだ終了しておらず、日本政府はGHQとの折衝により、民事訴訟法応急措置法（1946法75）と刑事訴訟法応急措置法（1946法76）を制定した。

　❖ **人権保障・当事者主義強化を果たした刑事訴訟法**　　新しい憲法の人権保障規定には、刑事訴訟手続に関する条文が第31条以下に10ヵ条も含まれており、憲法の精神に即応し人権保障に資するような刑事訴訟法を制定することが求められていた。訴訟手続は英米法化の強い影響を受けて、当事者主義化した（三井誠2000［1993］：1頁以下）。

　刑事訴訟法の応急措置法の制定過程においては、逮捕に伴う身柄拘束時間をどの程度認めるかという点が、一つの論点となった。日本では、逮捕とは取調べを伴うのが当然であり、警察官の職務には逮捕後にさらに証拠を集めて送致の手続を取ることまで含まれる。しかし、アメリカでは逮捕したら遅滞なく裁判官（もしくは検察官）に引致し、警察官は原則として取調べを行わない。特に現行犯逮捕の場合に何時間まで令状なしで拘束できるかが激しく議論された（松尾浩也2006：144-170頁）。

　軍事的脅威の除去と徹底した日本の民主化を求めた初期の占領政策は、刑事手続については大陪審の導入や検事の公選など、アメリカ型司法の導入を目指していたが、これらは実現しなかった。また、GHQは陪審制の復活を求めたが、日本政府は強く抵抗し、裁判所法第3条3項に刑事について陪審の制度を設けることを妨げないという規定を置き、将来の検討課題とした。GHQの司法改革構想は、占領政策の転換と法律スタッフの交替とによって変化していき、将来にわたって有用な制度を創るために日本政府に草案作成の主導権を持たせるようになった。したがって刑事訴訟法は、憲法レベルでの司法制度構想に比べて、戦前の大陸型司法制度との連続的局面を持つものとなった（出口雄

—2001：351頁以下）。

　しかしながらむろん現行の刑事訴訟法（1948法131）は、英米法の影響を強く受けて当事者主義化を徹底した。予審を廃止し、附帯私訴の制度を廃止した。附帯私訴は、公訴提起に附帯して行われる、犯罪の被害者による民事上の請求（損害賠償請求など）を刑事裁判の場で行う制度であったが、当事者主義の採用によって手続が複雑になり、訴訟手続の進行に混乱を生じさせるとの理由で廃止された。また、起訴状一本主義・伝聞法則等の公判中心主義の徹底がなされた。さらに、強制処分につき人権保障の徹底を図るために令状主義、勾留理由開示制度等が採用され、起訴独占主義に対する抑制措置（準起訴手続、検察審査会制度）も設けられた。不利益再審の廃止などを挙げることもできる（田口守一1995：178-182頁）。

　このように英米法化が進む一方で、刑事訴訟の日本的特徴といわれる起訴便宜主義（第248条）の広範な運用は温存された。前出の旧法の条文に「犯罪の軽重」という文言が加えられただけである。占領下においてGHQが「占領目的に有害な行為」（1946勅311）については起訴法定主義を定めていたにもかかわらず、その「運用」をめぐって日本の検察官（司法省）はGHQ法務局と一つ一つの事件について交渉を重ね信頼を得て、ついには起訴不起訴については日本側で決定できることとなった。加えて民政局も起訴便宜主義に批判的ではなかったと言われている（出口雄一2005：1頁以下）。なお、起訴猶予率は1950年に59.3％となりその後は減少の一途であったが、1980年代以降は上昇した。日本の起訴猶予制度の問題点として、罪種に制限がなく、明示的基準が設定されていない、裁判所その他の同意を必要としない、などの諸点が指摘されている（小山雅亀2002：98-99頁）。

　◆ **民事訴訟法の現代化**　　このような刑事訴訟法制の大転換に比して、戦後直後には民事訴訟法の大改正は行われなかった。1948年に行われた民事訴訟法（1948法149）の改正では新憲法に適合しない規定（妻の訴訟無能力や戸主と家族との関係など戦前の家制度を前提とした規定）は改められた。また、アメリカ法の影響を受けて当事者主義的色彩が強まった（職権証拠調べの廃止や証人尋問における交互尋問の採用など）。なお、口頭弁論を経ない訴えの却下は、口頭陳述をする権利は当事者の固有の権利であるとのGHQの意向を受けて認めない方針であ

った(第114条2項)が、占領終了後の民訴法改正に際して削除された(鈴木正裕2004:304-316頁)。

　戦後直後から民事訴訟法学が提示した問題の中には、具体的な手続規定についてだけではなく、民事訴訟の目的論があった。民事訴訟の目的について、戦前は権利保護説や私法秩序維持説が主流であった。権利保護説とは、国家が私人に対して、権利侵害に対する自力救済を禁止する代償として、その権利保護を引き受けるために設けたのが民事訴訟であるとする見解であり、私法秩序維持説とは、国家が、制定した私法法規の実効性を保障するために、民事訴訟を設けたとする見解である。しかし、戦後の民主主義・自由主義化の時代思潮の中で、兼子一博士は、「民事訴訟の出発点に立ち返って」(『法協』65巻2号)という論文において、紛争解決説を提示された。これは、法律の制定がなされる以前から存在した裁判の必要性から見て、民事訴訟の目的は、「個人並びに社会にとっての端的な必要」があるので、国家権力による私人間の紛争解決・調整を行うことである、と捉える見解であった。紛争解決説は実質的価値判断を含まないので、価値相対主義を基礎として手続的正義を重視する民主主義国家にふさわしいという面がある。その後の論者によって、同説はさらに発展し、「紛争解決の一回性」の理念を掲げて、新訴訟物論や多数当事者訴訟の領域においても成果をあげ、高度経済成長期以降の急激な社会的変化から生じる司法の法創造作用への期待にも応え得る理論であった。しかし他方で、紛争解決説に対しては、「法による裁判」の要請や近代法治主義に反するのではないかという批判もあり、新たに法的紛争解決説も示された(竹下守夫1998:4-5頁)。

　さて、戦後の生産力水準が戦前最高時の水準を回復した1955年から、日本は高度経済成長期に入ったとされている。日本の高度経済成長は、経済成長率年平均約10％という驚異的なものであり、約18年間続いた。1960年代後半には、経済的には欧米諸国に追いついた日本が、しかし欧米諸国とは全く異なる「社会」(思想、行動様式、経営方式、法観念、慣行など)を保っていることへの関心が欧米諸国のみならずアジアにおいても高まった。法の分野では、たとえば、裁判による紛争解決を回避しようとする傾向や契約観念の差異について議論がなされた(川島武宜1967)。アメリカの日本法研究者からは、裁判回避傾向は日本の法制度の不備を見越した上での選択であるとの指摘もなされた(ヘイリー,

ジョン・O 1978)。

　具体的な立法をみると、高度経済成長期を迎えて増大する信用供与の必要性に応えるべく、1964年には、手形訴訟・小切手訴訟の制度が新設された（1964法135）。明治民訴法には採用されていた為替訴訟と証書訴訟の手続は——その編纂過程では証書訴訟はよく利用されるだろうとの議論もあったが——、実際にはあまり使われず、大正民訴法では廃止されていた。手形訴訟・小切手訴訟の新設は、経済界の要望に応じて行われたという点においても、それまでの立法状況を考えると画期的である（青山善充1995：153-164頁）。また、1985年をピークとした新受件数の大幅な増加が見られる。訴訟の新受件数と経済の好況不況との間には密接な関係があり、日本が消費者信用取引社会（いわゆるクレサラ事件の増大）に入っていたことを示している（高橋裕2006：297頁以下）。さらに1990年のバブル崩壊後にも事件数は急増した（林屋礼二・菅原郁夫2001：6頁以下）。明治民訴法－大正民訴法は、判決手続の規定に引き続いて第六編として強制執行を定めていた。しかし、この点を改め、1979年に民事執行法、1989年に民事保全法が制定された（なお1966年に執行官法制定）。さらに、平成に入って民事訴訟法の全面改正の機運は高まり、1996年に民事訴訟法（1996法109）が制定された（園尾隆司2009：293頁以下）。

【参考文献】
青山善充（1995）「民事手続法制」『ジュリスト』1073号（特集・戦後法制50年）
伊藤孝夫（2000）『大正デモクラシー期の法と社会』京都大学学術出版会
小田中聰樹（1976）『刑事訴訟法の歴史的分析』有斐閣
小山雅亀（2002）「起訴便宜主義の意議」『ジュリスト増刊　刑事訴訟法の争点〔第3版〕』有斐閣
川口由彦（1990）『近代日本の土地法観念』東京大学出版会
川島武宜（1967）『日本人の法意識』岩波書店
佐々木吉男（1974）『増補　民事調停の研究』法律文化社
鈴木正裕（2004）『近代民事訴訟法史・日本』有斐閣
園尾隆司（2009）『民事訴訟・執行・破産の近現代史』弘文堂
染野義信（1988）『近代的転換における裁判制度』勁草書房
高橋裕（2006）「消費者信用と裁判所利用」林信夫・佐藤岩夫編『法の生成と民法の体系』創文社
竹下守夫（1998）「民事訴訟の目的と機能」青山善充・伊藤眞編『ジュリスト増刊　民事訴

訟法の争点〔第3版〕』有斐閣
田口守一（1995）「刑事手続法制」『ジュリスト』1073号
出口雄一（2001）「GHQ の司法改革構想から見た占領期法継受―戦後日本法史におけるアメリカ法の影響に関連して」『法学政治学論究』第44号
出口雄一（2005）「『占領目的に有害な行為』と検察官の起訴猶予裁量―占領下における刑事司法の管理と法制改革の交錯」『桐蔭法学』23号
林屋礼二・菅原郁夫編著（2001）『ジュリスト増刊　データムック民事訴訟〔第2版〕』有斐閣
広中俊雄（1976）「権利の確保・実現」同『法社会学論集』東京大学出版会
ヘイリー，ジョン・O（1978）「裁判嫌いの神話　上／下」（加藤新太郎訳）『判例時報』902号14-22頁／907号13-20頁
本間義信（1969）「昭和戦前期の民事司法」『法経研究』18巻1号
松尾浩也（1974）「戦前から戦後へ―その連続性と非連続性」（「刑事訴訟法の制定過程」(1)）『法協』91巻7号
松尾浩也（2006）『刑事法学の地平』有斐閣
三阪佳弘（2003）「刑事訴訟法―近代日本刑事司法制度史の軌跡」石川一三夫・中尾敏充・矢野達雄編『日本近代法制史研究の現状と課題』弘文堂
三井誠（2000[1993]）「戦後刑事訴訟法の全面改正と今日」『刑事手続法入門(1)』有斐閣
山中永之佑（1999）『日本近代地方自治制と国家』弘文堂

第15章
財産法制

第1節 末弘法学のインパクト

◆ドイツ法学への傾斜から社会問題への関心へ　明治民法典は、お雇いフランス人ボワソナードがその草案を起草した旧民法典に対するアンチテーゼとして起草・制定された法典である。たとえば、その第85条で「本法ニ於テ物トハ有体物ヲ謂フ」という一見すると無意味な規定を置いたのは、旧民法典が、知能のみで理解するものである無体物（権利などを含む）もまた、有体物とともに物としていたからであり、新民法典（明治民法典）が旧民法典とは異なる規定を置いたことを明示する必要があったからである。その編別構成も、各条項がフランス民法典や旧民法典などを直接の淵源とする諸規定も多い中で、ドイツ、とりわけザクセン民法典を参考に、旧民法典の編別構成を批判する中から採用されたものであった。したがって、旧民法典に対する反動の中で、法学者が、ドイツ解釈学を参考としながらその解釈学を開始したことはごく自然なことであったとも言えよう。

　明治末から大正初期にかけての民法学が、一つひとつの概念を緻密に積み上げながら法律上の問題を解いていくというドイツ法学隆盛の時代となっていったのも、このような流れの中で理解することができる。しかし、ドイツが第一次世界大戦に敗れたこともあり、ドイツ法学への傾斜にブレーキがかかることとなる。そのきっかけを与えたのが、末弘厳太郎の欧米への留学とその帰朝（1920〔大正9〕年末）であった。

　末弘は、アメリカでの滞在中に得た体験などをもとに、ドイツ法学一辺倒の法学を批判するとともに、東京大学において判例研究会を組織し、法発見の素材として判例を研究し始める。それは、「裁判所が法律を作る」という意味ではないものの、判決に「法律創造力」があることは率直に認め、裁判所が種々

の複雑な具体的事件に臨んで複雑に動くところをありのままに眺めることによって「複雑」の中から普遍的な「統一」と「理論」と「原則」とを求めようとした活動であった（民法判例研究会1924：序7頁）。

　末弘が取り組んだのは、良い法律を作ること、あるいは良い裁判をすること、そういう学問を科学的に組み立てることを目的としていた（六本佳平・吉田勇編2007：57頁）。そこでは、法を分析するのにそれだけを自足自給的な体系として取り扱うのではなく、社会と法との分離を防ぎ、社会と結びついた法を探究していくこととなる。いわば、社会問題に目を向けた法理論を目指していったわけである。

　❖ **判例の動き**　　法学にこのような動きが生じている頃、裁判でも社会問題に留意した判決がなされ始めていた。その際、判決理由として、条文には明示されていない権利濫用の法理や信義則の原則が援用されるようになっていった。裁判で認められたわけではないが、大阪アルカリ事件（大判大5・12・22）では、フランスなどで論じられていた権利濫用論が援用されている。また、些少の金額不足を理由とする受領拒絶を信義則違反とする判例（大判大9・12・18）や、いわゆる「深川渡事件」（大判大14・12・3）などでは、信義則違反を理由とした判決がなされた。

　学問的にも、これら基本原則を直接の研究対象とする研究も行われるようになっていたことは（牧野英一や鳩山秀夫、末川博などの研究が著名である）、戦後の法改正などに繋がる動きとして注目に値する。

　❖ **明治末から大正期にかけての諸立法**　　末弘が社会問題に目を向けた法理論を目指す前から、社会問題に対する立法は始まっていた。

　民法典の施行後は、まず、施行に伴って生じた諸問題を解決する付随的な立法が続く。たとえば、「失火ノ責任ニ関スル法律」（1899〔明治32〕年）や「地上権ニ関スル法律」（1900〔明治33〕年）などの立法がそれにあたる。その後しばらくすると、生産活動の進展に応じて、産業資本家所有の工場などを担保に融資を受けるための「工場抵当法」や資金調達のための「担保附社債信託法」（1905〔明治38〕年）などの立法が続いている。これら立法もこの時代の社会問題に対応して設けられた制定法ではあるが、むしろ産業育成政策にそった、民法典の手直し的な立法と見るべき現象と言えよう。

これに対し、社会問題への対処としてなされ、直接に時代を反映した立法としては、日露戦争後の地震売買に対処した「建物保護ニ関スル法律」（1909〔明治42〕年）の制定や、「借地法」・「借家法」の制定（1921〔大正10〕年）が注目される。後者は、髙木益太郎などの国会議員による議員立法を目指した動きの中で制定されたものであり（髙橋良彰2002：228頁）、地震売買が社会問題として認識されたことが発端であった。

借地法と借家法は、当初地域を限定して施行されていた。したがって、一般法である民法に対する特別法ということになる。しかし、民法の適用を排除する特別法ではなく、これを前提として、たとえば物権たる地上権と債権たる賃借権をそのままに維持しながら借地権という概念を立てている。その後、学説は、賃借権の物権化について語ることになるが、その本格的な検討は、戦災による劣悪な住宅問題に直面して始まったものであった（藤井俊二1999：499頁）。

第2節　戦時統制法制から戦後改革期へ

◆ **統制経済への傾斜と戦時体制**　第一次世界大戦による好景気は、いわゆる船成金などを生みだしたが、その後その反動もあって経済は不況に陥った。この時の不況はいったん持ち直したが、その後発生した関東大震災（1923年）の影響や昭和金融恐慌などによって弱体化した経済の中、日本は次第に統制経済体制に向かうこととなった。経済統制は、その後の戦時統制経済へと受け継がれていった（1931年の重要産業統制法から同38年の国家総動員法への流れ）。統制経済が強まり、戦時体制に突入すると、私的所有の絶対・契約自由の原則などを基調とする民法原理は貫徹できず、その再生は戦後改革期に課題とされた（我妻栄1948）。

◆ **戦後改革と財産法制**　敗戦後の占領政策は、まず、財閥解体や独占禁止法の制定、農地解放政策などの自由化政策が課題とされた。これらの政策こそが、その後の法制を基礎づけたことをまず強調しなければならない。

1947年に行われた民法改正は、日本国憲法の制定を受けた「家」制度の廃止を含む家族法改正が中心であったが、財産法関連規定としても、総則編第一章の前に二つの条文を挿入するなど、基本理念を実定法上の条文として明示した

という点で重要である（池田恒男1998：41頁）。

　また、自由化政策との関係では、金利制限の経緯が興味深い。金融機関の金利は、戦前からの統制経済を受けて、業界の協定によって調整が行われてきたが、1947年に独占禁止法が制定されると、これが同法に抵触することのないよう、金利調整を行う制度を法律で定めることとなった（臨時金利調整法）。他方、悪質な貸金業者については、金融逼迫に乗じて発生した不正金融などを取り締まる目的で設けられた「貸金業等の取締に関する法律」（1949年）で対処することとなった。後者は、その後、政界を揺るがせた保全経済会事件を背景に制定された「出資の受入れ、預り金及び金利等の取締りに関する法律」（1954年）に受け継がれる（菅原菊志1988：86頁）。それは、高金利を刑罰によって規律するものであり、利息の効力自体を規律する利息制限法の改正（法律としては旧利息制限法の廃止と新利息制限法の制定として立法）と併せて作られたものであった。両者の規制利率の違いは、いわゆるグレーゾーンと呼ばれることになるが、その是正は、ようやくにして2006年改正によってなされることとなる（「貸金業の規制等に関する法律等の一部を改正する法律」〔2006法115〕による）。

　◆ **法学における各種論争**　　戦時中の閉塞状況から脱したこの時期の法学は、法社会学論争、法解釈論争、判例研究論争といった三大論争によって幕を開けた。これら論争は、戦前からの法学に対する批判・反省として提起されたものであったが、法学に社会科学的分析をとりいれる試みがなされたり、解釈には解釈者の主観的な決定の要素があるかどうかなどが議論されている。これらの論争が収束していく中で、利益衡量を解釈の中心に据える者や、市民法の基礎に立ち返ることを考える人々など、民法学には様々な方向が生じていく（詳しくは Column 3 参照）。

第3節　住宅問題や公害・消費者問題への対応（1960・70年代）

　◆ **住宅問題と借地・借家権の強化**　　1960年代に入ると、国民生活の中に資本主義経済が浸透する過程で問題となる様々な社会問題が発生してきた。住宅問題や消費者問題、公害問題などの諸問題がそれである。

　この内、住宅問題については、これ以前よりとくに都市部において問題とさ

れ、大正期の借地法・借家法を生みだしていた。その頃から民法学において議論されてきたのが賃貸借の物権化論である。これは、債権である賃借権を物権並に強化することを課題とし、比較法的な研究をはじめとする様々な分析が現れていたが、ここにきて、いくつかの立法が行われた（藤井俊二・加藤雅信編集代表1999：499頁）。まず、「建物の区分所有等に関する法律」が成立したことが注目される（1962年）。民法典がわずか1条で規律していた条項を削除し、全36条からなる法律を制定したわけである。この法律によって、主に長屋のような建物について考えていた建物の区分所有について、集団住宅（マンション）にも対応できることとなった。ついで、1966年には、借地法・借家法が改正される。これは、住宅建設計画法と同時期に公布された法律で、一方では持ち家政策にてこ入れすることを目的としながら、他方では借地人・借家人の権利を強化することとした（これに対し、借地・借家に対して所有権を強化するとともに賃貸をしやすくすることを目的とした再改正がなされるのは、バブル末期の研究をもとにしたものであり、1991年のことである）。

裁判においては、いわゆる信頼法理に基づき、賃貸人からの一方的な契約解除に一定の歯止めをかける判例が定着していったことも付記しておきたい。

❖ **消費者問題の発生と各種立法**　消費者問題に対処する各種立法が始まるのもこの時代である。もっとも、その後見られるような消費社会の進展への対処法的な立法ではなく、当初は産業保護的な立法そのものであった。そのため、これら法律には次第に消費者保護的な性格が付加されていくものの、その性質は、消費者保護法制に深刻な傷跡を残すことになったと思われる。ここでは、1961年に制定された割賦販売法を見ておくこととしたい（清水誠1988：126頁）。

割賦販売法は、デパートなどで始まったチケット販売に関わる通産省通達をめぐるごたごたの中で立法された。その趣旨は、その後展開する割賦販売を準備したものであり、1970年代後半頃から深刻化するサラ金・ローン問題を生みだしていった、と評することも可能であろう。

その後、同法は1968年に改正される。これは、ミシン業界などで急増した前払式割賦販売についてのトラブルに対処するための応急処置的な改正であった。その対応は、消費者のための措置と言えなくもないが、対処療法的改正に留まったと言うべきであろう（同年には消費者保護基本法が制定されたが、これと

の関連は見出せない)。むしろ、1972年の改正が重要である。契約における取引条件の開示を徹底させるとともに、諸外国でも法制化されていたクーリングオフの制度を導入した改正であり、「購入者等の利益を保護し」という一文が追加された。大量生産大量消費の時代に入り、消費者問題が、社会の問題として否応なく法的解決を迫られる時代となったことを窺わせる。

また、時代は下るが、1976年には「訪問販売等に関する法律(現「特定商取引に関する法律」)」が制定されていることも付け加えておきたい。これ自体は、特殊な契約方法に対する消費者保護的な立法であり、その後、契約法体系の中に、消費者契約という類型が意識されることとなる。

❖ **公害問題と公害国会**　足尾鉱毒事件を指摘するまでもなく、公害問題についても、住宅問題と同様戦前から問題は発生していた。しかし、高度経済成長に伴って深刻化した公害問題に対して、裁判による救済を求める活動が本格化したのは、この時代のことである。つまり、いわゆる四大公害(新潟水俣病、四日市ぜんそく、富山イタイイタイ病、熊本水俣病)において、1967年から1969年にかけて相次いで裁判が提起されたわけである(潮海一雄1988：96頁・板倉宏1988：98頁)。

公害に関する立法的対策は、1967年の公害対策基本法の制定に始まる。また、1970年12月には、いわゆる公害国会が開かれ、各種関連法が制定されている。財産法制との関係では、大気汚染防止法(1968年)や水質汚濁防止法(1970年)などが制定され、無過失責任を定める規定が置かれたことが重要である。もっとも、これら無過失責任は、法施行との関係で四大公害事件には適用できず、裁判では、注意義務を厳しく認定することによって過失要件を満たす判断がなされている。また、因果関係の推定を認め、門前まで原因を証明すれば、反証がない限り因果関係を認める判断などを示している。他方、学説は、受忍限度論に見られるような、加害企業の経済活動を考慮しながら被害者側の受忍限度で段階的に賠償責任や差し止めを認めていこうとする考えをとる学説などが展開している。

最後に、民事責任との関係で公害健康被害補償法(1973年)が制定されたことも注目すべきであろう(森島昭夫1988：154頁)。これは、公害による健康被害を行政が認定し、その損害を企業・国・自治体などから集められた基金によっ

て補償する制度であり、公害による被害を無過失で賠償する機能を有する制度であった。なお、被害者補償がかえって企業責任を曖昧にするといった批判も強かったが、環境汚染が改善されたとの認識の下、1988年の同法改正以後は新規の認定は行われていない。

◆ その他の社会問題と各種立法　　最後にこの時代に立法がなされた他の領域についても一瞥しておきたい。とくに、担保法関連の立法が見られたことが注目される。

まず、1971年に根抵当規定が民法に追加された（各種概説書の外、とくに清水誠2003：126頁）。これは、担保法の原則である債権の特定について、基本契約を要件として緩和した取扱いがなされていたものを、立法によって規律することとしたものであり、判例法の展開と学説による深化を基礎としたものであった。根抵当では、債権が弁済によって消滅しても、その後に発生した債権についてそのまま担保とすることができることから、金融・商社を中心に多用されていた。それが、ここに来て立法によって規律されたことになる。これに対し、動産や無体財産権などを担保化することができる譲渡担保制度については、立法化が見送られ、現在までその包括的な規律はなされていない。

また、1978年になると、「仮登記担保契約に関する法律」が制定された（宇佐見隆雄1983：84頁）。仮登記担保契約とは、不動産で債権を担保することを目的に、代物弁済予約や停止条件を仮登記によって確保しておく契約であり、仮登記制度を用いることにより、強力な担保作用を引き出すものであった。この契約については、様々な判例によってその運用が図られてきたが、1974年の最高裁判決（最判昭49・10・23）において、不動産のまる取りを許さず、清算義務を果たすことが強調された。同法の制定は、この判例をきっかけに立案され、その清算手続を明確化したわけである。しかし、この立法によって、仮登記担保に関する契約がかえって行われなくなってしまったことは、皮肉な現象と言えよう。

第4節　バブル崩壊とその後（1980年代以降）

◆ 社会問題の深刻化　　1980年代になると、経済活動の国民生活への浸透が

一般化し、地域的に限定された特別法の制定といった事態は見られなくなる。バブル経済に見られるように、飢えることのない豊かな社会を享受するようになったようにも見えるが、日本版金融ビックバン以降の自殺者が年間三万人を超えるなど、むしろ社会問題は深刻化し、その根絶は難しくなっているのかもしれない。以下では、個人の生活を保護する視点から二つ、企業活動を支える視点から一つ、注目すべきいくつかの立法につき検討を加えておきたい。

◆ **製造物責任法（PL法）と消費者契約法** 製造物責任法は、1994年に制定された法律である。しかし、その研究はすでに1970年代にはわが国に紹介されており、立法化の提案もなされていた。つまり、すでにアメリカで、車の欠陥によって生じた自動車事故の損害について、これを補塡していた保険会社による求償訴訟が、欠陥車を製造した自動車会社に対してなされる中で、製造物責任の法理が展開しており、日本でも、モータリゼーションが進展する中、アメリカの事例が紹介され、これに準じた立法が提案されていたのである（もっとも、自動車損害賠償保障法が1955年に制定され、交通事故による被害者救済〔人身事故についてのもの〕は早くから手当てされている）。

判例や学説は、これらの被害について、不法行為責任として、積極的に欠陥商品の責任を追及することを認めるようになっていったが、実際の立法は、産業界の抵抗もあってなかなか進まない状態が続いていた。たとえば、1980年代後半にはアメリカからの市場開放の要求に応じる形で、事後的な救済を手厚くすることが検討され、製造物責任法の制定もその関連で提案されることもあった。しかし、その実現は、1994年にずれ込み、その内容も後退したものとなってしまった（過失や因果関係に関する推定規定などが取り入れられていない）（大村敦志2003：85頁）。

むしろ、同法の見直しの議論の中から、消費者契約法が2000年に制定されたことが興味深い。そもそも製造物責任とは、商品が欠陥を有する場合に欠陥商品を製造した者の責任を追及できる制度であるが、それはまた契約で繋がった者に対する責任追及であり、理論的には契約責任の側面も見出せるからである。製造物責任法の点検作業を行う中で、おりからの規制緩和政策との関係で、被害の事後的な救済を図る制度として、消費者契約における不当条項の禁止（第8条・第9条）や契約締結に際して誤認を与える様々な行為の禁止（第4

条）といった規定を含む消費者契約法が制定されたわけである。これらは、消費者に対する情報提供義務などの理論として学説や判例が認めてきたことが背景となっている。

❖ **高齢者問題と財産管理**　平均寿命が伸び、高齢化社会を迎える中で問題とされたのが、民法典の規定する無能力者制度である。この制度は、禁治産者などに形式的に取消権を付与するなど、当事者の財産をその限りで保護することができる制度であったが、無能力という用語やその認定に対する抵抗感などが災いし、とりわけ高齢者にとっては使いづらい制度となっていた。そこで、1999年、無能力者制度は、いわゆる任意後見契約に基づく後見制度とともに法定後見制度として整備され、他方で介護保険制度を創設することにより高齢者を保護するとともに、使いやすい財産保護制度とすることが目指された。

任意後見契約では、将来の意思能力の衰えに備えて予め一定の事務を委託しておく契約を結ぶことになる。実際にそのような状態が生じた場合には、家庭裁判所によって「任意後見監督人」が選任される必要があり、その時から効力を生じる。また、効力発生時には、本人の意思能力が衰えていることが前提となるため、一定の様式を備えた公正証書によって契約を行うことが定められており、また、後見登記制度によって一定の事項が登記されなければならない。

他方、法定後見制度は、旧来から批判が強かった禁治産者・準禁治産の名称を変更したほか、成年後見人・保佐人の外に補助人を設けた。また、明文規定がなかったために疑問視されていた保佐人の代理権などを整備しており、全般に使いやすい制度を目指したものであった。

もっとも、これら制度については、介護保険制度が予定する介護契約などが十全に機能することが前提となっている。いわば、福祉の観点から、成年後見制度を財産法上補充する中味の問題がカギをにぎっていると言えよう（各種概説書のほか、とくに新井誠1999）。

❖ **債権譲渡法制の展開**　1990年代後半は、失われた10年を取り戻すカギを金融に見出し、これを強力に押し進めていく金融自由化政策がとられ、様々な特別法が制定されていった時代でもあった。ここでは、とりわけその様子が特徴的に展開した債権譲渡法制について見ておきたい（各種概説書のほか、とくに中田裕康2008）。

民法は、証券化されていないいわゆる指名債権について、通知もしくは承諾を対抗要件として債権譲渡を認めている。しかし、手形・小切手法による有価証券に比べ面倒であり、またその安全も十分に確保されていない。その特別法による簡易な譲渡制度は、ここ近年に課題とされ、次々と特別法が制定されている。その動きは、債権流動化によって市場から資金調達を容易に行うことを目的としている。

この分野における最初の特別法は、「特定債権等に係る事業の規制に関する法律」（1992年）であった。これは、リース会社やクレジット会社が有する債権を譲渡担保にして資金を調達することを目的としたもので、大量の債権を譲渡担保にする特別の制度を必要とした。つまり、一定の手続を踏んだ上で新聞などで公告すれば確定日付のある通知があったものとみなされる制度がそれである。ついで、より一般的な手段として「債権譲渡の対抗要件に関する民法の特例等に関する法律」が制定された（1998年）。同法は2004年に改正され、動産の登記も可能となったが、様々な財産を担保化することによって資金の調達を容易にしようとする政策が読みとれよう。1998年の「特定目的会社による特定資産の流動化に関する法律」（2000年に「資産の流動化に関する法律」に改変された）とともに、アメリカ流の金融自由化を支援する制度が集中的に整備されたことがうかがえる。

これら諸立法は、法人登記を利用した登記制度であることや「特定目的会社」を対象としていることからもわかるように、一般人を権利主体として組み立てられた民事立法ではなく、とりわけ金融を円滑にすることを目的とした商事立法である。しかし、いわゆる指名債権や一般動産の担保化を対象とした立法であり、一般人にも影響を与える要素を持っていることは注意しておくべきであろう。

【参考文献】
新井誠（1999）『高齢社会の成年後見法〔改訂版〕』有斐閣
池田恒男（1998）「日本民法の展開（1）民法典の改正―前三編（戦後改正による「私権」規定挿入の意義の検討を中心として）」広中・星野編『民法典の百年1』有斐閣
大村敦志（2003）『生活民法入門―暮らしを支える法』東京大学出版会
大村敦志（2007）『消費者法〔第3版〕』有斐閣

清水誠（2003）「根抵当」川井健編『民法（3）担保物権〔第4版増補版〕』有斐閣
末川博（1949）『権利濫用の研究』岩波書店、初出は戦前に遡る
髙橋良彰（2002）「第11章　財産法制」山中永之佑編『新・日本近代法論』法律文化社
中田裕康（2008）『債権総論』岩波書店、とくに、532頁以下
鳩山秀夫（1955）『債権法における信義誠実の原則』有斐閣、初出は、1924年に遡る
藤井俊二・加藤雅信編集代表（1999）『民法学説百年史』三省堂。本章では、賃貸借の研究に関する499頁
牧野英一（1936）『信義則に関する若干の考察』[民法の基本問題　第四編]、有斐閣、初出は戦前に遡る
民法判例研究会（1924）『判例民法（大正十一年度）』有斐閣
六本佳平・吉田勇編（2007）『末弘厳太郎と日本の法社会学』東京大学出版会
渡辺洋三（1988）『法と社会の昭和史』岩波書店
渡辺洋三編（1989）『現代日本の法構造』法律文化社
渡辺洋三（2004）『現代日本社会と法——ある法学者の見た時代転換期』旬報社
我妻栄（1948）『経済再建と統制立法』有斐閣
　この外、各法律の成立時近くの各種雑誌が参考となるが、とくに雑誌の特集として参考にしたのは、次の2点である。
『ジュリスト・日本の立法』805号、1983年
　宇佐見隆雄「仮登記担保法」
『ジュリスト・法律事件百選』900号、1988年
　菅原菊志「保全経済会事件」、清水誠「割賦販売法制定」、潮海一雄「熊本水俣病」、板倉宏「水俣病問題化」、森島昭夫「四日市ぜんそく事件」

第16章

土地法制

第1節　戦前の土地法制

　戦前期は、明治期を中心にした近代の不動産法制の基礎が成立し、土地所有権の絶対性が確立していった時期と大正・昭和戦前期を中心にした土地所有権の絶対性が制限されていった時期とに分かれる。

　◆**明治期の土地法制の概観**　　明治期では、地租改正に代表される明治初年の措置で土地所有者が確定し、江戸時代の複雑で慣習的な権利関係が整理され、所有権を中心にしたものに再構成された。また、民法が制定され、不動産についての法的制度が整備された。さらに、明治憲法が所有権保障を規定し（第27条）、土地収用法などが成立した。全体に、封建的土地秩序への反動から、この時期では、土地所有権の絶対性（非制約性）が強調された。社会的に見ても農村と都市で大土地所有が形成された。大土地所有と土地賃貸（小作、借地）が第二次世界大戦後の土地所有秩序の変革（農地改革）に至るまで長く続いていく。

　◆**地租改正**　　1873（明治6）年の地租改正条例（太政官布告272号）を中心とする地租改正は、その名が示すように、土地税制改革であったが、土地についてそれまで「所持」していた者が多くの場合地券の交付を受け、地租（後の固定資産税）を納税する義務を負った（福島正夫1962）。江戸時代の所持は、二重所有権（永小作人と所有者）が存在し、地域的に多様であり、さらに、田畑については永代売買禁止令が存在する地域が多かった（渡辺尚志・五味文彦編2002）。これに対し、地券交付の結果、地域的多様性を払拭し、処分の自由が明確に認められた土地所有権が創設された。地券交付のない土地は、大判大3・12・19民録20輯1121頁が「行政機関カ自由裁量ヲ誤リ官有ニ編入スヘカラサル私人所有ノ土地ヲ官有ニ編入シタル場合ト雖モ其処分ハ行政処分タルノ効力ヲ生シ私

人ノ所有権ハ消滅シテ国カ原始的ニ所有権ヲ取得スヘキモノナリ」と述べるように、国有に帰したと見る判例が主流である（毛塚五郎1984）。こうした例は、大きくは山林（そのため、国有地入会権の存否が問題になったが、大判大4・3・16民録21輯328頁は、国有地編入により入会権は消滅したとした。なお、戦後の最判昭43・3・13民集27巻2号271頁は、上記判決に対する学説の批判を受け入れて、国有地入会権の存在を認めた）、小さくは田畑のあぜ道（畦畔）に存在する。なお、民地について、別の者に地券が交付された場合には真の所有者は土地所有権の確認を求めえた。地租改正により地番や土地境界（筆界）も定められ（寳金敏明2003）、これを前提に1886年に登記法が制定され、1889年に地券は廃止された。

◆ 民　法　　1898（明治31）年施行の民法は、所有権を「法令ノ制限内ニ於テ、自由ニ其所有物ノ使用、収益及ヒ処分ヲ為ス権利」と定義した（第206条）。また、土地利用権として物権としての地上権・永小作権と債権としての賃借権を設けた。他人の土地の上に自己所有の建物を建てる借地制度が日本では盛んであるが、それは通常は土地賃借権によるものとされたため、土地が譲渡された場合、土地賃借権の登記がないと買主に賃借権を対抗しえないとする民法第605条、また、賃貸借契約の期間は20年を超えることができないとする民法第604条等が問題をおこした。なお、民法は、入会権について規定したが、実際には慣習に多くを委ねた。

◆ 土地公法　　明治時代では土地の利用制限という規制法的側面では十分なものがなく、「東京市区改正条例」（1888年）は、東京を首都に相応しい都市とするための事業関連法であり、その主な成果は、水道の整備と都市交通としての市電のための道路拡張であった（藤森照信1982）。もっとも、山林の私有化に伴い伐木が横行し、洪水が多発した経験から制定された森林法（1897年）は、伐木等を制限する保安林制度を設け、その指定による直接の損害につき土地所有者に損失補償請求を認めた（土地所有権制限と損失補償を組み合わせる洗練された制度）。また、耕地整理法（1899年）は、一定の地区内の3分の2等の地主等の発意により反対の地主をも強制編入する耕地整理組合の設立を認めた（民間発意に強制力を認め、そこに国等の助成が組み合わされて面的整備を進める仕組みであり、その後、土地区画整理、市街地再開発などの都市整備事業に継承されている〔稲本洋之助ほか2009〕）。

第16章　土地法制　193

❖ **大正期・昭和戦前期の土地法制の概観**　大正期になると、学説において、ドイツ・ワイマール憲法の社会的所有権論が紹介され、生存権思想や社会権思想も理解されるようになった。土地私法レベルでは、土地所有権と利用権の調整に関し借地法、借家法、借地借家調停制度が成立し、昭和期に入り戦時色が濃くなると、地代家賃統制令や借地法・借家法改正により土地所有権の制限が行われた。土地公法レベルでは、都市計画に関連して、都市計画法、市街地建築物法が制定された。また、関東大震災後には、特別都市計画法（1923年）が制定され、震災復興のための土地区画整理が広大な地域で施行され、政府のイニシアティブによる大規模な都市改造が実現した。

❖ **借地法・借家法**　1921（大正10）年に制定された借地法・借家法は民法に対する本格的修正立法であった。借地については、すでに、1909年の建物保護法が、対抗力（土地や建物の買主に賃借人が賃借権を対抗＝主張できるか）の問題に関して、借地権は、その登記がなくても、土地の上に借地権者が登記されている建物を所有するときは、これをもって第三者に対抗することができることを定めたが、借地法は、それに続けて、堅固建物所有目的借地の期間を原則60年、非堅固建物所有目的借地の期間を原則30年とし、期間が満了して更新がないときは借地人が建物買取請求をなし得ると規定した。借家法は、それまで借家権は建物賃借権の登記がなければ対抗できなかったのに対し、借家権は、その登記がなくても、建物の引渡しがあったときは対抗しうると規定した（小作の対抗力保護は、さらに遅く1938年の農地調整法になった）。その後、1941（昭和16）年には借地法・借家法の改正があり、土地や建物の賃貸人は自己使用などの正当な事由がない限り、借地や借家の更新拒絶・解約申し入れをなしえないと定め、借地人、借家人保護を強化した。

❖ **都市計画法・市街地建築物法**　1919（大正8）年の都市計画法により、地域地区指定、建築物制限、土地区画整理、道路広場河川等の造成などが都市計画の内容となった（渡辺俊一1993）。とくに、都市計画法が宅地としての利用を増進するための土地区画整理を規定した意味は大きく、土地区画整理事業は、土地の整形化、街区の形成、道路・学校・公園等の公共施設用地の創出など都市整備に大きな役割を果たした。都市計画法と一体となって成立したのが、市街地建築物法であり、わが国初の本格的建築物規制法として、用途地域制度に

よる地域区分、建ぺい率（建物の一階面積を建物敷地の一定割合以下に制限する制度）の導入、高さ制限、建築線（建物建築を許さない一定の場所を指定して道路予定地を確保する制度）、構造規制、防火対策等を定めた（石田頼房2004）。

第2節　戦後改革と経済成長

◆**概　観**　この時期は、終戦により開始された占領時代から平成改元前くらいまでである。占領期では、日本国憲法の制定が土地法秩序の根幹を定め、農地改革が自作農主義を打ち出し、これが農地法の制定に結びついた。その後の経済成長に対して、国土の均衡ある発展という理念を打ち出したのは、国土総合開発法（1950年）であった。さらに、市街地建築物法に代わって建築基準法（1950年）が「建築物の敷地、構造、設備及び用途に関する最低の基準を定め」た（第1条、土地収用法〔1951年〕、土地区画整理法〔1952年〕の制定も続いた）。その後、都市計画法（1968年）や都市再開発法（1969年）が成立した。住宅に関して、「住宅の建設に必要な資金で、銀行その他一般の金融機関が融通することを困難とするものを融通することを目的」とする住宅金融公庫法（1950年）、「住宅に困窮する低額所得者に対して低廉な家賃で賃貸する」ための公営住宅法（1951年）、「住宅に困窮する勤労者」（第1条）向けの住宅を供給する日本住宅公団法（1955年）の住宅立法が整備された。さらに、大規模ニュータウン建設を目的とする新住宅市街地開発法（1963年）も制定された。そして、経済成長がもたらした地価高騰に対して、取引価格規制を含めた国土利用計画法が制定された。私法のレベルでは、この時期の借地法・借家法改正は、都市改造のために借地上建物の増改築を可能にした。また、マンションに関する区分所有法（1962年）が制定された。

◆**日本国憲法と土地法制**　日本国憲法第29条1項は、「財産権は、これを侵してはならない」、2項は、「財産権の内容は、公共の福祉に適合するやうに、法律でこれを定める」と規定した。これに関し、最高裁は、森林法違憲判決で、「立法の規制目的が前示のような社会的理由ないし目的に出たとはいえないものとして公共の福祉に合致しないことが明らかであるか、又は規制目的が公共の福祉に合致するものであつても規制手段が右目的を達成するための手段

として必要性若しくは合理性に欠けていることが明らかであつて、そのため立法府の判断が合理的裁量の範囲を超えるものとなる場合に限り、当該規制立法が憲法第29条2項に違背するものとして、その効力を否定することができる」としつつ、森林法が一部の共有者に対して民法第256条1項に反して共有森林分割を禁止していた条項について違憲とし、財産権規制に一定の枠を与えた（最判昭62・4・22民集41巻3号408頁）。

また、第29条3項は、「私有財産は、正当な補償の下に、これを公共のために用ひることができる」と規定する。所有権規制についても、当該財産に内在する社会的拘束の表われについては補償は不要であるが（たとえば、建築基準法に基づく建築の制限）、他の特定の公益目的のため当該財産権の本来の社会的効用とは無関係に課せられるものである場合には補償が必要とされる（たとえば、重要文化財の保全のための制限、古都保存法の使用制限、芦部信喜『憲法』）。土地法制は、こうした憲法適合性に配慮しながら展開することになった。

❖ **農地改革と農地法**　占領期で重要なのは、農地改革であり、一定の留保地（在村地主〔北海道以外〕につき、1946年の自作農創設特別措置法では1町歩）を残して、地主の土地を低価で強制的に買収し、これを小作人に売り渡す方式により実施された。これにより、戦前期に発達した地主制は解体されたが、この低価買収措置が憲法第29条3項にいう正当な補償といえるかが問題にされた。最高裁は、正当な補償とは「合理的に算出された相当な額をいう」として農地改革での補償を合憲と判断した（相当補償説、最判昭28・12・23民集7巻13号1523頁）。もっとも、これは、占領期の特殊な例とも考えられ、その後、「土地収用法における損失の補償は、……完全な補償、すなわち、収用の前後を通じて被収用者の財産価値を等しくならしめるような補償をなすべき」との判示がある（完全補償説、最判昭48・10・18民集27巻9号1210頁、なお、最判平14・6・11民集56巻5号958頁）。

その後、農地改革の成果を固定すべく、1952年に農地法が制定され、「農地はその耕作者みずからが所有することを最も適当であると認め」ることを宣言した。自作農主義は、①自作農の創設、②非農業者による農地取得の禁止、③残存小作地の小作権（賃借権）の保護などにより具体化され、さらに農地売買・転用についての許可制度を設けた。もっとも、相続や遺産分割は、許可を

要しないのであり（最判平13・7・10民集55巻5号955頁）、相続人が耕作を継続しない場合もあり、2000年代では耕作放棄地が38万ヘクタール（東京都面積の1.8倍）に達している。

◆ **国土総合開発法**　国土全体についての計画行政という新しい課題に対応するため、1950年に国土総合開発法が制定された。中でも重要な全国総合開発計画の策定は1962年であり、「都市の過大化の防止と地域格差の縮小に配慮しながら、……資本、労働、技術等諸資源の適切な地域配分を通じて、地域間の均衡ある発展を図ることを目的」とし、全国各地への公共投資展開を誘導した。

◆ **新都市計画法**　1968年に制定された新都市計画法は、都市計画権限の主に県レベルへの移譲、都市計画策定に際する住民の参加（公聴会等）制度、市街化区域・市街化調整区域の区域区分、地域地区に関する都市計画等を定めた。中でも重要なのは、市街化区域（すでに市街地を形成している区域およびおおむね10年以内に優先的かつ計画的に市街化を図るべき区域）と市街化調整区域（市街化を抑制すべき区域）の区域区分（線引き）であった。市街化区域では、建築行為は通常の建築確認でよいのに対し、市街化調整区域では、建築についても都道府県知事の許可が必要である（許可は、農業に必要などの場合でなければ与えられない）。農地転用についても、市街化区域では簡易化された。さらに、地域地区に関する都市計画としては、住居地域などの用途地域を詳細化した（越沢明1991）。

　市町村は、この都市計画法では、十分な権限を与えられていなかったため、開発行為やマンション建築行為についての行政指導の準則として指導要綱を定めた。たとえば、中高層マンションに関する建築指導要綱は、日照、テレビ電波障害、教育施設負担金等につき定めた。しかし、要綱はあくまで行政指導のガイドラインであり、要綱に基づき、市役所がマンション供給業者に義務教育負担金納入を要求したところ、最高裁は、納入強制は違法な公権力の行使になりうるとした（最判平5・2・18民集47巻2号574頁）。さらに、行政手続法（1995年）が、行政指導の一般原則として、「行政指導の内容があくまでも相手方の任意の協力によってのみ実現されるものであることに留意しなければならない」（第32条1項）と規定した点も要綱の限界を明らかにした。

第16章　土地法制　197

◆**国土利用計画法**　戦後の経済成長の結果、地価高騰が問題になった。1974年に公布された「国土利用計画法」（通称「国土法」）は、地価対策として、土地取引を許可制とする規制区域の制度を設けたが、実際に指定がなされたことはない。国土法は、さらに、大規模土地取引（市街化区域では2,000㎡以上）についての事前届出制度を設け、取引価格等を知事が審査し、知事の価格引下げ勧告に従わない場合の制裁として氏名を公表することとした。その後、地価バブルの時代に国土法1987年改正が監視区域の制度を設け、大規模土地取引事前届出制度を100㎡等のより小さな土地面積の取引に適用できるようにした。この時、大蔵省が、価格引下げ勧告を受けた土地取引の買主に融資しないように銀行に対して行政指導したことで実効的な地価対策となった。

◆**借地法等改正**　借地法等1966年改正は、借地法について、借地条件変更、土地賃借権譲渡・転貸等についての裁判所の介入を認める制度を設けた。たとえば、借地条件変更の制度では、堅固建物の築造が借地契約によって禁止されている場合に防火地域の指定その他の事情の変更により借地権を現在設定するのであれば堅固建物目的の借地権の設定が相当であるときは、当事者の申立てにより裁判所がその借地条件の変更をすることができる。この場合、裁判所は、地代の値上げを認めたり、承諾料を支払わせたりする。これにより借地権上の建物でも都市不燃化などのための建物増改築が可能になっていった。この借地法等1966年改正は、正当事由制度については手をつけず、貸主・借主の双方の必要度を比較するという戦後に登場した判例法理が維持されたが、賃貸人からの解約申入れ・更新拒絶について立退料を正当事由の補完事由として考慮する判例が登場した（最判昭46・6・17判例時報645号75頁等）。

第3節　地価バブル崩壊から成熟社会への移行

◆**概　観**　この時期は、平成改元前後を中心とする地価バブルの到来とそれへの対応に追われた時期であるが、その後、2005年には、日本の総人口が1億2775万人でピークアウトし、本格的人口減少時代が到来した。国立社会保障・人口問題研究所「日本の将来人口推計（2006年12月推計）」の出生中位（死亡中位）推計による2050年の日本の総人口は9515万人であり、都市の縮小が避

けられず、都市拡大や経済成長を前提とした諸法制の見直しが必要になった。

　土地についての基本的法制度として、土地基本法が計画的利用の重要性を明らかにした。地価は、長期にわたって低迷を続け、価格規制制度の多くは意味のないものとなった。私法のレベルでは、借地借家法が制定され、正当事由制度による更新保護のない定期借地権が導入され、その後の改正で定期借家制度も導入された。土地公法では、土地区画整理組合や市街地再開発事業が保留地や保留床の処分不調で破綻する例が多くなり、地価上昇を前提とした制度が機能しなくなってきた。都市計画法は、一方では、地区計画制度を充実するなど市町村による都市計画に積極的な改正を行ったが、他方では、(都市の拡大を抑制する意図からつくられた) 市街化区域と市街化調整区域との区域区分 (線引き) を廃止しうるとした。住宅に関する公営住宅、住宅金融公庫、日本住宅公団などの公的住宅整備の体系も、量的住宅不足の解消で見直しが不可避となった。また、1995年の阪神・淡路大震災は、日本の都市が地震災害に脆弱であることを浮き彫りにし、密集市街地に関する防災街区の整備の促進に関する法律 (1997年) が制定された。さらに、国立マンション事件 (最判平18・3・30民集60巻3号948頁) などをきっかけとして、都市景観についての議論が深まり、景観法 (2004年) も制定された。そして、国土総合開発法は、その題名を国土形成計画法と変え、人口減少社会の到来に対応する国土整備を方向づけている。

　◆土地基本法　　土地基本法は、地価対策が重要課題であった1989年に制定された。その第2条は、「土地は、現在及び将来における国民のための限られた貴重な資源であること、国民の諸活動にとって不可欠の基盤であること、その利用が他の土地の利用と密接な関係を有するものであること、その価値が主として人口及び産業の動向、土地利用の動向、社会資本の整備状況その他の社会的経済的条件により変動するものであること等公共の利害に関係する特性を有していることにかんがみ、土地については、公共の福祉を優先させるものとする。」と規定している。さらに、土地基本法は、土地について、適正利用、計画的利用、投機的取引の禁止、価値の増加に伴う適正な負担などの理念を打ち出した。これらは、金融、税制、都市計画など総合的な地価バブル対策を裏付けた。

　◆借地借家法　　借地法等1966年改正以後、借地法・借家法には批判があっ

た（借地法の正当事由規定が借地権の保護に過ぎ新規借地供給の障害である、借家法の正当事由制度もバランスを失しており、貸家建替えや市街地再開発の障害になっているなど）。こうした批判にも対応して、借地法と借家法とを一本化した借地借家法（1991年）が新たに制定された。借地借家法は、借地について正当事由制度の保護がある旧来型の普通借地権（期間は建物の構造に関わりなく原則30年）に加え、借地供給の増大を目的として定期借地権を設けた。定期借地権は、一般定期借地権（期間50年以上）、建物譲渡特約付借地権（期間は30年以上、期間満了時に建物を相当の対価で借地権設定者〔＝地主であることが通例〕に譲渡）と事業用借地権（期間は10年以上20年以下、2007年改正からは10年以上50年未満、居住用は許されない）の3類型があり、新規借地供給の相当部分を占めている。

　借家については、借地借家法制定時は、転勤などで自宅を利用できない場合の期限付借家制度導入にとどまっていたが、借地借家法1999年改正は、正当事由制度の保護がない定期借家権を導入した。定期借家の要件は、期間の定めがあること、書面によって契約をすること、事前説明があることである。この結果、借家でも、普通借家と定期借家の二つの制度が存在することになったが、定期借家は、新規借家供給の5％程度にとどまっている。

　❖ **消費者保護の動き**　1999年制定の住宅の品質確保の促進等に関する法律は、①住宅の性能に関する表示基準と評価の制度を設け、②住宅に係る紛争の処理体制を整備するとともに、③新築住宅（中古住宅には非適用）の請負契約または売買契約における瑕疵担保責任について、請負人または売主は、注文者または買主に引き渡した時から10年の間は住宅のうち構造耐力上主要な部分等の瑕疵について担保責任を負うこととし、建物売買について買主の修補請求権を定めた（これらに反する特約で買主・注文者に不利なものは無効）。その後、2007（平成19）年の特定住宅瑕疵担保責任の履行の確保等に関する法律は、瑕疵担保責任の履行確保のために、強制的な供託・保険制度を導入した。

　さらに、2000年制定の消費者契約法は、①事業者の一定の行為により消費者が誤認し、または困惑した場合について契約の申込み等の意思表示を取り消すことができること、および②事業者の損害賠償の責任を免除する条項その他の消費者の利益を一方的に害することとなる条項で信義誠実の原則に反するものの全部または一部を無効としうることを規定した。②により、借家契約におい

て原状回復費用を借家人の負担とする特約を無効とする裁判例（大阪高判平16・12・17判例時報1894号19頁）などが登場している。

◆ **不動産登記法** 2004年には、不動産登記法（1899年）の根本改正が行われた。その特徴は、①登記原因証明情報義務（売買の場合には、売買契約書等の情報提供が必要になり、いわゆる中間省略登記が不可能になった）、②オンライン申請導入と出頭主義廃止、③登記識別情報制度導入（権利証廃止）などである。さらに、不動産登記法2005年改正は、筆界特定制度を設けた。筆界とは、登記された土地の単位である筆の境である（所有権の境ではない）。筆界特定制度は、登記官が筆界についての認識を示す制度である。ここで探索の対象となる筆界は、明治初年の地租改正に基づく原始筆界とその後の分合筆などに基づく後発的筆界とからなっている。実際には、土地家屋調査士などから成る筆界調査委員が対象土地等の調査等を担当するが、その際「筆界特定が対象土地の所有権の境界の特定を目的とするものでないことに留意しなければならない」（第135条2項）。それ故、筆界特定後も所有権界と筆界との不一致がありうることになる。

◆ **都市計画法および建築基準法改正** 都市計画法1992年改正は、用途地域について居住系の用途地域を4種追加した結果、全部で12の用途地域制度にし、いっそう細かな規制を可能にした。このうち、第1種低層住居専用地域、第2種低層住居専用地域および第1種中高層住居専用地域については、許容される用途、建築できる用途のみを定めた。また、市町村が都市計画に関する基本的な方針、通称「市町村マスタープラン」を作成できるようになり、さらに、地区計画制度が、市町村の定める詳細都市計画として拡充された（日本不動産研究所・都市環境研究所編2003）。これによって、市町村が独自の権限として行う都市計画に、マスタープランと詳細計画（地区計画）の組合せがそなわった。

その後、都市計画法2000年改正は、市街化区域と市街化調整区域の区域区分（線引き）をするか否かを、原則として都道府県が判断することとした（市街化圧力が強い首都圏、近畿圏、中部圏の既成市街地・近郊整備地帯等では従来同様に線引きが義務であり、それ以外の地域で線引き廃止が可能）。市街化調整区域において厳しい開発抑制策をとることは、人口減少が進む地方では村落の衰退をもたらしたため、線引きを廃止する自治体（香川県等）も登場した。

◆ **成熟社会への対応**　国土総合開発法は、題名を含めて全面改正され、国土形成計画法（2005年）となった。2008年7月に国土形成計画（全国計画）が閣議決定されたが、この国土形成計画は、量的拡大「開発」基調から「成熟社会型の計画」とした点および国土形成計画（全国計画）について国主導から分権型とした点を特徴とする。経済成長期では都市の無秩序な拡大が問題であったが、最近では、人口の減少・高齢化に伴う中心市街地および郊外の衰退が顕著である。同計画も、経済社会情勢に大転換が起こったとし、地域の自立的発展と人口減少等を踏まえた人と国土のあり方の再構築が必要としているが、その実現は容易ではない。

　なお、2009年には、農地法も改正された。それまでの農地法は、旧第1条が「農地はその耕作者みずからが所有することを最も適当であると認めて」いたのに対し、新第1条は「耕作者自らによる農地の所有が果たしてきている重要な役割も踏まえつつ、農地を農地以外のものにすることを規制するとともに、農地を効率的に利用する耕作者による地域との調和に配慮した農地についての権利の取得を促進」すると定め、効率的な農地の利用の促進を目指している。これは、土地基本法の提唱する「所有から利用へ」という土地法制理念にも適合するものと考えられる。

【参考文献】

石田頼房（2004）『日本近現代都市計画の展開―1868-2003』自治体研究社
稲本洋之助・小柳春一郎・周藤利一（2009）『日本の土地法―歴史と現状〔第2版〕』成文堂
毛塚五郎編（1984）『近代土地所有権―法令・論説・判例』日本加除出版
越沢明（1991）『東京の都市計画』岩波書店
日本不動産研究所・都市環境研究所編（2003）『日本の土地百年』大成出版社
福島正夫（1962）『地租改正の研究』有斐閣
藤森照信（1982）『明治の東京計画』岩波書店
寶金敏明（2003）『里道・水路・海浜―長狭物の所有と管理〔新訂版〕』ぎょうせい
渡辺俊一（1993）『「都市計画」の誕生―国際比較からみた日本近代都市計画』柏書房
渡辺尚志・五味文彦編（2002）『土地所有史』山川出版社

第17章

家族法制

第1節　戦前の家族法制

◆ **民法施行前**　1871年5月22日（明治4年4月4日）、太政官布告によって戸籍法が制定された。これは、全国民を、現実の共同生活単位である「戸」に基づいて、政府が直接把握することを目指した法であった。この明治四年戸籍法による戸籍は、編製の年（1872年）の干支をとって、壬申戸籍と呼ばれる。明治前期の家族政策は、戸籍制度を基礎として展開された。

戸籍法は、身分別編製を廃して住居地に基づく編製方式を採用した。この方式は、身分制を否定して、「臣民一般（華族士族卒祠官僧侶平民迄）」を「戸」に基づいて漏れなく掌握しようとするものである。もっとも、穢多非人は「臣民一般」から除外されていたが、政府は1871年10月12日（明治4年8月28日）、賤民廃止令を制定し、彼らを「平民同様」とし「一般民籍ニ編入」するよう命じた。これにより、戸籍編製が始まるまでに、まさに全国民を掌握する準備が完了した。

戸籍には、現実の居住関係を正確に反映させる必要がある。そこで、戸籍法は、6年毎の戸籍改製を規定するとともに、出生・死亡・婚姻・養子縁組等、身分関係の変動があった場合には、その都度、届け出るべきこととした。しかし6年毎の改製は結局実行されず、変動の把握は届出に頼ることになった。

戸籍は、単に「戸」の構成員を表示するだけでなく、家族秩序を強制する役割も果たした。戸籍法は、「戸籍同戸列次ノ順」という書式を定め、「戸」の構成員を、戸主を筆頭に、戸主の直系尊属・配偶者・直系卑属・兄弟姉妹・その他の傍系親という一定の順序で記載するものとしたのである。戸籍の編製を通じて、戸主を頂点とし、尊卑・長幼・男女の序列に基づく家族秩序が、臣民一般に共通のものとして、すべての「戸」＝「家」に強制されることとなった。

身分関係の変動は、単に戸籍の加除や「家」の出入として捉えられる。「家」の枠組みは維持され、家族員の変動は「家」の変動をもたらさない。戸主の交替＝家督相続の場合は新戸籍が編製されるが、新戸籍は前戸籍の上に貼付され、ここでも「家」の永続性は維持される。こうして、「家」の永続性、系譜観念が、戸籍制度を通じて浸透させられていった。戸籍によって確定された「家」は、人民を掌握・統制するための手段とされ、維新政府が展開していく諸政策の基本単位と位置づけられた。

政府が「家」を単位として人民掌握を行うとき、個々の「家」を識別する記号が必要となる。この役割を担うのが氏である。戸籍法制定の前年（1870年）に、政府は、平民に対して氏の使用を許可し、さらにその後、氏の固定、氏の強制、同戸異姓の禁止（一戸一氏）と、氏に関する政策を展開していった。すべての「家」は「家」の氏を持ち、その変更は禁止されることになる。ただ、妻は、婚家の氏ではなく、従来の慣習に従い実家の氏を用いるべきこととされ（1876年3月17日太政官指令）、夫婦別氏制は明治民法施行まで貫かれた。

こうして、戸籍の制度を土台として「家」制度が形成され、展開していった。政府は、戸籍によって「家」の範囲を確定し、戸主と家族員との関係を定め、「家」を通じて現実の家族を統制しようとした。その方向は、時々の必要に応じて発せられる布告・達や、伺に対する指令によって確立されていった。

身分関係の変動は、届出によって戸籍に記載され効力を生ずる。戸主は、届出権（義務）を通じて家族に対する身分統制権をも持つことになった。さらに戸主は、「家」の代表者として家産の所有主体とも認められた。戸主の地位と家産は、不可分のものとして家督相続により次の戸主に引き継がれた。また、戸主以外の家族の財産は対外的には否定され、一戸籍内の財産は総て戸主財産＝家産とみなされた。このように、戸主には身分上および財産上の強い権限が認められたが、その地位は必ずしも絶対的なものではなかった。なぜなら、戸主の意思によらない、親族協議に基づく強制的な戸主の交替＝廃戸主制度（強制的な養子戸主離縁も含む）が存在したからである。戸主には、「家」の代表者として「家」を維持・発展させることが要求されたのであり、その任に堪えない者は、廃戸主制度によって、戸主の地位とともに家産の所有権をも失った。このことは、真の権利主体は「家」であり、一般家族員は勿論、戸主さえも完

全な法主体性（権利能力）を有していたわけではなかったことを示している。このような「家」の原理は近代法原理と衝突し、「家」による臣民統治と、資本主義国家としての発展の双方を追求する政府にとって、調整・解決すべき課題となった。「家」による財産規制の排除は、民法典編纂を通じて実現される。

❖ **明治民法の成立**　民法典の編纂は1870（明治3）年から進められ、1890年に公布に至ったが（旧民法）、法典論争の結果施行されずに終わった。1893年新たに設置された法典調査会での審議を経て、1896年に総則・物権・債権の前三編が、1898年に第四編親族・第五編相続が公布され、併せて同年7月16日に施行された（明治民法）。

明治民法は、「家」を家族法の中核に位置づけた。すべての国民は戸主あるいは家族としていずれかの「家」に所属しその「家」の氏を称する（一戸一氏の原則貫徹。その結果、夫婦同氏制が開始した）。「家」構成員の変動があっても「家」の枠組みは維持される。家督相続も「家」の代表者たる戸主の交替にすぎず、「家」は同一性をもって存続する。戸主は戸主権をもって家族を統制した。

しかし、戸主権は身分上の権限に限られ、家族に対する戸主の財産的権限は認められなかった。なぜなら、民法は、すべての財産を「家」の規制から解放し、その自由な流通を保障しようとしたからである。それゆえ、家族の財産は、戸主によって制約されることのない、完全な個人財産として確立した。そして、単独相続によって戸主に集中させた「家」の財産すら、廃戸主制度の廃止によって、戸主の個人財産として構成された。このようにして民法は、「家」制度と近代的財産法との整合性を図ったのである。

他方、民法は、夫権を規定した。夫婦財産関係の視点から検討しよう。民法は、妻の無能力規定を総則編に、法定夫婦財産制として管理共通制の規定を親族編に置いた。妻の無能力とは、妻が一定の法律行為をなす場合に夫の許可を必要とする制度であり、また、管理共通制とは、妻の特有財産を認めつつ、夫にそれらを管理させる制度である。これらは、夫が非戸主＝戸主の家族である夫婦の場合も、さらに妻が戸主の場合も、例外なく適用された。

第148回法典調査会（1895年）で、起草委員の一人である梅謙次郎は次のように述べている。「女デモ戸主ニ為レル従ツテ戸主権ヲ行フコトガ出来マス、ケ

レドモ其外ノ事ハ妻ハ飽クマデモ夫ニ従ハナケレバナラヌ……先ヅ一家ノ大将ハ夫デアル」。そして、「名義上ノ家」「無形ノ家」と、「事実上ノ生活」とを区別し、戸主権は前者の利害に関する「無形上ノモノ」であり女戸主でも行使し得るが、「財産ノ管理ト云フヤウナ」実際上の権限は夫が行使するという（法務大臣官房司法法制調査部1984：345頁）。すなわち、「家」は観念的なものとして現実の家族とは区別され、後者においては夫が家長と考えられたのである。民法制定当時、すでに、戸籍上の「家」と現実の生活共同体との乖離は進行していた。民法は「家」を家族法の中核に据えたけれども、実体的家族を統制する規定をも準備したのである。つまり、戸主を家長とする観念的な「家」と、夫を家長とする実体的家族との二重構造を採ったといえる（近藤佳代子1993：261頁）。もっとも、夫が戸主である多くの家族においては、夫が戸主権と夫権を独占することになった。

❖ **民法改正の動き**　明治民法に対しては、「家」を重視する立場からは、家産を否定したこと等に強い不満が表明されていた。他方、個人主義や社会主義思想が拡がる中で、「家」制度や女性とりわけ妻の劣位に対する批判も高まってきた。大正期、国家機構の大幅な再編の動きの中で、民法改正が具体化してくる。直接の契機となったのは、臨時教育会議（1917年設置）の「教育ノ効果ヲ完カラシムヘキ一般施設ニ関スル建議」（1919年）、とくにその中の「我国固有ノ淳風美俗ヲ維持シ法律制度ノ之ニ副ハサルモノヲ改正スルコト」という項目であった。この建議を受けて、原敬内閣は1919（大正8）年7月臨時法制審議会を設置し、諮問第1号として「政府ハ民法ノ規定中我邦古来ノ淳風美俗ニ副ハサルモノアリト認ム之カ改正ノ要綱如何」を発した。これにより民法改正事業が開始した。

　審議会における改正の方向は、臨時教育会議の要請をそのまま容れたものではなく、現実の家族関係の変化にも対応し得る改革を企図するものであった。

　この方針に沿って、審議会は、民法本体の検討だけでなく、人事に関する事件の審判調停を行うための新たな国家機関として、家事審判所の構想をも打ち出した。これは、家庭内の紛争を、訴訟の形式によって裁断することに対する批判に基づいているが、同時に、共同体的秩序の解体が進行していた当時において、従来共同体が担っていた紛争解決機能を国家が代わって果たすべく提案

されてきたものであった。審議会は、民法改正のための先決問題としてこれを審議し、1922（大正11）年6月「道義ニ本キ温情ヲ以テ家庭ニ関スル事項ヲ解決スル為特別ノ制度ヲ設クルコト」を内閣に答申した。

審議会は、引き続き民法本体の審議を進め、1925（大正14）年5月19日に「民法親族編中改正ノ要綱」34項目を、1927（昭和2）年12月1日に「民法相続編中改正ノ要綱」17項目を決議し、両者とも同月28日に公表した。改正要綱には、家族に対する戸主の監督義務や、廃戸主制度の復活等の、「家」制度強化の項目だけでなく、家督相続における単独相続の緩和や、妻の地位の改善を含む不平等規定の見直し等が盛り込まれた。改正要綱は、戸籍上の「家」と実体的家族とをできる限り一致させ、その上で「家」の組織をより堅実なものにしようとするものであった。また、注意すべき点は、家事審判所の制度を前提として民法が包括的なものになり、家事審判所に大きな裁量権が与えられたことである（利谷信義・本間重紀1976：211-212頁）。この性格は、戦後の民法にも受け継がれている。

家事審判所に関する答申および民法改正要綱に基づいて、それぞれの法案の起草が進められた。家事審判所については1942（昭和17）年5月に家事審判制度要綱が起案され、民法については1943年に人事法案の第5次整理案が成立したが、戦争の激化のため作業は中断し、改正には至らなかった。しかし、戦時下に、とくに軍人遺家族の紛争解決が急務となり、人事調停法（1939年）が制定され、また、民法の一部改正（1941年の戸主の居所指定権に伴う離籍権の制限、1942年の私生子の名称廃止、死後認知の許容等）も行われた。

第2節　戦後改革

◆**家族法改正**　1945年8月、日本はポツダム宣言を受諾して敗戦を迎えた。同年9月、降伏文書が調印され、1952年の講和条約発効まで、日本は連合国の占領下に置かれることになった。占領体制の下、諸制度の民主的改革が進められた。1945年12月の衆議院議員選挙法改正により婦人参政権が確定し、翌46年の総選挙で39人の女性議員が誕生、そして、女性議員がはじめて審議に参加した第90帝国議会で日本国憲法（新憲法）が成立した。婦人参政権の実現は、

GHQ（連合国総司令部）の改革方針に沿ったものであるが、明治以来展開されてきた婦人参政権運動の成果でもある。

　国民主権を謳った新憲法は、第24条で、夫婦の同権・個人の尊厳・両性の平等を定め、また、第14条で、法の下の平等の原則を宣言した。戸主と家族、夫婦、男女それぞれの間の不平等を規定していた明治民法の家族法は、新憲法の精神と明らかに矛盾するものであった。このため、1947年4月19日、民法改正までの応急的措置として「日本国憲法の施行に伴う民法の応急的措置に関する法律」全10箇条が制定され、民法の「家」や夫婦不平等の規定等が否定された。そして、同年12月22日には、「民法の一部を改正する法律」（1947法222）が公布、翌48年1月1日に施行された。これにより、親族編・相続編は全面改正され、総則編の妻の無能力に関する規定も削除されて、「家」制度の廃止、夫婦の同権が実現した。民法の冒頭に、民法全体を貫く指導原理の一つとして、個人の尊厳と両性の本質的平等が掲げられたことも、注目すべきである。また、刑法も部分改正がなされ（1947年）、夫婦不平等な姦通罪の規定が削除された。

　「家」制度の廃止により戸籍法も全面的に改正された（1947年）。新戸籍法は、夫婦およびこれと氏を同じくする子を編製の単位とし、三世代戸籍を否定した。

　しかし、「家」イデオロギーは、戦前の天皇制国家の支配体制の支柱であったので、「家」制度の廃止には強い抵抗があった。それとの妥協の結果、民法には、親族間の扶け合いの義務や（第730条）、また、祭祀財産の特別承継（第897条）、祭祀財産の承継と氏との結びつき（第769条・第771条・第817条）、成年養子の容認等、「家」の観念を温存するような規定も残された。また、戸籍がなお家族単位であることや、同氏同籍の原則の採用も、「家」意識の温存につながった。

　このような妥協点を残しながらも「家」制度を廃止したことは、戦前の改正作業と根本的に異なる点である。他方、戦後の改正が戦前の改正作業の遺産を引き継いでいることも否定できない。民法の規定が包括的になっていることはその一例である。そして、新しく設置された家庭裁判所が、民法の規定の具体的実現に大きく関与することになった。

◆ **家庭裁判所の設置**　民法と同時に家事審判法が施行され、「家庭の平和と健全な親族共同生活の維持を図る」ために家事審判所が設置された。これは、家庭内の紛争を通常の訴訟手続によって取り扱うことに対する批判に基づき民法改正と並行して検討されてきた、戦前の臨時法制審議会における作業の遺産を引き継いだものである。家事審判所は、当初、地方裁判所の支部と位置づけられていたが、裁判所法の一部改正（1948年）により、家事事件と少年事件の両者を取り扱う独立の裁判所＝家庭裁判所となった。家事事件に関して、家庭裁判所は審判および調停を行う。紛争性のある家事事件は、訴訟の前に、原則としてまず家庭裁判所の調停に付される（調停前置主義）。家庭裁判所は訴訟は行わなかったが、2003年の人事訴訟法の制定により、2004年から人事訴訟法が定める人事訴訟の第一審の裁判を行うようになる。

第3節　家族関係の多様化と更なる改正への動き

◆ **その後の改正**　戦後改革における家族法改正は、以上のように短期間に行われた改正であったので、国会の審議では、将来の再改正を必要と認める付帯決議がなされた。1954年、法務省の法制審議会に民法改正の諮問がなされ、民法部会が設置されて、民法再改正の審議が始められた。そして、1976年には離婚後の婚氏続称を認める改正、1980年には配偶者の法定相続分の引上げ、また、1987年には特別養子制度の新設等、部分的な改正が行われてきた。他方、民法以外の関係法規でも、女子差別撤廃条約との関連で1984年に国籍法と戸籍法が改正され、子の日本国籍取得に関する父母両系血統主義の採用や、また、外国人と結婚した者の配偶者の氏への変更容認等が行われた。

　高度経済成長に伴う女性の社会進出や意識の変化は、家族関係の多様化をもたらし、抜本的な制度の見直しが迫られるようになった。法制審議会では1991年1月から婚姻法および離婚法見直しのための検討を進めていたが、1996年2月「民法の一部を改正する法律案要綱」（以下、民法改正要綱と略す）を決定し、法務大臣に答申した。法務省はこれを受けて、開催中の国会に民法改正案を提出する準備に入った。この年、家族法の改正が実現するはずであった。しかし、政府内部から改正に強く反対する声が起こり、改正案は国会上程にも至ら

なかった。反対は主として、選択的夫婦別氏制の導入と非嫡出子法定相続分の嫡出子＊との同等化、とりわけ前者に集中した。

　＊　嫡＝正統という価値観に基づいた用語を避け、近年は、婚内子、婚外子という表現が用いられるようになってきている。

◆ **選択的夫婦別氏制**　　現行民法は夫婦同氏制を規定している。わが国における夫婦同氏制は明治民法の施行によって始まったが、それは、「戸主及ヒ家族ハ其家ノ氏ヲ称ス」（明治民法第746条）という規定に基づく、「家」の氏による統一の結果としての同氏制であった。戦後、「家」制度は廃止されて「家」の氏もなくなるが、夫婦同氏制は「婚姻の効力」に場所を移して維持された（第750条）。婚氏としては夫または妻の氏を選択できることとなった。しかし、同氏はどちらかの氏の変更を強制することでもある。そして、婚姻によって氏を改めた夫または妻は、離婚によって婚姻前の氏に復することも規定された（復氏強制。第767条）。婚氏の選択は形式的には夫婦平等であるが、夫の氏を選択するのが当然という意識が根強く、現実には氏変更の負担は主に女性が負うことになる。婚姻および離婚による氏の変更を不都合とする声が主として女性から上がってきた。1976年の改正（第767条に第2項を追加）は、離婚時の復氏強制を改め、婚氏続称を可能にしたものである。

　ところで、夫婦同氏は日本人同士の婚姻に適用されるものであり、国際結婚の場合、日本人配偶者の氏はそのまま維持される。つまり、夫婦別氏となる。1984年の戸籍法改正は、外国人配偶者の氏への変更を望む日本人配偶者に、届出のみで変更を可能とする道を開いた（戸籍法第107条2項。なお、同条3項は、婚姻解消の場合、3ヵ月以内に限り、届出によって元の氏に変更することを認める）。国際結婚の場合には、夫婦同氏を認める方向での同氏別氏選択制が導入されたことになる。同氏が強制される日本人同士の婚姻においても、選択制を認めよという声が高まるが、この時点で、別氏選択を容認する民法改正はなされなかった。

　法改正が進まない中で、旧姓使用承認は、改姓を望まない人々にとっては次善の策と言える。しかし、旧姓を通称として使用することを拒否された国立大学教授が、大学に対し使用妨害廃除等を求めて提訴（1988年）していた事件で、東京地裁は原告の請求を棄却した（1993年）。この事件は、ようやく1998年3月

になって、東京高裁において旧姓の一部使用を認めることで和解が成立した。
　1996年2月法制審議会決定の民法改正要綱は、夫婦同氏・別氏を選択できる方向を打ち出した。しかし、この改正は、2009年現在未だ実現していない。
　◆非嫡出子差別　　民法第900条4号は、均分相続制を採用しながら、そのただし書前段において、非嫡出子の相続分を嫡出子の相続分の2分の1とする旨規定している。規定の立法目的は、正当な婚姻の奨励尊重であると言われる。1993年6月23日、東京高等裁判所は、適法な婚姻に基づく家族関係の保護は尊重されるべき理念であるが、非嫡出子の個人の尊厳も等しく保護されなければならないと述べ、この規定の差別的取扱いは合理的な根拠に基づくものとは言い難いとして、法の下の平等を定めた憲法第14条1項に違反するという決定を下した。その後、下級審では同様の判決・決定が続き、流れは定まったかに見えた。しかし、1995年7月5日、最高裁判所は異なる判断を下す。本件の遺産分割審判を申し立てたのは、非嫡出子（A）の代襲相続人の一人であるが、Aは、戦前の「家」制度の下で、一人娘（B）の婿養子選びのために試婚が繰り返された結果、婚姻に至らなかった男性との間に出生した子であった。事案は、戦後死亡したBの遺産分割にかかるものである。最高裁大法廷は、民法が法律婚主義を採っている以上、非嫡出子の法定相続分を嫡出子の2分の1とする規定は、合理的理由のない差別とは言えず、憲法に違反するものではないという決定を下した。差別の解消は、立法に委ねられる。民法改正要綱は嫡出子と非嫡出子の相続分を同等とするという項目を掲げたが、改正は実現していない。
　ただ、従来区別されていた住民票記載は、1995年3月からすべて「子」で統一され、戸籍は2004年11月から非嫡出子も長男・長女型で記載されることになった。
　また、2008年には、国籍法の改正があった。同法第3条1項が、日本国民である父と日本国民でない母との間に出生し出生後に認知された子につき、父母が婚姻した場合に限り日本国籍の取得を認めていることが、憲法第14条1項に違反するという最高裁大法廷判決が出され（6月4日）、これを受けて、12月5日、婚姻要件をはずす改正が成立したのである（同月12日公布、2009年1月1日施行）。

家族法の改正が停滞する中、新たな問題も提起されてきている。

◆ 嫡出推定と300日問題　民法第772条は第1項で「妻が婚姻中に懐胎した子は、夫の子と推定する」、第2項で「婚姻の成立の日から二百日を経過した後又は婚姻の解消若しくは取消しの日から三百日以内に生まれた子は、婚姻中に懐胎したものと推定する」と規定している。婚姻中懐胎子について、父性を推定するとともに「嫡出子」の身分を与える、「嫡出推定」の規定である（女性だけに課される6箇月の再婚禁止〔第733条〕は、嫡出推定の重複を避けるためとされる。もっとも、重複するのは100日であり、民法改正要綱は禁止期間を100日に短縮している）。

婚姻後200日以内出生子は嫡出推定を受けない。立法者の考えは、父の認知により父子関係が確定し、準正（第789条）によって嫡出子の身分を獲得するというものであった。しかし、この扱いは、すでに戦前の判例によって修正されている。戦前の「家」制度の下では、夫婦生活が始まっても（内縁）、妻が「家風」に合うかどうかを見極め、妊娠してからようやく婚姻届を出すことが多かった。1940（昭和15）年1月23日大審院連合部判決は、内縁中懐胎し婚姻後出生した子について、認知を要せず嫡出子の身分を有するものとした。そして、戸籍係には内縁が先行するかどうかを審査する権限がないため、戸籍実務では、内縁の有無にかかわらず、婚姻後出生子はすべて嫡出子として扱われることになった。ただし、200日以内出生子は、「推定を受けない嫡出子」であり、地位は不安定である。

最近注目されるのは、離婚後300日以内出生子に関する問題である。第772条は、離婚後出生でも前夫に父親の責任を果たさせるという意味で、子の利益になる規定であった。しかし、近年、婚姻が破綻して別居後懐胎した場合でも、子の出生が離婚成立後300日以内であれば、前夫を父とする出生届しか受理されないため届出をためらい、子が無戸籍となる問題が大きく取り上げられるようになった。法務省は、2007年5月7日、離婚後300日以内出生でも、医師の証明書により離婚後懐胎を証明できれば、前夫を父としない（非嫡出子または現夫を父とする嫡出子としての）出生届の受理を認める通達を出し、同月21日実施された。しかし、離婚後300日以内出生子の約9割は離婚成立前懐胎による子であり、この通達では救済されない。最高裁は、2008年6月、実父に対する

「認知調停」が活用できることを周知した。だが、根本的解決のためには第772条自体の見直しが必要であろう。

◆ **生殖補助医療を巡る問題**　日本で、提供精子を用いた人工授精による子がはじめて誕生したのは1949年である。また、世界初の体外受精児の誕生（イギリス）から5年後の1983年、日本でも最初の体外受精児が誕生した。生殖補助医療は急速に展開しているが、日本にはこれらを規制する法律がなく、日本産科婦人科学会会告により対応されてきた。しかし、1998年、長野県の医師が、会告では否定されている非配偶者間体外受精の実施（1995年）を公表したことから、生殖補助医療のあり方を巡る議論が喚起され、法制化に向けた具体的な検討へと動き出す。旧厚生省の生殖補助医療に関する専門委員会報告書（2000年）を経て、2003年4月に、厚生労働省厚生科学審議会生殖補助医療部会「精子・卵子・胚の提供等による生殖補助医療制度の整備に関する報告書」が発表された。同報告書は、不妊症のために子を持つことができない法律上の夫婦に限り、提供された精子・卵子・胚による生殖補助医療を認めるが（兄弟姉妹等からの提供は、当分の間、認めない）、代理懐胎（代理母・借り腹）は禁止した。法務省（法制審議会生殖補助医療関連親子法制部会）も、同年7月に「精子・卵子・胚の提供等による生殖補助医療により出生した子の親子関係に関する民法の特例に関する要綱中間試案」を発表した。同試案は、①卵子または胚の提供による生殖補助医療により出産したときは、出産した女性を子の母とする、②妻が、夫の同意を得て、精子または胚の提供による生殖補助医療により懐胎したときは、夫を子の父とする、③生殖補助医療のために精子を提供した者、または自己の意に反して精子が用いられた者は、その生殖補助医療により女性が懐胎した子を認知できない、とする。このように、医療・法の両面からの検討がなされたが、立法化には至らなかった。こうした中、親子関係を巡る裁判も相次いでくる。

　最高裁判所は、2006年9月4日、亡夫の保存精子を用いた体外受精によって出生した子について、現行法制上、「死後懐胎子と死亡した父との間の法律上の親子関係の形成は認められない」として、認知請求を容認しない判決を下した。また、2007年3月23日、依頼夫婦の受精卵を用いた代理懐胎により出生した子について、懐胎出産した女性が母であるとし、依頼夫婦と子との間の嫡出

親子関係を認めない決定を下した。これは、海外で代理懐胎を行った事例である。

　法制化が進まない中、学会会告に反する体外受精や代理懐胎の実施が進行し、渡航して代理懐胎を行う事例も増加してきた。2006年11月、法務大臣と厚生労働大臣は連名で、代理懐胎を中心に生殖補助医療をめぐる諸問題についての審議を日本学術会議に依頼した。これを受けて、同会議は、生殖補助医療の在り方検討委員会を設置し、2008年4月、代理懐胎については法律による規制が必要であり、当面は原則禁止が望ましいとする提言を含む、対外報告「代理懐胎を中心とする生殖補助医療の課題―社会的合意に向けて―」を公表した。

　医療のあり方および親子関係に関する法の整備は、焦眉の課題である。

【参考文献】

家永登・上杉富之編（2008）『生殖革命と親・子―生殖技術と家族Ⅱ―〔シリーズ比較家族 第Ⅲ期6〕』早稲田大学出版部
海後宗臣編（1960）『臨時教育会議の研究』東京大学出版会
神里彩子・成澤光編（2008）『生殖補助医療―生命倫理と法・基本資料集3―』信山社
熊谷開作（1987）『日本の近代化と「家」制度』法律文化社
厚生労働省厚生科学審議会生殖補助医療部会（2003）「精子・卵子・胚の提供等による生殖補助医療制度の整備に関する報告書」http://www.mhlw.go.jp/shingi/2003/04/s0428-5a.html#1
近藤佳代子（1980）「明治民法施行前の廃戸主制度と『家』」『阪大法学』113号
近藤佳代子（1990）「民法典編纂過程における夫婦財産関係」『法制史研究』39号
近藤佳代子（1993）「近代の『家』―『家』の論理と商品交換法の論理との交錯」利谷信義・吉井蒼生夫・水林彪編『法における近代と現代』日本評論社
菅沼信彦（2008）『最新生殖医療―治療の実際から倫理まで』名古屋大学出版会
利谷信義（1961）「『家』制度の構造と機能―『家』をめぐる財産関係の考察―」『社会科学研究』13巻2・3合併号、4号
利谷信義（1971）「明治民法における『家』と相続」『社会科学研究』23巻1号
利谷信義・本間重紀（1976）「天皇制国家機構・法体制の再編―1910～20年代における一断面」原秀三郎・峰岸純夫・佐々木潤之介・中村政則編『大系・日本国家史5　近代Ⅱ』東京大学出版会
西村信雄（1978・1991）『戦後日本家族法の民主化』上巻・下巻　法律文化社
二宮周平（2007）『家族と法―個人化と多様化の中で』岩波書店
日本学術会議生殖補助医療の在り方検討委員会（2008）「対外報告　代理懐胎を中心とする生殖補助医療の課題―社会的合意に向けて」http://www.scj.go.jp/ja/info/kohyo/

pdf/kohyo-20-t56-1.pdf
唄孝一（1992）『戦後改革と家族法（唄孝一・家族法著作選集 第1巻）』日本評論社
福島正夫（1967）『日本資本主義と「家」制度』東京大学出版会
法制審議会生殖補助医療関連親子法制部会（2003）「精子・卵子・胚の提供等による生殖補助医療により出生した子の親子関係に関する民法の特例に関する要綱中間試案」http://www.moj.go.jp/PUBLIC/MINJI35/refer01.html
法務大臣官房司法法制調査部監修（1984）『日本近代立法資料叢書6　法典調査会　民法議事速記録六』商事法務研究会
堀内節編著（1970）『家事審判制度の研究』中央大学出版部
堀内節編著（1976）『続家事審判制度の研究』中央大学出版部
山中永之佑（1988）『日本近代国家の形成と「家」制度』日本評論社
依田精一（2004）『家族思想と家族法の歴史』吉川弘文館
我妻栄編（1956）『戦後における民法改正の経過』日本評論社
「特集・生殖補助医療の課題」『ジュリスト』1243号（2003）
「特集・生殖補助医療の規制と親子関係法」『法律時報』79巻11号（2007）
「特集1・生殖補助医療の法制化をめぐって―代理懐胎を中心に」『ジュリスト』1359号（2008）
「特集1・国籍法の改正」『ジュリスト』1374号（2009）

第18章

商事法制

本章では、明治から平成に至る商事法制の変遷について概観する。

第1節　戦前の商事法制

❖ **商法の成立**　明治前期に制定された商事法には国立銀行条例、株式取引条例、為替手形約束手形条例等があるが、これらはいずれも殖産興業政策の推進を企図した単行法であった。その後、条約改正実現などのために泰西主義（欧米市民法の原則）に則った近代的法典編纂が図られ、商法編纂もその一環として行われる。1890（明治23）年4月、ロェスラー商法草案を基礎にした商法（旧商法）が制定されたが、施行前に民法典論争と連動した商法典論争が起こり、さらに同12月には施行反対派の施行延期案が帝国議会を通過し、翌年1月に予定されていた施行は延期となった（福島正夫1988：14頁以下）。

明治時代の半ばには会社の新設・拡張が相次いだが、これに伴い様々な問題も生じた。このため、会社設立や破産などに関する立法が経済界から強く求められ、1893（明治26）年、緊急を要する会社法、手形法、破産法が旧商法から分離、先行施行される。しかし、株式会社形態を採る会社の設立が増加した日清戦争後（1895年）には設立免許主義を採り会社合併規定を欠く会社法では多くの弊害を生むこととなり、経済界は是正を切望した。

このため、政府は1899（明治32）年3月にドイツ商法を基礎とする新たな商法（明治商法）を制定し、同年6月より施行した。その特徴としては、①設立免許主義を廃して準則主義を採用、②会社合併規定の新設、③株主総会を最高かつ万能の決定機関とする株主総会中心主義の採用等が挙げられる（三枝一雄1992：115頁以下）。

❖ **1911年商法改正**　日露戦争後（1905年）、重化学工業を中心に発展した経

済界では会社の合併・合同が相次ぐ。しかし、商法には異種類会社の合併規定が不明瞭であるという欠陥があった。また、「大日本製糖株式会社事件」(「日糖事件」)のような汚職事件が発生したが、この際に会社重役の不正に対する罰則規定の不備も露呈する。明治商法のこれらの不備・欠陥是正のために行われたのが、1911（明治44）年5月の商法改正であった。この改正の特徴は、①異種類会社の合併規定の明確化、②会社重役に対する罰則規定の新設・強化等に集約できる（三枝1992：147頁以下）。

◆ **経済統制法と国家総動員法の成立**　1914（大正3）年に起こった第一次世界大戦に伴う大戦景気によって日本経済は空前の活況を呈し、会社の新設・増設も盛んに行われた。しかし、この好況も1920（大正9）年には終焉し、日本経済はその後、戦後恐慌、震災恐慌、金融恐慌、世界恐慌に伴う昭和恐慌と恐慌の嵐に見舞われる。このため、景気回復を目指す政府は救済立法、独占促進立法の制定といった形で経済に積極的介入を行うようになった。たとえば、1925（大正14）年制定の輸出組合法は輸出業者間に秩序と統制を与えて輸出貿易の振興を図るものである。また、1927（昭和2）年制定の銀行法は、資本金100万円以下の銀行を整理して大銀行に統合することを目的とする法であった。

1931（昭和6）年の満州事変以降、政府の経済に対する干渉、介入および統制は格段に強化され、経済を直接的かつ全面的に規制する様々な経済統制法が制定されていく。たとえば、同年に制定された重要産業統制法では、国家が重要産業のカルテル形成を助成・統制するとともに、公益に反するカルテルに対してはその取消し・変更を行うことができた。また、事業法・特殊会社法に基づく政府の統制が及ぶ許可会社、特殊会社の設立も行われた。そして、このような経済に対する国家統制の流れの中で成立するのが、1938（昭和13）年4月制定の国家総動員法である。国家総動員法は戦争遂行のため、政府が経済と国民生活の全般にわたって直接的・権力的に統制する権限を帝国議会の承認なしに有することを規定したものであった。この結果、他の経済統制法は国家総動員法の下に置かれ、この法に基づき機能するようになったのである（渡辺洋三1979：26頁以下）。

◆ **1938年商法改正**　このように国家による経済統制が進行する中で、商法は改正されなかったが、400条を超える大規模な改正が行われたのは、国家総

動員法制定と同じ1938（昭和13）年4月であった。これは、この頃までに商法、とくに会社法の不備・欠陥が顕在化したこと、日中戦争の勃発に関連して国民経済の健全な運行を確保し日本経済を支える会社制度をより堅実なものとし会社法の完備を期する必要があったこと等による。改正の特徴としては、①会社の合併・合同がいっそう進行した状況を踏まえ合併規定に大幅な修正を加えたこと、②無議決権株式・転換株式・転換社債の新設によって資金調達方法の多様化と完全化を図り株式流通を容易にしたこと、③会社重役の責任を1911年改正より重くし罰則を強化したこと等が挙げられる。この改正によって商法もまた、戦争遂行のために制定された国家総動員法体系の重要な構成部分に位置づけられたのである。

　この後、1941（昭和16）年の国家総動員法改正に伴い国民の根こそぎ動員が行われ、様々な経済統制法もその物的動員に重要な役割を果たすこととなる。また、同年の企業許可令、翌年の企業整備令等の企業に関する統制法によって、一般会社も特殊会社と同様に政府の統制を受ける傾向が増大した。さらに、特殊会社以上に政府の統制を受けた軍需会社、営団・金庫が設立される。国家総動員法体系下の企業に関しては、商法よりも統制法が優位に機能する状態であった（渡辺洋三1973：94頁以下、三枝1992：205頁以下）。

第2節　戦後改革と商法改正

　◆ **財閥解体と1948年商法改正**　敗戦後、GHQは経済の民主化政策の一環として、財閥解体を行った。財閥を経済の民主化の阻害要因と捉えたGHQは、1945年11月に三井・三菱・住友・安田等の15財閥の資産解体を命じる。翌年には持株会社整理委員会を発足させて財閥所有の株券を処分させ、財閥の企業支配力を排除した。GHQはさらに、財閥による産業支配を生む要因の一つとなった商法の株金分割払込制度（株主に株式額面の全額を一括で払い込みさせるのではなく、必要に応じて複数回に分割して払い込むことのできる制度で、比較的少額での会社支配が可能）を株金全額払込制度に改めるよう政府に指示する。これを踏まえて行われたのが、1948年7月の商法改正であった（池野千白1999：206頁以下）。

❖ **1950年商法改正**　1948年10月、会社経営者の資金調達を容易にするため、政府はアメリカで採用されている授権資本制度や無額面株式等を内容とする「株式会社法改正の根本方針」を発表する。一方、GHQは商法改正に関して、①株主の書類閲覧権、②株式の譲渡性、③株主の議決権、④資本増加－新株引受権、⑤少数株主の権利と救済、⑥外国会社の改正項目（「シックス・ポイント」）を政府に提示した。両者の協議により作成された改正案は1949年8月から法制審議会で審議され、さらに株主総会の権限の制限、取締役の権限拡大、取締役会・代表取締役制度の採用等が加えられた。この改正案が翌年2月の国会に提出され、衆・参両院の審議を経て、「商法の一部を改正する法律」として1950年5月に制定、翌年7月から施行されたのである。

　戦後初の大改正となった1950年商法改正の内容は、①資本調達の便宜を図るための授権資本制度と無額面株式の採用、②会社機関の再構成を図るための株主総会や監査役の権限縮小および取締役の権限拡大、③アメリカが強く要求する株主権強化実現のための株主の書類閲覧権・株主代表訴訟・取締役の違法行為差止請求権の採用および累積投票制度等の導入、④アメリカ資本の導入・円滑化のための外国会社規定の整備等であった。このように、アメリカ法を多く導入することで戦前のドイツ法中心主義からアメリカ法中心主義への転換が図られた1950年商法改正は、まさに戦後商法の出発点と位置づけることができる。また、この商法改正の背景に看取されるアメリカからの強い要求の影響は、戦後における商法改正の特徴となっていく（中東正文1999：218頁以下、高倉史人2001：83頁以下）。

第3節　高度経済成長期の商法改正

❖ **1955、1962、1966年商法改正**　1950年以降の日本経済の発展は著しく、1956年の経済白書では「もはや戦後ではない」と宣言され、1960年には池田勇人首相が所得倍増計画を表明するなど、日本経済は繁栄を謳歌した。この高度経済成長期において、商法にも実務上の問題が生じるようになり、経済界等から問題解消のための商法改正が強く望まれるようになる。そこで、1955年には新株引受権に関する改正、1962年には株式会社の計算規定の整備と会社事務手

続の軽減、さらに1966年には株式の譲渡制限の容認と額面株式・無額面株式の相互転換の容認といった商法改正がなされた（秋坂朝則2006：46頁以下）。

❖ **1974年商法改正**　1964年10月のオリンピック景気の終焉によって、日本経済は高度経済成長期に入って以降はじめての不況に陥った。たとえば、1950年代後半の株式ブームで活況を呈した証券業界の不況は深刻で、経営状況の悪化した山一証券では取付け騒ぎを日銀特融で沈静化する事態となる。また、サンウェーブ工業や山陽特殊鋼などの大型倒産が相次ぎ、「構造不況」と呼ばれた。これら倒産した企業では多額の粉飾決算が発覚したため、この問題への対応としての監査制度の強化等が叫ばれるようになる。法制審議会での監査制度改正に関する本格的な審議は1967年3月に始まったが、日本税理士会連合会等の反対運動のために審議が長期化し、改正法は1974年3月成立、同年4月制定となった。

この改正では監査役に会計監査権と業務監査権を認めて職務権限を拡大・強化し、任期も1年から2年に延長してその地位強化等が図られた。なお、1974年に「株式会社の監査等に関する商法の特例に関する法律」（「商法特例法」）も制定された（上田純子1999：369頁以下）。

第4節　高度経済成長期後の商法改正

❖ **1981年商法改正**　1973年の第1次石油危機以降不況に陥った日本経済は1974年には戦後初のマイナス成長となり、翌年以降も2〜5％の低成長に止まった。また、1976年には航空機売り込みを巡る収賄容疑で田中角栄元首相が逮捕され（ロッキード事件）、政治的にも不安定な状況となる。その後、不況を脱した日本経済は1979年の第2次石油危機も乗りきり、安定成長を遂げた。日本経済が類稀な高度成長やその後の不況とそこからの脱出を経験して変化していく中で、その活動を規制する法的枠組みであるはずの商法は1950年以降、小規模な部分改正を重ねるのみであった。このため、商法の根本的かつ全面的な検討が必要とされるようになり、1974年商法改正の審議の際には、商法の多くの項目に改正が必要だという衆・参両院の附帯決議も出された。このような流れの中で、法制審議会において1974年から1981年までの長期にわたって審議され

たのが、商法「第2編会社」の改正である。当初、法制審議会では全面改正が目指されていたが、ロッキード事件やダグラス・グラマン事件等の企業の不祥事が続発したため、会社の非行防止のための自主的監視機能強化としての「第2編会社」部分改正へと審議方針が変更された。1981年には株式制度、会社の機関、会社の計算・公開を内容とする改正要綱が作成され、これを基に法律案が成立、同年6月に制定、翌年10月から施行された。

1981年改正の主な内容は、①株式制度の合理化（株式単位の引上げ・端株制度と単位株制度の導入）、②会社の機関の改正（株主提案権・取締役の説明義務・利益供与禁止規定の新設、株主総会の運営の改善、取締役の責任の適正化、取締役会の権限の明確化、監査役と会計監査人の地位・権限の強化）、③会社の計算・公開の改正（計算書類・監査手続の簡素化、計算書類の公示・公告）、④罰則の強化等であった。このように、1981年商法改正は部分改正とはいうが、改正対象は「第2編会社」の中核であり、かつ改正内容も多岐にわたっている。このため、この改正は1950年以来の大改正と評することができるとともに、1950年以降の改正の集大成と位置づけることができるのである（北澤正啓1999a：426頁以下、秋坂2006：82頁以下）。

第5節　バブル経済期および崩壊期・2000年代の商法改正

◆ **1993年商法改正**　日本の対米貿易黒字が激増した1980年代、アメリカは日本に対して農産物の輸入自由化をはじめ、種々の市場開放を迫り、その後も市場開放を妨げる日本の制度・慣行を問題とするようになった。1985年のプラザ合意（先進5カ国財務相中央銀行総裁会議〔G5〕での協調介入の合意）以降、日本では円高が進み、輸出産業を中心に一時的な不況となる。しかし、その後は内需拡大に支えられて大型景気を迎え、1987年頃からは超低金利政策と金余りのため、大企業と金融機関を中心に巨額の資金が土地買い占めと株投機に流れ、異常な株高と地価騰貴、いわゆるバブル経済を引き起こした。このバブル経済は1990年頃には地価と株価の急激かつ大幅な下落によって崩壊する。このため、銀行など各種金融機関は不動産を中心に巨額の不良債権を抱え込むこととなり、その処理の進まない機関は破綻した。1990年代の日本経済はまさにどん

底の状態となり、「失われた10年」と呼ばれることとなる。その後、2000年代になっても回復の兆しは見えず、日本経済は依然として低調であった。2001年には構造改革を掲げる小泉純一郎内閣が誕生したが、その規制緩和政策は様々な弊害をもたらすこととなる。

　このような状況の下、1990年から2004年までの間に10回を超える商法改正が行われたが、とくに注目すべきは1993、1997年と2000年代の改正である。1989年に始まった日米構造問題会議において、アメリカ側から日本の排他的商慣行や系列化などの投資障壁の除去が迫られた。そして、1990年の最終報告書には「商法によるディスクロージャーの制度及び株主の権利の拡充並びに合併の弾力化等について、今後の法制審議会において検討する」というアメリカの要求が盛り込まれる。このため、1992年4月からの法制審議会で審議が行われ、株主権の拡大や社債法の全面改正を内容とする改正要綱が決定された。これを基とした法律案が国会で可決・成立し、翌1993年6月に制定、同年10月に施行される。

　この改正内容のうち重要なのは、株主権の拡充としての株主代表訴訟の容易化である。株主代表訴訟は1950年商法改正時にGHQの要求により導入された制度であるが、高額な訴訟手数料のため訴訟件数が少なく、株主の取締役に対する監督是正制度としては十分に機能していなかった。そこで、訴訟手数料を大幅に軽減（一律8200円）したのであるが、この後、株主代表訴訟件数は増加することとなる。このように、1993年商法改正の背景にはアメリカからの株主権拡充要求があり、その点において、1950年商法改正と同様に、いわば「外圧」による商法改正であったということができる（北澤正啓1999ｂ：510頁以下）。

❖ **1997年商法改正**　1997年には5、6、12月の3回の商法改正が行われたが、このうち12月の改正は株主権行使に関する利益供与罪等の罰則強化、すなわち総会屋対策規定の改正であった。総会屋の問題は明治中期まで遡ることができ、1938（昭和13）年商法改正でも総会屋に対する贈収賄罪規定が新設されている。さらに、1981年商法改正では株主権行使に関する利益供与禁止規定と罰則規定が新設された。しかし、企業に対するアプローチの巧妙化や罰則（6ヵ月以下の懲役または30万円以下の罰金等）の軽微さによる抑止力不足のため、総会屋の跋扈を許すこととなる。1997年には第一勧業銀行や野村証券等の一流企

業による総会屋への悪質かつ重大な利益供与事件が相次いで発覚し、社会問題化した。

このような流れの中で、企業と総会屋の癒着を断ち会社経営の健全性を確保するため、株主権行使に関する利益供与罪等の罰則強化（3年以下の懲役または300万円以下の罰金等）を中心とする1997年12月商法改正が行われた。この結果、総会屋の数は激減し、目立った活動も見られなくなり、明治以来企業にとって長年の懸案であった総会屋の問題は一区切りついたのである。（北澤正啓1999c：557頁以下、高倉史人2007：65頁以下）

❖ **2000年代の商法改正** 2000年から2004年にかけては、商法改正が毎年行われた。主な内容としては、株式分割規定の新設、金庫株の解禁、額面株式の廃止、単元株制度の導入、新株予約権制度の創設、会社関係書類等の電子化、コーポレート・ガバナンスの強化、委員会等設置会社の導入、外国会社に対する規制緩和、株券不発行制度の導入等である。これらの内容が2005年会社法に継承されていることからも、2000年代の商法改正は2005年会社法の先取りであったということができる（秋坂2006：146頁以下）。

このように、1899（明治32）年に成立した商法（明治商法）は2004年までの間に20回を超える改正が行われた結果、法典としての全体的整合性を欠くこととなる。このため、体系的見直しや現代の経済・社会状況への対応としての法整備が求められるようになった。

第6節 会社法の成立

❖ **会社法成立の経過** 2002年2月に法務大臣から会社法制に関する商法・有限会社法等の現代化について諮問された法制審議会は同年9月から審議を行い、05年2月には会社法制の現代語化および現代化（諸制度間の不均衡是正や社会情勢の変化への対応等）を内容とする「会社法制の現代化に関する要綱」をまとめた。この要綱を基に立法作業が行われ、会社法案は05年3月の閣議決定を経て、国会で審議・可決される。そして、「会社法」として同年7月に制定され、06年5月から施行されたのである（相澤哲2005：3頁以下）。

❖ **会社法の概要** 会社法は、「第1編 総則」「第2編 株式会社」「第3編

持分会社」「第4編 社債」「第5編 組織変更、合併、会社分割、株式交換及び株式移転」「第6編 外国会社」「第7編 雑則」「第8編 罰則」の8編979条から成る。形式的には、①条文の平仮名口語体化と用語の整理、②「商法第2編 会社」・有限会社法・商法特例法を会社法として統合、③度重なる改正により増加した枝番条文の廃止、④企業の大部分を占める中小企業の実態を踏まえた規定の設置等の特徴を持つ。また、内容的には、①利用者の視点に立った会社類型の見直しとしての株式会社と有限会社の株式会社への統合および最低資本金制度の見直し・合同会社の新設、②会社経営の機動性や柔軟性の向上としての合併等の対価の柔軟化および簡易組織再編行為に係る要件の緩和・敵対的買収への防衛策の導入・株式譲渡制限に係る定款自治の拡大・機関設計の柔軟化、③会社経営の健全性の確保のための株主代表訴訟制度の合理化・内部統制システム構築の義務化・会計参与制度の創設、④特別清算の見直しとしての親子会社等の管轄特例の創設等といった特徴を挙げることができる。

❖ **むすび**　以上、本章では明治から現代に至るまでの商事法制の変遷について概観した。日本の経済活動の根幹である商事法制は、国内の経済・社会状況への対応やアメリカの強い要求等を背景として夥しく改正されてきた。2005年制定の現行会社法は現在の経済・社会状況に対応しつつ従来の商法改正を集大成した法あるが、小泉純一郎内閣の下で審議・成立した規制緩和政策の一環としての法でもある。現在、小泉内閣の経済政策は様々な点でその弊害が指摘され始めている。したがって、今後の経済・社会の動向によっては、会社法も改正される可能性は高いと言うことができる。

【参考文献】

相澤哲編著（2005）『一問一答 新・会社法』商事法務

秋坂朝則（2006）『新訂版 商法改正の変遷とその要点—その創設から会社法成立まで』一橋出版

池野千白（1999）「第6章 戦後会社法への第一歩—昭和23年の改正」浜田道代編『日本会社立法の歴史的展開』北澤正啓先生古稀祝賀論文集、商事法務

稲葉威雄・尾崎安央編（2008）『改正史から読み解く会社法の論点』中央経済社

上田純子（1999）「第11章 日本的機関構成への決断—昭和49年の改正、商法特例法の制定」前掲『日本会社立法の歴史的展開』

落合誠一他著（1998）『岩波講座現代の法7 企業と法』岩波書店

北澤正啓（1999a）「第12章　会社法根本改正の計画とその一部実現―昭和56年の改正」前掲『日本会社立法の歴史的展開』
北澤正啓（1999ｂ）「第14章　日米構造問題協議関連の改正と社債法の全面改正―平成 5 年の改正」前掲『日本会社立法の歴史的展開』
北澤正啓（1999ｃ）「第16章　合併法制の整備、ストック・オプションの導入等、および罰則の強化―平成 9 年の改正（ 3 回）」前掲『日本会社立法の歴史的展開』
三枝一雄（1992）『明治商法の成立と変遷』三省堂
鈴木竹雄（1977）『商法とともに歩む』商事法務
高倉史人（2001）「昭和25年（1950）商法改正の意義と位置づけに関する一考察―株主の権利・地位の強化を中心に」『国際公共政策研究』第 6 巻第 1 号
高倉史人（2007）「昭和56年（1981）商法改正に関する一考察―利益供与禁止規定の立法過程を中心に」『高岡法学』第18巻第 1・2 合併号
中東正文（1999）「第 7 章　GHQ 相手の健闘の成果―昭和25・26年の改正」前掲『日本会社立法の歴史的展開』
前田庸（2009）『会社法入門〔第12版〕』有斐閣
福島正夫（1988）『日本資本主義の発達と私法』東京大学出版会
渡辺洋三（1973）『法社会学研究 4　財産と法』東京大学出版会
渡辺洋三（1979）「日本ファシズム法体制・総論」『ファシズム期の国家と社会 4　戦時日本の法体制』東京大学出版会
「特集・商法100年その軌跡と21世紀への展望」『ジュリスト』1155号（1999）
「特集　商法100年―立法・論争・課題」『法律時報』71巻 7 号（1999）

第19章

経済・知的財産法制

第1節 経 済 法

◆ **営業の自由**　明治の啓蒙思想家たちは、欧米近代思想のうちから、経済自由主義の紹介も行っている。たとえば、加藤弘之の『真政大意』(1870年)では次のように説かれている。

「……人の不羈自立の情と権利の2つは、なるだけ伸ばさせなければならない。おのおの負けじ劣らじと競い合う情があればこそ、人々はその幸福を招くことができ、自然と世の中の開化が進み、ついには国家の富も増す。それゆえ政府はこの情と権利とを束縛しないことが必要である。…以前欧州にモノポリーといって専売の権利を与える法があったがこれははなはだよろしくない。…本邦でも従来諸商売に株式と申すものがあり、その株を買わねば商売ができぬ法があったが、これがすなわちモノポリーである。…官吏はかような株式の害に気づかず、とかく利権が下に移ってはならぬと気をもんで、米相場をはじめ、薪炭・酒油の類にいたるまで政府でその価格を定め、それで利権を官に取ったつもりであったがこれは心得違いである。なぜなら、ただ仲間同士が相談して定めた価格を、利のことに暗い官吏が申し立ての通りに認めたり、あるいは姦曲な官吏が賄賂をとって認めていたりしたまでであったからである。…ここがすなわち株式のあるのと、政府で世話をやきすぎることとの弊害であるから、よくこの道理をわきまえ、誰でもその商売をしたい者は一通り官の免許さえ受ければできるというようにすれば、相談して姦曲を働くことがなく、諸人おのおの競い合い、価格もおのずから下落するはずである。……」(加藤1984、原文を簡略に改めた)

自由競争に基づく市場メカニズムについての明快な認識である。実際に明治政府は当初、営業の自由を保障する政策基調をとり、1871・72 (明治4・5) 年前後を中心に各府県で株仲間の解散を命ずる措置が採られた。しかし、このような経済自由主義の思想がそのまま近代日本の経済政策の主流となっていったわけではなかった。

◆ **「レッセフェール」批判**　近代日本の経済思想の歩みを見る上で参考になるのがドイツの事例である。政治的・経済的後進国であったドイツでは19世紀

はじめ、先進国イギリスを見習い、「営業の自由」の理念を導入してツンフトを解体し、19世紀中葉の経済成長に繋げることができた。しかし1870年代から始まる恐慌の体験は、「レッセフェール（自由放任）」の経済思想に対する疑念を産み、新たに登場したドイツ「国民経済学派」・「歴史学派」の経済学者たちは、無制約な自由競争は経済的強者にのみ有利であり、なお発展途上の段階にある国民経済の下では国家による保護政策が不可欠であると主張した。また、不況下で各企業は自衛のためのカルテルを形成したが、ドイツの裁判所は、公共の利益と競業者の経済活動の自由を過度に侵害することがなければカルテル協定は有効であるとする判断を示し（1897年「ザクセンパルプ製造者連盟事件」ライヒ大審院判決、など）、経済学者たちもこの解釈を支持した。同じ19世紀末にアメリカでは、シャーマン反トラスト法（1890）が誕生していたが、ドイツと、そして明治後期からドイツ経済思想の影響が優勢となった日本では、以後半世紀の間、自由競争促進の経済思想とは異質な経済政策が主流となっていったのである。

❖ **同業組合法制**　解散されたはずの株仲間は、各地・各業種において多く「同業組合」に姿を変えて残存していた（藤田貞一郎1995）。やがて政府はその公認に向かい、1884（明治17）年の同業組合準則（農商務省達37）により各府県において各組合規約を認可させることとした。1897年の重要輸出品同業組合法（1897法47）は国策としての輸出奨励のため、粗悪品取締などを行わせる目的で同業組合を活用する方針を採り、この法律を発展的に吸収した1900年の重要物産同業組合法（1900法35）では、同業組合は同一地域で業者に強制加入を求めうる法人組織として、労働者の雇用・賃金規制、製品検査による品質規制、そして価格規制をも行いうる団体とされた。

同業者が競争制限を行うことも法的に容認された。すなわち、1910（明治43）年の大審院判決は同業者の同盟規約による特定業者への取引拒絶は公序良俗に反しないとし（大判明43・3・4）、また34年には、重要物産同業組合法による同業組合が、定価販売協定に違反した組合員から過怠金を徴収することも肯定された（「毒掃丸・定価販売カルテル事件」・大判昭9・4・1）。

❖ **重要産業統制法**　維新期以来、政府は営業の自由の保障の一方、特定産業の保護育成政策をも進めていたが、第一次世界大戦中の一時的好況の後、日

本経済が構造的な不況に陥ると、自力回復機能を失ったかに見える経済に対する政府介入は格段に強まっていった。輸出促進のため制定された輸出組合法(1925法27)・重要輸出品工業組合法(1925法28)では、もはや旧来の同業組合による自主的規制に任せておけず、アウトサイダー規制（統制服従命令）を梃子に、国家の権能の下に産業組織再編を促進することが意図された。商工省の少壮官僚であった岸信介は1926年、ドイツで行われていた「産業合理化」運動につき調査を行い、上司の吉野信次工務局長らとともに日本における産業合理化推進に従事した。

　世界恐慌の勃発、浜口内閣による金解禁実施（1930年）という情勢の中、1931（昭和6）年に商工省立案による重要産業統制法（1931法40）および工業組合法（1931法62、重要輸出品工業組合法は廃止）が制定された。重要産業統制法は、政府指定の「重要産業」において「統制協定」（カルテル）を政府に届け出させた上で、①アウトサイダーにもカルテル参加を命じうること（強制カルテル化）と、②公益を害する場合には政府はカルテルの変更・取消しを命じうること（カルテル監督権限）とを規定した。これを同時代のドイツの立法と対比すると、カルテル監督については1923年の「経済力濫用防止令」に倣い、強制カルテル化については33年の「強制カルテル化令」を先取りするものとなっている。

　重要産業統制法は、産業政策において経済自由主義をほぼ最終的に放棄し、統制経済への原理の転換を示すものとなった。日中戦争勃発（1937年）に始まる戦時動員経済の下では、もはや自由競争に基づく経済思想は存立の余地をほとんど失っていった。

　❖ 財閥解体　　アメリカ政府は、第二次世界大戦中に開始されていたドイツ・日本に対する戦後占領政策の検討において、経済改革を重視し、経済の非軍事化（軍需産業の除去）と、カルテル組織の禁止および独占資本（コンツェルン・「財閥」）解体の方針を決定していた。ドイツに対する措置では、IGファルベンなどコンツェルンの戦争協力の事実が重く見られていた。日本の財閥に対する評価では見解の対立もあったが、独占資本の存在と富の偏在が民主化を阻害するという論理に重きが置かれ、最終的に確定した「米国の初期対日方針」(SWNCC-150/3)は、最高司令官に「産業・金融の大企業結合を解体する計画

の助成」を求めていた。GHQ における経済改革は ESS（経済科学局）が主に担当した。

ESS のクレーマー局長は1945年9月から4大財閥（三井・三菱・住友・安田）首脳や政府関係者と接触し、財閥の自発的解体を促した。これに応じて10月には安田財閥が自主的解散を表明、幣原内閣は11月4日、持株会社の解散という形式での4大財閥解体計画を GHQ に提出した。これを受け同6日に GHQ は「持株会社解体に関する覚書」（SCAPIN-244）を発し、財閥解体の措置が開始された。ただし GHQ は、これを一連の経済改革の着手にすぎないものと認識しており、1946年1月には、より抜本的な改革プラン策定のため、コーウィン・エドワーズを団長とする調査団が来日、3月に報告書が提出された。

1946年4月に「持株会社整理委員会」が設置され、まず4大財閥本社と富士産業を整理対象に指定、その整理手続に着手するとともに、順次指定を広げ、47年9月の第5次指定までに83社が指定を受けて整理が行われた。株式保有による企業結合を排除するため、1946年11月には会社証券保有制限令（1946勅令567）が制定された。さらに、旧財閥家族の支配力回復を阻止する目的で、48年1月に財閥同族支配力排除法（1948法2）が公布されたが、これは占領政策の転換が進む中で51年末に廃止された。

◆ **独占禁止法の制定**　「持株会社解体に関する覚書」（SCAPIN-244）は、私的独占の排除を恒久的なものとする立法措置をも求めていたので、商工省は「産業秩序法案」の検討を開始したが、それは不正競争防止法と重要産業統制法を出発点とするというものであったから、GHQ 側の期待する立法とはかけ離れていた。そこで GHQ は、アメリカ反トラスト法を基礎に、ESS 反トラスト・カルテル課の立法主任 P・T・カイムが作成した案を、1946年8月に日本側に提示した。これを受け日本側では経済安定本部が中心となって検討を進め、カイムの後任であるレスター・サルウィンとの協議も重ねて法案を作成、47年4月14日、独占禁止法（「私的独占の禁止および公正取引の確保に関する法律」、1947法54）の公布に至った。第9条に規定された「持株会社設立の禁止」は、財閥解体措置を恒久化するためのものである。独禁法執行にあたる公正取引委員会も1947年7月に発足した。

独占禁止法のモデルであるアメリカの反トラスト法は、歴史の中で決して一元的に解釈・

運用されていたわけではない。しかし40年代には、1940年の「ソコニー・ヴァキューム事件」判決でアメリカ最高裁がカルテルを「当然違法」とする原則を明確にし、45年の「アルコア事件」判決では市場における独占力の行使自体を規制する立場に立ったのをはじめ、厳格な適用を求める解釈が影響力を増し、GHQの担当者たちの思考をも規定していた。そのため、制定当初の独占禁止法は、競争法制として比較史的に見ても、最も厳格な規制内容を含むものとなったと評価される。

❖ **過度経済力集中排除法**　アメリカ政府は1947年5月、財閥解体に続く日本の経済組織改革のため、エドワーズ調査団報告書を基礎に、FECに「過度経済力集中」に関する対策案（FEC-230）を提出した。ESSはその実行を日本政府に求め、1947年12月18日に過度経済力集中排除法（1947法207）を公布、持株会社整理委員会が再編され、その政策実行に従事することとなった。

しかしこの間に、アメリカでは対日占領政策の見直しが進行していた。東西冷戦がその姿を明確にし始めるとともに、日本とドイツ（西独）の経済復興は「共産主義への防波堤」として不可欠であるという認識が力を持ち始めた。1947年9月には、知日派の法律家J・カウフマンが、日本において計画中の集中排除政策は、既存の日本経済を破壊しその復興を困難にするとして批判するレポートを作成、アメリカ政府内部に支持を広げていった。アメリカ政府は1948年12月に正式にFEC-230の撤回を表明するが、48年半ばにはアメリカ政府の方針変更はGHQにも知られており、以後の集中排除の実施は減速した。いったんは300社以上が指定を受けて処置が検討されていたが、1948年末以降、次々と指定を解除され、最終的に適用を受けて企業分割・株式処分・工場処分などの措置を受けたのは18社（日本製鉄・王子製紙・大日本麦酒・三菱重工業など）にとどまった。過度経済力集中排除法は、最終的に1955年に廃止された。

なお、アメリカ対日経済政策の方針転換を鋭く感知した日本側は、独禁法改正の提案を行い、最終的にGHQの承認を得て、1949年6月の最初の独禁法改正が実現した。改正の趣旨は外資導入と、持株会社整理委員会保有の証券消化を促進するためのもので、とくに事業会社の株式保有禁止規定が緩和された。

❖ **証券民主化**　財閥解体や集中排除の措置は、巨額の株式を各企業から放出させた。GHQは、戦前には閉鎖的に財閥家族などの所有に帰していた株式を、広く個人投資家に分散させ、これらの大衆株主が企業経営者をモニターすることを、経済民主化措置の一環として構想していた。証券取引所は敗戦後、

GHQの指示によって閉鎖されていたが、証券業者の店頭ないし一定の取引場所で証券売買は行われ、放出された株式は、「国民一人一人を株主に」を合言葉に「証券民主化」運動として大々的に売り出された。

なおこの間に、アメリカの証券法制をモデルに証券取引法が立案され、1948年4月13日に公布された（1948法25、なお2006年より「金融商品取引法」に名称変更）。1949年5月には各地の証券取引所も再開された。

戦前には一般の株式市場から絶縁されていた財閥保有株式が流通を始めたことを含め、「証券民主化」はたしかに企業の所有構造を劇的に変化させた。しかし1950年以降になると、49年独禁法改正を背景として、個人株主の持株は急速に減り、法人株主に取って代わられる傾向が明瞭になった。これは株式分散所有による不安定性を各企業が忌避して「安定株主化」を進めたためで、こうして生まれた株式持ち合いやメインバンク・システムが、新たに形成される戦後日本の企業集団の構成要素となって、1990年代まで持続した。

❖ **独禁法の改正とその形骸化**　1952年4月のサンフランシスコ講和条約発効・占領終了とともに、独禁法見直しの動きが顕在化した。すでに1952年の特定中小企業安定法（1952法294）・輸出入取引法（1952法299）などが、独禁法の適用を免除されるカルテルの容認を行っていたが、53年9月に実現した独禁法改正は、「不当な事業力較差」排除規定の削除、企業結合制限の大幅緩和のほか、カルテル「当然違法の原則」を実質的に放棄し、不況・合理化カルテルや、再販売価格維持を容認した。また独禁法を補完するものとして事業者団体の活動を規制していた事業者団体法（1948法191）は廃止され、内容が緩和されて独禁法に組み込まれた。なお、特別法による適用除外カルテルの設定はこの後も頻出した。

しかし経団連などの提唱により1958年に国会提出された抜本的な独禁法見直し案は成立せず、一方56年には、取引上の優越的地位の濫用を禁止する立法として、下請代金支払遅延等防止法（1956法120）が制定され、経済法秩序の基礎としての独禁法は戦後日本の法体系のなかにそれなりに定着した。しかしその運用においては、1950年代から60年代にかけ、独禁法はほとんど有名無実化した、と評価される状態が継続した。それは、過当競争を防止し国際競争力を確保するためとして、他ならぬ政府自身、主として通商産業省の手により、外貨

割当を制裁手段として活用しながら、行政指導によって減産措置をとらせたり合併を促進したりする、競争制限的な産業政策が遂行されていたからである。

1970年、かつて過度経済力集中排除法の適用によって日本製鉄が分割され誕生した八幡・富士製鉄所が、公正取引委員会の当初の反対を押し切って合併を認められ、新日本製鉄が誕生した出来事は、独禁法規制の無力を象徴するものとも受け止められた。

◆ **石油ヤミカルテル事件から独禁法強化へ**　1974年に問題化した石油ヤミカルテル事件は、独禁法強化を求める世論を動かし、77年には、価格カルテルに対する課徴金制度、寡占産業における同調的価格引き上げの報告義務、独占状態改善のための競争回復措置の導入など、はじめて独禁法の内容を強化する方向の改正が実現した。

> 1972年からOPEC（石油輸出国機構）は原油価格の値上げを行っていたが、73年10月の第4次中東戦争勃発は「石油危機」と呼ばれる事態を生んで、国民生活に大きな影響を及ぼした。日本の石油元売り各社はOPECの動向を見て1972年から石油製品価格の同調値上げについて協議を行い、73年中に5回にわたる値上げを実施した。また石油精製会社を含む事業者団体である石油連盟は、原油処理量の割当てを取り決める生産調整を行っていた。1973年11月、公正取引委員会は石油元売り各社と石油連盟との強制捜査を行って「ヤミカルテル」の存在を明るみに出し、1974年2月、石油元売り12社の価格協定と石油連盟の生産割当てについて排除勧告を行うとともに、検察庁に刑事告発した。これらの協定が部分的に通産省の行政指導に従っていたことなど、事件は多くの争点を含んでいたが、1984年の最高裁判決は価格協定事件につき有罪として被告各社を罰金に処した（最判昭59・2・24）。なお、石油連盟生産調整事件は「違法性の意識」を欠いていたとして無罪となり（東京高判昭55・9・26）、また一般消費者が損害賠償を求めて提訴した事件では、最高裁は請求を認めなかった（最判昭62・7・2、最判平1・12・8）。

しかし1970年代後半には、不況業種の構造改革のためとして、なお通産省による指導が行われ、独禁法の適用除外カルテルも多数存在していたし、公正取引委員会も「ガイドライン」による事前規制に頼って、排除勧告など実際の法執行は活発ではなかった。

◆ **競争法制の国際標準化**　1980年代に入り日米貿易摩擦が深刻化すると、アメリカ政府は日本市場の開放や貿易収支不均衡の改善を求めるようになった。1989年に始まる日米構造問題協議では、日本側の問題として、市場における競争制限的な要素、たとえば、流通分野の規制や系列など排他的取引慣行の排除

の必要が指摘され、独禁法規制の強化が求められた。これを契機として1990年代以降、独禁法はたびたびの改正で、課徴金の引上げ、公正取引委員会の組織拡大など内容強化の方向を強め、公正取引委員会による違反摘発も飛躍的に活発化するに至っている。

　1997年の独禁法改正では、論争の末、純粋持株会社の設立が解禁され、2002年改正と合わせ、第9条は「事業支配力の過度集中」規制へと置き換えられた。1999年改正では不況カルテル・合理化カルテルの適用除外が、また2000年改正では自然独占の適用除外が廃止されたほか、これと前後して特別法による適用除外カルテルも90年代末以来、ほとんど廃止された。2000年改正では、不公正な取引方法によって被害を受けた事業者・消費者が違反行為の差し止めを請求できる「私訴制度」が導入された。

　21世紀に入っても、独禁法には毎年のように重要な改正が行われているが、一方、国際社会に目を向けると、EU競争法とアメリカ反トラスト法との規制原理の収斂が見られるなど、競争法制はいわば国際的な標準化へ向かっており、経済の国際化に伴い、日本の経済法制も国際環境の中での調和が強く求められるようになっている。

第2節　知的財産法

◆ 知的財産権の概要　　現在の日本では知的財産権として以下のものが保護されている。まず、①産業の発展に有用な創造的活動の所産として、「特許権」・「実用新案権」・「意匠権」があり、それぞれ、特許法（1959法121）・実用新案法（1959法123）・意匠法（1959法125）により保護されている。次に、②産業における識別機能をはたすものして、「商標権」が商標法（1959法127）により保護され（なお、①と②を合わせ「工業所有権」と呼ぶ）、そして、③精神文化における創作活動の所産として、「著作権」が著作権法（1970法48）により保護されている。

　　このほか、産業上の技術に関するものとして、種苗法（1998法83、なお旧種苗法は1978年制定）による植物新品種、半導体集積回路保護法（1985法43）による半導体レイアウト、また不正競争防止法（1993法47）が保護する営業秘密や商品形態・表示なども知的財産と

して把握することができ、さらに今後、技術の発達や精神文化に対する認識の深化などにより、新しいタイプの知的財産が生み出されていくであろうことも確実である。

◆**明治初期における工業所有権法制の受容**　江戸時代に産業上の「新規工夫」をした者が公権力から「株」の認可を受け、独占的に事業を行うことが見られたが、ヨーロッパでも17・18世紀以前の状況はこれと類似していた。その後、ヨーロッパでは営業の自由を認め、特定者への営業特権付与を廃止する一方、新規発明者への報奨としてのみ認められる権利としての近代的特許制度を生み出した。

　欧米の工業所有権法制は、明治初期、福沢諭吉や神田孝平らによって紹介され、政府は早くも1871（明治4）年に、「専売略規則」（1871太政官布告170）を発布して発明保護法制の導入を図った。しかし審査制度など十分な執行体制を備えることが困難で、翌72年には同規則は執行停止となった。その後、本格的な立法作業は、81年に農商務省が設置され、高橋是清が主任となって調査・立案にあたるまで行われなかった。

　まず高橋の立案による「商標条例」（1884太政官布告19）が1884（明治17）年に発布、ついで翌85年に「専売特許条例」（1885太政官布告7）が発布され、同時に高橋は専売特許所（特許庁の前身）の初代所長に任ぜられた。専売特許条例はアメリカの特許法を参照して「先発明主義」（特許権付与に際し発明の先後を基準とする。これに対し、「先願主義」は出願の先後を基準とする）によっていた。

　その後、1888年に特許無効審判制度を導入した「特許条例」（1888勅84）が公布され、同時に「意匠条例」（1888勅85）、「商標条例」（1888勅86）も公布された。

◆**明治初期における著作権法制の受容**　活発な出版文化が栄えた江戸期には出版物に関し、書林仲間によって管理される権利としての「板株」が存在し、権利侵害である「重板・類板」の規制が行われていた（伊藤2000）。ただしこれは著作者ではなく出版者（板木所有者）に認められる権利であった。

　明治初期には、やはり福沢や神田によって欧米著作権法制の紹介がなされ、福沢によって「コピライト」に「版権」の訳が与えられた。また、福沢は明治初期にベストセラーとなった自身の著作について、熱心に偽版摘発活動も行っている。1869（明治2）年の行政官布告「出版条例」にはすでに、図書の出版

者に「専売ノ利」を保障する文言があったが、同条例は基本的に図書の内容を検閲し違法出版物を取り締まる趣旨のものであり、専売権保護の内容も具体的ではなかった。1875年9月の「出版条例」（1875太政官布告135）も言論取締強化の意図によるものだが、この条例ではじめて内務省への免許手続を経た者に30年の「版権」＝図書専売権を認めることが明確にされた。その後、1887年に出版検閲・規制法としての「出版条例」（1887勅76）と私権保護法としての「版権条例」（1887勅77）とが分離され（なお同時に「写真版権条例」1887勅令79、も制定）、後者はさらに93年に「版権法」（1893法16）となった。この時期までの立法では、版権保護は内務省への登録を要件としていた。

❖ **条約改正と知的財産法制の確立**　19世紀後半には知的財産権の国際的な相互保護の枠組み作りが目指され、1883（明治16）年に工業所有権保護に関するパリ条約、86年に著作権保護に関するベルヌ条約が調印された。日本でも外国人の知的財産保護は必要であったが、この点に関し高橋是清の回想によると、88年頃、高橋は井上馨農商務相に、外国人知的財産権保護を不平等条約改正の交渉のカードとして用いる方策を進言したという（高橋1976）。その後、日本製の外国商標模倣商品が出回り、欧米からその取締りが要求されていた事実もあり、結果としてたしかに、1894年に実現した日英通商航海条約改正では、付属議定書に日本のパリ条約・ベルヌ条約加入を要件とする条項が存在していた。

　こうして日本は、1899（明治32）年にパリ条約・ベルヌ条約に加入するが、それらに対応するため、特許法・意匠法・商標法を新たに制定し、さらに版権法に代えて、内務官僚であった水野錬太郎の立案による「著作権法」（1899法39）が制定された。同法では著作権発生につき、創作と同時に権利が発生する「無方式主義」を採用した。

　その後、ドイツ法を参考に実用新案法（1905法21）を制定、また1909年にも工業所有権法制（特許法・実用新案法・意匠法・商標法）の全面改正が行われ、特許法に関しては抗告審判制度の導入が行われた。

❖ **戦間期の発展**　1921（大正10）年には再び工業所有権法制の全面改正が行われ、特許法については、先発明主義から先願主義への転換、出願広告制度・異議申立制度などの導入が行われたほか、物質特許（化学合成物質の発明自体に与えられる特許）を認めない規定が導入されたが、これは化学工業育成を優先

するための措置であった（1975年改正で転換）。

レコード録音やラジオ放送という新しいメディアの登場とともに注目されたものに、音楽著作権の問題がある。1914（大正3）年、当時人気があった浪花節の海賊版レコードについて、著作物性を否定した著名な判決があるが（「桃中軒雲右衛門事件」・大判（刑）大3・7・4）、20年の著作権法改正ではレコード録音権の保護が規定されるに至った（なお、1970年著作権法では、レコード製作者の権利を「著作隣接権」として保護するようになった）。

 1931年、ヴィルヘルム・プラーゲが東京に事務所を置き、ヨーロッパの音楽著作権管理団体の代理として日本放送協会などと著作権使用料に関する交渉を開始した。プラーゲが行ったのは全く正当な請求であるが、そもそも音楽作品上演について著作権使用料を海外から請求されうることなど全く念頭になかった当時の日本では、「プラーゲ旋風」などと呼ばれ衝撃を与えた。1934年の著作権法改正で、出所明示を条件としてレコード再生には著作権使用料を要しないとしたのはその反応の一つであり（第30条1項8号、なおこの規定は1970年の著作権法制定後も経過規定・附則第14条として存続し、99年に廃止された）、また39年に著作権仲介業務法（1939法67）が制定され、日本音楽著作権協会（JASRAC）、日本文芸家協会などの著作権管理団体が生まれたのもこの出来事を契機とする（なお、2000年の著作権等管理事業法〔2000法131〕公布により、国の監督権限が強かった従来の仲介業務法は廃止された）。

◆ **戦後期の発展**　戦後日本経済の発達は、まず海外からの技術導入、そして独自な技術開発の努力と切り離せないが、知的財産法制はそのなかにあって重要な役割を担った。現行の工業所有権法制は1959年に全面改正されたものであり、また著作権法は1970年に全面改正されたものであるが、いずれも、その後も頻繁な法改正を繰り返し、とりわけ新技術の開発・普及や国際環境の変化に応じて、知的財産法制は現在もなお目覚しい発展を遂げ続けている。

なかでも1970年代以後、知的財産法制に大きなインパクトを及ぼし続けているのがコンピュータの発達であろう。まずコンピュータ・プログラム自体の保護については、80年代までに著作物としての保護が国際的潮流となり、日本でも85年の著作権法改正によりこれを明確化した。しかし一定要件の下でソフトウェアは特許法上の発明としても保護され、2002年特許法改正で「プログラム等」が保護対象となりうることが明記された。また、著作権法制に重大なインパクトを及ぼしているのが、コンピュータの発達と結びつく複製・通信技術である。複製技術については、すでに1970年代に電子複写機の普及が、また複製

物利用については、80年代の「貸しレコード業」の登場で音楽・映像ソフトのレンタル業への対応などが問題となってきた。しかしデジタル化された著作物がインターネット上で配信されうるようになった今日、著作権法は大きな転換点を迎えつつあると言ってよいであろう。1992年の著作権法改正は、デジタル録音・録画に対する補償金制度を導入し、また不正競争防止法の99年改正は、デジタル・コンテンツの複製制限の無効化行為を不正競争行為に含めることにした。しかしこうした対応も十分とは言えず、とくにネット上に結ばれた世界が国境を軽々と越えてしまうことを前提として、国際的な枠組み作りも不可欠となってきている。

◆ **知的財産基本法の制定**　1980年代、日本企業がアメリカの企業から特許権侵害の訴訟を提起される事態が続いて注目を集めた。知的財産法制は今日、各国において産業の国際競争力を支える基盤として重視されている。日本政府は2002年12月に知的財産基本法（2002法122）を制定し、知的財産の創造・保護・活用に関する施策を推進する機関として、内閣に「知的財産戦略本部」を設置した。2004年特許法改正では「職務発明」における「相当の対価」の見直しがなされ、05年には東京高裁の特別支部として「知的財産高等裁判所」を設置して紛争解決への迅速な対応を図るなど、企業活動にとってますます重要となっている知的財産権への対処は厚みを増している。

　国際的にも、1986年からのGATTウルグアイ・ラウンドが知的財産権の貿易問題を扱い、94年にTRIPs協定（知的所有権の貿易関連の側面に関する協定）が成立し、パリ条約・ベルヌ条約などの事務を扱うWIPO（世界知的所有権機関）とならんで、TRIPs協定に関する事務がWTO（世界貿易機関）で扱われるようになり、こうした機関を中心として、国際的な法制の調和化・統一化へ向けた動きが活発である。

【参考文献】
（経済法）
大蔵省財政史室編（1982）『昭和財政史　第二巻・独占禁止』東洋経済新報社（三和良一・執筆）
加藤弘之（1984）『日本の名著34　西周・加藤弘之』中央公論社
金澤良雄（1985）『経済法の史的考察』有斐閣

公正取引委員会事務総局編（1997）『独占禁止政策五十年史』上下、公正取引委員会事務総局
後藤晃・鈴村興太郎編（1999）『日本の競争政策』東京大学出版会
小林和子（1987）『産業の昭和社会史10　証券』日本経済評論社
下谷政弘（2006）『持株会社の時代―日本の企業結合』有斐閣
平沢照雄（2001）『大恐慌期日本の経済統制』日本経済評論社
藤田貞一郎（1995）『近代日本同業組合史論』清文堂
宮島英昭（2004）『産業政策と企業統治の経済史―日本経済発展のミクロ分析』有斐閣
（知的財産法）
石井正（2005）『知的財産の歴史と現代―経済・技術・特許の交差する領域へ歴史からのアプローチ』発明協会
伊藤孝夫（2000）「近世日本の出版権利関係とその解体」『法学論叢』146巻5・6号
大家重夫（2003）『著作権を確立した人々―福澤諭吉先生、水野錬太郎博士、プラーゲ博士…』成文堂
北川善太郎（1992）『技術革新と知的財産法制』有斐閣
倉田喜弘（1980）『著作権史話』千人社
高橋是清（1976）『高橋是清自伝』上下、中央公論社
特許庁編（1984・85）『工業所有権制度百年史』上下、発明協会

第20章 労働法制

　労働者の権利に関わる条文として日本国憲法には、第27条（勤労の権利・義務、勤労条件の法定、児童酷使の禁止）と第28条（団結権・団体交渉権の保障）があるが、また第18条に「奴隷的拘束の禁止」が定められていることも見過ごせない（なお労働基準法第5条「強制労働の禁止」も参照）。人類史の上では、いつの時代、どこの地域でもさまざまな形態の拘束的労働の強制が見られたし、またその拘束性の度合いは歴史の中で決して単線的に減少してきてはいない。むしろその消長は景気変動のサイクルに対応しており、偏見や差別意識にも裏付けられて、社会的弱者を新たな拘束的労働の枷の中に吸引しようとするメカニズムは、現代の世界においてなお働き続けている。21世紀の世界で、事実上の奴隷的労働に服させられている人々は数千万人に達すると想定されており、またILOの報告は、強制労働・債務奴隷の状態を含む有害で危険な労働を行っている児童の数を1億から2億と推計している。日本でも1950年代になって、なお各地に残存する児童人身売買の摘発や娼妓解放（娼妓前借金無効判決・最判昭30・10・7を参照）の取り組みがなされたし、それに先立つ戦時下には、アジア規模での強制労働や強制連行という国家的不法も行われた。しかも21世紀に入って日本は、国内「風俗産業」で多数の外国人女性が不当な拘束を受けている実態につき国際的指摘を受け、2005年の刑法改正で改めて人身売買罪（第226条の2）を創設することを余儀なくされた。

　このような拘束的労働を一方の極とし、その対極に目指すべき真に人間的な労働の形態とはどのようなものであるべきか、またそれをいかに実現すべきかは、なお不断に探求されなければならない課題であり、労働法制はその課題達成のための重要な基盤である。

第1節　戦後労働改革

　◆**労働法改革の前提**　アメリカは戦争末期から日本占領政策の立案作業を進め、労働改革の方針についても占領開始までに一定の成案が得られていた。すなわち、労働運動の健全な発達が日本の民主化に寄与するとの見地に立ち、立法によりその発達を奨励すること、また「産業報国会」のような戦争協力労働組織は解体されるべきこと、などである。一連の方針の内容は最終的に、

1945年12月28日の米国「日本における労働者組織の取り扱い」(SWNCC-92/1)、46年12月6日の極東委員会における「日本労働組合に関する十六原則」(FEC-45/5) などの文書に確認することができるが、すでに45年10月11日のマッカーサー・幣原会見では、いわゆる「五大改革指令」の一環として「労働組合の組織奨励」が指示されている。ただし、部分的には日本政府側にこれより早い動きも見られ、東久邇内閣では1945年10月1日に労働組合法制定の方針について閣議決定されていた。

❖ **労働組合法（旧法）の制定**　戦後労働改革の最初の重大な成果が労働組合法（旧法・1945法51）の制定である。既述のように東久邇内閣の下で立法化が合意されていたが、幣原内閣が発足させた労務法制審議委員会は、1945年10月27日の第1回総会以来、精力的に検討を進め11月24日には法案を答申、これが政府案として議会提出され、同年のうちに制定されるに至った（12月22日公布）。労務法制審議委員会は、労働者委員・資本家委員・学識者委員・官庁委員ら38名で構成されていたが、議論を主導したのは、戦前期以来の労働運動活動家である松岡駒吉・西尾末広らの労働者委員、そして末弘厳太郎・鮎沢巌らの学識者委員であり、ことに末弘委員は実際の起草に大きな役割を果たした。

日本では1910年代から労働組合法制定の必要が論じられ、1926（昭和元）年の第51議会、1931年の第59議会で労働組合法案が提出されたものの審議未了に終わっていたから、同法制定は、戦前期からの労働運動活動家や労働法学者たちにとって悲願の達成としての意義を持っていた。同法は、労働者の団結権・団体交渉権を保障し、正当な組合活動に属する行為についての刑事免責・民事免責、組合員の不利益取り扱い・黄犬契約の禁止、労働協約の規範的効力、労働委員会の創設などを規定している。これらは、戦前期日本の労働法概念に大きな影響を与えたワイマール・ドイツの労働法に多くを負うものであった。

❖ **労働関係調整法の制定**　労働組合法制定の当初から、労働争議の早期解決のための争議調整制度の必要が認識されていた。戦前の日本では1926年に労働争議調停法が制定されていたが、これは内容的に不備であり、これに代わる制度が必要であるというのが、日本側・GHQ側双方で共有されていた認識であった。労務法制審議委員会では、労働組合法公布後の1945年12月から本格的な検討を開始したが、46年4月に至りコーエンらESS労働課によって起草され

た原案が提示され、これが法案の基礎となった。

1946年9月27日に公布、同年10月13日から施行された労働関係調整法（1946法25）については、しばしば争議行為の制限規定が問題とされるが、ESS労働課の原案はそれまでに準備されていた日本側の案と対比すると、公益事業・官公吏の争議行為制限を大幅に緩和する内容となっており、労調法の基本的特質は、自由な団体交渉をなるべく広範な労使関係へ及ぼそうとするものとして、把握することができる（遠藤1989）。

❖ **労働基準法の制定** 労働者保護立法の検討は1946年4月頃から厚生省労働保護課において開始された。労働者保護については、戦前にも工場法（1911年公布）や労働者最低年齢法（1923年公布）などが存在していたが、不十分な上、戦時下の勤労動員ではほぼすべての保護規定が棚上げとされる状態となっていた。労働保護課長・寺本広作や松本岩吉理事官らによって準備された「労働保護法案」についてGHQと折衝中の1946年7月9日、対日理事会においてソ連代表デレビヤンコが日本の労働者保護法制改正に関する勧告案を提出し、アチソン米代表がこれに反駁するというやりとりが起き、これが労働保護法制立法化を促進する効果を持った。1946年7月22日に厚生大臣より労務法制審議委員会へ、労働保護法案起草が公式に諮問され、厚生省原案をもとに検討、名称を労働基準法と改めて1947年4月7日公布の運びとなった（1947法49）。

労働基準法は基本的に日本側のイニシアティヴによって立案され、戦前期以来の労働者保護行政の経験に依拠する内容を含んでいるが、新たに労働基準監督局を設置してその実効性確保を図ったほか、男女同一賃金の原則（第4条）など、時代を先取りした――ただしその実質化はその後も課題であり続けている――規定も存在している。なお、最低賃金の定めについては1959年に労基法から分離して最低賃金法（1959法137）が制定された。

以上、労組法・労調法・労基法が、労働関係についての基本的法規として労働3法と呼ばれるが、その他に以下のような立法がなされた。

労働災害については、戦前に工場法・鉱業法による扶助規定のほか、労働者災害扶助法、労働者災害扶助責任保険法（ともに1931年）が存在していたが、新たに労働者災害補償保険法（1947法50）が労働基準法と対応するものとして制定された。職業紹介事業は、1921年の職業紹介法によって開始され、1938年からは市町村管掌から国営事業に移されて行われていたものであるが、職業安定法（1947法141）によって新たに規定されることになっ

た。公共職業安定所は戦前以来の組織を継承している。他方、労働者供給事業は、供給業者（いわゆる労働ボス）による中間搾取が生じやすいという理由で原則的にこれを禁止する規定が盛り込まれた（第44条）。ただし、実質的な中間搾取の根絶はその後にわたって困難な課題であり続けた。失業保険は失業保険法（1947法146）によって初めて日本に導入された。なお、1974年にこれを抜本改正して雇用保険法（1974法116）としている。

❖ 労働運動の高揚とGHQの政策転換　1946年から47年にかけて、労働組合の組織化は急速に進み、また現場では「生産管理」戦術なども出現して労働運動は空前の高揚を見せた。合法化された共産党も労組組織化に着手したが、これは労働戦線における共産党系と社会民主主義系との分裂もひき起こした。運動の高揚は1947年2月1日に吉田内閣打倒のためのゼネスト実行が計画されるまでに至ったが、GHQは直前に中止命令を出し「2・1スト」は不発に終わった。ただし「占領目的に違反するスト」の禁止はGHQの当初からの方針であり、政治目的のゼネストを中止させたGHQの判断を、労働運動促進・奨励の占領政策の転換とまで捉えるのは早計である。しかし、2・1ストの主体となった官公労働者について、その労働基本権の扱いはやがて戦後労働問題の最大の焦点というべきものに浮上することとなった。

　日本の公務員制度検討のため、ブレイン・フーバーを団長とする顧問団が調査を行い1947年6月にその報告書を提出したが、その中で公務員の争議行為禁止が勧告されていた。フーバーはいったん帰国の後、自らGHQのGS（民政局）公務員課長に就任した。国家公務員法（1947法120）は憲法施行にあわせ1947年10月に公布されていたが、フーバーは直ちにその改訂作業に着手した。

　しかし公務員の争議権・団体交渉権を制限しようとするGS公務員課の構想に、ESS労働課は激しく対立した。当時の日本には広義の公務員として、現業部門に従事する、国鉄60万人・通信（電信電話・郵便）40万人・煙草専売など政府企業26万人などの労働者がおり、またその労組は当時の組織労働者の40％にも達すると見積もられ、これらを一律に公務員として争議権・団体交渉権剥奪の措置を採ることはあまりに影響するところが大きいと危惧された。対立はついに1948年7月6日、マッカーサーの面前で、労働課長キレンと公務員課長フーバーが7時間におよぶ討論を行う事態に及んだが、マッカーサーは最終的にフーバーの見解に与し、48年7月22日付、芦田首相宛書簡において、公務員

には争議権・団体交渉権が否定されるべきことを通告した。8月はじめ、政策論争に敗れたキレン労働課長・スタンチフィールド労働課次長は辞職した（竹前栄治1982、竹前栄治1991）。

◆ **政令201号**　マッカーサー書簡を受けて芦田内閣は、緊急勅令「ポツダム宣言の受諾に伴い発する命令に関する件」（1945勅542、45年9月20日施行）に基づき、1948年7月31日に「政令201号」を発布、即日施行した。公務員の団体交渉権は否定され、争議行為は「1年以下の懲役または5千円以下の罰金」で罰せられるものとされた。なおマッカーサー書簡では現業部門公務員について特別な枠組みの必要も示唆されていたが、政令201号にはそのような区別も示されていなかった。

官公労働者は猛烈に反発し、ことに国鉄労組では政令撤回を要求する全国反対行動を企画、各地で「職場放棄」などの形態の抗議行動が実行された。その一環として1948年8月下旬、国鉄仙台鉄道局弘前機関区に勤務する4名が行った「職場放棄」は、政令201号違反として起訴された。弁護側は政令201号の違憲性を争ったが、最高裁は弁護側主張を斥け有罪は確定した（「政令201号事件」・最判昭28・4・8）。なお同判決において最高裁は、政令201号発布の基礎である勅令542号は、憲法秩序の外において法的効力を有する、という判断を示している。

1948年11月30日の国家公務員法改正で争議権・団体交渉権の否定が明記された。一方、現業部門公務員については、48年12月20日公布の公共企業体労働関係法（1948法257）、さらに52年7月31日公布の公共企業体等労働関係法（1952法288）において、いわゆる「3公社5現業」（国鉄・専売公社・電信電話・郵便・林野・印刷・造幣・アルコール専売）について特別の団体交渉制度の枠組みが導入された。争議行為は禁止されていたが、罰則は規定されなかった（制裁としては解雇まで）。原案はGHQのLS（法務局）で準備され、当初はアメリカ的な「交渉単位制」が特徴的であったが、1956年改正で削除されている。

◆ **労働組合法の改正**　ESS労働課内部では時とともに、労働組合法（旧法）はアメリカ労働法の基準から見て不備であるという認識が強まり、1949年1月に労働課から改定案が日本側に提示された。1949年6月1日に公布された新しい労働組合法（1949法174）は、ワグナー法に倣った「不当労働行為」概念の下

に、組合活動の妨害阻止規定を拡充（経営者による組合への支配介入の禁止・正当な理由なき団体交渉拒否の禁止など）し、また旧法にあった行政官庁の労働組合に対する監督権限の大部分を削除し、労働委員会の権限を強化した。なお原案には、アメリカ的な交渉単位制も含まれていたが立法化の途上で削除された。改正は全体として、労働組合の自主性・民主性の確立のために設計されており、当時の労働運動が強く警戒したような「改悪」と評価することは、内容に即してみれば正当ではない。ただし、労働協約の自動延長が禁止されたことは、日経連（1948年4月設立）を中心として巻き返しを図っていた経営者側に「経営権奪回」の梃子を与える結果となった。それ以前の労働協約でしばしば実現していた、「共同決定」的な労使「経営協議会」などは、多く解体を余儀なくされたのである。

朝鮮戦争勃発後の1950年7月、共産党系を排除した労働組合のナショナル・センターとして総評（日本労働組合総評議会）が結成された。当初GHQは、反共主義組合運動育成のためこれに期待をかけていたが、1951年に総評は再軍備反対や中立主義など鮮明な政治的主張を掲げてGHQを狼狽させた。

第2節 「日本的」雇用慣行の定着期

◆「日本的」雇用慣行　戦後復興期を経て、1960年代から日本は高度経済成長期と呼ばれる比較的順調な経済の拡大期を迎えるが、この時期に日本企業では、終身雇用・年功賃金などに代表される「日本的」労務管理慣行が定着した。従業員の企業帰属意識を強めて昇進意欲を刺激し、家庭を犠牲にして企業への貢献を優先させる「忠誠」を従業員から「自発的」に引き出す労務管理は、戦後日本経済の成功の秘訣とすら言われることもある。こうした労務管理方式は、1920年代の大工業において萌芽の見えるものもあるが、基本的には経済成長期の産物であり、またここに言う「日本的」慣行をことさらに日本の文化・社会的特性に結び付けて説明することは疑問である。当時の労働市場の構造において、企業内訓練に対応できる能力の高い労働者を安定的に確保することが、雇用者にとって経済合理的であった条件の下で成立した慣行であって、1990年代以後の日本では、必要とあれば企業がより弾力的な労働市場を選好し

てこうした慣行を容易に放棄する行動に出ることも明白になっている。

◆「春闘」と労働運動　1955年から総評の主導で「春季賃上げ共闘会議」が組織され、各労働組合が共同行動をとって賃上げ交渉にのぞむ「春闘」が開始された。春闘は、企業別組合が主体の日本において有効な戦術として定着した。1964年には、池田首相と太田薫総評議長の会談で、争議権を持たない公共企業体の労働者についても、その賃金水準の決定を「民間準拠」させる方式が合意され、春闘は日本的な賃金決定方式としてほぼ確立された。すなわち、国民経済的な観点から、経済成長の利益を労働者に均霑させる制度的枠組みとして、それなりに機能するに至ったのである。1960年代には民間企業主体の労働組合ナショナル・センターとして同盟が組織され、官公部門が主体となった総評との間で労働戦線は分裂したが、春闘は共同歩調をとって行われ、現在にまで至っている。

◆公共部門労働基本権問題の展開：都教組事件まで　経済成長の中で、国民経済的な機能をも担うようになった労働運動であるが、この間も深刻な問題を投げかけていたのは、公共部門労働者の労働基本権問題である。

　1958年3月の春闘に際し、全逓（全逓信労働組合）は賃上げ要求貫徹のため、全国の郵便局で2時間の「時間内職場大会」を実施、その間ほとんどの組合員が郵便業務を停止した。これが違法な争議であり郵便法違反に該当するとして各地で検挙が行われた。その一つである「全逓東京中郵事件」では、1962年の東京地裁判決が、公共企業体等職員の争議行為にも労組法の刑事免責が適用されるべきとして無罪判決を下したが、63年の東京高裁が原判決を破棄していた。そして1966年、最高裁大法廷は、公務員またはこれに準ずる者の労働基本権制限は、合理性の認められる最小限度のものにとどめなければならず、争議行為に対しても、それが正当な限界を越えない限り刑事制裁は許されないと解すべき、と判示して差し戻し（最判昭41・10・26）、最終的に無罪で確定した。

　さらに1969年にも最高裁は、「勤務評定」反対のため「一斉休暇闘争」を主導した東京都教職員組合役員が地方公務員法違反に問われた「都教組事件」（最判昭44・4・2）、および、全司法労組仙台支部が行った「時間内職場大会」が国家公務員法違反に問われた「全司法仙台事件」（最判昭44・4・2）において、公務員の争議行為も、違法性の強い争議行為に対する、違法性の強いあお

り行為等のみが処罰されるものと解すべき、と判示して（ただし全司法仙台事件は違法性の強い政治目的ストであったとして有罪）、公共部門労働基本権問題についてのリベラルな立場を明らかにした。

❖ **公共部門労働基本権問題の展開：全農林警職法事件の「逆転」**　しかし最高裁は1973年の「全農林警職法事件」（最判昭48・4・25）で劇的な方向転換を行った。1958年に「警察官職務執行法改正案反対」のために全農林労組が行った「職場大会」が国家公務員法違反に問われた同事件において、最高裁大法廷は、公務員の労働基本権は本来的に制約を免れず、公務員の争議行為・あおり行為等に違法性の強弱の区別をたてて論ずることはかえって明確性を欠くことになるとして、都教組＝全司法仙台判決の判例を変更することを宣告した（多数意見8：反対意見7）。1977年には、東京中郵事件と同日に同一の指示の下に行われた名古屋中央郵便局「職場大会」の郵便法違反事件につき、最高裁は東京中郵事件判決の判例変更を行い、公共部門労働者の労働基本権に関する最高裁の方向転換が完遂されたことを明示した（「全逓名古屋中郵事件」・最判昭52・5・4）。

　司法的救済の途を失った公共部門労働者が、最後に行った「賭け」が1975年11月25日から公労協が実施した「スト権回復統一スト」である。国鉄全線で運行がほぼ停止するなか、しかし三木首相は「違法ストには屈しない」と声明を出し、国民の支持も得られないまま、12月3日にストは中止され敗北に終わった。
　以後、この問題の状況を変えてしまったのは、1980年代以降の「民営化」の流れであった。すなわち、1984年の専売公社・電信電話公社民営化、86年の国鉄民営化、さらには一連の独立行政法人化、21世紀に入っての郵政民営化などにより、かつての公共企業体は姿を消し、戦後日本の最大の争点の一つであった公共部門労働基本権問題は、なし崩し的に解消されてしまう結果となったのである（公共企業体等労働関係法は2002年より「特定独立行政法人等の労働関係に関する法律」となっている）。

❖ **判例法理の発展**　労働法分野では、判例によっていくつかの重要な法理が発展した。まず、期間の定めのない雇用契約は、民法第627条によれば当事者の一方が申し入れを行えば2週間後には終了するが、使用者による一方的な解雇は、合理的理由を欠き社会通念上相当でない場合には認められないとする「解雇権濫用法理」が確立された（「高知放送事件」・最判昭52・1・31）。この法理は2003年の労基法改正で法文として盛り込まれ（第18条の2）、さらに2007年公布の労働契約法（2007法128）に明記されるに至った（第16条）。なお、反復更新

された期間雇用についても濫用法理は類推適用される（「東芝柳町工場事件」・最判昭49・7・22）。就業規則変更により使用者が一方的に労働条件を変更することができるか否かにつき、変更に合理性が認められる場合には、これに反対する労働者をも拘束するとする法理が形成された（「秋北バス事件」・最判昭43・12・25）。これも労働契約法に規定されるに至っている（第10条）。1972年に、労基法から独立して労働安全衛生法（1972法57）が制定されたが、より一般的に、使用者が被用者の生命・身体の安全確保に義務を負うことが「安全配慮義務」として確立された（「陸上自衛隊八戸車両整備工場事件」・最判昭50・2・25）。これも労働契約法に取り込まれている（第5条）。この他、試用期間の法的性質（「三菱樹脂事件」・最判昭48・12・12）、内定の法的性質（「大日本印刷事件」・最判昭54・7・20）、配転命令権の限界（「東亜ペイント事件」・最判昭61・7・14）等につき、重要な司法判断がある。

◆ **雇用機会均等法**　雇用条件に関し特定の労働者に対する差別待遇は許されるべきでないが、とくに性差別の問題は現在に至るまで深刻な課題である。労働基準法第4条は男女同一賃金の原則を規定しているが、これは男女が「同一の職務に従事している場合」の賃金差別の禁止であると解されている（ただし、日本も批准している ILO 第100号条約は「同一価値労働同一賃金」、すなわち、職務の名称にかかわらず実質的に同一の業務に従事している場合に同一賃金であるべき、とする原則を掲げている〔1951年採択・67年日本批准〕）。男女別賃金表（「秋田相互銀行事件」・秋田地判昭50・4・10）や家族手当支給の差別（「岩手銀行事件」・仙台高判平4・1・10）を禁じた判例もあるが、男女の賃金格差は現在に至るまで歴然としている。一方、結婚退職制（「住友セメント事件」・東京地判昭41・12・20）や女性の若年定年制（「日産自動車事件」・最判昭56・3・24）を無効とした判例や、女子差別撤廃条約（1979年採択、85年日本批准）を受け、1985年に男女雇用機会均等法（「雇用の分野における男女の均等な機会及び待遇の確保等に関する法律」1985法45）が制定された。当初、同法は、定年・解雇などの性差別を禁止したものの、募集・採用・配置・昇進などの性差別解消はなお努力義務にとどまるとする限定的なものであったが、雇用の現場には大きな影響を与えた。

ただしその対応の代表的なものは、いわゆる「コース制」の導入であった。就職にあたり、企業内でキャリアを積み基幹業務に従事するコース（「総合職」）か、定型的・補助的

業務に従事するコース（「一般職」）かを選択させるもので、両者の間では賃金や昇進などで格差が設けられるが、前者の場合には、遠距離配転や長時間労働の負担を甘受し「家庭を犠牲にして会社に尽くす覚悟」が求められる、かのように言われる（なお、2006年均等法改正・同施行規則では、総合職採用において全国転勤を要件とすることは原則として禁じられた）。直接的・制度的な性差別は多く姿を消したものの、こうした「コース制」に代表される「間接性差別」は、主たる家計維持者となる男性に対し、女性は家計補助的な副次的業務に従事していればよいとする社会通念の下で、なお強固である。一方、雇用機会均等法は1997年、2006年に改正されて内容強化が図られている。

第3節　雇用の流動化と法の再編

❖ **雇用環境の激変**　1989年11月に労働組合の統一ナショナル・センターとして「連合」が結成され、懸案であった労働戦線統一が実現した。しかしその発足の華々しさとは裏腹に、90年代に入ると「バブル」崩壊後の日本経済の深刻な不況は、雇用環境を厳しいものとした。人件費圧縮を模索する経営者側には、年功給の能力給への切り替えなど、「日本的」雇用慣行見直しの動きが広がり、さらに正規雇用労働者を、有期雇用・パートタイム労働・派遣労働などの非正規雇用で代替していく動きも広がった。こうした動きはしばしば、企業の競争力を維持するため労働市場において必要な「規制緩和」として、あるいは、労働者に「多様な働き方」を提供する利点があるものとして正当化された。しかし、非正規雇用が「働きたいだけ働く」労働者側の主体的選択の結果である、などという論理が、「労働ダンピング」の隠れ蓑としての論理にすぎないことは、21世紀に入り非正規雇用労働者が安易な人員整理の対象とされて社会問題化する以前にも、すでに明白であった。

　非正規雇用の中でもとくに注目されるものが、派遣労働である。1985年に制定された労働者派遣事業法（1985法88）は、特定の専門的業務に限って、職業安定法で禁じられてきた労働者供給事業を一部合法化したものであったが、96年改正で対象業務は拡大し、さらに99年改正では原則と例外が逆転し、特定の禁止業務を除くほとんどの業務で派遣事業が可能とされた。これを契機として一気に労働者派遣は拡大し、請負や委託を偽装した違法派遣すら出現するに至った。

　パートタイム労働については、1993年のパートタイム労働法（「短時間労働者の雇用管理の改善等に関する法律」1993法76）が正規雇用労働者との均衡待遇を確保することをうたい、2007年改正では差別禁止規定が導入されるなど強化も図られたが、94年に採択された

ILO 第175号「パート労働条約」を日本が未批准のままであることに象徴されるように、なお多くの問題を抱えている。

❖ **仕事と生活の調和**　1987年の労基法改正で、経過規定をはさんで最長労働時間は週48時間から40時間へ短縮されたが（93年実施）、なお日本における実質的な労働時間の長さは国際比較の下で顕著であり、「家庭を犠牲とする」日本人の働き方に大きな変化は認められない。1981年にはILO 第156号「家庭的責任を有する労働者条約」が採択され、出産・育児・介護といった家庭的責任は男女が平等に担うべきという国際的認識が定着した。日本は1995年に同条約を批准し、91年公布の育児休業法（1991法76）を改正、育児・介護休業法（「育児休業、介護休養等育児又は家族介護を行う労働者の福祉に関する法律」）とした（1999年施行）。2007年に内閣府は「仕事と生活の調和憲章」を定め、そのための行動指針を策定した（労働契約法第3条3項も参照）。理念はきわめて正当であるが、そのために解決すべき課題は山積している。

❖ **労働法制再編の試み**　非正規雇用の拡大は、労働組合の活動や労組の存在を前提とする旧来の労働法制を通じた集団的規制を機能しづらいものとしている。一方で個別的な労働紛争に関する民事訴訟は増える一方であるところから、こうした事態に対処する労働法制再編の試みが進行している。個別労働関係紛争解決促進法（2000法112）は、総合労働相談コーナーにおける相談・情報提供、都道府県労働局長による助言・指導、そして紛争調整委員会による斡旋、という解決手段を提供することとし、労働審判法（2003法45、05年施行）は、裁判官（労働審判官）と労使の経験者から任命される労働審判員2名で構成される労働審判委員会が迅速な処理を行う労働審判制度を導入した。さらに個別的労働紛争を解決する指針となるものとして、従来の判例法理を基礎として、労働契約法（2007法128、08年施行）が制定された。

【参考文献】
遠藤公嗣（1989）『日本占領と労資関係政策の成立』東京大学出版会
竹前栄治（1982）『戦後労働改革—GHQ労働政策史』東京大学出版会
竹前栄治（1991）『増補改訂版　GHQ労働課の人と政策』エムティ出版
竹前栄治・三宅明正・遠藤公嗣編（1992）『資料日本占領2 労働改革と労働運動』大月書店
兵藤釗（1997）『労働の戦後史』上下、東京大学出版会

第21章

環境法制

第1節　戦前の環境被害と法

❖ **前近代の環境問題**　1967年制定の「公害対策基本法」が93年に「環境基本法」へと改められたことが示すように、環境法が対象とする問題領域は、当初考えられていた、近代の産業活動に起因する公害問題への対処という観点から、より一般的に、自然環境と人間の活動全般との関係を問題とする観点へと拡げられてきている。そしてこうした一般的観点から捉えた場合、環境問題の歴史はおそらく近代産業社会の開幕以前に遡りうる。しばしば「文明」の発生とほぼ同義と考えられてきた鉱物資源の活用は、その採取・精錬・加工に至るまでの過程で、木材資源の過剰消費による森林破壊など自然環境に大きな負荷を与え、ことにその作業過程で従業者の健康が大きく損なわれうるものであることは古くから知られていた。

江戸時代にその存在が明らかになる環境問題も、鉱山経営に関係する事例が顕著である。鉱害の発生に対し幕藩権力は、江戸期前半には、農漁業の被害を重く見て鉱山経営を停止させるなどの厳しい対応をとった場合もあったが、後半になると、鉱山経営を優先させる判断に傾くようになったと言われる。住友家が経営する伊予の別子銅山における鉱害被害は甚大であったが、幕府は幕府財政にとっても重要な銅山経営を擁護し続けた。なお、足尾銅山でもすでに18世紀には一定の被害が発生していたことが知られている。

❖ **足尾鉱毒事件**　栃木県足尾銅山の鉱毒問題はしばしば日本の公害問題の原点と言われる。1877（明治10）年に足尾銅山の払い下げを受けた古河市兵衛は、ヨーロッパの採掘技術を導入し、これを日本最大級の銅山に発展させた。しかし、銅山からは硫酸銅・砒素・鉛・カドミウムなどの有毒重金属類が渡良瀬川に流入した上、精錬過程の煙害で荒廃した山林が渡良瀬川の洪水をひき起

こし、流域の広大な農地を鉱毒水で汚染させた。被害農民の抗議行動が警官隊と衝突し、凶徒聚衆罪で農民らが検挙された1900年の「川俣事件」、帝国議会で足尾問題の追及を続けた元・衆議院議員の田中正造が、世論喚起のために企てた1901年の「天皇直訴事件」など、足尾問題は多くの劇的な場面を含みながら展開し、政府は谷中村遊水地建設を中心とする渡良瀬川改修計画で問題の解決を図るに至る。また鉱害問題は、足尾以外に、別子、小坂（秋田）、日立（茨城）などでも深刻であった。

　ところで足尾の問題では、古河鉱業の責任を裁判で追及しようとする動きは生じていない。のちに「社会主義弁護士」として知られた山崎今朝弥は、法律学校での学生であったこの事件当時、古河を相手とする損害賠償請求の訴訟を起こしてはどうかと提唱したところ、そんな「突飛乱暴の議論は書生の議論だとて誰一人耳を傾けてくれる者はなかった」という（山崎今朝弥1982：26頁）。一方、民法典はまさしく足尾問題当時に編纂されたが、起草者の1人である梅謙次郎は、鉱毒事件に不法行為責任の規定が適用可能だと考えていた形跡もあるという（吉村良一2002：116頁）。しかし民法の不法行為責任では、立証責任が損害賠償請求者＝被害者側に課されるため、原因企業と被害者との情報格差を前提とすればこれは裁判での決定的な障害となり、この困難は戦後の四大公害訴訟においても、被害者側に提訴を躊躇させる最大の要因になったのである。

　なお鉱山被害では、福岡県など炭鉱周辺での土地陥落問題も重大であった。この福岡県の被害や、1936（昭和11）年の尾去沢鉱山ダム決壊事件の惨事などが要因となって、1939年に鉱業法改正（1939法23）が行われ、日本ではじめての無過失賠償責任規定が導入されることになった。

　◆**大気汚染の発生と公害訴訟の先駆**　岩倉使節団をはじめ維新前後にイギリスを視察した人々は、ロンドン南部に林立する工場の煙突の黒煙を、富強のシンボルとして羨望のまなざしで仰ぎ見た。しかし日本にも同じ光景が生まれ始めたとき、それは深刻な大気汚染問題の始まりとなった。

　1884（明治17）年に工部省から浅野総一郎に払い下げられた東京の深川セメント工場は、直後から「降灰問題」をひき起こして地元住民の反対運動を受ける。この問題を検討した民法学者・鳩山秀夫の1911年の論文「工業会社の営業行為に基く損害賠償請求権と不作為の請求権」は、公害問題を論じた法学文献の最初期のものの一つである。

　大阪アルカリ株式会社は、その前身の硫酸製造会社以来、1879（明治12）年

より大阪市西部の安治川河口で操業していたが、その周辺では亜硫酸ガスによる農作物被害が甚大となり、1910年、周辺住民は損害賠償請求の訴えを起した。第1審・第2審は原告勝訴の判決を下したが、1916（大正5）年の大審院判決は、不法行為責任における「過失」の認定を、結果の予見可能性より回避可能性に力点を置いて、公害防止のための「相当の設備」を備えていたか否かを基準とすべき、として差し戻した（大判大5・12・22）。しかし差し戻し後、大阪控訴院は1919年12月27日判決で、「相当の設備」論に依拠しつつも、本件では防止設備が十分でなかったとして再び原告勝訴の判断を下した。この「大阪アルカリ事件」は、同時期に、汽車の煤煙（ばいえん）で枯死した松の損害賠償請求をめぐって争われた「信玄公旗掛松事件」（大判大8・3・3）とともに、公害訴訟の先駆として位置づけられるものである。

「煙の都」と呼ばれた大阪では、府・市とも1910年代以来、煤煙問題への取り組みを続けていたが、やっと1932年に罰則を伴う大阪府の煤煙防止規則が制定された（小田康徳1987）。これは大気汚染防止の法令として日本で最初のものである。

第2節 四大公害訴訟

◆経済成長の代償　第二次世界大戦後、日本の高度経済成長の裏面で、その負の部分を象徴する公害被害が広がっていった。そのうち、とりわけ激甚な四つの公害事件が法廷で争われ、その後の日本の環境法・環境行政の針路を決定的に左右することになった。すなわち、熊本の「水俣病」、「新潟水俣病」、「イタイイタイ病」、「四日市公害」である。被害の一部が戦前から発生していたと見られるものもあるが、1950～60年代に顕在化し、論争の末に原因が究明され、1967年から69年にかけ提訴、71年から73年にかけ第1審判決が下されている。

四大公害訴訟の原告たちに共通するのは、彼らが生存そのものを脅かされる切迫した被害状況の下に置かれながらも、救済についてほとんど希望が抱けないまま、悲壮な決意の下にあえて提訴に踏み切っていることである。まず、これらの公害病の原因が究明される以前に、伝染病であるとの誤解を受けて患者

らが地域で差別され、孤立していたという状況がある。また原因企業の責任がほぼ明らかになってきた段階でも、訴訟の提起には大きな困難が伴った。訴訟提起のための資力の不足、不法行為責任追及における立証責任の問題などのほか、そもそも地域経済に重要な貢献をしている原因企業の責任を追及することが、全体の利益を害する利己的なふるまいである、という非難が、原告らに向けられるという事態も存在した。

◆ **熊本水俣病・提訴以前**　四大公害訴訟の中で熊本の水俣病は被害規模からいって最大のものであるが、提訴は四つのうちで最後になった。これには、問題が顕在化した当時、一時的な「解決」が図られた事情が介在している。

水俣病は、工場排水として海に流出した有機水銀が、生物濃縮の過程を経て魚介類などの体内に蓄積され、それを摂食した人々に発生した中毒症状である。チッソ（当時は日本窒素）水俣工場で、水銀を触媒とするアセトアルデヒドの製造が開始されたのは1930年代であり、40年代には地元の漁業組合との間で漁業被害に関する補償協定が締結されていた。1956年にチッソ水俣工場付属病院から原因不明の脳症患者の存在が報告され、「奇病対策委員会」を組織、やがて医師・研究者たちは原因物質として有機水銀を特定し始めていたが、そのさなかの59年12月、寺本広作熊本県知事を中心とする「不知火（しらぬい）漁業紛争調停委員会」の斡旋による調停が成立する。まず漁獲制限を実施している周辺漁民とチッソとが補償・排水処理施設建設（ただし、実際に作られたのが効果のない施設であったことがのちに判明した）などで合意、ついで同月30日、「患者家庭互助会」とチッソとの間で「見舞金契約」が調印された。その内容は、チッソの責任は明確にしないまま、「見舞金」として患者らに一時金・年金を支給するというものであるが、契約中には「将来水俣病が工場排水に起因することが決定した場合においても新たな補償金の要求は一切行わないものとする」という条項が含まれており、これが患者らのその後の行動を大きく制約することになった。「見舞金」は全く不十分なものであったが、当時としては格別の措置であると受け止められ、補償問題はこれで解決したという世論作りもなされた。この当時にはまだ「胎児性水俣病」の症例が存在することも知られていなかった。

◆ **イタイイタイ病事件**　水俣病問題がいったん全国的に注目されたものの、現地で解決されたものと受け止められていた中、富山県の神通川流域での「奇

病」が注目を集めつつあった。患者が「痛い、痛い」と苦痛を訴えるところから名づけられたこの症状は大正期頃から発生していたが、1960年代はじめ、カドミウム中毒によるものと突き止められ、汚染源は、神通川上流に位置する三井金属鉱業・神岡鉱山である疑いが濃厚となった。三井金属との直接交渉で何ら解決の糸口を見出せなかった患者・遺族ら28名は、1968年3月、三井金属を相手取り、鉱業法109条に基づく損害賠償請求訴訟を富山地裁に起こした。

　鉱業法は39年改正により無過失責任を規定しているが、そもそも原因企業の行為と被害発生との「因果関係」の証明は原告側が行わなければならず、訴訟上の困難は大きかった。しかし1971年6月30日の富山地裁第1審判決は、排出された原因物質と発症との間の完全な病理学的メカニズムは解明されないとしても、統計的手法を用いて因子と疾病との疫学的因果関係が証明されれば十分であるとして三井金属の責任を認め、控訴審（名古屋高金沢支判昭47・8・9）もこれを支持した。こうしてこの判決は、公害事件被害者の立証負担の軽減を可能にする道を切り開いた。

◆ **四日市公害事件**　四日市公害事件は、石油コンビナート操業によりもたらされた環境被害のうち、とくに亜硫酸ガスなどの大気汚染が、周辺住民に喘息など呼吸器疾患を発生させた責任を問うたものである。四日市では、1958年に「昭和四日市石油」プラントが操業を始め、これに三菱系3社・中部電力火力発電所なども加わって「四日市第1コンビナート」を形成、さらに第2・第3コンビナートの建設が続いていったが、この間に周辺海域での漁業被害、そして大気汚染被害が拡大した。1967年、第1コンビナートに隣接する磯津地区の住民9名が、第1コンビナートを構成する6社を相手取って損害賠償請求の訴訟を起こした。

　1972年7月24日の津地裁四日市支部判決は、因果関係の立証につき再び疫学的手法を採用して磯津地区における呼吸器疾患激増と被告各企業の排煙との関係を認定し、また被告6社の間には「共同不法行為」が成立するとした。過失についても、工場立地にあたって十分な調査を怠った「立地上の過失」と、操業中に付近住民に対する影響の調査・被害防止を怠った「操業上の過失」とをともに認めて、賠償責任を肯定した。

◆ **新潟水俣病事件**　1964・65年にかけ、阿賀野川下流域において熊本水俣

病と同じ症状が相次いで確認された。原因は川魚摂食を通じた有機水銀中毒、汚染源は、阿賀野川上流に位置し、チッソ水俣工場と同じアセトアルデヒド製造を行っていた昭和電工鹿瀬(かのせ)工場であると考えられた。昭和電工側が、農薬による汚染の可能性を指摘する反論を行う中、1967年に3家族13名が、昭和電工を相手取り損害賠償請求の訴訟を起した。なおこの間の1968年9月26日、熊本・新潟の水俣病が有機水銀中毒による公害病であるとする政府見解がはじめて示された。

1971年9月29日の新潟地裁判決は、因果関係について以下のように述べる。

> 不法行為に基づく損害賠償請求事件においては、被害者の蒙った損害の発生と加害行為との因果関係の立証責任は被害者にあるとされているところ、いわゆる公害事件においては、高度の自然科学上の知識を要する科学的解明を被害者に要求することは、被害者救済の途を全く閉ざす結果になりかねない。因果関係の証明に必要な、①「被害疾患特性とその原因物質」、②「原因物質が被害者に到達する経路」、③「加害企業における原因物質排出のメカニズム」の解明はいずれも困難をともない、とくに③にいたっては「企業秘密」によって対外的に公開されておらず、一般住民である被害者にはその解明は不可能に近い。したがって、①・②については、情況証拠の積み重ねにより矛盾なく説明できれば法的因果関係の面ではその証明があったものと解すべきであり、こうして汚染源の追及がいわば「企業の門前」にまで到達した場合、③については、むしろ企業側が反証しないかぎりその存在を事実上推認され、その結果すべての法的因果関係が立証されたものと解すべきである(以上、判決文の要約)。

こうした画期的な論理の組み立てによって因果関係を認定した上、さらに同判決は、「最高技術の設備をもってしてもなお生命、身体に危害が及ぶおそれがある場合には、企業の操業短縮はもちろん操業停止までが要請される」と、被害防止のためには最高度の義務が課されるべきであると指摘して企業の「過失」を認定し、損害賠償を命じた。

◆水俣病事件・提訴以後　水俣では新潟での動きに触発されて新しい動きが生じた。新潟水俣病の患者・弁護団との連携や情報交換、さらに水俣病を公害病と認めた1968(昭和43)年9月の政府見解を受け、患者間ではチッソとの新しい補償交渉を求める声が高まった。政府はこれに先んじて、1969年4月に水俣病補償処理委員会を発足させたが、委員会への仲裁依頼の「確認書」提出を求められた患者側では、これに応ずる世帯と拒否する世帯とに分裂し、同年6月、仲裁を拒否する29世帯112名(判決時に30世帯138名)が熊本地裁に提訴(第

1次訴訟）した。

　一方、1970年2月施行の「公害健康被害救済特別措置法」（1969法90）が水俣病をその対象としたが、認定基準をめぐって混乱が続いた。未認定患者、また新認定患者が、訴訟、さらにチッソとの直接交渉（チッソ東京本社内での交渉中、患者側リーダーであった川本輝夫氏が、チッソ社員に傷害を負わせたとして起訴される事件も生じた）を求める動きも連動した。

　1973年3月20日、熊本地裁判決はチッソの責任を認め、とくに59年の「見舞金契約」における将来の賠償請求権放棄の条項は、公序良俗違反として無効である、とする判断を示した。判決を受けて、同年7月、公害等調整委員会の調停案に基づく補償協定がチッソとすべての認定患者（その時点で558名、補償処理委員会による斡旋案に応じた患者らにも差額支給）との間で成立した（なお1976年5月、熊本地検は元チッソ社長・工場長を業務上過失致死・同傷害で起訴し、79年熊本地裁で有罪、82年同控訴棄却、88年最高裁上告棄却で確定した。公訴時効の完成期、胎児性致死傷の評価などが争点となった）。

　しかしこれはまだ、水俣病事件解決へ向けた序章にすぎなかった。この時点まで水俣病被害者として注目されていたのは主として劇症患者たちであったが、有機水銀中毒によりなんらかの障害を負った人々の数は、過去に遡り数万人以上に達するはずである。しかし認定基準の壁は高く、認定申請者への「ニセ患者」呼ばわりも含めて、患者たちの苦しみは続いた。

　　未認定患者らによる水俣病認定不作為違法確認訴訟・認定遅延損害賠償請求訴訟、さらに第2次・第3次訴訟、現地から全国に移住した未認定患者らによる各地での提訴が続いたが、これらの訴訟ではチッソだけでなく、国・県の責任もあわせて追及されるようになったのが特徴であった。1995年、村山内閣は水俣病に関する国の責任につき和解の方針を閣議決定し、同年12月に未認定患者にも一時金260万円を支給するという解決案を提示、これに応じて大部分の訴訟は取り下げられ、1万1000人にのぼる人々が受給者となった。しかし和解に応じず継続された関西訴訟では、2001年4月の大阪高裁判決、さらに04年10月の最高裁判決（最判平16・10・15）が、行政責任と、その時点での認定基準とは異なる基準による水俣病認定・救済の必要を認め、95年の政治決着は根底から問い直されることになった。

第3節　公害規制立法の進展

◆ 公害対策基本法と「調和条項」　　四大公害訴訟の展開や公害反対運動の高揚は、公害規制立法を促進した。

戦後の公害規制立法としては、本州製紙江戸川工場による漁業被害問題を契機として制定された水質保全法（1958法181）と工場排水規制法（1958法182）の水質2法がさきがけをなしたが、「指定水域制」の制約により十分な機能を果たすことができなかった。

1963年から64年にかけ静岡県では、三島・沼津・清水石油コンビナート建設計画が、住民の反対運動によって中止に追い込まれたが、こうした住民運動や世論が、産業政策の制約となることを警戒する政府は、67年に公害対策基本法（1967法132）を制定した。しかし同法第1条には「生活環境の保全については、経済の健全な発達との調和が図られるようにするものとする」という「調和条項」が置かれていた。同趣旨の条項は1962年制定のばい煙規制法（1962法146）にもあり、68年制定の大気汚染防止法（1968法97）・騒音規制法（1968法）にも置かれた。「調和条項」はまさしく環境保護を、優先順位において経済発展のあとに位置づける、この時期の政策基調を象徴するものであった。

しかし世論はこうした思考そのものに転換を迫った。1967年、社会党・共産党に支持された美濃部亮吉が東京都知事に当選したことは、居住環境の悪化に強い不満をもつ都市住民の関心を反映したものと見られた。1969年には、国の規制基準よりも厳しい基準を定める東京都公害防止条例が制定された。

公害反対の世論の高まりは、ついに「公害国会」と呼ばれた1970（昭和45）年の国会で、公害対策基本法（および大気汚染防止法・騒音規制法）の「調和条項」を削除する改正を実現させるなど、公害対策の本格化のための公害関係法規14の制定・改正を導き出した。

◆ 公害規制法の体系　　公害対策基本法は、典型7公害（大気汚染・水質汚濁・土壌汚染・騒音・振動・地盤沈下・悪臭）を中心に、その予防のため、環境基準を定め規制措置を講ずることを国の責務とした。個別立法としては、水質2法に代わる水質汚濁防止法（1970法138）が指定水域制を廃止して制定され、また72

年の大気汚染防止法および水質汚濁防止法の改正は、それぞれに無過失責任規定を導入した。土壌汚染については、農用地土壌汚染防止法（1970法139）が制定された（ただし市街地の土壌汚染対策は遅れ、2002年になって土壌汚染対策法〔2002法53〕が制定された）。また廃棄物処理法（1970法137）が制定され、とくに産業廃棄物に対する排出事業者の処理責任が明確にされた。

公害紛争処理法（1970法108）は、公害紛争の迅速・適正な解決のため、都道府県に公害審査会、中央に公害等調整委員会を設置し、あっせん・調停・仲裁および裁定の手続を定めた。また、四日市公害訴訟で「共同不法行為」が認められたことが大きなインパクトを与え、73年に公害健康被害補償法（1973法111）が制定された。この法律では、大気汚染および水質汚濁の影響による健康被害を、産業界から拠出される資金をもとに補償する制度が導入された。なお同様の枠組みを用いて、2006年にはアスベスト被害救済法（2006法4）が制定されている。

1971年7月に独立の官庁として環境庁が設置されたことも、公害規制を最重要課題と位置づける国の姿勢を示すものと受け取られた。

❖ **環境保護の停滞期**　1970年代初期の一連の公害対策の推進により、たしかに改善が見られた領域もあった。しかし70年代後半、日本経済が全般的に不況に陥る中、環境行政の後退と見られる事態も生じた。1978年、大気中の二酸化窒素の環境基準が大幅に緩和されたのはその一例である。

また公害裁判においても、四大公害訴訟に続く訴訟では法的救済の壁に突き当たる事例が現れた。大阪空港騒音訴訟は、この時期を代表する裁判であり、その帰結が環境訴訟一般に及ぼした影響は大きい。四大公害訴訟はすでに起きてしまった惨害の救済の問題であった。しかし環境被害については、現に受けつつある被害、あるいは将来受けるであろう被害を差し止めることが喫緊の課題となる。しかし差止請求について同訴訟で裁判所が消極的な姿勢を示したことは、被害救済の途を著しく狭めることになった。同様の問題は、環境への影響が懸念される開発・建設事業の差止めを求める一連の訴訟においても明らかとなっている。

　　米軍から返還を受け1959年から空港として使用された大阪国際空港では、64年のジェット機就航を境に激しい騒音が周辺住民を悩ませてきた。1969年12月、周辺住民は空港を管

理する国に対し、①午後9時から翌朝7時までの夜間飛行の禁止、②過去の被害に対する損害賠償、③夜間飛行が中止され騒音防止措置がとられるまでの将来の被害に対する損害賠償、を求めて提訴した（第1次、のち第4次までで原告数は約4000名）。1974年の大阪地裁判決に続き、75年11月27日の大阪高裁判決は原告の要求をほぼ認容し、大阪空港では76年7月より午後9時以降の空港供用が停止された。しかし1981年12月16日の最高裁判決は、夜間飛行の差止請求は民事上の請求として成立しないとして却下し、「将来の損害賠償」も却下、過去の損害賠償は認めるが、うち2名の原告について「危険への接近」論にもとづき原審に差し戻した。ただし最高裁判決後も国は夜間飛行の再開は行わず、1984年には残っていた第4次訴訟についても和解が成立した。

第4節　環境法の拡がりと深化

◆ 地球環境問題　公害対策基本法に代わるものとして、1993年に環境基本法（1993法91）が制定された。公害への対処という観点から、自然環境全体の保全へと、法のよって立つ観点が広げられたが、とくに第5条において「地球環境保全」を「国際的協調の下に積極的に推進」する責務が明記されているように、環境問題が地球全体の課題であるという認識が浸透したことも、環境理念のこの間の重要な進展である。酸性雨、地球温暖化、オゾン層破壊、さらに森林破壊や絶滅危惧種の保護など、地球環境問題は現代社会の緊急の課題である。また、いわゆる「公害輸出」（日本企業が規制の緩い海外に生産拠点を移し、現地の環境破壊をひき起こすことなど）は論外として、国内の事業活動や消費生活そのものが、結局は国境を越えて、地球環境に重大な影響を及ぼす結果となるのだという事実も、現代の社会生活において常に意識せざるをえないものとなっている。

　オゾン層保護については1985年のウィーン条約、87年のモントリオール議定書に基づき、88年のオゾン層保護法（1988法53）によって対象物質（フロン・ハロンなど）の製造・排出規制が行われている。また地球温暖化については、1992年の気候変動枠組条約（94年発効）、97年の京都議定書（2005年発効）を受け、98年に地球温暖化対策推進法（1998法117）を制定、温室効果ガス排出抑制のための計画枠組みを定め、緩慢な歩みではあるが取り組みが開始されている。

◆ **開発事業と環境保護** 環境基本法では、開発事業の実施にあたり、周囲の環境にどのような影響が及ぶかを事前に調査・評価し、その結果を事業内容の決定に反映させる手続である環境影響評価（環境アセスメント）の推進が規定されている（第20条）。環境影響評価制度は70年代から各国で採用されるようになっていたが、日本では、条例に基づいて実施していた一部自治体を除き、長らく要綱（ガイドライン）や閣議決定のみを根拠として行われ、1997年になってやっと環境影響評価法（1997法81）が制定された。しかし、現状の環境影響評価が十分な実効性をもって環境保全に寄与しているか否かについては、これを疑問視する声も強い。

そこで開発事業に反対する住民にとっては、事業実施の差止を裁判で求める方策、とくに行政訴訟における取消訴訟が重要な役割をもつことになる。環境問題をめぐる行政訴訟では従来、原告適格の範囲の狭さが難点となってきたが、2004年の行政事件訴訟法改正と、05年の小田急高架事業事件判決（最判平17・12・7）が原告適格拡大の方向性をうちだし、今後の展開が注目されている。

◆ **自動車排気ガス規制** 1970年代後半以降、大気汚染問題の焦点は工場排煙から自動車排気ガスに移った。幹線道路沿道で、排気ガスに含まれる窒素酸化物（NOx）や粒子状物質（PO）による呼吸器疾患に苦しむ住民たちが起した訴訟も、大阪・西淀川訴訟、川崎訴訟、尼崎訴訟、名古屋南部訴訟、東京訴訟などと続いた。その一方、1988年には硫黄酸化物による大気汚染は改善されたとして、公害健康被害補償法における地域指定はすべて解除されてしまった。

しかし1990年代以降、上述の大気汚染訴訟の判決が次々と下されていく中、排気ガス汚染の深刻さは改めて認識されるようになった。2000年の尼崎訴訟第1審（神戸地判平12・1・31）、名古屋南部訴訟第1審（名古屋地平12・11・27）では、大阪空港騒音訴訟最高裁判決が途を閉ざした差止請求を認容する判決も下された。

2001年の自動車NOx・PO法（「自動車から排出される窒素酸化物及び粒子状物質の特定地域における総量の削減等に関する特別措置法」2001法73、自動車NOx法〔1992法70〕の改正）によって規制が強化され、大都市圏における汚染状況には一部、改善も見られるようになったが、依然として排気ガスによる大気汚染は深刻である。東京都などの自治体では条例によって、独自にディーゼル車の運

行規制などを実施している。

◆ **廃棄物処理とリサイクル**　廃棄物処理も、解決が求められる現在の焦眉の環境問題である。もっとも、水俣病も戦前以来の鉱害問題も、視点を変えれば未処理産業廃棄物の流出がひき起こした被害であった。また各家庭から出される一般廃棄物の処理が、量・質において深刻な社会問題化したのも1960年代に遡る。ゴミ焼却施設からのダイオキシン排出が確認されるなど、処理施設の設置自体に関わる問題も多い。

> 瀬戸内海に浮かぶ香川県豊島で起きた産業廃棄物不法投棄事件は象徴的な事例である。1978年、地元住民の反対を押し切って同島内に建設された廃棄物処理施設は、汚泥・糞尿・木屑のみを持ち込み、これらによってミミズの養殖を行うという触れ込みであった。ところが業者は1980年代以降、ここに膨大な量の自動車廃棄部品を不法に持ち込んでしまった。1990年にやっと処理業許可が取り消され廃棄物の撤去命令も出されたが、調査の結果、跡地の土壌・地下水が重金属等によって汚染されていることが明らかになり、公害調停が行われることとなった。

1991年の廃棄物処理法の大幅改正で、廃棄物の「排出抑制」と「再生」が目標に掲げられたように、最終処理手段以外に、リサイクルの促進が問題解決の鍵であることも広く認識されている。2000年には循環型社会形成推進基本法（2000法110）が制定され、資源有効利用促進法（2001法113、「再生資源の利用の促進に関する法律」〔1991法48〕の改正）も制定された。容器包装リサイクル法（1995法112）、特定家庭用機器再商品化法（1998法97）、自動車リサイクル法（2002法87）など、個別的な資源回収のための立法もなされ、環境への負荷をできる限り低減させた社会の構築が目標とされている。

【参考文献】
飯島伸子（2000）『環境問題の社会史』有斐閣
小田康徳（1987）『都市公害の形成──近代大阪の成長と生活環境』世界思想社
小田康徳編（2008）『公害・環境問題史を学ぶ人のために』世界思想社
川井健（1981）『民法判例と時代思潮』日本評論社
田中二郎・佐藤功・野村二郎編（1980）『戦後政治裁判史録』第四・五巻、第一法規
森長英三郎（1982）『足尾鉱毒事件』上下、日本評論社
山崎今朝弥著・森長英三郎編（1982）『地震・憲兵・火事・巡査』岩波書店
吉村良一（2002）『公害・環境私法の展開と今日的課題』法律文化社

第22章
社会保障法制

第1節　戦前の社会保障法制

　本節では戦前における社会保障法制の中心的存在であった救貧制度の変容を確認した上で、周辺領域の社会保障関連諸法について取り上げる。

　◆**恤救規則**　　明治政府は近代化と資本主義化を重要な政策課題として掲げ、それを裏付けるための財政制度や土地制度の確立を目指した。そのような政策は、地主や富農には大農経営や商業的農業経営へと進む可能性を与えたが、他方において経済的変動によって多くの農民を没落させることになった。資本主義の基礎形成の犠牲となり困窮した農民は、やがて都市に流入し、そこで都市における没落層や被差別部落の人々などと都市下層社会と呼ばれるスラムを形成するようになった（菊池正治・室田保夫編2003：18-23頁）。このような状況に対して政府は当初、1871（明治4）年太政官達県治条例中に窮民一時救助規則を設けて救助に当たるとともに、行旅病人取扱規則（1871年）、堕胎禁止令（1868年）、棄児養育米給与方（1871年）などを出して対応した。その後、天皇を中心とする新政府の窮民救済策による国民の支持獲得や、旧幕藩体制下の救済政策や救済制度の停止や廃止に伴う必要性から、原則として身寄りがなく、身体障害などの理由で働くことができず、経済的に困窮している独身者に米を支給することを定めた通達である恤　救規則（1874年）を各府県に出し、この恤救規則は1931年までわが国唯一の公的扶助法として存続した（百瀬孝1997：16-19頁）。

　恤救規則体制下において政府はいくつかの特別救護法規や医療保護関係の法律を制定した。たとえば、明治期に制定された主たる法律としては、行旅病人及行旅死亡人取扱法（1899年）や罹災救助基金法（1899年）、医療関係では、伝染予防法（1897年）ならびに精神病者監護法（1900年）、軍事扶助立法としては

下士兵卒家族令（1904年）、そして児童保護関係（後述）では、感化法（1900年）がある。また、大正期には国立感化院令による国立感化院の開設（1919年）や、少年法ならびに矯正院法（1922年）が制定された（菊池・室田編2003：39-42頁）。

◆ 救護法　　1927年の金融恐慌に始まる不況による大量の貧困層の創出は、恤救規則体制の変更を迫り、新たな救貧立法である救護法（1929年）の制定を実現させた。1932（昭和7）年から実施された救護法は、被救済者人数が恤救規則によるものより増加した点、市町村の公的扶助義務を明確にし、救護の種類を生活扶助・医療・助産・生業扶助の四種に拡大し、救護費の経費負担関係を明確にした点において、近代的救貧制度に近づいた（百瀬1997：33頁）が、他方において要救護者に救済権を認めなかった点、救護の対象から労働能力のある貧民を除外した点、そして被救護者から選挙権を剥奪した点などの問題を有していた（菊池・室田編2003：99、106頁）。

　このほか、救護法における母子保護が制限的であり、経済的困難による母子心中が多発するなかで、「子は国の宝」という観念のもと、無産政党や各種団体の制定運動の成果もあり、1937（昭和12）年に母子保護法が制定された。その後、救護法や母子保護法等で扶助の一種としての医療保護に関して、内容が不十分であるとともに、各種の医療券があって相互の連絡を欠くなど、改善の要望が出されていたことから、医療保護の整備統合を図る目的で、1941年に医療保護法が制定された（百瀬1997：38-39頁）。

◆ 児童保護法制　　先述のように明治期には感化法が制定されたほか、大正期には国立感化院の開設や、少年法ならびに矯正院法の制定が、そして昭和期に至って1933（昭和8）年に少年救護法および児童虐待防止法が制定された。

　感化法は、犯罪少年ならびに非行少年を、監獄とは異なる新たな施設である感化院において処遇することを定めたものであり、刑事政策としての側面は否定できないものの、感化院の施設内で対象者の成長に必要な処遇と教育を与えようとした点において、福祉としての側面も併せ持つものであった。感化法は制定当初、府県に感化院の設置義務を課さなかったため、実施状況は不振であったが、現行刑法が刑事責任年齢を14歳と規定し、懲治場規定を削除したことから、14歳未満の触法少年に対しては懲役刑を科すのではなく、感化院へ入院させる必要が生じたために、感化法の改正が行われ、感化院の府県設置が義務

づけられるようになった(田中亜紀子2005)。また、現行刑法に関する議論を通じて、刑事裁判において未成年者を特別に処遇する必要性が唱えられたことに端を発して、大正期に少年法(大正少年法)ならびに矯正院法が制定された。大正少年法は、18歳未満の犯罪少年および虞犯少年を対象とした保護処分ないし刑事処分を規定した法律であり、保護処分のために少年審判所を設置し、少年保護司が置かれた。また、感化法は少年法制定に伴って対象年齢を18歳から14歳に引き下げるとともに、少年審判所で感化院が適当とされた場合に送致されることとなった(菊池・室田編2003:90頁)。

　昭和期に入ると、第一次世界大戦後の経済状況によって劣悪な状況に置かれていた児童を保護するために、児童虐待防止法(1933年)が制定された。同法は14歳未満の児童の保護を内容とし、具体的には、児童を虐待し、あるいは著しく監護を怠った保護責任者に対する処分項目と、児童業務および行為についての禁止・制限事項と、これに違反した者への懲罰などを定めていた。また、同年に成立した少年救護法は、不良少年の保護について感化法に代わるものとして制定され、14歳未満の不良少年に対して、家庭的監護教育と小学校教育、科学的方法による資質改善とを目的として、教育的保護を行うことを規定した。同法によって感化院は少年救護院と改称された。(百瀬1997:37頁、菊池・室田編2003:111-112頁)。

　❖ 健康保険法　　1923(大正12)年に制定された健康保険法は、現在に至るまで70回以上の改正が行われている。同法は労働者および被扶養者の健康保険制度について定めた法律であるが、制定当初と現在のものとの相違は、①適用業種が制限されている点、②収入による制限がある点、③本人傷病給付は100%である点、④家族給付がない点、⑤業務上傷病、死亡が含まれる点、であり、他方、健康保険組合と政府管掌健康保険の別、保険料折半など大きな枠組みは変わっていない。

　健康保険法の対象者は鉱工業従業員であり、商業金融等の従業員は対象外であったが、健康保険法対象外の都市勤労者を対象とする職員健康保険法(1939年)が制定された。そのほか、類似のものとしては、農村経済の疲弊救済策の一つとして、農村漁村民を対象とする国民健康保険制度が国民健康保険法(1938年)として公布されたほか、農村そのほかの被用者を対象とするものとし

て船員保険法が制定された (1939年)。1941 (昭和16) 年、厚生年金の前身である労働者年金保険法が制定されて、医療保険についての整理統合が課題とされた。当時すでに健康保険、職員健康保険、船員保険、国民健康保険があり、健康保険と職員健康保険における政府管掌と組合管掌の区分もあった。しかしながら結局、健康保険と職員健康保険のみの統合が行われ、現在に問題を残した (百瀬1997：55-61頁)。

◆労働者年金保険法　老齢や障害によって収入が途絶えた後の収入を保証する年金制度が成立する以前においては、軍人や公務員に対しては、恩給や共済組合制度による年金が限られた範囲ではあったが機能を果たしており、民間においても退職積立金及退職手当法の適用や、一部の共済組合において老齢期に一定期間の給付を行うもののほか、任意の郵便年金や保険会社の老齢年金が存在していた。1941 (昭和16) 年に制定された労働者年金保険法は、常時10人以上を使用する鉱工業と運輸業の労働者を対象とするものであったが、1944年に名称を労働者年金保険法から厚生年金保険法と改称するとともに、事務職員・女子および5人以上使用事業所の従業員を新たに強制被保険者とした。その後同法は改正されつつ1954年まで継続した (百瀬1997：62-65頁)。

第2節　終戦と福祉三法の制定

敗戦によって占領行政を開始した連合国総司令部 (GHQ) は、福祉政策についても様々な覚書を示した。中でも1946年2月27日「Public Assistance (SCAPIN775)」において、公的扶助についての三つの重要な原則である①保護の無差別平等、②保護の国家責任の明確化、③最低生活の保障を指示したことは、戦後の社会福祉法制に大きな影響を及ぼした (百瀬1997：71-73頁、菊池・室田編2003：157頁)。また、社会福祉の戦後理念と行政の仕組みの今日における基本的骨格のほとんどは、この占領期を通じて形成された (右田紀久恵ほか編2001：295頁)。

本節では、「福祉三法」の中心である生活保護法を戦前の救貧制度と比較した後に、生活保護法の特別法的な性格を持たされて成立した児童福祉法ならびに身体障害者福祉法 (右田ほか編2001：308頁)、そして戦後改革期に制定された

少年法を取り上げる。

❖ **生活保護法**　1946年、生活保護法（「旧生活保護法」）が制定された。しかしながら日本国憲法前に制定された同法は、保護請求権などの権利規定を欠いていたばかりではなく、無差別平等・保護の国家責任・最低生活の保障などの占領軍命令を取り入れながらも、不適格者の規定、市町村長の実施責任、民生委員の法執行担当などの点で救護法の思想・原理を払拭してはいなかった。（右田ほか編2001：300頁、百瀬1997：113-114頁）。

その後、日本国憲法が第25条において国民の生存権と国家の責任を明記したことを受け、1950年に制定された生活保護法（「新生活保護法」）では、無差別平等ならびに保護請求権を認めたほか、保護の補足性原理とともに、最低限度の生活保障としての内容が整備された。生活保護法に関して、健康で文化的な最低限度の生活について争われた「朝日訴訟」（1957～67年）において、原告の死亡によって訴訟は終了したという判決を下すに際して最高裁は、「憲法25条1項はすべての国民が健康で文化的な最低限度の生活を営み得るように国政を運営すべきことを国の責務として宣言したにとどまり、直接個々の国民に具体的権利を付与したものではない」とし、「何が健康で文化的な最低限度の生活であるかの認定判断は、厚生大臣の合目的的な裁量に委されて」いる、と判断した（1967年5月24日）（池田敬正・池本美和子2002：202頁）。その後同法の改正はたびたび行われているが、重要な改正はなく現在に至る（百瀬1997：119-120頁）。

❖ **障害者福祉法制**　戦後の障害者福祉法制は、敗戦による傷痍軍人対策と関係を有しており、たとえば1947年「失明者保護に関する件」「生活困難な傷痍者に対する義肢の調整修理についての生活保護法の適用に関する件」の対象者の大部分は傷痍軍人であったことから、非軍事化と無差別平等の原則を指示したGHQによる批判を受けた。そこで、旧軍人・軍属に対する優先的保護の禁止を原則とせざるを得なくなったことを背景として制定された身体障害者福祉法（1949年）は、傷痍軍人対策を身体障害者一般に及ぼして成立したものであるということもできる（右田ほか編2001：309頁）。同法は18歳以上の身体障害者への更生援護を基本として成立し、当初「この法律は身体障害者の更生を援助し、その更生のために必要な保護を行い、もって身体障害者の福祉を図ることを目的とする」（第1条）と規定されていたように、更生の可能性のない者に

ついての適用は消極的に解されていた。しかしその後、第1条については、1967年の改正で、「身体障害者の生活の安定に寄与する」が加わり、さらに1990年の改正で更生の語を取り去り、自立と社会経済活動への参加の促進を加えた。(百瀬1997：164-166頁)。

なお、精神障害者については、戦前の精神病院法が改正され、精神病者監護法の廃止と併せて、精神衛生法(1950年)が制定されたほか、1960年には精神薄弱者福祉法(1999年より知的障害者福祉法に改称)ならびに身体障害者雇用促進法が成立した(菊池・室田編2003：160、169頁)。また、2005年に制定された障害者自立支援法の成立過程においては、「三障害(身体・知的・精神障害)の統合」が目指された。しかしながら同法については利用者である障害者の自立を真に支援するものであるのかという実効性に対する問題が残るほか、障害者の定義については基本的に各障害者福祉法における障害者の定義を参照する形がとられたため、現行各福祉法の対象とされていない難病や高次脳機能障害など、いわゆる「谷間の障害」については、現時点においても対象とされていない(大曽根寛編2008：132頁)という問題が残されている。2006年12月の国連総会において、障害とは差別や不平等という社会問題であり、その不平等の是正を行うことを目的とした「障害者の権利条約」が採択された。2007年9月に同条約の署名を行った日本においては、早期の批准を前提として国内法制との整合性を図る調整作業が進められている(大曽根編2008：127頁)。しかしながら、日本における充実した障害者福祉制度の確立には、なおも課題が残されていると言わざるを得ない。

◆児童福祉法と少年法　日本国憲法は基本的人権の尊重(第11条)、教育を受ける権利(第26条)、児童の酷使禁止(第27条)などによって、児童も基本的人権の主体であることを定めたが、その趣旨を反映する法律として児童福祉法(1947年)が制定された。同法は当初、敗戦により生じた戦争孤児や引揚孤児等を保護する児童保護の観点から出発したが、その後、現在に至るまでに数十回の改正を通じて児童福祉の対象範囲は広がり、現在ではすべての子どもを対象とする児童福祉へと発展した(右田ほか編2001：308-309頁、桑原編1998：21-25頁)。なお、1965年には、児童福祉法に規定している母子保健に関する事柄を同法から独立させて、単独の法律とした母子保健法が制定されている。近年で

はさらに、児童の人権擁護のために「児童買春、児童ポルノに係る行為等の処罰及び児童の保護等に関する法律」(1999年)、「児童虐待の防止等に関する法律」(2000年)が制定されている(大曽根編2008：13-16、28-30頁)。

　また、児童問題に関しては、戦後改革期において新たに少年法・少年院法(1948年)が制定されている。1947年2月にGHQのルイスから提示された、①少年法は少年の「保護を受ける権利」の保障を目的とすべきこと、②少年事件はjuvenile courtの非刑事的な専属的管轄権の下におかれるため、検察官の先議権は認められないこと、③juvenile courtは少年を刑事裁判所へ移送する裁量権を持つが、16歳未満の少年の移送は認められないこと、④juvenile courtは少年の福祉を害する成人に対する一定の管轄権を有することの4点からなる「少年法改正意見」(森田2005：271頁以下)を取り入れた少年法は、行政機関である少年審判所を廃止し、少年に対する保護処分はすべて司法機関である家庭裁判所が行うことにするとともに、検察官先議・刑罰優先を改め、家庭裁判所先議・保護処分優先に転換し、少年法の適用年齢を18歳から20歳に引き上げた(若穂井2006：2頁以下)。

　その後、少年法については、大きな改正が行われることなく半世紀近くが経過したが、2000年に刑罰適用範囲の拡大と少年審判手続の見直しを特徴とする改正、2007年に触法少年に対する警察の調査権限の明文化と少年院収容対象者の年齢の引き下げを含む改正が行われたほか、2008年には原則非公開の少年審判に対して、殺人などの重大事件については犯罪被害者や遺族の傍聴を認める改正が行われた。このように近年立て続けに改正が行われた少年法については、「少年の健全な育成に裏打ちされた更生を実現し、保護主義の有効性に対する社会的信頼を確保する」ためにはどうすべきかなどについて、今後も検討を続ける必要がある(守屋2005：34頁)。

第3節　戦後の社会保険制度

　1950年10月、社会保障制度審議会(1949年設置)から、日本の社会保障の方向を規定した「社会保障制度に関する勧告」(「50年勧告」)が出された。同勧告は、社会保障制度に関する国家責任を明確にした上で、国民全体の主体的な参

加による社会保障の編成を述べたものであった。同勧告はまた、社会保障制度の中心を社会保険制度に置くとしながら、「社会保険、国家扶助、公衆衛生及び社会福祉の各行政が、相互の関連を保ちつつ総合一元的運営されてこそはじめてその究極の目的を達することができる」と主張した。

現在、社会保険には、労働保険、医療保険、年金保険がある。労働保険には労働者災害補償保険と雇用保険（旧失業保険）が、医療保険には健康保険・国民健康保険等があり、年金保険には厚生年金・国民年金等がある（百瀬1997：213頁）。社会保険制度は戦前においても見ることはできるが、戦後の段階では破綻状態にあった。また、戦後の社会状況においては、当初、国家扶助である生活保護の役割が極めて大きく、社会保険の代替の役割を果たしていた（池田・池本2002：204-205頁）。本節では戦後の社会保険（労働保険・医療保険・年金保険）制度の再編について取り上げる。

◆ **労働保険（労働災害、失業保険）**　1947年に労働者災害補償保険法ならびに失業保険法が制定された。労働者災害補償保険法は、労働基準法（1947年4月）の災害補償規定にもとづいて、従来の医療・年金保険制度から関係規定を吸収する形でまとめられた。失業保健法は5人以上の常用労働者を雇用する事業所に強制適用するものであり、離職日までの1年間に6ヵ月以上の保険料を納付した者に、従前賃金の6割を標準として180日間を上限として支給することを内容とするものであり、保険料は労使折半で、保険金の3分の1を国庫負担としていた。その後、1974年に失業保険法に代わって雇用保険法が成立し、失業の予防を含めた制度となった（池田・池本2002：205頁）。

◆ **医療保険**　戦前に存在していた医療保険は、戦争の激化と敗戦後の混乱により壊滅状態となっていた。そこで、1948年に国民健康保険法が改正され、市町村公営原則の確立ならびに強制加入制が導入された。また、1958年に新しい国民健康保険法が成立し、1961年までに施行が義務づけられたことによって、制度上、国民皆保険が実現した。

このほか、被傭者医療保険として健康保険、船員保険、国家公務員共済組合、公共企業体職員等共済組合、地方公務員等共済組合がすでに存在していたが、1953年に日雇労働者健康保険と私立学校教職員共済組合が創設されたことによって、国民健康保険のほかに七つの保険が存在するという医療保険の乱立

分立型制度体系が決定づけられた。健康保険は大企業を中心とした組合健康保険と、中小企業中心の政府管掌健康保険があり、政府管掌健康保険は該当者の所得が低く、したがって保険料が低いため、赤字問題が深刻になった。

その後、健康保険法の整備が進み、1973年の改正においては、被傭者医療保険の家族給付率を7割と引き上げた。また、政府管掌健康保険の赤字対策としての国庫負担制の導入を定めた（百瀬1997：220-221頁）。このほか、高齢者問題の浮上と関連して、自治体で進められていた老人医療費の無料化の動きが国家制度として取り入れられ、1972年に70歳以上の高齢者医療費を公費負担とする制度が導入された（池田・池本2002：205-206頁）。その後、2000年には介護保険制度が導入されるとともに、2006年には公的医療保険の改正が行われ、高齢者の医療費増加に対応するために75歳以上を被保険者とする後期高齢者医療制度が発足した（岩村正彦編2008：14-19頁）が、高齢化の進行に伴う社会状況の変化には十分に対応できていない。

❖ 年金保険　　戦前においてすでに労働者年金保険法（1941年）が制定されていたが、戦後、厚生年金保険法改正（1953年）ならびに全面改正の厚生年金保険法成立（1954年）によって、医療保険とともに、完全雇用と最低賃金制度を前提とする社会保険の再整備が始まった。

今日においても公務員は厚生年金ではなく、共済年金という別個の年金を受給している。戦前において一般官吏の恩給は、官吏恩給令（1884年）ならびに官吏恩給法（1890年）が制定されていたほか、教職員や警察官については別の恩給制度が設けられていたが、これらは恩給法（1923年）によって統合された。戦後、恩給制度とは別に、年金制度が国家公務員共済組合（1948年）として成立し、新たな国家公務員共済組合法（1958年）によって、すべての国家公務員が共済年金を受けることになった。このほか、私立学校教職員、都道府県職員については、地方公務員等共済組合法（1962年）に統合され、これに市町村職員共済組合、都道府県雇用人、警察職員、教職員が移行した。また、それ以外に、公共企業体職員等共済組合ならびに農林漁業団体職員共済組合が存在している。

厚生年金や各種共済年金に加入しない大多数の国民には、年金制度は無縁の存在であった。また、厚生年金未適用事業所従業員は、事業所としては任意加

入できるが、事業主が負担増加を好まない場合は適用を申請せず、また個人として加入する方法もなかった。このような中で、社会保障政策として国民年金制度の創設が必要視され、1959年に国民年金法が公布され、他の年金制度に入っていないすべての国民が加入するという、国民皆年金が確立した。

　その後、通算年金制度を創設（1961年）し、厚生年金・共済年金・国民年金等個別の制度では資格期間を満たさない者にも老齢年金を支給することができるようにするため通算年金通則法と、通算年金制度を創設するための関係法律の一部を改正する法律を公布し、これにより、大部分の者が何らかの形で各制度から年金を受けられるようになった。また、「国民年金の一部を改正する法律」（1985年）によって、全国民が国民年金に加入して基礎年金を受給するという点で統合が実現し、この点では医療保険より一歩前進した（百瀬1997：221、224、227-230頁）。公的年金は、高齢者の生活の基本的な要素である所得を保障する重要なものであるが、少子高齢化が急速に進行している日本の現状に対応した保険料の徴収ならびに支給方法を改革することが求められている（岩村編2008：11-14頁）ほか、近年発覚した、公的年金（国民年金・厚生年金）の加入・納付記録に関して不正が行われていたという「年金記録問題」の早期解決ならびに再発防止などの課題を抱えている。

【参考文献】
池田敬正・池本美和子（2002）『日本福祉史講義』高菅出版
岩村正彦編（2008）『高齢化社会と法』有斐閣
右田紀久恵・高澤武司・古川孝順編（2001）『社会福祉の歴史―政策と運動の展開』有斐閣
大曽根寛編（2008）『ライフステージ社会福祉法―いまの福祉を批判的に考える』法律文化社
菊池正治・室田保夫編（2003）『日本社会福祉の歴史―制度・実践・思想』ミネルヴァ書房
桑原洋子編（1998）『実務注釈　児童福祉法』信山社
田中亜紀子（2005）『近代日本の未成年者処遇制度―感化法が目指したもの』大阪大学出版会
百瀬孝（1997）『日本福祉制度史―古代から現代まで』ミネルヴァ書房
守屋克彦（2005）「少年法改正の歴史と少年法」斉藤豊治・守屋克彦編著『少年法の課題と展望』成文堂
森田明（2005）『少年法の歴史的展開―〈鬼面仏心〉の法構造』信山社
若穂井透（2006）『少年法改正の争点―司法福祉と児童福祉の課題は何か』現代人文社

第23章
国際法制

　幕末の開国から日本は欧米中心の国際秩序に組み込まれた。その後、幾多の対外的な試練を経て、今日の国際社会における日本の地位というものに至った。本章では、近現代日本の対外的関係の推移を視野に置きながら、日本をめぐる国際的な関係を規定する条約や法について概観したい。

第1節　華夷秩序からヨーロッパ国際法秩序への編入
——開国から日清・日露戦争まで

　◆「華夷」秩序と日本　明治維新を経た日本が活動する舞台である東アジアの国際秩序は、「華夷」秩序から、ヨーロッパ国際法秩序——「万国公法」の世界——へと転回しつつあった。古代以来、東アジア世界は中国を中心とした「華夷」秩序によって構成されてきた。それは「華夷」思想に基づいている。礼と法を知る文化地域が華夏で、その中核が中華・中国であった。その周辺に四夷（東夷・西戎・南蛮・北狄）がいて、華夏と差別された。「華夷」秩序の典型は宗属（宗主国と藩属国）関係であった。中国王朝の天子が四夷の首長に官爵の封冊を授けて君臣の関係を結んだ。藩属国には、中国元号の行用・朝貢などの義務を負わせたが、藩属国の内政における政治的自由を認めた。朝貢に対しては豊富な答礼を行って大国の誇りを示し、その機会に貿易をも許した。この「華夷」秩序は中国王朝の力と権威を背景にして安定が保たれていた。

　日本でも、7世紀のころに「華夷」意識が発生し、独自の年号を建てて、中国を対等の国、朝鮮の国々を朝貢の国とみなした。江戸時代には中国とは交際しないで、朝鮮とは通信使が来日するだけという形をとり、日本型の「華夷」秩序という外観をまとった。琉球については、島津藩による支配を通じて日本に朝貢させ、同時に琉球の清への朝貢を黙認して、琉球が日本と清に両属して

いるという問題を近代にまで残した。

19世紀に入ると、武力外交（パワーポリティクス）方針を採るイギリスなどの列強による中国への武力侵略は、中国（清）の権威を失墜させ「華夷」秩序を動揺させた。列強による覇権の確立は、アジア諸国を植民地化するか、あるいは不平等条約（領事裁判・片務的最恵国待遇・協定関税率）の強制によって完成した。その理論的根拠は、自由貿易主義と万国公法（ヨーロッパの近代国際法）の原理であった。

❖ **不平等条約の内容：領事裁判制度を中心に**　不平等条約の重要な内容は、領事裁判権の設定と関税自主権の喪失である。領事裁判権とは、日本の領土内に居る外国人が被告である民事刑事の裁判管轄権は、被告が国籍を持っている領事にあるという制度であった。しかも、基本的に各国との条約は、日本に対しては自国領土内での領事裁判権を規定していないのである。列強の中で領事裁判制度を最も整備していたのはイギリスであった。イギリスは、上海に高等法院を設置して、これをアジア各地のイギリス領事裁判所の上級審とする体系的で発展した領事裁判制度をアジアに確立した。また、日本にいる外国人は、条約によって開港地の居留地内に定住することとされたのであるが、この居留地（横浜や神戸など）が自治権を得ているような状況が出現し、しかも、生麦事件の後英仏両国は居留民保護のため軍隊を駐留させてもいたのである。列強は、領事裁判権などを定める不平等条約をアジア諸国に押し付ける理由として、アジア諸国が非キリスト教国であるとか、諸国を文明・野蛮・未開の三つに分類して、アジア諸国が野蛮に属しているから裁判権を与えられないとした。

❖ **条約改正と対外事件**　安政条約の締結後、日本で国際法についての知識が深まるにつれて、領事裁判権の存在が近代国際法の原則である領土主権を著しく侵害するものであり、列強との条約が不平等条約であるという認識が広がった。明治維新後、この不平等条約の改正が新政府の最重要な課題の一つとなる。新政府は、「華夷」意識を内心にいだきながら、ヨーロッパ国際法を道具として東アジア国際秩序を改編する一翼を担うことになった。こうした動きを象徴する出来事は、征韓論と台湾出兵であろう。1874（明治7）年に実行された台湾出兵（当時は「征台の役」と言われた）をめぐる交渉で、大久保利通がヨーロッパ国際法を規準にして清国が台湾統治の実績をもっているかと尋ねる

と、清国側が「万国公法なる者は近来西洋各国に於いて編成せるものにして、殊に我清国の事は載すること無し」(文祥) と述べているのは、日本と中国の西洋観の違いを鮮明に物語るものである。日清交渉は、清国駐在イギリス公使ウェードの斡旋によって解決した。この交渉で、日本が西側に顔をいちはやく向け、中国の態度が西側の不信を買ったたことが、東アジアにおけるその後の日本・中国・朝鮮の運命に大きな影響を与えることになった。

第2節　大日本帝国の興亡

◆ **日清・日露戦争と大日本帝国の成立**　1894 (明治27) 年7月16日に、日英通商航海条約が調印され、領事裁判権の廃止と関税自主権の一部回復 (実施は1899年) がなった (関税自主権は1911年に完全回復する)。こうして日本の国際法主体性が確立するとともに、7月25日に日清戦争が開始され1年弱の戦闘ののち日本は勝利した。1904年2月8日には、日英同盟を背景として、日本は大国ロシアとの戦争を始め、アメリカの仲介で苦心の末に講和に至る。二つの戦争の結果、日本は台湾と樺太南部を領有し、満州のロシア権益を継承した。1910年には韓国を併合して、大日本帝国が成立した。英米仏露は日本の新しい国際的地位を承認した。

日露戦争での日本の勝利は、列強の支配下にあるインド・東南アジアなどの人々の独立運動を力づけた。しかし日本では、日本がアジアの盟主になったと意識された。また、戦争で獲得した植民地権益は、その維持と拡大が対外政策における自明の前提とされ、帝国防衛のための軍備拡張と重工業での進展を図る日露戦後経営が進められ、国内体制の政治的再編も進行した。

◆ **第一次世界大戦と日本**　1914 (大正3) 年8月に勃発した第一次世界大戦に際し、日本は連合国の一員として参戦するとともに、中華民国大総統袁世凱に対して5号21ヵ条の要求を提出した。この要求は日米対立の顕在化のきっかけとなった。ロシア革命の勃発に際しては、1918年1月2日、日本は諸国に先んじて出兵を宣言、約束を無視して3ヵ月後には7万人以上を派遣し、東部シベリアを席巻した。

◆ **ヴェルサイユ体制と国際連盟**　パリ講和会議の結果1919 (大正8) 年6月

28日に締結されたヴェルサイユ条約は、第一次世界大戦によって破綻した列強の勢力均衡体制に代えて、国際平和を維持し、国家の安全を確保する新しい安全保障方式を持った国際連盟を誕生させた。アメリカ大統領ウィルソンの提唱した14ヵ条をもとに、英米案を基礎に国際連盟規約が採択された。日本は常任理事国となり、事務次長に新渡戸稲造を送り出した。総会に代表を派遣し、各種常設委員会ないし臨時委員会、国際労働機関、および常設国際司法裁判所などの活動に参加協力した。国際連盟は、国際的平和の維持のために、戦争を違法とし、違法な戦争を起こした国に対する制裁を定め、また、戦争の第一の原因を国家間の同盟にあるとした。しかし、アメリカの未加盟や戦勝国の利権争い、また連盟規約などの欠陥は、国際連盟が所期の目的を不十分にしか果たせない原因となった。1928年の不戦条約も、①条約の違反を担保する制裁措置が定められず、②平和的手段による解決とは、「戦争」以外の解決のすべてを含むという姑息な解釈の余地を残した。

◆ワシントン体制　　第一次世界大戦後に東アジア関係を複雑なものとしたのは、日米対立であった。太平洋における日米間の海軍軍拡競争をもたらし、日米戦争の可能性すら論じられた。しかも、開国以来、アメリカは、政治・経済・貿易・文化の面で日本が強く依存する大国であった。東アジアと太平洋での新しい国際的枠組を作り出すために、1921（大正10）年11月からアメリカ大統領ハーディングの提唱によるワシントン会議が開催され、イギリス、イタリア、オランダ、中国、日本、フランス、ベルギー、ポルトガルが参加した。七つの条約などを基礎にして形成された東アジアの国際秩序がワシントン体制である。

◆幣原外交　　ワシントン会議以後、日本政府の外交方針は、ワシントン条約で作られた東アジアの新たな国際関係——ワシントン体制——を維持する方向が取られた。外務大臣幣原喜重郎の名前をとって「幣原外交」と呼ばれる政策が展開された。幣原は、国家的利益が列国相互の調和によって確保されるという原則に立ち、また中国の内政問題に関しては一切干渉しないと明言し、中国人自身による国家統一の道を支持する。しかし、かれは既存の条約にある日本の権益、とりわけ満蒙地方での既得権益擁護の立場も明白にし、外交ルート以外の方法による権益変更に強く反対した。日ソ関係では、1925（大正14）年

1月、日ソ基本条約が調印されロシア革命後8年ぶりに国交が樹立された。幣原外交とその土台となったワシントン体制は、1924年にアメリカで成立した排日移民法が日本における反米感情を醸成したことによって打撃を受けるが、さらに、中国ナショナリズムの高揚が根本的な動揺を生み出すことになった。

◆満州事変から太平洋戦争へ：帝国の破滅　1925（大正14）年の五・三〇事件以後、中国の反帝反軍閥運動は高揚し、治外法権の全面撤廃を主張するなど、日英米などの部分的譲歩案と正面から対立した。しかもこの段階になると日本政府は、枢密院などの反対を恐れ、蘇州・杭州などにある小租界を返還して中国側の軟化を図るという政策すら採用できなくなっていた。蔣介石らの北伐が満蒙権益の喪失につながることを恐れた板垣征四郎、石原莞爾ら関東軍の中堅将校は、1931（昭和6）年9月18日、満州事変を引き起こした。満州事変はアメリカとの対立を激化させ、日本の国際連盟脱退（1933年3月27日）をもたらした。1936年にはワシントン・ロンドン両海軍軍縮条約が失効、1937年には日中戦争が勃発し、日本は国際的孤立を深めていく。1941年には、ついに太平洋戦争を開始し、大日本帝国は破滅への道を歩んでいくことになった。

第3節　占領の屈辱と国際社会への復帰

◆敗　戦　ポツダム宣言の受諾によって日本は連合国軍によって占領された。連合国軍の実体はほとんど米軍であって、北海道・本州・九州・四国は間接統治という方式が、沖縄・奄美・小笠原では米軍による直接軍政の方式が採用された。また、樺太（サハリン）南部と千島列島は、歯舞・色丹両島を含めてソ連軍が占領した。朝鮮・台湾などの海外植民地は一切喪失した。

◆外交権の喪失　日本は主権国家の地位を失い、外交権を喪失した。各国の駐日外交代表は、連合国最高司令官あてに派遣されたもので、日本政府は直接の連絡を禁止された（1948年には、貿易関係についての交渉が許可）。また、日本政府は自主的に国際会議に参加することもできなかった。日本人の海外渡航も、総司令部の許可を得たごく一部の日本人に限られ、海外との通信も一定の制限を受けた。

◆「Made in Occupied Japan」　1947年2月20日、GHQは、輸出品に

「Made in Occupied Japan（占領下の日本製）」の記載を指令した。ヤフーのオークションを閲覧すると、「Made in Occupied Japan」と記された「陶磁器」「時計」「ブリキのおもちゃ」「携帯カイロ」などなどが出品され貴重なものとされているが、輸出品は「Made in Japan」の標記を使えなかったのである。

❖ **国際社会への復帰：サンフランシスコ平和条約**　ポツダム宣言では「占領目的が達成され、日本に民主的・平和的な政府が成立すればただちに占領軍は撤収する（第12項）」とあった。ポツダム宣言の条項を履行する義務を負った日本は、民主化・非軍事化を主目的とする占領政策に沿って、憲法改正をはじめとする国内の諸制度の改革を進めた。しかし、1947年に顕在化した「冷戦」は、米ソ間に対日講和問題をめぐって摩擦を生じさせた。1947年3月に早期実現の可能性が示唆された講和問題であったが、冷戦によって、米ソ英仏の一致した戦後処理が困難となった。またアメリカ国内でも早期講和を唱える国務省と軍事的理由から占領継続を望む国防省が対立した。結局、講和の成立は延引した。しかし、1949年10月に中華人民共和国が誕生するなどのアジアの情勢の激変により、日本を「全体主義の脅威に対する障壁」とする構想も打ち出された。対日講和の問題は朝鮮戦争の勃発によって急転する。対日講和の早期実現を求める声がアメリカのほうで強くなった。1951年9月4日、サンフランシスコにおいて対日講和会議が開始された。会議への招請状は、日本を含む55ヵ国に出されたが（中国は中華人民共和国および台湾の中華民国のどちらを招請するかで米英の意見が対立し、招請されなかった）、インド・ビルマ・ユーゴスラビアの3ヵ国は出席を拒否した。9月8日、参加国52ヵ国のうち、条約に反対したソ連・ポーランド・チェコスロバキアを除く49ヵ国（日本を含む）が、サンフランシスコ平和（講和）条約に調印した。（1952年4月28日発効力）（昭和27年条約第5号）。これにより、日本は独立国として主権を回復し、国際社会に復帰することになった。対日講和の背景には、朝鮮戦争の勃発により日本を西側陣営の一員として早期に育成するというアメリカ側の思惑があった。日本の経済復興を促進させるための賠償金支払いの削減などの内容には、締約国の間に不満を持つ国もあった。

❖ **国際連合への加盟**　1952年に国連への加盟申請を行ったが、米ソの対立

が深まる中で、ソ連の拒否権行使によって日本の加盟はこの時点で実現しなかった。しかし、その後の朝鮮休戦（1953年）、インドシナ休戦（1954年）、バンドン会議（1955年）など、国際的緊張緩和と平和共存の気運が高まった。1955年6月にはロンドンで日ソ国交樹立の交渉が始まり、翌年領土問題を棚上げにした状態で日ソ国交回復が実現した。なお、アメリカは、日ソ間の国交回復について、日本の国連加盟を早める必要から黙認した。そして、同年、日本の国連加盟がようやく認められた。加盟申請から4年が経過していた。

❖ 日韓関係　カイロ宣言およびポツダム宣言によって、連合国は第二次世界大戦後の朝鮮の独立を約束していたが、サンフランシスコ平和条約後、日本と朝鮮の関係処理は両国の合意にゆだねられた。ただし、日本と朝鮮の関係正常化は「日韓交渉」として行われた。1951年の開始以降、1965年までの長期間にわたって交渉が進められた。交渉の場となった日韓会談はアメリカの督促によって推進され、日韓両国の友好関係の創出よりも、アメリカのグローバルな政策（軍事的・経済的戦略）が優先されることになった。日韓基本条約（「日本国と大韓民国との間の基本関係に関する条約」）は、1965年6月22日に調印され、12月18日の批准書交換を経て発効した。この条約で、日本と韓国が外交関係を結ぶこと、「日韓併合条約」が失効していることの確認、韓国政府が朝鮮半島唯一の合法政府であることの確認、相互貿易の回復などが定められた。また、日本の朝鮮半島支配に対する「賠償」問題については、「経済協力」という表現で、日本が韓国に3億ドルを無償供与し、2億ドルを有償援助することになった。日韓基本条約とともに、両国間で「漁業協定」をはじめ多くの合意が調印されたが国交正常化には、両国ともに国内での反対が強かった。また、1972年に日中共同声明により中国との国交を回復し、1978年には日中平和友好条約を締結した。

❖ 戦後補償　元従軍慰安婦や強制連行によって強制労働を強いられた外国人が、個人としての損害賠償を請求し、空襲被害にあった日本人も補償を請求する訴訟を提起している。日本政府の主張と最高裁の判断は、国家無答責の法理、あるいは消滅時効・除斥期間の適用によって請求を却下するものであった。個人による戦後補償請求は一貫して困難な情況にある。

❖ 領土問題　北方領土・竹島・尖閣諸島などが日本の抱える領土問題であ

る。外務省が「択捉島、国後島、色丹島及び歯舞群島からなる北方四島は、我が国民が父祖伝来の地として受け継いできたもので、いまだかつて一度も外国の領土となったことがない我が国固有の領土です」と主張する北方領土問題は、日本とロシアの平和条約が未締結という問題と関連して困難な情況が続いている。

第4節　経済大国日本と国際社会

◆**戦後復興と高度経済成長**　太平洋戦争によって灰燼に帰した国土から戦後復興が始まり、高度経済成長を経て今や日本は経済大国と呼ばれる地位を占めるに至った。当然、国際社会との関係も、官民ともに経済・社会・文化などの多方面にわたって質的・量的な拡大を見せている。このような情況に対応して、日本は専門機関と呼ばれる国際機構に参加して国際社会との連携を図っている。それらの機関とは、戦前からの万国郵便連合（1874年設立、1877年に日本は加盟）、国際電気通信連合（1865年の万国電信連合と1906年の国際無線電信連合が母体、両者が合体して1935年に設立、1879年に日本は加盟）、国際労働機関（1919年設立時に加盟）などは言うまでもなく、戦後設立された国連食糧農業機関、国連教育科学文化機関、世界保健機関、国際通貨基金、国際復興開発銀行（世界銀行とも呼ばれる）などである。

◆**「法例」と「法の適用に関する通則法」**　日本が国際社会と経済的・社会的・文化的な交際を発展させるとともに、国際私法が不可欠なものとなってきた。1894（明治27）年7月16日に日英通商航海条約が調印され条約改正が成功した。これによって本格的にヨーロッパ国際法秩序に日本が組み入れられると、国際私法についての法律の制定が必要となった。国際私法とは、国際結婚、国際契約など複数の国に関連を有する渉外的生活関係から生じる法律問題の解決を目的とする法である。渉外関係における当事者の権利義務の実質を直接に規律する準拠法の選択の基準を提示することが国際私法の役割である。国際私法は抵触法または適用規範ともいわれる（国際私法の間接規律性）。日本における国際私法に関する重要な法規は法例である。最初に制定された法例は、旧法例（1890法97）であった。旧法例はイタリア民法典序章（1865年）およびベルギー

民法典改正草案（1884年）中の国際私法規定を参酌して立案されたものであり、全文17ヵ条から構成され、法律の公布、効力、解釈などに関する数条を除き他は国際私法規定であった。この法例制定の意義は、何よりも渉外事件に関する裁判の準拠法を決定する規準を明確にすることにあるが、開国以来わが国の重圧となっていた不平等条約の撤廃を促進することにもあった。旧法例は旧民法と運命をともにして施行されないで、民法と同様、改正されることになり、法典調査会が1897（明治30）年1月頃から旧法例に代わる新しい法例の起草に着手し、現行民法とともに新法例が1898（明治31）年制定、公布、施行されるに至った。全文31ヵ条のうちはじめの2ヵ条を除き国際私法規定である。この明治31年の法例は、広く欧米諸国の立法、条約、判例、学説などを参照し、とくにドイツのゲープハルト第二草案（1881年）を模範としたものであった。法例はその性質上その規定が抽象的なものが多かったので、日本の国際私法は判例や解釈学の展開の中で豊富化されていった。

　1898（明治31）年の法例は、1989年に現代語化され、婚姻・親子・総則について若干の補充的改正が行われた。法例は2006年に108年ぶりに全面改正された。名称も「法の適用に関する通則法」と改められ、2006年法律第78号として6月21日に公布された（施行は2007年1月1日）。これは小泉内閣の下で企画された一連のわが国の法典の現代化の一環として行われたものである。改正の中味としては、人、法律行為、債権に関する規定の実質的で大幅な改正を含むものとなった。たとえば、法律行為の準拠法は当事者の合意によることを前提としているが、合意が存在しない場合に1898（明治31）年法例では、行為地法によるものとされていた。法の適用に関する通則法はこれを改めて「法律行為に最も密接な関係がある地の法による」としたのであった。ただし、物権や相続、遺言などは、法制審議会等で改正案が検討されたが用語、用字の現代化にとどめ、1898（明治31）年法例の規定がそのまま残された部分もある。法の適用に関する通則法が制定された背景としては、経済のグローバル化の進展、インターネットやデジタル技術等の通信技術の進歩と普及、航空機等による迅速で安価な国際交通手段の発展などによって極東の島国であるわが国の地理的状況にもかかわらず、新しい多様な渉外的な問題が生じており、これらに関する判例や学説も多くなってきたことがある。

【参考文献】

伊香俊哉（2002）『近代日本と戦争違法化体制―第一次世界大戦から日中戦争へ』吉川弘文館
稲生典太郎（1995）『東アジアにおける不平等条約体制と近代日本』岩田書院
大山梓（1967）『旧条約下に於ける開市開港の研究―日本に於ける外国人居留地』鳳書房
木棚照一・松岡博・渡辺惺之（2007）『国際私法概論〔第5版〕』有斐閣
久保岩太郎（1961）「現行法例の成立について（財産の部）―法典調査会議事速記録を中心として」『青山法学論集』3巻2号
久保岩太郎（1962）「現行法例の成立について（身分と総則の部）―法典調査会議事速記録を中心として」『青山法学論集』4巻3号
小出邦夫編著（2006）『一問一答　新しい国際私法―法の適用に関する通則法の解説』商事法務
佐久間重男（1992）『日明関係史の研究』吉川弘文館
田中彰（2002）『岩倉使節団の歴史的研究』岩波書店
豊下楢彦編（1999）『安保条約の論理　その生成と展開』柏書房
花井等・浅川公紀編著（1995）『戦後日米関係の軌跡』勁草書房
フランシス・テーラー・ピゴット著、岩村等訳（1991～98）「治外法権―領事管轄権と東洋諸国における居留に関する法（1～10）」『法学論集』（大阪経済法科大学）26～28・30～32・35～37・39・42号
藤瀬浩司編（1994）『世界大不況と国際連盟』名古屋大学出版会
藤田久一・鈴木五十三・永野貫太郎編（1999）『戦争と個人の権利―戦後補償を求める旧くて新しい道』日本評論社
藤原明久（2004）『日本条約改正史の研究―井上・大隈の改正交渉と欧米列国』雄松堂出版
松井芳郎（2005）『国際法から世界を見る―市民のための国際法入門〔第2版〕』東信堂
森田朋子（2005）『開国と治外法権―領事裁判制度の運用とマリア・ルス号事件』吉川弘文館

第24章

現代法史におけるジェンダー法学

第1節　ジェンダー法学への歩み

　かつて法学において、女性の地位や権利の問題は、家族法分野で妻の地位の問題として、また労働法分野で女性労働者への差別の問題や母性保護の問題として論じられていたが、それらを総合する学問分野を表す言葉は長い間存在しなかった。国際婦人（女性）年の1975年、日本法社会学会は「婦人の法的地位」をテーマに研究大会を開いたが、当時はこの言葉しかなかったのである。

　国際婦人年以後、既存の学問を女性の視点から見直そうという女性学研究がアメリカから導入されて広まる中で、1983年、金城清子『法女性学のすすめ』が「法女性学」という学問分野を提唱した。その後、『岩波講座現代の法』の第11巻として1997年に発行された『ジェンダーと法』の編集過程で次のような動きが見られた。この本の企画が1993年にスタートした時点では『女性と法』ないし『フェミニズムと法』のタイトルで考えられていた。それから刊行までの約4年間に「ジェンダー」の用語が定着し、『ジェンダーと法』のタイトルを掲げることが可能になったという。そこには「法学におけるジェンダーの発見」の過程があった。2002年には金城清子が『ジェンダーの法律学』を発行し、2003年にはジェンダー法学会が設立され、ジェンダー法学の研究は発展してきている。具体的な内容について次節以降で述べるが、家族法・労働法については、それぞれの章に譲るのでそちらを参照されたい。

第2節　国際法におけるジェンダー平等への歩み

　❖ 国連憲章から女性差別撤廃条約へ　　国際社会では、第二次世界大戦後から男女平等への動きが始まった。国際連合は、その憲章の前文に「男女平等」を

うたっている。そして翌1946年には「女性の地位委員会」が活動を開始した。国際的な人権保障への動きが進む中、1948年採択の世界人権宣言、66年採択の国際人権規約は、人種、皮膚の色などとならんで、性による差別を受けないことを保障した。女性差別については1967年の「女性差別撤廃宣言」から取り組みが進められる中で、1975年を国際婦人年（当時の訳語、今日では、「婦人」から「女性」への言い換えが進み、国際女性年と呼ばれる）として、史上最初の世界女性会議をメキシコ・シティで開催し、翌76年から85年までが「国連女性の十年」とされ、その間の1979年には女性差別撤廃条約（正式名称は「女子に対するあらゆる形態の差別の撤廃に関する条約」）が国連総会で採択された。この条約は「世界女性のバイブル」、「世界女性の憲法」などと呼ばれている。当時はまだジェンダーという用語はほとんど用いられていなかったので、この条約にはジェンダー（gender）の語ではなくsexの語が用いられているが、前文に「社会及び家庭における男性の伝統的役割を女性の役割とともに変革することが男女の完全な平等の達成に必要であることを認識し」とあるのは、今日のジェンダー認識を述べたものと言える。また、第5条が「男女の定型化された役割に基づく偏見及び慣習その他あらゆる慣行の撤廃を実現するため、男女の社会的及び文化的な行動様式を修正すること」を締約国に要請しているのも、ジェンダーの視点に基づくものである。

❖ **国際社会から日本に吹いた風**　女性差別撤廃条約は、憲法で形式的には男女平等が規定されていても、社会の現実では様々な女性差別が存在していた日本に大きな影響を与えた。条約採択の翌1980年にコペンハーゲンで開かれた第2回世界女性会議では、条約の署名式が行われたが、日本政府は当初はその時点では署名する意思はなかった。しかし国際女性年以来活発な運動を進めてきた各女性団体から署名を求める強い声が起こり、政府はしぶしぶ署名することとなる。その際に日本代表として署名したのは、当時のデンマーク大使で日本初の女性大使の高橋展子であった。政府が当初、署名する意思を持たなかったのは、条約批准に必要な国内法整備の目途がたっていなかったことによる。しかし、署名したからには批准に向けて法の整備が求められることとなり、条約の採択、署名という国際的な動きは、日本に大きな風を吹き込んだ。

❖ **条約批准に向けての国内法の整備**　条約批准に対して国内法が抵触するも

のとして問題となったのは、①国籍法が父性優先主義であったこと。②雇用に関する男女平等法が存在しないこと。③高校の家庭科が女子のみ必修とされていたことの3点であった。①の問題とは、父＝日本国籍、母＝外国籍の間に生まれた子には日本国籍が与えられるのに対して、逆の父＝外国籍、母＝日本国籍の子には日本国籍が原則として与えられないとしていた、当時の国籍法であった。これは「国籍に関し、女性に対して男性と平等の権利を与える」とした条約第9条2項に反するものであった。この問題については、父＝外国籍、母＝日本国籍の子が父国の国籍法により無国籍となる問題が、子の人権を侵害するとして裁判になっていたこともあって、スムーズに改正が行われて、父母のいづれが日本国籍であっても子に日本国籍を認める父母両系主義が採用された。②の問題は厄介であった。それまでの日本の労働法制の中で男女平等をうたったのは、労働基準法第4条の「使用者は、労働者が女子であることを理由として、男子と差別的取扱をしてはならない」と定めた男女同一賃金の原則のみであった。使用者側は、労働基準法の女子保護規定を理由に平等を定めることを拒み、1985年に男女雇用機会均等法が難産の末成立する。③の問題も難航したが、1994年から家庭科が男女共修となった。

ところで、条約以前に、日本は1946年という公布の時点では画期的な男女平等を定めた日本国憲法を持っていた。それを次に見ていこう。

第3節　日本国憲法とジェンダー平等

◆ **日本国憲法の男女平等規定**　　日本国憲法には、次のような性別による差別の禁止、両性の平等を定める規定がある。第14条は「法の下の平等」を定め、差別禁止事由として性別を掲げる。第24条は家族生活における個人の尊厳と両性の平等を定め、婚姻は両性の合意のみに基づいて成立し、夫婦が同等の権利を有することを基本とすること、家族に関する法律は個人の尊厳と両性の本質的平等に立脚して制定されることを求めている。第44条は選挙権・被選挙権についての差別禁止事由として、性別を掲げる。憲法制定当時はもちろんジェンダーの語はなかったから、英文では sex となっているが、今日ではジェンダーの平等を意味するものと解されている。第14条は、働く女性に対する差別を憲

法違反として無効にするための裁判で根拠となった。第24条に述べられていることは、今日では当然のことであろうが、それまで結婚は親が決めるものとされていた当時としては、結婚は本人が決めることとした憲法は画期的なものであった。この規定により、それまでの民法では夫婦間に大きな不平等があったのが、改正されることとなった。第44条の参政権の平等は、憲法に先立って1945年12月の衆議院議員選挙法改正により実現していたが、戦前から市川房枝、平塚らいてうらを中心とする女性団体の運動が要求していたものであった。翌46年4月10日、日本ではじめて女性が投票する衆院選が行われ、39名の女性議員が当選した。彼女たちが審議に参加して、日本国憲法が成立したのである。婦人参政権は欧米先進国の多くでは第一次世界大戦後に実現していたが、日本国憲法のような男女平等規定は、当時は国際的には画期的なものであった。日本よりもはるかにジェンダー平等が実現していると思われるようなアメリカでも、憲法における男女平等規定は現在でも存在していない。憲法の男女平等修正条項（ERA：Equal Rights Amendment）は1971、72年に上下院で可決されたが、4分の3以上の州の批准が得られず、82年に不成立となった。

では、なぜ1946年という時期の日本国憲法にこのような平等規定が作られたのだろうか。それには、GHQで日本国憲法草案作成に参加したベアテ・シロタ（結婚後ベアテ・シロタ・ゴードン、以下ベアテと省略）の功績が大きい。

◆ 日本国憲法制定とベアテ　　ベアテはピアニストの父レオ・シロタが東京音楽学校教師に招聘されたのに伴い1929年、5歳の時に来日し、以後10年間日本で暮らし、当時の女性たちの状況を見聞していた。その経験が、憲法草案を起草することになったとき、日本の女性に人権を保障したいという熱い想いにつながる。第24条の草案としてベアテが書いたのは次の文であった。

> 家庭は、人類社会の基礎であり、その伝統は善きにつけ悪しきにつけ国全体に浸透する。それ故、婚姻と家庭とは法の保護を受ける。婚姻と家庭とは、両性が法律的にも社会的にも平等であることは当然である。このような考えに基礎をおき、親の強制ではなく相互の合意に基づき、かつ男性の支配ではなく両性の協力に基づくべきことをここに定める。

ここに「親の強制ではなく」、「男性の支配ではなく」という言葉があることに注目しておきたい。ベアテは戦前、結婚相手は親が決めるのが当然とされていたことを知っていた。婚礼の日にはじめて花婿の顔を見た花嫁も珍しくない

時代があったのである。また、家庭では夫は一家の長であり、妻妾同居させる夫もいたこともベアテは知っていた。そのような家族のあり方を大きく変えたのが、憲法制定に伴う民法改正（第17章「家族法制」参照）であった。

第4節　女性に対する暴力

　法の下の平等が憲法で保障されているが、現実の社会におけるジェンダーの力関係のため、女性は様々な暴力によりその人権を侵害されている。

　❖ **性暴力**　　刑法に犯罪として定められた性暴力は、強制わいせつ（第176条）、強姦（第177条）、準強制わいせつおよび準強姦（以上、1907〔明治40〕年制定時から）と2004年に新設された集団強姦・集団準強姦である。さらに人を死傷させた場合には致死傷罪として刑罰が重くなる。強制わいせつ罪と強姦罪は13歳以上の被害者に「暴行又は脅迫を用いて」行われた場合で（13歳未満の場合は暴行・脅迫がなくても）、準がつくのは「心神喪失若しくは抗拒不能に乗じ、又は心神を喪失させ、若しくは抗拒不能にさせて」行われた場合である。この暴行・脅迫については「相手方の抗拒を著しく困難ならしめる程度のものであれば足りる」として、強盗罪にいう暴行・脅迫のような「相手方の抗拒を不能ならしめる程度」までの強度でなくともよいとする判例が確立しているが、裁判官の持つジェンダーバイアスのため「被害者の証言の信用性が乏しい」として無罪判決が出た例もある。

　刑罰はわいせつ罪・準わいせつ罪では6月以上10年以下の懲役、強姦罪・準強姦罪は3年以上の有期懲役である。これらの刑罰は、2004年改正でわいせつ罪は7年以下から10年以下へ、強姦罪は2年以上から3年以上と重罰化された。この刑罰に関し、「暴行又は脅迫を用いて他人の財物を強取」した強盗罪が5年以上の有期懲役であるのに対して、同じ「暴行又は脅迫を用いて」女性の性的自由を侵害する強姦の方が刑罰が軽いことについて強い批判が女性法曹・法学者たちから出されている。実は1907年の制定時、議会提出法案では強盗罪・強姦罪ともに2年以上の有期懲役と、同一であった。しかし、強盗罪については議員から5年以上にする修正案が出されて成立したのである。

　上記のうち集団強姦罪以外は親告罪である。親告罪の告訴期限は一般的には

6ヵ月以内であるが、これらの性暴力の犯罪については被害者の精神的ショックが大きく、すぐには告訴できないケースが多いと考えられるようになったことから、2000年の刑事訴訟法改正で期限の制限はなくなった。

　次に、夫婦間に強姦罪が成立するのか、という問題がある。これまでの判例・学説では夫婦間には強姦罪は適用されない、と婚姻例外の解釈をしてきた。しかし、1986年に鳥取地裁が夫の妻に対する強姦罪を認め、有罪判決を下した。この事件は、夫の暴力から実家へ逃げ帰っていた妻を無理矢理連れて帰ろうとした夫が、自動車内で友人とともに妻を強姦したというものである。夫側は夫婦間には強姦罪は成立しないと主張して控訴したが、控訴審判決（1987年広島高裁松江支部）は「婚姻中夫婦が互いに性交渉を求め、かつこれに応ずべき関係にあることはいうまでもない。しかし、婚姻が破綻して夫婦たる実質を失っている場合にはそのような関係はなく、夫が暴行、脅迫をもって妻を姦淫した時は強姦罪が成立する」と判断した。すなわち、この事例では婚姻が破綻しているから強姦罪が成立するが、婚姻が破綻していない場合には暴行、脅迫で性交渉を強要しても強姦罪は適用されない、という婚姻例外は否定していないのである。また、夫の強姦まがいの性交渉の強要を理由に、妻から離婚訴訟を提起した事例では、裁判所は「夫が妻に対して性的交渉を強要したからといって何等違法になるわけではないし、又妻の側にこれを拒否する権利があるわけではない」として、離婚請求を棄却した（1985年東京地裁八王子支部）。

　このように、夫からの性交渉の強要を妻には拒否する権利はない、と妻の性的自由を認めない考え方の根本には、妻を夫の「所有物」とする観点が潜んでいるのではないだろうか。妻を夫の「所有物」とする観点が最も露骨に現れていたのは、1947年に日本国憲法第14条に反する、として刑法から削除された姦通罪であった。姦通罪の処罰の対象になったのは「有夫ノ婦」とその「相姦者」、つまり、妻とその姦通の相手の男性のみで、夫が独身女性と姦通しても処罰されなかった。さらに、姦通罪は夫の告訴による親告罪であって、被害者は夫であると考えられていた。夫の「所有物」たる妻を他の男性が侵害し、妻もそれに応じたことが罪とされたのである。夫の告訴ということでは、旧刑事訴訟法（1922年制定、1948年全面改正＝現行法）は夫に独立の告訴権を認めていたから、妻が強姦された場合、夫が告訴権を持っていた時代があった。

ところで、男性が性的暴行を受けた場合はどうであろうか。男性が男性から性的暴行を受けた、という事例は存在する。女性が強姦された場合よりも、被害者の心の傷はよりいっそう深いと言われる。男性は、自らを「能動的な性」「積極的な性」とみなしていることが多く、それなのに強姦されるという受動的立場に陥らせられたことによって、アイデンティティを喪失するからである。この場合、強制わいせつ罪しか適用されず、前述したように刑罰は強姦罪よりもはるかに軽い。ここにも、ジェンダーの問題（男性が不利益に扱われるという）が存在することが指摘されている。

❖ ドメスティック・バイオレンス　　ドメスティック・バイオレンス（Domestic Violence：以下DV）は直訳すると家庭内暴力であるが、日本では「家庭内暴力」は、子から父母への暴力を意味する言葉として用いられてきたので、あえて英語のままでDVと呼ばれている。かつては夫婦間暴力とも呼ばれたが、圧倒的多数は夫から妻に対する暴力であり、夫（恋人）からの暴力とも呼ばれた。DVへの認識が高まる以前は、夫の妻に対する暴力は単なる夫婦げんかとみなされ、あまりにひどい暴力に妻が110番通報しても、警察官は夫婦げんかとみて介入しないことが多く、たとえば1993年というDVへの認識が低かった頃（日弁連が夫婦間暴力110番を開始したのは94年）には、傷害致死事件における加害者と被害者の関係のうち、妻が被害者というのは8.24％であったのに対して傷害事件では1.47％で、夫から妻に対する傷害は致死に至らない限り事件として立件されないことが多かった。近年では傷害事件でも立件される例が増加している。

1993年、国連は「女性に対する暴力の撤廃に関する宣言」を採択した。この宣言では、「女性に対する暴力」とは「性に基づくあらゆる暴力行為」とされ、英文では"any act of gender-based violence"と、ジェンダーの語が用いられている。そして、女性に対する暴力に含まれるものとして「家庭において起こる肉体的、性的及び精神的暴力」と、DVを挙げている。

DVには民間団体が早くから取り組んでいたが、国の対応としては男女共同参画審議会（01年からは男女共同参画会議）で審議されるようになり、2000年の「男女共同参画基本計画」において「女性に対するあらゆる暴力の根絶」の項目に「夫・パートナーからの暴力への対策の推進」が掲げられた。また、公的

な調査も行われるようになり、1997年には東京都が、99年にはじめて国による全国的な実態調査が行われ、約20人に1人の女性が命に危険を感じるような暴行を受けたことがあることが明らかにされた。

　このようなDVの実態が明らかになったことにより、法律による対処が求められることとなり、2001年に成立したのが「配偶者からの暴力の防止及び被害者の保護に関する法律」(略称「DV防止法」)である。その内容は①都道府県にDVについて相談できる公的な機関を設置することの義務化、②保護命令で、保護命令は接近禁止命令と退去命令の二つで構成される。前者は加害者に被害者へのつきまといと所在場所付近のはいかいを禁止する命令、後者は被害者が共に生活の本拠としている住居から加害者が2週間退去することの命令で、地方裁判所に申し立て、認められると発令される。また、罰則により、違反すると1年以下の懲役又は百万円以下の罰金に処せられる。

　しかし、このDV防止法は成立当初から不十分なものとして、様々な批判があり、附則でも「施行後三年を目途として……検討が加えられ……必要な措置が講ぜられる」とされていたため、2004年に改正された。主要な点は以下のとおりである。第1に配偶者からの暴力を、旧法が身体的暴力に限定していたのから、精神的暴力や性的暴力なども含むことになった。第2に、離婚後の元配偶者からの暴力も対象とした。第3に、加害者への退去命令の期間を2週間から2ヵ月へと延長した。この退去命令については、立法時に男性議員から「なぜ夫が自分の家から出て行かなければならないのか」との反論があったものである。日本の現状では夫婦の住居は夫の単独名義になっていることが多いため、夫たちはこのように考えるのであろう。しかし、旧法の2週間では、被害女性が荷物をまとめて家を出る準備をする程度の時間しかなく、そもそもなぜ被害女性の側が家を出なくてはならないのか、という批判があった。第4に、接近禁止命令の対象に未成年の子を含むことができるようになった。被害女性が夫のもとから逃げ出すと、夫は必死になって妻を捜し連れ戻そうとする。自分の支配する者がその支配から逃れることが許せないからである。被害女性が子を連れている場合、子の転校先から妻の所在地が夫に分かってしまった例が少なからずあった。また、母親が父親から暴力を受けている場を子に見せないためにも、子を父親から切り離すことが必要となる場合も多かった。

その後、2007年に保護命令を拡充する等の改正がなされた。
DVについては、これからも法制度のさらなる整備が必要である。

第5節　男女共同参画社会基本法

「男女共同参画社会」とは「男女が、社会の対等な構成員として、自らの意思によって社会のあらゆる分野における活動に参画する機会が確保され、もって男女が均等に政治的、経済的、社会的及び文化的利益を享受することができ、かつ、共に責任を担うべき社会」のことで、この理念を実現するために「男女共同参画社会基本法」（以下「基本法」）が制定され、1999年6月23日に公布・施行された。「男女共同参画」は英語では"gender equality"と訳されており、まさにジェンダーの平等である。参加ではなく参画としたのは、より能動的・積極的に働きかけるとの視点からである。

基本法では、前文において「我が国においては、日本国憲法に個人の尊重と法の下の平等がうたわれ、男女平等の実現に向けた様々な取組が……着実に進められてきたが、なお一層の努力が必要」と述べるが、「少子高齢化の進展、国内経済活動の成熟等我が国の社会経済情勢の急速な変化に対応」するためにも「男女共同参画社会の実現は緊急な課題」と、その背景には少子高齢化があることを明言している。育児休業等の労働法制の展開にも背景に少子化問題があったが、日本においてジェンダーの平等を推進する大きな背景に少子化があったことは間違いない。もしも少子化していなければ、このような動きはもっと遅れていたのではないだろうか。逆にジェンダーの平等が進んでいないことが少子化を惹起したということも、ジェンダー平等を最も推進している北欧諸国などで出生率が上がっていることからも言えよう。

基本法第9条が地方公共団体に対し、国の施策に準じた施策等の策定・実施の責務を定めたため、地方自治体でも男女共同参画に関する様々な条例が制定された。しかし、男女共同参画、ジェンダー・フリーへのバックラッシュが始まる。山口県宇部市は2002年に「男女が、男らしさ女らしさを一方的に否定することなく男女の特性を認め合い」「専業主婦を否定することなく、現実に家庭を支えている主婦を男女が互いに協力し、支援するよう配慮に努めること」

を基本理念とする男女共同参画条例を制定した。また、千葉県市川市は2002年の男女平等条例を2006年に廃止し、「男女が男らしさ、女らしさを否定することなく、互いの特性を認め合」うことを理念とする男女共同参画社会基本条例を制定するという、基本法の理念に逆行する動きが生じている。男女特性論はこれまで男女不平等を正当化するための根拠として言われてきたものである。地方自治体の関わりが大きい教育の場でも、男女混合名簿に改めたのに対して反対の声が挙がっている。

これからもまだまだ、ジェンダーの平等についての正しい理解が深まり広がることが求められる。

【参考文献】
浅倉むつ子・戒能民江・若尾典子（2004）『フェミニズム法学―生活と法の新しい関係』明石書店
浅倉むつ子監修（2003）『導入対話によるジェンダー法学』不磨書房
岩村正彦ほか編（1997）『岩波講座現代の法11　ジェンダーと法』岩波書店
大沢真理（2000）『21世紀の女性政策と男女共同参画社会基本法』ぎょうせい（改訂版2002年）
「夫（恋人）からの暴力」調査研究会（1998）『ドメスティック・バイオレンス』有斐閣（新版2002年）
戒能民江（2002）『ドメスティック・バイオレンス』不磨書房
角田由紀子（2001）『性差別と暴力　続・性の法律学』有斐閣
金城清子（2002）『ジェンダーの法律学』有斐閣（第2版2007）
国際女性の地位協会編（1998）『女性関連法データブック―条約・勧告・宣言から国内法まで』有斐閣
辻村みよ子（1997）『女性と人権―歴史と理論から学ぶ』日本評論社
辻村みよ子（2005）『ジェンダーと法』不磨書房
内閣府男女共同参画局編（2004）『逐条解説男女共同参画社会基本法』ぎょうせい
福島瑞穂（1997）『裁判の女性学―女性の裁かれかた』有斐閣
ベアテ・シロタ・ゴードン（1995）『1945年のクリスマス―日本国憲法に「男女平等」を書いた女性の自伝』柏書房
ベアテ・シロタ・ゴードン／村山アツ子／高見澤たか子（2006）『ベアテと語る「女性の幸福」と憲法』晶文社
山下泰子（1996）『女性差別撤廃条約の研究』尚学社
山下泰子他（1996）『法女性学への招待』有斐閣
若尾典子（2005）『ジェンダーの憲法学―人権・平等・非暴力』家族社

終 章

日本人の法意識論史──日米関係の推移から見た法文化論

はじめに

❖ **なぜ日本人だけが法意識論にこだわるのか**　日本法を専攻しているオーストラリアの一法律家は、日本人の法意識論について次のように述べている。

「戦後ずうっと日本では、日本人の法意識に関する議論がくりかえされている。しかし、なぜ日本人だけが自らの法意識にこだわるのであろうか。カナダやオーストラリアには、カナダ人の法意識とかオーストラリア人の法意識というテーマは存在しない。少なくとも先進国の中で法意識にこだわっているのは日本だけである。今なお、日本人の法意識をめぐる議論が盛んであるところに、日本人の法意識論の特徴がある」(石川一三夫／マルコム・スミス 1985)。

なぜ日本人だけが法意識論にこだわり続けるのであろうか。それ自体が日本における法文化論の研究対象になりうる。そこで、この終章では、近代から現代への日本法文化の変遷過程の一側面を明らかにするために、「日本人の法意識論」史に焦点を合わせて簡単なスケッチを試みることとする。

❖ **課題の設定**　日本人の法意識論史を考察するにあたっての課題は、次の諸点である。すなわち、①戦後史の中で日本人の法意識論はどう変化していったか、②戦前から戦後改革期にかけての時期と、それ以後の時期においては日本人の法意識論にどのような違いが認められるか、③そもそも「日本人の法意識論」の原型はいつ形成され、そこにはどのような特徴(バイアス)が認められるか、④日本法史学を学ぶ者は日本人の法意識論(史)から何を学び取らなければならないか、等々である。この終章ではこれらの問題について述べる。ただし、ここでは対象をアメリカの法学雑誌に見る日本人の法意識論の変化に限定することにする。日本人の法意識論の変遷は、アメリカにおける日本法研

究の発展と密接不可分の関係にあるからである。

　本章ではまず、第1期「戦前」、第2期「戦後改革期」(1945～)、第3期「日米関係の新展開」(1964～)、第4期「日米関係の発展」(1976～)、第5期「現在」(1990～)に分けて、時代の流れを概括することから始めよう。

第1節　戦前から戦後改革期へ

　❖ 第1期・戦前　　第1期は、ウィグモア（John H. Wigmore）に代表される時代である。ド・ベッカー（Joseph E. de Becker）の活躍も知られている。この時期においては、法文化論的な知的好奇心に誘われて極東の国の神秘にせまろうとする視点から日本法が研究された。日本独特の法の歴史や、家長権・家族会議・養子・離婚などの家族法に対する興味が強く、日本の特異性が強調されていた点に、この時期の特色がある。ウィグモアはハーバード大学を卒業後、慶応義塾大学でアメリカ法を教えるかたわら、比較法や日本法（とくに江戸時代の法制度）を研究し、『旧日本の土地法及び地方制度』や『旧日本私法研究資料』などの研究成果をアメリカに持ち帰った人物である。ウィグモアが司法省の書庫を訪れた際、鎖国していた日本がほとんど外国の影響を受けないままに多くの法制を考え出していたことに驚いたと言われている。

　この時期に見られた先駆的研究は、日米関係の悪化と戦争によって途絶する。そして、戦時期には日本人の意識や行動に関する"inscrutable"論（不可解な日本人論）が増幅されるのである。

　❖ 第2期・戦後改革期（1945～）　　アメリカが日本を占領していたこの第2期においては、アメリカ法をモデルとする日本法の民主化が目指され、マイナス・イメージとして日本人の法意識が盛んに論じられた。占領軍の一員として在日したオプラー（Alfred Oppler）をはじめ、ブレイクモア（Thomas L. Blakemore）やシュタイナー（Kurt Steiner）らがまずその代表である。ブレイクモアは「日本法の戦後の発展」(Blakemore, Thomas L. 1947)を、オプラーは「連合軍統治下の日本の法制度と司法制度 (Oppler, Alfred C. 1949)を、シュタイナーは「日本民法の戦後における変化」(Steiner, Kurt 1950)をワシントン大学の法学雑誌に寄稿している。

続いて50年代に入ると、日米の法律家の人的交流が活発になり、それに応じて、日本法に関心を寄せるアメリカ人の法律家が増えてくる。ヴォン・メーレン（Arthur T. von Mehren）やヘンダーソン（Dan F. Henderson）、ラビノウイッツ（Richard W. Rabinowitz）など、わが国でも広く名前の知られた人たちが登場してくるのが第2期後半の特徴である。ヴォン・メーレンは「日本法の考察」（von Mehren, Arthur T. 1958）と「日本社会の変化と法」（von Mehren, Arthur T. 1963）の著者である。そして、ヘンダーソンは「徳川時代の法の考察」（Henderson, Dan F. 1952）、ラビノウイッツは「日本の裁判の歴史的展開」（Rabinowitz, Richard W. 1956）の著者である。

この時期はまた、日本法の専門家だけでなく、他の分野を専攻する大学教授や裁判官、弁護士などが訪日する機会も多くなり、彼らの手によって簡単な体験記・印象記が書かれることもしばしばであった。ハーバード大学やワシントン大学を中心に精力的に日本法に関する資料が収集されたのも、この時期の特徴である。

❖ **川島武宜理論の影響**　この第2期の最後には、ハーバード会議（1961）が開催され、その2年後にはヴォン・メーレン編の"Law in Japan"が出版されている。日本人の法意識に対するアメリカ人法学者の批判を、日本人法学者が真剣に受けとめた時期である。川島武宜教授のいわゆる「日本人の法意識」（Law-Consciousness of the Japanese）というタームが海外で有名になったのはこの頃のことである。また、日米の社会科学者が一堂に会した箱根会議がもたれて、日米の社会科学者の間で「近代化」（Modernization）や「封建制」（Feudalism）の概念についての論争が行われたのも、同じくこの頃のことである。

この時期に川島武宜教授が発表した英文論文には、次のようなものがある。

① Dispute Resolution in Contemporary Japan, Law in Japan (von Mehren ed.), 1963.
② The Concept of Judicial Precedent in Japanese Law, IUS PRIVATUM GENTIUM (Festschrift für Max Rheinstein), 1969.
③ lndividualism in Decision-・Making in the Supreme Court of Japan, Comparative Judicial Behavior, 1969.

川島武宜教授の理論の特徴は、アメリカに比べて日本では訴訟数が少ないと

いう点に着眼し、その原因を日本人の特異な法意識のあり方、さらにはその背景にある前近代的な社会構造や文化的伝統に結びつけて説明しようとするものであった（川島武宜1967）。一言で言うならば、「日本人の法意識は遅れている、前近代的である」というのが、川島教授の主張であった。その見解が海外ではじめて報告されたのは、1961年のことで、ハーバード大学においてである。

このハーバード大学の会議では、同じく民法学者の加藤一郎教授が報告したが、彼の理論は川島理論とは対照的に、日本における訴訟件数の少なさは日本人の法意識に原因があるのではなく、むしろ日本の法制度のあり方に基因しているとするものであった。日本において、たとえば交通事故に関する訴訟が少ないのは、保険制度や裁判制度の欠陥、訴訟に要する費用や時間の問題など、主として制度上の問題に原因がある、というのが加藤報告の主張であった。しかし、この加藤報告はアメリカの法律専門家には強いインパクトを与えることがなかった。アメリカの法律専門家に強い印象を与えたのは、川島教授の理論であった。川島教授の理論は海外で有名になり、いろいろな形で受け継がれることになる。

第2節　日米関係の新展開と法意識論の転機

◆ 第3期・日米関係の新展開（1964～）　第3期は、日米法学会が設立された1964年以降である。この1960年代は、アメリカにおける日本法の研究が一つの転機を迎えた時期と言ってもよかろう。その背景には、日米間の経済的関係の発展という環境の変化がある。すなわち、極東の小国に対する異国趣味に誘われて日本法の特異性を語るとか、占領軍としての優越的な立場から日本人の法意識に見られる「前近代性」を裁断するという時代が一応終わって、貿易摩擦を含む日米経済関係の法的諸問題を検討することが日本法研究の新たな中心的課題になったのである。

この時期を代表する研究者はワシントン大学のヘンダーソンであろう。彼が精力的に発表した論文は、「日米投資入門」（39 Wash. L. Rev., 1964）、「日米共同企業の契約上の問題」（39 Wash. L. Rev., 1964）、「日米貿易入門」（42 Wash. L.Rev., 1967）など、主として実務的なものが多かった。しかし、彼は名古屋大

学の平松義郎教授との親交が深く、日本法制史とくに徳川時代の法制に対しても造詣が深かった。彼には、「日本の法律家——そのタイプと役割」(Henderson, Dan F. 1969) という論文があり、日本人の法意識論にもかかわる新しい論点が提起されている。ヘンダーソンのリーダーシップの下、日米の投資・貿易・漁業などの経済関係にかかわる法的諸問題についてのシンポジウムが数度にわたって開催された。そして、もう一つ注目すべきことがある。それは、ワシントン大学において1967年に日本法に関する大学院の修士課程が開設されたことである。英語と日本語でコミュニケーションすることができ、かつ日米経済取引の法的問題を処理する能力を有する日米の法律家を養成することが、その目的であった（現在も多くの優秀な日本人が留学している）。

　この時期は、日本人の法意識を「遅れたもの」とみなす従来の論調が弱まってきたという点で特徴的である。たとえば、日本法の研究意義を論じたスティブンス (Charles Stevens) の論文によれば、日本は欧米諸国の外にあって近代化に成功している唯一の国であり、極めてダイナミックな発展を遂げつつある国であるが、その秘密の一つは「大陸法とアメリカ法と日本的法意識の融合」に求められる、とされている (Stevens, Charles 1971)。日本人の法意識と言えば、すぐにその前近代的な問題点のみに目が奪われがちであった一時期前の論調とは、随分と色合いを異にする見解の登場である。日米がしのぎをけずるビジネスの世界において、タフな交渉相手としての日本人の法意識——日本人一般というよりも日本のビジネスマンの法意識——が見直され始めたことの反映と言えよう。

◆ 第4期・日米関係の発展（1976〜）　日米法学会のアメリカ支部が設立された1976年以降を第4期と呼んでおこう。ヘイリー (John O. Haley) やアップハム (Frank Upham)、ヤング (Michael Young) といった、日本語の読み書き能力に優れた戦後世代が活躍し始めた時期である。"Doing Business in Japan" とか、"Negotiating with Japanese" "Lessons from Japan" といったような実用的な観点から日本人の法意識論を論じる傾向がいっそう強まった点に、この時期の特徴がある。

　実用的な研究が蓄積されるに応じて、「日本人は権利意識が低い」といったような従来の決めつけが影をひそめ始めたという点が重要である。すなわち、

(a)日本人が生来的・心理的に抽象や論理、法を嫌っているというのは誤りである。(b)日本人は情緒的なものを愛している半面、抽象や論理も好きで、けっこう実際的な面がある。(c)臨機応変、いつ法を使えば有益であるか否かをよくわきまえているだけのことである。(d)「日本人は権利意識が低い」とか「訴訟が嫌い」というのは有害な神話でしかない、といったような見解が有力になった。

◆ヘイリーやアップハムの問題提起　この時期に活躍したのは、ワシントン大学のヘンダーソンの後継者ヘイリーである。ヘイリーは、「法律嫌いの神話」(Haley, John O. 1978)という刺激的なタイトルの論文で、日本人の間でも広く知られるようになった法学者である。彼にはその他、「非公式の正義についての政治学—1922-1942の日本の経験」(Haley, John O. 1982)という論文がある。ヘイリーの論文「法律嫌いの神話」が加藤新太郎判事補によって翻訳され、『判例時報』第902、907号に掲載されていることからも明らかであるように、彼の論文は主として法律実務家の間で広く読まれ、多くの影響を与えた。

いっぽう、同志社大学に滞在し、日本の法史学研究者と親交のあったアップハムは、水俣訴訟などの日本の公害訴訟に注目し、その角度から日本人の法意識の変化を論じている。日本の法学実務家だけでなく、法哲学や法史学の専門家に対しても説得的な理論を展開しているアップハムの論文としては、「日本における訴訟とモラル意識—日本の四大公害訴訟の分析を通じて」(Upham, Frank 1976)と、「水俣後—日本の環境訴訟と今後の展望」(Upham, Frank 1979)が重要である。

このように、日本人の法意識を固定的に捉えて、その特異性をことさらに強調しようとする論調にかげりが見えてきたのが、第4期の特徴である。要するに、「日本人の法意識＝unique」論のいっそうの後退である。私が外国で接した人々の話を総合すると、川島理論への批判の声は高い。日本人の法意識に関する神話に挑戦しようというのが、外国で日本法を学ぶ若い法律家の間に見られる一つの潮流になったのである。

第3節　法意識論の転換

◆ **第5期・現在（1990〜）**　ごく図式的に概括するならば、(a)静態的な定型論→動態的な過程論、(b)特殊性の強調→相対性の認識、(c)評価的断定→記述的理解など、新しい「日本人の法意識」像を描き出そうとする論調が、第5期以後いっそう強まってくる。今日では、商談や契約の相手方としてのスマートな日本人が問題になることはあっても、啓蒙の対象としての「遅れた」日本人が問題になることは稀である。日本の民主化論的視座から、日米の商取引の発展に伴う国際化論的視座への移行と言えよう。

こうした中、アメリカにおいては川島理論の影響が弱まり、加藤理論への接近現象が認められる。すなわち、現在のアメリカの通説的な理論に影響を与えているのは、たとえば田中英夫教授である。田中教授は竹内昭夫教授との共同論文（田中英夫・竹内昭夫1971-1972）の中で、みずから二正面作戦と呼ぶ立場を展開している。田中教授らによれば、日本において訴訟件数が少ないのは、一つには日本的法意識の特異性が原因である。しかし、他方において、加藤一郎教授が提起していた制度上の問題もやはり重要なファクターであるとされる。すなわち、アメリカの法制度は訴訟の提起を促進する方向に機能しているが、日本の場合には障害的に機能している。その原因は、「日本人の法意識プラス制度上の問題にある」というのが田中理論の特徴である。この田中理論は、アメリカでは従来の通説である川島理論への挑戦として受け取られ、それが今日の若い世代の間に広く行き渡っているのである。

日本人が戦後ずっと法意識論に熱中してきた理由は、多分、欧米の線に沿って近代化＝民主化を推進し、欧米と対等になりたいという願望が働いていたからであろう。そうした願望を理論の形で提起したのが川島武宜教授である。川島の理論は政治的ステートメントとしての性格が強すぎた──という捉え方が、アメリカにおける「今日的常識」である。

◆ **川島理論への批判**　彼らは言う。①日本人だけが裁判ぎらいだというのは神話にすぎない。ヘイリーの指摘を待つまでもなく、訴訟が道義的に嫌われ、心理的に抵抗を伴うものであることは、欧米においても同じである。訴訟

Column 3　戦後の法学論争

戦後法学の歩みを、主要な法学論争を通じて辿ることにする。

1　法社会学論争

米国の対日占領政策が冷戦の激化等によって民主化政策から反共政策に転じ、民主勢力内に民主化推進派と社会主義展望派との対立が生じた。この状況を背景に、1940年代末～50年代はじめに繰り広げられた法社会学論争は、マルクス主義法学が法社会学に対して行った批判でもあった。法社会学の性格について、戦前からの法社会学者は、法社会学は「決して革命的でない。反動に対しては進歩的、革命に対しては保守的である。それが法律社会学の使命であり限界である」と自己批判した（戒能通孝）。マルクス主義法学からは、法社会学は、その歴史的性格として革命的学問とはなり得ないと批判された（杉之原舜一）。法社会学が対象とする法の概念について、エールリッヒ（Eugen Ehrlich）の「生ける法」（lebendes Recht）の影響が顕著に見られる。行為規範は、裁判規範の基礎であって、裁判規範を産み出す根拠であるとされた（川島武宜）。この見解に対して、マルクス主義法学は、日本資本主義の「全体の仕組み」の中に行為規範を把握しておらず、行為規範・裁判規範を本質的に厳密に区別せずに両者を法の範疇の中に押し込み、「法の階級性を抹殺している」と批判し、国家権力と法との関係を重視することを強く求めた。しかし、法社会学論争は、「具体的な日本の法認識を十分ふまえた上での論争でなく、抽象的論争が多かった」と総括されている（渡辺洋三）。

2　法解釈論争

1952年、対日講和条約・日米安保条約発効により、日本は占領を脱して米国の世界戦略に組み込まれた。日本政府の憲法解釈が変更し、経済成長の時代に入った。この状況下に、1950年代半ば、活発に行われたのが法解釈論争である。概念法学の法解釈は、権威主義的な解釈者の主観によっており、解釈者は政治的責任を負うべきであるとの見解が出された（来栖三郎）。解釈者の価値判断は、主観的か客観的か、客観の価値基準は歴史の進歩の方向に求められうるかが、主な争点となった。法解釈に価値判断が含まれることは承認されたが、それが主観的であるか客観的であるかは決着していない。1960年代後半～70年代はじめに、民法解釈の方法として登場したのが利益衡（考）量論である。演繹的論理による概念法学を批判し、法規に拘束されな

い実質的妥当性に基づいた利益衡（考）量が重要であるとされた（加藤一郎・星野英一）。新たな多様な紛争の出現、自由法学・リアリズム法学の影響があった。利益衡（考）量論に対して、法解釈者である裁判官に白紙委任を与え危険である（広中俊雄）、解釈の恣意を抑制する客観的基準がない（渡辺洋三）との批判があった。1980年代末、法解釈論争を法学教育の視角から包括的・批判的に検討し、「議論」への着眼が法学教育にとって基本的に重要であるとの提言がなされた。「議論」、すなわち、相互主観的な批判的討論の場を確保することによって、法解釈の客観性が保証されるとするのである（平井宜雄）。

3 判例研究方法論争

1960年代はじめ、判例研究の目的は、裁判規範を明らかにし、さらに将来の裁判を予見することにある、事実審（下級審）判決は、拘束力を有するので、これをも判例研究の対象とする、判決理由は判例の価値を持たず、当該裁判の結論の正当性を説得するための論理であると主張された（川島武宜）。これは、経験法学の立場から解釈法学の判例研究に対する批判であった。批判を受けた有力な民法学者は、判例研究は、裁判の予見に加えて、あるべき裁判への是正である、結論としての利害較量と、これを導く理由としての理論構成との相関結合において裁判を批判・是正する、最終審判例のみが拘束性・予測性を生ずるので、これを研究対象とする、判決理由は、裁判の先例として判例の基礎を形成すると反論した（柚木馨）。1960年代後半に入ると、新たな類型の大規模訴訟が提起され（四大公害訴訟）、訴訟過程が多様複雑化するとともに、判例研究方法論争は終息した。

4 現代法論争

現代法論争は、1967年、民主主義科学者協会（民科）法律部会の若手会員が国家独占資本主義法としての現代日本法をどのように把握するかと問題提起したことに始まる。これに対して、「二つの法体系論」（安保法体系と憲法法体系）や「社会法視座」（民衆・労働者の社会変革の主体への形成）が提示された。論争は、マルクス主義法学の立場にある研究者において、当時の高度経済成長期の日本法をどのように位置づけるかをめぐって、1970年代半ばまで展開した。現代法論争から30年を超え、内外情勢は、周知のように激変している。新たな理論構成と具体的実証に基づいた、現代日本法の総体的・歴史的把握が切望されるところである。

【藤原　明久】

件数が多いということは決して自慢になることではない。訴訟の数が多ければ多いほど、それだけ社会が民主的であるなどというのは滑稽な公式である。弁護士の数を増やすことが、近代国家の理想ではない。②どこの社会においても、紛争解決というものは当事者間の私的な話合いに始まるか、あるいは第三者の助けをかりて法廷外で和解を図ろうとするのが常識である。裁判は常に最後の手段である。この実際上の過程に注意を払うならば、日本人だけが法廷外で非公式な解決を好むというのは当っていない。また、とかく批判の的とされてきた日本的調停と言われているものも、再評価されるべき余地がある。③日本人の契約観に関して、日本人は情緒的な人間関係を重んじるから、厳密な契約書の作成を相手方に要求することをためらう傾向がある、ということがよく言われている。あるいはまた、「契約は契約だから守らなければならない」とする割り切った考え方ができない点に、日本人の性格の弱さを見出そうとする人もいる。しかし、顧客との人間関係を重んじて取引の永続性を図ろうとする心理は、どこの国にでも見られる普遍的な現象であろう。口約束や簡単な書面で済ますことができるならば、それに越したことはないのである。また、いかなる場合にも契約を破棄してはならないとか、その内容を変更させようとしてはならないなどと考える人は少ないであろう。契約を締結する時点で、契約が守られなかった場合のことを微に入り細をうがって論じ合い、事情によっては訴訟に訴えるかも知れないことをほのめかすのも、誰しもはばかられることであろう。問題が発生すれば、かどを立てた手段にでるよりも、「誠意をもって円満に解決」しようとするのが美徳であることは、洋の東西を問わない、等々（石川一三夫／マルコム・スミス1985）。

このように、かつての議論とは異なり、前近代的な社会構造（家族制度と農村共同体）が日本人の法意識を根底から規定しているという感覚が大きく後退しているのが、今日の潮流である。その意味において、日本人の法意識を特異なもの、遅れたものとみなす意識それ自体が、すでに過去のものとなってしまったと言えようか。アメリカにおける川島理論の後退である。

第4節　アメリカ的バイアスの克服

❖アメリカ的バイアス　　以上、戦前から今日までの日本人の法意識論の変遷を見てきた。総括として次の3点を確認しておきたい。

　第1に、日本人の法意識論といっても、それは決して固定的なものではなく、戦後史の中でたえず変化する存在であったという事実である。まずこの点が確認されなければならない。

　第2に、日本人の法意識論史に見られる「アメリカ的バイアス」の存在である。すなわち、日本人の法意識をめぐる議論は、終始アメリカの法学者の理論から強い影響を受けてきたという事実が見落とされてはならない。たとえば川島武宜教授の理論であるが、それはパーソンズ（Talcott Parsons）に代表されるアメリカ社会学に負うところが多い。川島理論の特徴は、アメリカ社会学のモデルに合わせて日本の社会を分析し解説している点にあるといっても過言ではない。また田中英夫・竹内昭夫理論も、アメリカのハート（Henry M. Hart）とサックス（Albert M. Sachs）の論文から多くの示唆を受けているところがある。このように、日本人の法意識論争にかかわってきた人たちは、いずれもアメリカの法理論ないしは法文化に強く影響されている人たちであったという点が看過されてはならないのである。

　第3に、日本人の法意識論に強い影響を与えたアメリカの法理論ないしは法文化論の特徴とは何か。それは、①個々人の利益主張の強さ（claim-consciousness）、②法を道具と見る考え方（instrumentalism）、③法律優先主義（legalism）など、アメリカの法理論と法文化を特徴づけている特異性のことである。すなわち、これまで論じられてきた日本人の法意識論とは、要するに、そうしたアメリカの特異性を尺度にして作り上げてきた理論だったという点が見落とされてはならないのである。それはグローバルな観点から日本人の法意識を位置づけたものではなく、もっぱらアメリカの法理論ないしは法文化を基準として論じられたものにすぎなかったのである。

❖多様な比較研究の必要　　これまでの日本人の法意識論については、批判的に再検討されなければならない。こうした意見は、外国人の法学者の間でも多

く見られるところで、たとえばオーストラリアやカナダの法学者は、「アメリカだけを基準とし、日米比較の枠内に留まって日本人の法意識論を展開するのは誤りである」と述べている。日本の法文化と西洋の法文化を比較して日本人の法意識論を展開するのはいいとしても、その際にも、アメリカの法文化と比較するだけでなく、イギリスやドイツ・フランス、そしてカナダやオーストラリアなどの法文化と比較することを忘れてはならないというのが、彼らの主張である。比較の基準としての西洋の法文化に対する画一的な捉え方をやめ、西洋諸国内部における法文化の相違にも目を向けることが必要である、と言うわけである。

彼ら非アメリカ人の目には、「西洋の法文化に対する日本人の画一的な見方」が、転じて、日本人の法意識論を画一的なものにしていると映っているのである。たとえば交通事故にかかわる訴訟数（訴訟に対する法意識）であるが、イギリス・カナダ・オーストラリア・ニュージーランドなどと比較すると、日本がとくに特異な国（訴訟が少ない国）であるとは言えないことが判明する。そうしたことからも、日本人の法意識論——ひいては日本の法文化論——を論じる場合には、アメリカとの比較だけでなく、多面的な尺度で再検討して見ることが必要であることが分かる、というのが非アメリカ人法学者の見解である。言葉をかえて言うならば、グローバルな視野に立って再検討してみるならば、日本の法文化は一般に考えられているほど特異なもの、不可解なもの（inscrutable）ではない、というのが彼らの主張である。大切な視点と言えよう。

おわりに——日本法史学の課題

なぜ日本人だけがみずからの法意識論にこだわり続けてきたのか。この興味あるテーマを追っていくと、アメリカ的バイアスの存在という点に気づくことができた。そして、このアメリカ的バイアスという問題をさらに追求していくと、多様な比較研究の必要（グローバルな視点）という論点に逢着するに至った。以上の叙述をふまえながら、最後に日本法史学の課題について述べておこう。

日本法史学を専攻する者が、これまでの日本人の法意識論史から学ばなけれ

ばならないのは何か。それは、これまでの日本人の法意識論を主導してきた論文を検討してみると、それらは必ずしも日本の歴史の実証的研究によって裏打ちされたものではないという一事である。これまで日本人の法意識論——ひいては日本法文化論——を主導してきたのは、川島武宜教授をはじめ野田良之教授（Noda Yoshiyuki 1976）など、欧米の法観念に精通した法学者たちによってであった。そうした傾向が生まれた背景には、日本の過去（歴史）と比較するのではなくて、もっぱら外国との比較を軸にして日本人の法意識論が展開されてきたという日本の学問的風土が存在する。そして、その学問的風土の背景には、西洋とりわけアメリカをモデルにして日本の近代化＝民主化を図りたいという、「後進国的な心理」が働いていたと見ることができよう。

　日本人の法意識論史に通底する問題点を、以上のように要約することができるとするならば、法史学の課題はおのずと明らかであろう。日本人の法意識論に関する本来の専門家は法史学や法社会学を専攻して近代日本法の実証的研究を志してきた研究者である。彼らの研究業績をふまえつつ、近代日本法史の着実な実証的研究を進めながら、様々な視角から日本人の法意識論——ひいては日本法文化論——を深化させていくことが望まれている。

　いっぽうの目で、日本の法制度や法意識に対する外国人の議論の変化に注目しながら（外的契機）、他方の目で、本書で展開されているような日本における近代法から現代法への変遷過程をたどりながら（内的契機）、日本法文化論の実証的研究を豊富化していくこと。そして、その角度から日本の法学界に積極的に発信していくことが、いま必要である。

【参考文献】
井ケ田良治（1984）「『日本人は裁判ぎらいの神話』について―日本人の法観念の歴史的研究のために」『社会科学』第33号（同志社大学人文科学研究所）
石川一三夫（1998）「日本人は法律が嫌いか――Do you think the Japanese are unique?」石川一三夫・矢野達雄編著『法史学への旅立ち―さまざまな発想』法律文化社
石川一三夫／マルコム・スミス（1985）「『日本人の法意識』に関する覚書」『阪大法学』第133・134号
川島武宜（1967）『日本人の法意識』岩波書店
熊谷開作（1991）「日本的法意識形成の歴史過程の一例―自由民権運動期における民事訴訟件数をめぐって」『近代日本の法学と法意識』法律文化社

Column 4　法史学と資料
　——「公文書館法」から「公文書管理法」へ

1　「公文書館法」とその問題点

　法史学研究の資料調査で利用することの多い公文書館について定めた法律「公文書館法」が議員立法で制定されたのは、今からおよそ20年前の1987年12月10日のことであった（1987法115、同15日公布）。同法は、総理府（現内閣府）を所管省庁とし、同府の施設等機関（当時）であった国立公文書館（現独立行政法人）が具体的運用を担当することで、翌88年6月1日に施行された。

　「公文書館法」は、施設としての公文書館に関して必要な事項を定めた法律だが（第1条）、第2条で所蔵する資料について「国又は地方公共団体が保管する公文書その他の記録（現用のものを除く。）」と定め、国及び地方公共団体は歴史資料としても重要な公文書等の保存と利用に関して適切な措置を講じる「責務」があることを確認し（第3条）、そのような「責務」を果たすのに最もふさわしい方法が公文書館の設置であることを謳った法律である。したがって、民間が所蔵する資料に効力が及ばないのは勿論（収集、寄託・寄贈等によって国又は地方公共団体が現に保管する記録は対象になる）、公文書館を設置していない地方公共団体にその設置を「義務」づけるものでもない。

　第4条では、公文書館の条件を第2条で定める公文書等を保存し、閲覧に供するだけでなく、これに関連する調査研究を行うことを「目的」とする施設と定めているが、この専門職員はアーキビストを想定したものである。また、公文書館には、館長、専門職員その他必要な職員を置くものとされ、同法に基づく公文書館にあっては、最低でも三つの機能を有し2種類の職員を配置する必要があることを明確にした。しかし、専門職員の養成制度や資格制度が未整備であるため、実際の配置については任命権者に委ねられており、今日なお、その処遇や専門性の内容に関する問題が残されたままである。とくに、附則第2項で、地方公共団体が設置する公文書館においては「当分の間」、専門職員を置かないことができるとされているため、都道府県レベルでも適正な配置や処遇がなされていない。

　以下の条文を含め「公文書館法」は全文わずか7条の精神規定的性格が強い法律とされ、実際の運用に委ねられている側面が大きい。施行から20年以

上が経過した今日でも、全国でなお約3分の1の県で公文書館が未設置であり、設置されているところでも、前述したような多くの問題点を抱えたままである。

2 「公文書管理法」の制定

この間にあって、法史学研究と密接に関連する分野で大きな進展が見られたのは、民事判決原本の保存・利用問題であろう。刑事裁判記録に関しては、「公文書館法」に先立って「刑事確定訴訟記録法」(1987法64) が制定されているが、各大学法学部関係者や関連学会の強い働きかけにより、「国立公文書館法」(1999法79) が制定され、高等裁判所の管轄範囲ごとに各大学に保管されていた民事判決原本が、2000年以降、順次国立公文書館に移管されることになった。同法は、国立公文書館の設置法であるとともに、立法・司法関係文書の同館への移管を可能にするものである。また、「行政機関の保有する情報の公開に関する法律」(1999法41、いわゆる行政情報公開法) も制定され、各省庁の文書管理のあり方に大きな変更を促した。

今年 (2009年) 7月1日、「公文書等の管理に関する法律」(2009法66、いわゆる公文書管理法) が公布された。この法律は、国民主権の精神と政府の説明責任に基づき (第1条)、「公文書館法」では除外されていた「現用」段階の行政文書 (独立行政法人等の文書を含む) から、公文書館等で保存する特定歴史公文書までの一貫した管理について定めたもので、2011年に予定されている施行後は法史学研究の資料調査とも多大の関連を有するものとなろう。同法は内閣府が所管し、国レベルの公文書その他の記録を対象としているが、第34条で地方公共団体においても適正な文書管理を行うことが努力義務として明言されており、今後は基礎的自治体を含む地方レベルの文書の保存・公開にも光が注し込むことに期待したい。また、法公布後の8月5日、行政 (内閣総理大臣) と司法 (最高裁判所長官) の間の協議で、歴史公文書等の移管に関する定めが締結され、司法関係文書の国立公文書館への円滑な移管と保存・公開に至る道も開かれた。

法施行にあたっては、専門職員の養成・計画的配置や中間書庫システムの構築が重要になってくるほか、将来的には電子媒体文書の移管という問題も予想され、引き続き「公文書管理法」体制の行方を慎重に見守ってゆく必要がある。

【中野目　徹】

田中英夫・竹内昭夫 (1971-1972)「法の実現における私人の役割—日米の比較を中心として」『法学協会雑誌』第88巻5-6号、第89巻3.8.9号

Blakemore, Thomas L. (1947), Post-War Developments in Japanese Law, Wis. L. Rev.

Haley, John O. (1978) The Myth of the Reluctant Litigant, 4 J. Japanese Studies

Haley, John O. (1982) The Politics of Informal Justice: The Japanese Experience, 1922-1942, The Politics of Informal Justice (ed, Abel, R.), vol.2

Henderson, Dan F. (1952), Some Aspects of Tokugawa Law, 27 Wash. L. Rev.

Henderson, Dan F. (1969), Japanese Lawyers: Types and Roles in the Legal Profession, 3 Law & Soc'y Rev.

Noda Yoshiyuki (1976) Introduction to Japanese Law, Tokyo University Press

Oppler, Alfred C. (1949), The Reform of Japan's legal and Judicial System under Allied Occupation, 24 Wash. L. Rev.

Rabinowitz, Richard W. (1956), The Historical Development of the Japanese Bar, 70 Harv. L. Rev.

Steiner, Kurt (1950), Postwar Changes in the Japanese Civil Code, 25 Wash. L. Rev.

Stevens, Charles (1971), Modern Japanese Law as an Instrument of Comparison, 19 Am. J. Comp. L.

Upham, Frank (1976) Litigation and Moral Consciousness in Japan: An Interpretive Analysis of Four Japanese Pollution Suits, 10 Law & Soc'y Rev.

Upham, Frank (1979) After Minamata: Current Prospects and Problems in Japanese Environmental Litigation, 8 Ecology L.Q.

von Mehren, Arthur T. (1958), Some Reflections on Japanese Law, 71 Harv. L. Rev.

von Mehren, Arthur T. (1963), The Legal Order in Japan's Changing Society: Some observations, 76 Harv. L. Rev.

索　引

あ　行

青色申告……………………………………95
　──制度…………………………………94, 95
足尾鉱毒事件………………………………249
アップハム…………………………………295
家………………………………203〜205, 207
家永教科書裁判……………………………133
違憲立法審査権…………………………59, 161
意匠条例……………………………………233
意匠法………………………………………232
一般消費税…………………………………97
井上毅……………………………52, 100, 101, 113
イラク特措法…………………………139, 140
ウィグモア…………………………………292
ヴェルサイユ条約…………………………274
ヴォン・メーレン…………………………293
梅謙次郎………………………………30, 204
大阪アルカリ事件…………………………251
大阪空港騒音訴訟…………………………257
沖縄返還協定………………………………17
押しつけ憲法論…………………………8, 59
オプラー……………………………………292
恩給法………………………………………269

か　行

会計規則……………………………………100
会計規則戦時特例…………………………105
会計検査院法………………………………102
会計法……………………………52, 100〜103, 105
会計法戦時特例……………………………105
改憲論………………………………………60
介護保険法（制度）……………………21, 188
解釈改憲…………………………………16, 19
会社法……………………………37, 215, 217, 222
海上自衛隊…………………………………138
華夷秩序………………………………271, 272
学　制………………………………………125
学習指導要領………………………………133

各省官制通則………………………………42
核廃絶宣言…………………………………ii
貸金業等の取締に関する法律……………183
家事審判所…………………………………206
家事審判法…………………………………208
家族法（1890年）…………………………35
学校教育法…………………………………130
割賦販売法…………………………………184
家庭の責任を有する労働者条約…………248
加藤一郎………………………………294, 297
過度経済力集中排除法…………………9, 229
兼子一………………………………………177
株金全額払込制度…………………………217
株金分割払込制度…………………………217
株式会社の監査等に関する商法の特例に関
　する法律…………………………………219
仮登記担保契約に関する法律……………186
川島武宜……………………………293, 294, 297〜303
感化法…………………………………262, 263
官紀五章……………………………………41
環境基本法………………………249, 258, 259
環境庁………………………………………257
関税自主権…………………………2, 272, 273
姦通罪…………………………………11, 207, 286
議院法………………………………………52
危険運転致死傷罪…………………………152
気候変動枠組条約…………………………258
貴族院令……………………………………252
起訴便宜主義…………………………169, 176
基本法制……………………………………18
義務教育諸学校における教育の政治的中立
　の確保に関する臨的措置法……………133
義務教育費国庫負担法……………………116
救護法………………………………………262
教育委員会法…………………………15, 131, 133
教育家委員会……………………………10, 129
教育基本法………………10, 23, 128〜131, 134
教育公務員特例法の一部を改正する法律…133
教育勅語………………………………126, 130

行政委員会制度……………………47	後期高齢者医療制度……………269
行政改革委員会設置法……………86	公共企業体労働関係法…………242
行政救済法………………………77, 80	公共企業体等労働関係法………242
行政警察規則……………………140, 143	鉱業法………………………250, 253
行政裁判所法案……………………79	航空自衛隊………………………138
行政裁判法……………………77～80, 83	公式令…………………………2, 54
行政事件訴訟特例法………………80～84	皇室経済法……………………105～107
行政事件訴訟法……………………83, 86	皇室財産令………………………101
行政訴訟法…………………………80, 83	皇室典範………………………52, 101
行政手続法…………………………84, 85	皇室令……………………………42
行政不服審査法……………………84	工場抵当法………………………181
共通法………………………………69	工場排水規制法…………………256
京都議定書………………………258	公職選挙法…………………………20
金銭債務臨時調停法……………173	公正取引委員会………………228, 232
均分相続制………………………210	厚生年金保険法………………264, 269
区町村会法………………………112	耕地整理法………………………192
郡　　制………………2, 41, 112～114, 123	高等女学校令…………………126, 127
軍　　令…………………………2, 42, 54	高等法院…………………………158
郡区町村編制法……………………111	高度経済成長………17, 243, 251, 278
軍需工業動員法……………………43	公文書館法……………………304, 305
郡制廃止ニ関スル法律…………115	公文書等の管理に関する法律…305
刑　　法……………147～151, 153, 154, 158	五ヶ条誓文…………………………51
経済安定九原則（ドッジライン）…12, 13	小切手法……………………………37
経済財政諮問会議…………………48	国際連合平和維持活動等に対する協力に関する法律（PKO協力法）……………139
警察法………………………15, 142～145	国籍法……………………………210, 283
警察予備隊……………………136, 138	国土形成計画法…………………201
刑事確定訴訟記録法……………305	国土総合開発法………194, 196, 198, 201
刑事訴訟法………169, 170, 173, 175, 176	国土利用計画法…………………197
応急措置法………………175	国防保安法………………141, 150, 172, 173
刑事訴訟法制……………………176	国民学校令………………………127
健康保険法………………………21, 263	国民健康保険法………………263, 268
現代法論争………………………299	国民主権……………………………11
建築基準法………………………194	国民所得倍増計画…………………17
『憲法義解』………………………59	国民精神作興ニ関スル詔書……127
憲法調査会報告書…………………23	国民精神総動員運動………………44
戸　　主…………………………202～206	国民徴用令…………………………73
公　　害……………………………19	国民統合………………53, 67～71, 74, 75
公安委員会制度……………………46	国家総動員（法）体制型………7, 75
公安条例……………………………13	地方改良運動型…………………4, 75
公害健康被害救済特別措置法…255	普選・治安維持法体制型………5, 75
公害健康被害補償法……………185	国民年金法………………………21, 270
公害対策基本法………19, 185, 249, 256, 258	国有財産法………………………103, 105
強姦罪……………………………285, 286	

索　引　309

国立公文書館法……………………………307
小作調停法………………………………5, 171
55年体制…………………………………15, 61
個人情報保護法……………………………22
戸籍法…………………………202, 203, 207, 209
国家公安委員会……………………………143, 144
国家公務員法………………………………241, 242
国家総動員法………6, 44, 73, 150, 172, 216, 217
国家賠償法…………………………………80, 82
個別労働関係紛争解決促進法……………248

さ　行

罪刑法定主義…………………147, 151, 153, 169
債権譲渡の対抗要件に関する民法の特例等
　に関する法律……………………………189
最高裁判所…………………………………161, 162
財政構造改革の推進に関する特別措置法
　（財政構造改革法）……………………109
財政法………………………………105, 106, 108
最低賃金法…………………………………240
財閥解体……………………………9, 217, 229
裁判員制度…………………………22, 166, 167
裁判官の身分保障…………………………162
裁判所構成法………………………………158, 159
裁判所構成法戦時特例……………………159, 172
裁判所法……………………………161, 161, 175, 208
参審制……………………………………163, 166
三新法体制…………………………………111
三二体制……………………………………3
サンフランシスコ平和（講和）条約
　………………………………13, 137, 231, 276, 277
参謀本部条例………………………………40
讒謗律………………………………………148
市　制……………………………113, 114, 115, 124
自衛隊法……………………………………138, 139
ジェンダー…………………………281, 289, 290
私擬憲法案…………………………………51
死刑存廃論…………………………………154
試験任用制…………………………………43
資源有効利用促進法………………………260
市制・町村制………………………2, 7, 41, 112〜114
失業保険法…………………………………268
実用新案法…………………………………232

自動車Nox・PO法…………………………259
児童福祉法…………………………………264, 266
司法改革に関する宣言……………………163
司法科試験…………………………………160
司法職務定制………………………………157, 160
司法制度改革審議会………………………166
シャウプ勧告………………………91〜95, 119
シャウプ税制………………91, 93, 96, 97, 120
借地措家調停法……………………………5, 171
借地借家法…………………………………198, 199
借地法、借家法……………………182, 193, 197, 198
州・市・街庄協議会………………………70, 73
州・市会……………………………………73
衆議院議員選挙法…………………2, 43, 52, 73
州制・市制・街庄制………………………70, 73
周辺事態に際して我が国の平和及び安全を
　確保するための措置に関する法律（周辺
　事態法）…………………………………20, 139
自由民主党…………………………………15
重要産業統制法……………………43, 216, 227
重要物産同業組合法………………………226
重要輸出品同業組合法……………………226
シュタイナー………………………………292
恤救規則……………………………………261, 262
出版条例……………………………………233, 234
循環型社会形成推進基本法………………260
小学校祝日大祭儀式規程…………………125
小学校令……………………………………125, 126
証券取引法…………………………………230
商事調停法…………………………………171
小選挙区・比例代表並立制………………22
少年院法……………………………………267
少年法………………………………………263, 267
消費者契約法………………………187, 188, 199
消費税………………………………………98, 99
商標条例……………………………………233
商標法………………………………………232
商　法……………3, 21, 28, 36, 37, 215, 216, 218, 222
商法及商法施行条例施行期限法律………29
商法及商法施行条例改正並施行法律……32
商法改正……………………………215, 216, 218〜221
情報公開法……………………………22, 84〜86, 307
商法典論争…………………………………215

条約改正交渉 33
職員健康保険法 263
食糧管理制度 45
女子差別撤廃条約（女子に対するあらゆる
　形態の差別の撤廃に関する条約）.... 246, 282
女性に対する暴力の撤廃に関する宣言 288
所得税法 90
ジョン・W・ダワー .... ii, iii
新安保条約（日本国とアメリカ合衆国との
　間の相互協力及び安全保障条約）
　　　　　　　　　　　　...... 16, 138, 139
信玄公旗掛松事件 251
新戸籍法 207
人事訴訟法 208
人事調停法 174, 206
新住宅市街地開発法 194
身体障害者福祉法 264, 265
神道〈国家神道・神社神道〉ニ対スル政府
　ノ保護、支援、保全、監督並ビ弘布ノ廃
　止ニ関スル総司令部覚書 10, 128
新聞紙条例 148
森林法 192, 195
水質汚濁防止法 256, 257
水質保全法 256
末弘厳太郎 180, 239
ステイブンス 295
生活保護法 264, 265
政治資金規正法 20
政治的、公民的及ビ宗教的自由ニ対スル制
　限ノ除去ニ関スル総司令部覚書 8, 135, 155
生殖補助医療 212
精神衛生法 266
精神薄弱者福祉法 266
税制の抜本的改革に関する方針 98
製造物責任法 187
政党内閣制 43
制度取調局 40
成年後見制度 21, 36, 188
税務監督局官制 88
税務管理局官制 88
税務署官制 88
税理士法 95
1910年体制 2

全国総合開発計画 17, 196
戦時行政特例法 7, 116
戦時緊急措置法 45
戦時刑事特別法 73, 150, 172, 175
戦時民事特別法 172, 174
選択的夫婦別氏制 209
全逓東京中郵事件 244
全農林警職法事件 245
専売特許条例 233
専売略規則 233
専門学校令 126
総会屋 221, 222
創氏改名 72, 73
相続税 96, 98
訴願法 .... 69, 78〜80, 83, 84
組織的な犯罪の処罰及び犯罪収益の規制等
　に関する法律 156
尊属殺違憲判決 152

た　行

大学令 127
大気汚染防止法 258
大区小区制 111
代言人規則 160
大正デモクラシー 2, 114, 127, 159
大審院 157, 158, 161
対日平和七原則 13
大日本帝国憲法 41, 50, 52, 77, 100
台湾議会設置請願運動 70
台湾教育令 69
台湾公学令 65
台湾総督 42, 64, 65
台湾総督府 42
「台湾総督府官制」改正 69
台湾総督府法院条例 64
台湾ニ施行スヘキ法令ニ関スル法律（三一
　法）.. 64
太政官（制）.. 39
建物の区分所有等に関する法律 184
短時間労働者の雇用管理の改善等に関する
　法律 247
男女共同参画基本計画 287
男女共同参画社会 289

索　引　311

男女共同参画社会基本法……………18, 289
男女雇用機会均等法（雇用の分野における
　男女の均等な機会及び待遇の確保等に関
　する法律）………………18, 246, 283
担保附社債信託法………………………181
地　券……………………………………191
地　租……………………………………191
治安維持法………………4, 5, 55, 67, 68, 70～73,
　　　　　　　141, 149, 150, 155, 172
治安警察法………………5, 70, 78, 148, 155
違警罪即決例……………………………172
治罪法………………147, 158, 160, 169
地租改正…………………………191, 192
知的財産基本法…………………………236
知的財産高等裁判所……………………236
知的障害者福祉法………………………266
地方官官制………………………………114
地方交付税…………………………120, 121
　——法…………………………15, 107
地方公務員等共済組合法………………269
地方公務員法……………………………119
地方財政再建促進特別措置法……………15
地方財政平衡交付金………………119, 121
　——法…………………………………120
地方財政法…………………………105, 118
地方財政補給金制度……………………116
地方自治体警察……………………………46
地方自治法…………………11, 117～121
地方譲与税………………………………120
地方税規則…………………………111, 112
地方税制限に関する法律………………2, 89
地方税法…………………115, 118, 120
地方分権一括法……………………………49
地方分権推進委員会…………………48, 49
地方分与税法…………………………90, 116
地方「名望」家支配体制…………………3
嫡出推定…………………………………211
中央省庁等改革基本法……………………48
中学校令…………………………125～127
中小企業基本法……………………………18
朝鮮教育令…………………………66, 67, 72
朝鮮青年特別練成令………………………72
朝鮮戦争……………………………………13

朝鮮総督……………………………65, 72
朝鮮総督及台湾総督ノ監督等ニ関スル件
　…………………………………65, 72
朝鮮総督府…………………………………42
「朝鮮総督府官制」改正…………………67
朝鮮独立運動……………………………3, 66
朝鮮笞刑令…………………………………66
町村合併促進法……………………15, 119
町村制……………………113～115, 124
調停制度…………………………………169
町内会……………………………………172
徴兵令…………………………………72, 73
著作権法……………………………232～235
帝国憲法・皇室典範義解…………………53
帝国大学令………………………………125
手形法………………………………37, 215
テロ対策特措法……………………139, 140
典憲体制………………………………53, 54
天皇機関説…………………………54, 55, 127
天皇主権……………………………………11
同氏別氏選択制…………………………209
等級選挙制………………………………115
東京市区改正条例………………………192
東西冷戦……………………………………20
同時多発テロ事件…………………………20
道評議会……………………………………68
道・府・邑会………………………71, 72
同和対策事業特別措置法…………………19
独占禁止法………………9, 18, 47, 183, 228～232
特定家庭用機器再商品化法……………260
特定債権等に係る事業の規制に関する法律
　………………………………………189
特定目的会社による特定資産の流動化に関
　する法律………………………………189
独立行政法人制度…………………………48
独立行政法人等情報公開法………………86
都市計画法…………………193, 194, 196, 200
土地基本法………………………………198
特許条例…………………………………233
特許法………………………232, 234, 236
富井正章……………………………………31
ドメスティック・バイオレンス………287

な 行

内外地行政の一元化……………7, 45, 65, 73
内閣職権……………………………………41
内閣審議会………………………………44
内閣制………………………………40, 52, 158
内地（法）延長主義…………67～70, 74, 75
内務省………………40, 117, 118, 123, 140, 143
内務省警保局………………………141, 142, 155
長尾龍一……………………………………51
二重所有権…………………………………191
日英通商航海条約……………………273, 278
日ソ共同宣言………………………………15
日米安全保障共同宣言……………………20
日米安保条約（日本国とアメリカ合衆国との間の安全保障条約）…… 16, 75, 137, 138, 140
日米安保体制………………………………14
日米行政協定…………………………14, 138
日米地位協定………………………………ii
日米同盟…………………………………ii, 75
日弁連……………………………………162
日韓基本条約……………………………16, 278
日韓併合ニ関スル条約（韓国併合）……1, 65
日中共同声明……………………………278
日中平和友好条約…………………… 17, 277
日本国憲法……………8, 50, 57, 59～61, 81, 128, 129, 150, 206
日本ノ教育制度ノ行政ニ関スル覚書………10
年金保険…………………………………270
農業基本法…………………………………18
農山漁村経済更正運動…………………172
農地改革………………………………9, 195
農地改革ニ関スル覚書……………………9
農地改革法案………………………………9
農地法……………………………………195

は 行

煤煙防止規則……………………………251
廃棄物処理法改正………………………260
配偶者からの暴力の防止及び被害者の保護に関する法律（DV防止法）………288
廃戸主制度…………………………203, 206
陪審制………………………159, 163, 166, 169
陪審法…………………………………159, 170
破壊活動防止法…………………15, 47, 155
破産法…………………………………38, 215
罰金及笞刑処分令…………………………65
鳩山一郎……………………………………15
鳩山秀夫…………………………………250
版権条例…………………………………234
版権法……………………………………234
万国公法……………………………271, 272
犯罪捜査のための通信傍受に関する法律……156
犯罪被害者保護関連法…………………153
判事検事登用試験規則…………………160
パンデクテン体系…………………………34
判例研究方法論争………………………299
非常特別税法…………………………2, 88, 89
非正規雇用…………………………18, 247, 248
筆界特定制度……………………………200
匪徒刑罰令…………………………………65
府・邑協議会……………………………71, 72
ファシズム（法）体制……………………6
夫婦同氏制…………………………204, 209
夫婦別氏…………………………………209
府協議会…………………………………68
府県会規則…………………………111, 112
府県制…………2, 7, 41, 112～114, 116, 123
府県制度改革……………………………122
婦人参政権…………………………206, 284
普選・治安維持法体制……………………2, 75
武断政治……………………………………66
普通選挙……………5, 43, 55, 114, 115, 149
──法………………………4, 68, 70, 149
夫婦別氏制………………………………203
不動産登記法……………………………200
部落会……………………………………172
プラザ合意………………………………220
ブレイクモア……………………………292
文化政治……………………………………67
文官任用令…………………………………42
ベアテ・シロタ………………………284, 285
米国教育使節団報告書…………………131
ヘイリー…………………………177, 295, 296
弁護士法……………………………160, 162
ヘンダーソン…………………………293～295

保安条例……………………………148
保安法………………………………66
法 例…………………………………278
防衛省（庁）…………………138, 139
防衛庁設置法…………………138, 139
法解釈論争…………………………298
法科大学院……………………22, 167
法社会学論争………………………298
法人税…………………………90〜92
法人税法……………………………90
法典実施延期意見…………………29
法典実施断行意見…………………30
法典調査会………………34, 35, 280
法典論争…………………29, 30, 53
法の適用に関する通則法…………279
保甲条例………………………65, 70
ポツダム宣言………1, 8, 56, 135, 141, 275〜277
ポツダム宣言の受諾に伴い発する命令に関
　する件………………………46, 60, 242
北方領土問題………………………278
穂積陳重……………………………29
穂積八束……………………………29
ボワソナード………28, 32, 79, 147, 180

ま 行

益川敏英……………………………iii
マッカーサー………8, 56, 135, 136, 142
満州事変………………43, 71, 104, 275
民事執行法…………………………178
民事訴訟法………81, 82, 169, 171, 176
民事訴訟法応急措置法……………175
民事保全法…………………………178
民 法…………3, 28, 180, 181, 191, 192, 204, 207
民法及商法施行延期法律……………31
無過失責任……………………250, 253
無憲法状況……………………………7
明治14年の政変……………………40

面協議会…………………………68, 72
持株会社整理委員会令………………9
モッセ（アルベルト・モッセ）………112
文部省設置法………………………132

や 行

山県有朋……………………………1112
山崎今朝弥…………………………250
ヤング………………………………295
四大公害訴訟………185, 251, 252, 296

ら 行

ラビノウイッツ……………………293
陸軍特別志願兵令……………………72
陸上自衛隊…………………………138
立憲政体詔勅………………………51
領事裁判権…………2, 157, 272, 273
両性の平等……………………………10
林業基本法……………………………18
臨時教育会議………………………127
臨時軍事費特別会計法……………104
労働関係調整法………………10, 240
労働基準法……………………10, 240, 246
労働基本権…………………………244
労働組合法……………………10, 239
労働契約法……………………245, 246
労働者年金保険法…………………264
労働者派遣事業法……………22, 247
労働審判法…………………………248
労働争議調停法………5, 171, 239
労働保険（労働災害，失業保険）…269
ロェスラー………28, 100, 113, 215
六三法………………………………64

わ 行

ワシントン体制………………274, 275

執筆者紹介（★は監修者、＊は編者）

★★山中永之佑（やまなかえいのすけ）	大阪大学名誉教授 大阪経済法科大学アジア研究所客員教授	第1章、第5章
＊藤原明久（ふじわらあきひさ）	神戸大学大学院法学研究科教授	第2章、Column 3
藤田正（ふじたただし）	北海学園大学法学部教授	第3章
出口雄一（でぐちゆういち）	桐蔭横浜大学法学部准教授	第4章
小野博司（おのひろし）	甲子園大学総合教育研究機構助教	第6章、第8章
＊中尾敏充（なかおとしみつ）	大阪大学大学院法学研究科教授	第7章
居石正和（おりいしまさかず）	島根大学法文学部教授	第9章
白石玲子（しらいしれいこ）	元神戸市看護大学看護学部准教授	第10章、第24章
三阪佳弘（みさかよしひろ）	大阪大学大学院高等司法研究科教授	第11章
田中亜紀子（たなかあきこ）	三重大学人文学部准教授	第12章、第22章
菊山正明（きくやままさあき）	宇都宮大学名誉教授	第13章
林真貴子（はやしまきこ）	近畿大学法学部准教授	第14章
髙橋良彰（たかはしよしあき）	山形大学人文学部准教授	第15章
小柳春一郎（こやなぎしゅんいちろう）	獨協大学法学部教授	第16章、Column 2
近藤佳代子（こんどうかよこ）	宮城教育大学教育学部教授	第17章
高倉史人（たかくらふみと）	高岡法科大学法学部准教授	第18章
＊伊藤孝夫（いとうたかお）	京都大学大学院法学研究科教授	第19章、第20章、第21章
岩村等（いわむらひとし）	大阪経済法科大学法学部教授	第23章
石川一三夫（いしかわひさお）	中京大学法学部教授	終章
坂本忠久（さかもとただひさ）	千葉大学法経学部教授	Column 1
中野目徹（なかのめとおる）	筑波大学大学院人文社会科学研究科教授	Column 4

Horitsu Bunka Sha

2010年3月31日　初版第1刷発行

日 本 現 代 法 史 論
―近代から現代へ―

監修者　山 中 永 之 佑

編　者　山中永之佑・藤原明久
　　　　中尾敏充・伊藤孝夫

発行者　秋 山　　　泰

発行所　株式会社 法律文化社
〒603-8053　京都市北区上賀茂岩ヶ垣内町71
電話 075 (791) 7131　FAX 075 (721) 8400
URL:http://www.hou-bun.co.jp/

©2010 E. Yamanaka, A. Fujiwara, T. Nakao, T. Ito
Printed in Japan
印刷：中村印刷㈱／製本：㈱藤沢製本
装幀　前田俊平
ISBN978-4-589-03239-3

山中永之佑編
新・日本近代法論
A 5 判・392頁・3780円

現代法の理解には、そのルーツである近代法の研究が不可欠であるとのモットーを掲げ、その歴史的背景を多角的に説く。大日本帝国憲法の制定、訴訟法制、財産法制の3章と網羅的な参考文献一覧を新設した充実の新版。

山中永之佑編
日本近代法案内
―ようこそ史料の森へ―
A 5 判・320頁・3465円

現代日本の基礎が築かれた近代にスポットをあて、原史料を素材にしながら近代法制度を読み解く。史料こそ何ものにも勝る証言者。リアルに当時がよみがえり現代との関連がわかる新たな試みの書。コンパクトな解説・コラム付。

村上一博・西村安博編 [HBB]
史料で読む日本法史
四六判・314頁・3255円

学生の知的好奇心を刺激するトピックを選び、現代の法的問題とも結び付く法意識や裁判の観点から日本法史の世界を探検する。具体的史料から法制度の意義をわかりやすく説き、西洋法史からみた日本法史の特質もコメントする。

井ケ田良治著
法を見るクリオの目
―歴史と現代―
四六判・164頁・1995円

古代から近現代までの法と歴史のグローバルな動きをエッセイ風に語りかけ、法の未来を歴史的な視点で切り開く。Ⅰ西と東のあいだ：法の歴史に学ぶ／「戸籍」の比較史／ほか、Ⅱ日本のなかで：江戸時代の村／平和憲法の誕生／ほか

和田仁孝編〔NJ叢書〕
法　社　会　学
A 5 判・296頁・3360円

かつてない分岐を迎える現代法社会学。その錯綜した方法論と学問領域の多様性を「法と社会の構造理解」「実践的問題関心」「方法論的アプローチ」という3つの視点から的確にマッピングする知的刺激にみちた教科書。

――法律文化社――

表示価格は定価（税込価格）です